Die Insolvenzanfechtung in Deutschland und England

Europäische Hochschulschriften
Publications Universitaires Européennes
European University Studies

Reihe II
Rechtswissenschaft

Série II Series II
Droit
Law

Bd./Vol. 3765

PETER LANG
Frankfurt am Main · Berlin · Bern · Bruxelles · New York · Oxford · Wien

Volker Beissenhirtz

Die Insolvenzanfechtung in Deutschland und England

Eine rechtsvergleichende Betrachtung

PETER LANG
Europäischer Verlag der Wissenschaften

Bibliografische Information Der Deutschen Bibliothek
Die Deutsche Bibliothek verzeichnet diese Publikation in der Deutschen Nationalbibliografie; detaillierte bibliografische Daten sind im Internet über <http://dnb.ddb.de> abrufbar.

Zugl.: Halle-Wittenberg, Univ., Diss., 2003

3
ISSN 0531-7312
ISBN 3-631-51573-1

www.peterlang.de

Meinen Eltern

Vorwort

Die vorliegende Untersuchung stellt das deutsche und englische Recht der Insolvenzanfechtung rechtsvergleichend dar. Neben diesem rechtsvergleichenden Schwerpunkt soll dieses Buch dem mit Fragen des Anfechtungsrechts befaßten Praktiker eine erste Anleitung zur Behandlung von Fragen im Verhältnis Deutschland und England geben. Deswegen werden nicht nur die materiell-rechtlichen, sondern auch die verfahrensrechtlichen Voraussetzungen eines Insolvenzanfechtungsprozesses untersucht, wobei ein besonderes Augenmerk der Finanzierung des Prozesses gilt. Weiterhin berücksichtigt die Arbeit neben dem jeweiligen nationalen Internationalen Insolvenzrecht auch die internationalen Regelungen zum Rechts der Insolvenzanfechtung, namentlich die UNCITRAL-Modellbestimmungen, die Europäische Rechtsverordnung über Insolvenzverfahren und das neue deutsche Internationale Insolvenzrecht. Abschließend werden die Reformen des Rechts der Insolvenzanfechtung in beiden Ländern ausgewertet.

Diese Arbeit ist im Anschluß an einen Studienaufenthalt an der London School of Economics and Political Science (LSE) entstanden. Sie wurde von der Juristischen Fakultät der Martin-Luther-Universität Halle-Wittenberg im Herbst 2002 als Dissertation angenommen.

An dieser Stelle danke ich den Menschen, die zum Gelingen dieser Arbeit maßgeblich beigetragen haben: Zuerst bei meinem Doktorvater, Herrn Prof. Dr. Stefan Smid, der durch seine Anregungen die Arbeit entscheidend vorangebracht hat. Mein Dank gilt aber auch Herrn Prof. Dr. Paul Oberhammer für die schnelle und wertvolle Zweitkorrektur der Arbeit.

Herr Rechtsanwalt Michael Pluta und Rechtsanwalt Dr. Joachim Geßler danke ich für ihre Anregungen, genau so wie Ms Vanessa Finch von der LSE und Mr. Nick Foster von der School of Oriental and African Studies (SOAS). Ebenfalls gilt mein Dank dem Institute of Advanced Legal Studies, welches mir eine umfangreiche Recherchetätigkeit ermöglichte.

Der PricewaterhouseCoopers Veltins Rechtsanwaltsgesellschaft mbH und ganz besonderes Herrn Prof. Dr. Michael Veltins persönlich gilt mein Dank für die Unterstützung bei der Anfertigung dieser Untersuchung parallel zu meiner Tätigkeit als Rechtsanwalt.

Auch möchte ich meiner Freundin Silvia Bauermeister danken, die nicht nur die Arbeit Korrektur gelesen, sondern auch die leidige Aufgabe des Formatierens übernommen hat und mir zudem in dieser Phase meines Lebens eine stete Unterstützung war. Abschließend gilt mein besonderer Dank meinen Eltern, die auch in schwierigen Zeiten nie den Glauben an mich verloren haben.

Inhaltsübersicht

Inhaltsverzeichnis

Abkürzungsverzeichnis

AC	Appeal Cases 1891 - heute
All ER	All England Law Review
AnfG	Anfechtungsgesetz
AnfR	Anfechtungsrecht
Art.	Artikel / Article
BA 14	Bankruptcy Act 1914
BB	Betriebsberater
BCC	British Company Cases
BCLC	Butterworths Company Law Cases
BGB	Bürgerliches Gesetzbuch
BGH	Bundesgerichtshof
CA	Court of Appeal; englisches Berufungsgericht
CA 85	Companies Act 1985
CDDA 86	Company Directors Disqualification Act 1986
CLP	Company Law Cases
Ch	Chancery Division
DB	Der Betrieb
EGInsO	Einführungsgesetz zur Insolvenzordnung
EuGVÜ	Europäisches Übereinkommen über die gerichtliche Zuständigkeit und die Vollstreckung gerichtlicher Entscheidungen in Zivil- und Handelssachen
EuGH	Europäischer Gerichtshof
EuGVVO	Verordnung (EG) Nr. 44/2001 des Rates vom 22. Dezember 2000 über die gerichtliche Zuständigkeit und die Anerkennung und Vollstreckung von Entscheidungen in Zivil- und Handelssachen
EuInsÜ	Europäisches Insolvenzübereinkommen
EuInsVVO	Verordnung (EG) Nr. 1346/2000 des Rates vom 29. Mai 2000 über Insolvenzverfahren
EWiR	Entscheidungen zum Wirtschaftsrecht
FK	Frankfurter Kommentar zur Insolvenzordnung
GesO	Gesamtvollstreckungsordnung
GmbH	Gesellschaft mit beschränkter Haftung
GmbHG	Gesetz betreffend die Gesellschaften mit beschränkter Haftung
GmbHR	GmbH-Rundschau
HK	Heidelberger Kommentar zur Insolvenzordnung
HoL	House of Lords; oberstes englisches Gericht
IA 86	Insolvency Act 1986

IIR	Internationales Insolvenzrecht
Ins L&P	Insolvency Law & Practice
InsO	Insolvenzordnung
Insolv. Law.	Insolvency Lawyer
Int. Insolv. Rev.	International Insolvency Review
IP	Insolvency Practitioner
IPR	Internationales Privatrecht
IPRax	Praxis des Internationalen Privat- und Verfahrensrechts
IR 86	Insolvency Rules 1986
J	Judge, Richter(in)
JBL	Journal of Business Law
KO	Konkursordnung
KTS	Zeitschrift für Konkurs- Treuhand- und Schiedsgerichtswesen
LG	Landgericht
LJ	Lord Justice, englischer Lord-Oberrichter
Ltd	Limited Company / Company limited by shares
MLR	Modern Law Review
MüKo	Münchner Kommentar
NJW	Neue Juristische Wochenschau
OLG	Oberlandesgericht
plc	Public Limited Company
QB	Queen's Bench
s.	siehe
SCA 81	Supreme Court Act 1981
sec.	Section
Sol. Jo.	Solicitors' Journal
ss.	Sections (plural)
UNCITRAL	United Nations Commission on International Trade Law
v.	versus
VglO	Vergleichsordnung
VO	Verordnung
WLR	Weekly Law Reports
WM	Wertpapiermitteilungen
ZInsO	Zeitschrift für das gesamte Insolvenzrecht
ZIP	Zeitschrift für Wirtschaftsrecht
ZPO	Zivilprozeßordnung

Glossar englischer Rechtstermini

Administration	sec. 8 ss. IA 86; ein durch die Insolvency Act 1986 eingeführtes Insolvenzverfahren für Gesellschaften, bei dem ein **Administrator** (→ Office Holder; → Insolvency Practitioner) die Verwaltung des insolventen Unternehmens übernimmt und diesbezüglich auch verfügungsbefugt ist.
Administrative Receivership	sec. 28 ss IA 86; Ein durch die Insolvency Act 1986 reformiertes Insolvenzverfahren, bei dem ein **Receiver** (→ Office Holder; → Insolvency Practitioner) auf Antrag des Sicherungsnehmers die Zwangsverwaltung einer zu dessen Gunsten bestellten (→) floating charge übernimmt.
Associate	sec. 435 IA 86; nahestehende Person (allgemein).
Company Voluntary Arrangement (CVA)	sec. 1 ss IA 86; ein durch die Insolvency Act 1986 eingeführtes Insolvenzverfahren, bei dem die (→) directors einer Gesellschaft unter Überwachung eines (→) Insolvency Practitioners den von der Gläubigerversammlung genehmigten Sanierungsplan implementieren.
Connected Person	sec. 249 IA 86; nahestehende Person (bezogen auf Gesellschaften).
Director	Bezeichnung sowohl für den Geschäftsführer einer entfernt der deutschen GmbH ähnlichen Limited Company (Ltd), als auch für das Vorstandsmitglied (bei der Bezeichnung „Non Executive Director“ Aufsichtsratsmitglied) einer der deutschen Aktiengesellschaft ähnlichen Public Company (plc.).
Floating Charge	eine nicht an bestimmtes Vermögenswerte gebundene Art der Sicherheit, sondern eine an Vermögensgegenständen, die ständig variieren. Die Besonderheit und der Vorteil dieser Art der Sicherheit besteht darin, dass die Gesellschaft im

normalen Geschäftsverlauf grundsätzlich über die von der Sicherungsabrede erfaßten Gegenstände frei verfügen darf. Erst im Falle eines vertraglich vorbestimmten Ereignisses verfestigt sich die floating charge an den zu diesem Zeitpunkt zu den Vermögenswerten der Gesellschaft gehörenden Gegenständen (sog. „crystallisation.

Insolvency Practitioner sec. 388 IA 86; Person, die sich durch Ablegung eines besonderen Examens zur öffentlichen Besorgung von Insolvenzverfahren qualifiziert hat. Im Insolvenzrecht der Gesellschaft kann nur der IP als (→) Office Holder berufen werden.

Liquidation s. Winding up

Office Holder sec. 238 (1) IA 86; Oberbegriff für den mit der Abwicklung des Insolvenzverfahrens beauftragten (→) Insolvency Practitioner, sei es ein (→) administrator oder ein (→) liquidator.

Precedent Urteil eines englischen Obergerichtes (ab High Court), welches die jeweils unteren Instanzen bindet.

Preference sec. 239 (4) IA 86 (Legaldefinition); eine der Gesellschaft zuzurechnende vorsätzliche anfechtbare Rechtshandlung, durch die ein Gläubiger der Gesellschaft für den Fall der Insolvenz der Gesellschaft eine bessere Stellung in Bezug auf eine Befriedigung oder Sicherheitenbestellung erhält, als er ohne diese Handlung innegehabt hätte.

Shadow Director sec. 251 IA 86 (Legaldefinition); Person, die ohne formell als director bestellt zu sein, sich als solcher geriert und nach dessen Anweisungen die Gesellschaft gewöhnlicherweise handelt.

Transaction Rechtsgeschäft, Rechtshandlung, Verfügung; Nach der Legaldefinition der sec. 436 schließt „transaction" ein Geschenk, eine Vereinbarung (agreement) und einen Vergleich (arrangement) mit ein. Da in Großbritannien das Abstraktionsprinzip nicht gilt, wird durch den Terminus „Transaction“ sowohl das Verpflichtungs- als auch das Verfügungsgeschäft erfaßt.

Transaction at an undervalue

sec. 238 (4) IA 86 (Legaldefinition); anfechtbare Rechtshandlung der Gesellschaft, bei der eine (wesentliche) Wertdiskrepanz zwischen Leistung und Gegenleistung besteht oder bei der überhaupt keine Gegenleistung erfolgt.

Transaction defrauding creditors

sec. 423 (1) IA 86 (Legaldefinition); vorsätzliche (→) Transaction at an undervalue

Winding-up

Liquidation der Gesellschaft und Verteilung des Gesellschaftsvermögens

Verzeichnis zitierter englischer Fälle

§ 1 Einführung

I. Problemstellung

Das Recht der Insolvenzanfechtung ist, wie das (Insolvenz-) Recht allgemein, national geprägt, wohingegen seit einiger Zeit aus dem Sprachschatz der Wirtschaft der Begriff der „Globalisierung" nicht mehr hinwegzudenken ist. So bestimmen große Firmenzusammenschlüsse, wie DaimlerChrysler oder Vodafone / Mannesmann die tägliche Berichterstattung. Im Rahmen dieser wirtschaftlichen Entwicklung kommt es dann aber auch zu grenzübergreifenden Unternehmenszusammenbrüchen, wie die Fälle von *Polly Peck*[1], *Maxwell*[2] und *BCCI*[3] beweisen. Diese internationalen Insolvenzen werfen auch immer Fragen der (rechtswidrigen) Masseverkürzungen auf, denen das Anfechtungsrecht auf Grund der vorgenannten nationalen Prägung bisher nur bedingt begegnen kann. Hierbei verdeutlicht der Fall des *Maxwell*-Konkurses,[4] dass die mit solchen Fragen betrauten Gerichte ebenfalls eher national geprägt sind:

> Die spätere Gemeinschuldnerin *Maxwell Communications Corporation plc* (*MCC*) war eine Gesellschaft mit Sitz in England, deren Hauptvermögen aus zwei Gesellschaften mit Sitz in den USA bestand. Dem standen Forderungenen verschiedener Banken gegenüber, darunter die englischen Banken NatWest und Barclays sowie die französische Société Générale. *MCC* verkaufte Teile ihres in den USA belegenen Vermögens innerhalb der Anfechtungsfrist einer amerikanischen Anfechtungsregelung, um mit dem so erhaltenen Geld Verbindlichkeiten gegenüber den zuvor genannten (europäischen) Banken zu begleichen. Der Sanierungsversuch schlug jedoch fehl und in der Folge wurden über das Vermögen von *MCC* zwei parallele Insolvenzverfahren in den USA und in England eröffnet. Im Zuge der Durchführung dieser Insolvenzverfahren wurden die an die europäischen Banken erfolgten Zahlungen vor einem US-amerikanischen Gericht angefochten. Das für die Entscheidung der Klage zuständige US-Gericht wies die Klage jedoch als unbegründet ab und führte zur Begründung vor allen Dingen das Territorialitätsprinzip des internationalen Insolvenzrechts[5] an. Nach diesem Prinzip sind die Wirkungen eines Insol-

---

[1] Polly Peck International plc [1996] 2 All ER 433.

[2] Maxwell Communications Copn plc [1994] 1 All ER 737.

[3] Bank of Credit and Commerce International SA, The Times, 2 April 1998; s. allgemein zur Entwicklung von (deutschen) Insolvenzverfahren, bei denen ein Auslandsbezug vorlag, Weinbörner, Insolvenzrecht, S. 201; s. für den internationalen Bereich auch Gottwald, grenzüberschreitende Insolvenzen, S. 8.

[4] für das amerikanische Verfahren s. 170 B.R. 800 (Bankr S.D.N.Y. 1994), Habscheid, Internationales Insolvenzrecht, S. 287 ff.

[5] s. dazu auch § 8 – Insolvenzanfechtungen mit Auslandsbezug.

venzverfahrens und damit auch die Wirkungen der Insolvenzanfechtung auf das Gebiet des Staates beschränkt, in dem das entsprechende Insolvenzverfahren durchgeführt wird. Da die in Frage stehende Vermögensübertragung außerhalb der USA stattgefunden habe, so das entscheidende Gericht, sei die Übertragung nicht nach US-Recht anfechtbar.

Dieses Ergebnis ist unbefriedigend, denn es ermöglicht gerade auf internationaler Ebene eine rechtswidrige Masseverkürzung durchzusetzen, die auf nationaler Ebene nicht geduldet würde. Selbst wenn heute die ersten Schritte in Richtung eines international harmonisierten Rechts der Insolvenzanfechtung getätigt werden,[6] so werden gleichwohl die nationalen Regelungen des Anfechtungsrechts noch für lange Zeit auch die Lösung internationaler Fälle bestimmen. Deshalb ist die Kenntnis, auf welcher Grundlage in anderen Rechtssystemen anfechtungsrechtlichen Fragestellungen begegnet wird, unabdingbar. Denn nur so können Ergebnisse, wie im oben angesprochenen *Maxwell*-Konkurs vermieden werden.

Ein Vergleich des deutschen und des englischen Rechts der Insolvenzanfechtung ist rechtsdogmatisch schon auf Grund ihrer Zugehörigkeit zu verschiedenen Rechtskreisen[7] interessant, denn während das deutsche Recht weitestgehend durch eine Kodifikation des Rechts geprägt ist, wurde das englische Recht maßgeblich durch Fallrecht, insbesondere durch die sog. precedents, geprägt. Weiterhin ist der Vergleich wegen der engen wirtschaftlichen Beziehungen zwischen Deutschland und England aber auch von praktischer Relevanz. Zudem ist das Verständnis des englischen Rechts der Insolvenzanfechtung erforderlich, um eine korrekte Anwendung der Europäischen Verordnung über Insolvenzverfahren[8] zu gewährleisten. Ein derartiger Vergleich ist ferner deswegen aufschlußreich, weil in beiden Rechtssystemen das Insolvenzrecht erst vor relativ kurzer Zeit reformiert wurde, das deutsche im Endeffekt erst mit Inkrafttreten der Insolvenzordnung am 1. Januar 1999,[9] das englische mit Inkraftsetzung der Insolvency Act 1986 am 29. Dezember 1986, sich hier also vergleichend das Erreichen der mit der jeweiligen Reform verfolgten Ziele darstellen läßt.[10]

---

[6] s. hierzu § 23 der UNCITRAL – Modellbestimmungen und unten § 8 – Insolvenzanfechtungen mit Auslandsbezug.

[7] Zum Begriff des „Rechtskreises" oder der „Rechtsfamilie" s. David/Grasmann-Neumayer, Rechtssysteme, Rechtssysteme, Rdn 22 ff.; Zweigert/Kötz, Rechtsvergleichung, S. 62.

[8] s. hierzu § 8, Abschnitt 4 a.

[9] Art 110 EGInsO.

[10] Fletcher in Ziegel, S. 299; Eine recht interessante Beobachtung ist, dass der Reformprozeß in beiden Ländern ungefähr zeitgleich startete, nämlich in Deutschland 1978 und in England 1979 mit der Einsetzung des *Cork Committee;* s. zur Arbeit des Komitees auch den deutschsprachigen Bericht von Cork/Graham, ZIP 1982, 1275.

II. Zielbestimmung und Vorgehensweise

In dieser rechtsvergleichenden Untersuchung sollen das deutsche und das englische Anfechtungsrecht im Wege der Institutionenvergleichung[11] so dargestellt werden, dass nicht nur ein Beitrag zur wissenschaftlichen Rechtsentwicklung geleistet wird, sondern auch dem Praktiker ein erster Leitfaden an die Hand gegeben wird, wenn er mit grenzüberschreitenden Insolvenzen in diesem Bereich betraut wird.

Um dem der Methode der Institutionenvergleichung innewohnendem Risiko der Falscheinordnung von Rechtsfiguren entgegenzuwirken, soll die Untersuchung recht weit gespannt sein. So werden in die Untersuchungen Rechtsfiguren, die im einen Rechtssystem außerhalb des eigentlichen Rechts der Insolvenzanfechtung liegen, im anderen jedoch davon erfaßt sind, in die Untersuchung mit einbezogen. Zudem sollen zumindest abrißartig die Anfechtungsregelungen außerhalb des Insolvenzverfahrens dargestellt werden, um das Bild abzurunden. Gleichwohl wird der Schwerpunkt der Arbeit auf den Regelungen der Insolvenzanfechtung selbst liegen. Anhand von vergleichbaren Einzelbeispielen sollen zudem die theoretischen Ausführungen praktisch verdeutlicht werden. Die vergleichende Darstellung der Anfechtungstatbestände richtet sich nach ihrem jeweiligen Schutzzweck und ihrer Wirkungsweise, nicht nach der gesetzessystematischen Stellung, um eine bessere Vergleichbarkeit der Rechtssysteme zu gewährleisten.

Weiterhin soll rechtstheoretisch untersucht werden, ob die praktischen Regelungen der Insolvenzanfechtung in beiden Ländern der theoretischen Zielsetzung entsprechen und, darüber hinausgehend, ob diese Regelungen sich in die Gesamtkonzeption des Insolvenzrechts einfügen. Hierbei soll an geeigneter Stelle ein besonderes Augenmerk auf das relativ neu in das Konzept des Insolvenzrechts beider Rechtssysteme aufgenommene Ziel der Unternehmenssanierung des Gemeinschuldners gerichtet werden. Am Ende der Untersuchung werden die Kritiken am Insolvenzanfechtungsrecht und an den erfolgten Reformen in beiden Rechtssystemen aufgezeigt und ausgewertet. Daran anschließend werden Lösungswege aufgezeigt, die sich unter anderem auch aus dem Vergleich der Rechtssysteme ergeben.

Die Untersuchung beschränkt sich jedoch nicht auf die Darstellung der Anfechtungstatbestände, vielmehr werden, den Zielen der Arbeit entsprechend, auch praxisrelevante Fragen, wie Zuständigkeitsregelungen oder die Finanzierung des Anfechtungsprozesses einbezogen. Schließlich soll die Problematik der Insolvenzanfechtung mit Auslandsbezug aufgezeigt werden. Ausgehend von den na-

---

[11] Zu diesem Begriff und den aus dieser Vergleichsmethode erwachsenden Risiken s. David/Grasmann-Neumayer, Rechtssysteme, Rdn 16; vgl. auch Bruski, Konkursanfechtung, S. 3.

tionalen Anknüpfungsregeln werden hier auch die Lösungsansätze des internationalen Rechts aufgezeigt und diskutiert. Insgesamt soll ein deutlicher Schwerpunkt auf gesellschaftsrechtliche Aspekte gelegt und nur am Rande auf die Individualinsolvenz eingegangen werden.[12] Englische Fachtermini werden nicht übersetzt, sondern grundsätzlich in ihrer englischen Originalfassung verwendet, um Mißverständnissen vorzubeugen.[13]

III. Rechtsquellen

Wie sich im Laufe der Untersuchung zeigen wird, lassen sich bestimmte Lebenssachverhalte in einem Rechtssystem unter die Anfechtungsvorschriften subsumieren, während derselbe Sachverhalt im anderen Rechtssystem von Tatbeständen außerhalb des eigentlichen Rechts der Insolvenzanfechtung erfaßt wird. Um einen umfassenden Vergleich der Systeme zu gewährleisten, wird bei der Darstellung des deutschen Rechts grundsätzlich zwar von der seit dem 1. Januar 1999 geltenden Insolvenzordnung ausgegangen.[14] Daneben werden jedoch auch relevante Regelungen des Anfechtungsgesetzes sowie des BGB dargestellt.

Bezüglich des englischen Rechts wird im Grundsatz von der Insolvency Act 1986[15] ausgegangen, wobei in der vorliegenden Arbeit nur das Recht von England und Wales behandelt wird.[16] Die für Schottland geltenden Sonderregelungen, die ebenfalls in der IA 86 eingearbeitet sind, bleiben insoweit außer Betracht. Daneben werden relevante Regelungen der Companies Act 1985 sowie die richterrechtlich entwickelten Regeln des Common Law, welche einen festen Bestandteil des englischen Rechtssystems bilden, in die Untersuchung einbezogen.

IV. Statistische Erhebungen über Anfechtungsprozesse in der Insolvenz

Eine noch so brillant und dogmatisch durchdachte Norm kann in der Praxis auf Grund verschiedenster Ursachen wirkungslos bleiben. Ein Indiz für den Erfolg oder Mißerfolg einer Regelung läßt sich aus empirischen Untersuchungen entnehmen. Allerdings, so wie allgemein relativ wenig statistisches Material über

---

[12] s. zu den neu ins deutsche Insolvenzrecht aufgenommenen Regelungen über die Verbraucherinsolvenz Smid, Insolvenzrecht, S. 357; s. zur Anfechtung im Verbraucherinsolvenzverfahren Wagner, ZIP 1999, 689.

[13] s. hierzu das Glossar der englischen Fachtermini, S. XV.

[14] Das am 1. Dezember 2001 in Kraft getretene Insolvenzrechtsänderungsgesetz weist bezüglich der Insolvenzanfechtung nur im Bereich der Verbraucherinsolvenz eine Neuregelung auf, s. dazu unten IV. Anfechtungsberechtigter Personenkreis.

[15] Auch im englischen Recht ist – nach einer schon im Jahre 1994 erfolgten Überarbeitung der Insolvency Act 1986 – erneut eine Überarbeitung erfolgt, die jedoch keine Auswirkungen auf das Recht der Insolvenzanfechtung hat, vgl. Insolvency Act 2000 (http//www.hmso.gov.uk/acts/acts2000/20000039.htm).

[16] Die Bezeichnungen „England“ bzw. „englisch“ stehen aus Gründen der Praktikabilität auch für das walisische Rechtssystem.

(nationale) Insolvenzen existiert,[17] so sind auch im Bereich der Insolvenzanfechtung wenig empirische Daten bekannt.[18] Somit lassen sich nur wenige konkrete und gar keine allgemeingültigen Aussagen zur Häufigkeit von Insolvenzanfechtungsprozessen, zu Problemen bei ihrer Durchführung und zu ihrer Erfolgsquote machen. Dieses gilt erst Recht für den internationalen Bereich. Trotzdem soll im Rahmen dieser Arbeit versucht werden, die vorhandenen statistischen Daten zumindest ansatzweise auszuwerten, um auch auf diese Weise den Erfolg des jeweiligen Rechts der Insolvenzanfechtung zu beurteilen.

§ 2 Ziele und Strukturprinzipien der Insolvenzanfechtung

In diesem Kapitel sollen die Ziele der Insolvenzanfechtung in den zu vergleichenden Systemen dargestellt und in den jeweiligen dogmatischen Gesamtkontext des Insolvenzrechts eingebettet werden. Diese rechtstheoretische Darstellung soll auch dazu dienen, die möglichen unterschiedlichen Begründungen für die Existenz der Anfechtungsregeln und deren Auswirkungen auf die Ausgestaltung und Auslegung der konkreten Anfechtungsregeln im deutschen und englischen Recht zu verdeutlichen.

I. Deutsches Recht

Als Ziel des Insolvenzverfahrens wird im deutschen Recht allgemein die gleichmäßige Befriedigung der Gläubiger (*par conditio creditorum*[19]) im Rahmen eines formellen Verfahrens genannt.[20] Daran hat auch die Reform des Insolvenzrechts grundsätzlich nichts geändert,[21] jedoch sind mit der nunmehr in § 1 InsO genannten Unternehmenssanierung und der Möglichkeit der Restschuldbefreiung für natürliche Personen zwei weitere Ziele in das Insolvenzrecht aufgenommen worden. Von der Frage, welche Ziele durch das Insolvenzverfahren selbst verfolgt werden, ist die Frage zu unterscheiden, durch welche Mittel diese Ziele erreicht werden sollen. Eines dieser Mittel stellt das Insolvenzrecht dar,[22] welches drei Hauptfunktionen im Rahmen des Insolvenzverfahrens ausübt,

---

[17] s. für das (alte) deutsche Recht die Untersuchung von Gessner/Rhode/Strate/Ziegert, Die Praxis der Konkursabwicklung in der Bundesrepublik Deutschland, 1978; zum englischen Recht: Ford/Wilson, Personal Debt and Insolvency, 1993; Flynn, Are the institutions of insolvency achieving their purpose?, 1993.

[18] s. hier für das englische Recht Milman/Parry, A Study of the Operation of Transactional Avoidance Mechanisms in Corporate Insolvency Practice, 1997.

[19] Zum Begriff und zur Entwicklung des Rechtsprinzips, s. Gerhardt, Gläubigeranfechtung, S. 182, der den Begriff auf Ulpian zurückführt.

[20] Kuhn/Uhlenbruck, KO, Vorbem., Rdn 5 ff.; Niehus, Insolvenzanfechtung, S. 29; Kübler/Prütting- Prütting, InsO, § 1 Rdn 74; Smid/Rattunde, Insolvenzplan, Rdn 85.

[21] Kübler/Prütting-Prütting, InsO, § 1 Rdn 13; vgl. auch FK-Schmerbach, InsO, § 1 Rdn 12.

[22] andere Mittel sind z. B. die Betriebswirtschaft, das Steuerrecht, das Arbeitsrecht, etc.

nämlich die Befriedigungsfunktion, die Gleichbehandlungsfunktion und (nunmehr) die Entschuldungs- und Sanierungsfunktion.[23]

Die gleichmäßige Befriedigung der Gläubigergesamtheit ist aber nur möglich, wenn überhaupt eine verteilungsfähige Insolvenzmasse zur Verfügung steht. Sowohl der Schuldner als auch einzelne Gläubiger können diese gleichmäßige Befriedigung durch Schmälerung der Masse schon vor Beginn des eigentlichen Insolvenzverfahrens vereiteln. So wird der Schuldner häufig versucht sein, Bestandteile seines Vermögens, etwa durch Übertragung an seine Ehefrau, dem Zugriff der Gläubiger zu entziehen. Aber auch Gläubiger, welche die Krise des Schuldners erkennen, könnten ohne das Instrumentarium der Insolvenzanfechtung ungehindert versuchen, die Befriedigung ihrer Ansprüche z. B. durch erhöhten Druck auf den Schuldner zu erreichen.

Durch die Möglichkeit der Insolvenzanfechtung nun soll der Schutz der zukünftigen Insolvenzmasse vor derartigen Eingriffen gewährleistet werden, indem bestimmte Handlungen des Schuldners vor Beginn des Insolvenzverfahrens rückgängig gemacht werden, die zu einer Verringerung der Masse geführt haben.[24] Eine derartige „Rückgängigmachung" könnte nun aber z. B. auch über den Weg der Nichtigkeit der in Frage stehenden Rechtshandlung bewirkt werden, einen Weg, den der Gesetzgeber in § 88 InsO, der sogenannten Rückschlagsperre, gewählt hat. Die Vorverlagerung der Wirkungen des Insolvenzverfahrens beschränkt jedoch die Verfügungsmacht des Schuldners, greift in bestehende Schuldverhältnisse ein und kollidiert mit Grundsätzen des Vertrauensschutzes und der Rechtssicherheit.[25] Dementsprechend benötigen diese vom Gesetzgeber vorgenommenen Eingriffe in Rechtssicherheit und Parteiautonomie einer besonderen Rechtfertigung und Ausbalancierung der betroffenen Rechtsprinzipien.[26]

Die Insolvenzanfechtung nun stellt ein dem Insolvenzrecht eigentümliches Rechtsinstitut dar, welches sich durch seine konkrete Ausgestaltung von den Regelungen über die Nichtigkeit von Rechtshandlungen unterscheidet und schon durch eben diese Ausgestaltung den Gedanken des Vertrauensschutzes Rechnung tragen soll. So wirkt die Nichtigkeit einer Rechtshandlung grundsätzlich

---

[23] s. vertiefend, Smid, Insolvenzrecht, S. 4 ff.; die Ziele der Gläubigergleichbehandlung und der Gläubiger-befriedigung korrespondieren miteinander und werden häufig synonym genannt, ohne sie entsprechend ihrer Bedeutung zu trennen. Treffend hierzu Eichberger, Konkursanfechtung, S. 9, der das Verhältnis so charak-terisiert, dass die Gesamtbefriedigung der Gläubiger unter der Prämisse der Gläubigergleichbehandlung steht.

[24] Zeuner, Insolvenzanfechtung, Rdn 1; Haarmeyer/Wutzke/Förster, Insolvenzordnung, S. 423; Häsemeyer, Insolvenzrecht, S. 413; Jauernig, Zwangsvollstreckung, S. 237; Weisemann/Smid-Steder, Unternehmensinsolvenz, S. 226.

[25] v. Campe, Insolvenzanfechtung, S. 8; Eichberger, Konkursanfechtung, S. 17.

[26] so auch Paulus, ZInsO 1999, 242.

zeitlich unbegrenzt, unterliegt insbesondere keiner Verjährung.[27] Dagegen unterliegt das Recht des Insolvenzverwalters, die Anfechtbarkeit einer Rechtshandlung geltend zu machen nach § 146 InsO einer Verjährungsfrist von zwei Jahren. Weiterhin hält das Recht der Insolvenzanfechtung auch besondere Regelungen bezüglich der Rechtsfolgen der Anfechtung bereit,[28] welche zum Teil von den Rechtsfolgen nichtiger Rechtshandlungen abweichen. Darüber hinaus ist die Anfechtung grundsätzlich durch den Insolvenzverwalter geltend zu machen,[29] während die Nichtigkeit von Amts wegen zu berücksichtigen ist.[30] Das Institut der Insolvenzanfechtung dient in seiner konkreten Ausgestaltung damit auch dem Ausgleich widerstreitender Interessen, der bei einer Nichtigkeit der Rechtshandlung nicht gewährleistet werden könnte.

Historisch bedingt begründete die früher vorherrschende Meinung die Existenz der Anfechtungstatbestände aus dem Gedanken der Unredlichkeit heraus (sog. Unredlichkeitstheorie).[31] Nach dieser Theorie ist die Befriedigung der Forderung eines Gläubigers, die in Kenntnis der Krisensituation des Schuldners erfolgt, unredlich und damit nicht schutzwürdig. Die Unredlichkeitstheorie wird jedoch heute nur noch vereinzelt vertreten und ist im Gesetz ebenfalls nur noch in abgeschwächter Form erkennbar, so z. B. in § 133 InsO.[32] Gerade die Tatsache, dass Vollstreckungsmaßnahmen vor Beginn des Insolvenzverfahrens der Anfechtung unterliegen,[33] stellt ein Indiz dafür dar, dass das deutsche Recht nicht mehr der Unredlichkeitstheorie verhaftet ist. Denn bei einer ohne oder sogar gegen den Willen des Schuldners durchgeführten Vollstreckungsmaßnahme kann diesem eben kein Vorwurf der Unredlichkeit gemacht werden.

Nach heute überwiegender Meinung stellt das Recht der Insolvenzanfechtung dagegen grundsätzlich eine besondere Ausprägung des Gläubigergleichbehandlungsgrundsatzes dar. [34] Dieser Grundsatz ist aber nicht bei allen Anfechtung-

---

[27] Die Darstellung orientiert sich an Nichtigkeitsnormen, die auf materielle Fehler des Rechtsgeschäftes abstellen, wie z. B. §§ 134, 138 BGB, nicht aber auf solche Normen, welche nur die (heilbare) formelle Nichtigkeit eines Rechtsgeschäftes regeln, wie z. B. § 313 BGB.

[28] s. hierzu im einzelnen § 7 – Rechtsfolgen der Anfechtung.

[29] s. hierzu § 3 IV – Anfechtungsberechtigter Personenkreis und Anfechtungsgegner.

[30] vgl. Palandt-Heinrichs, BGB, vor § 104 Rdn 27; MüKo-Mayer-Maly, BGB, § 138 Rdn 130.

[31] so noch Canaris, FS KO, S. 77; Gerhardt, Gläubigeranfechtung, S. 215.

[32] Pfefferle, Konkursanfechtung, S. 92; v. Campe, Insolvenzanfechtung, S. 10; Niehus, Insolvenzanfechtung, S. 32.

[33] Häsemeyer, Insolvenzrecht, S. 432; Henckel, Kölner Schrift, Rdn 19; HK-Kreft, InsO, § 129 Rdn 25; Kuhn/Uhlenbruck, KO, § 29 Rdn 16.

[34] Jaeger/Henckel, KO, § 29 Rdn 2; Pfefferle, Konkursanfechtung, S. 53; Häsemeyer, Insolvenzrecht, S. 443; Haarmeyer/Wutzke/Förster, Insolvenzordnung, S. 423; Eichberger, Konkursanfechtung, S. 2; Zeuner, Insolvenzanfechtung, Rdn 1; Smid, Insolvenzrecht, S. 237; Breutigam/Tanz, ZIP 1998, 717; Bork, Insolvenzrecht, Rdn 2, 204; v. Campe, Insolvenzanfechtung, S. 7, 14; Niehus, Insolvenzanfechtung, S. 30; auch die Rechtsprechung folgt aus-

statbeständen vorherrschend und erfährt darüber hinaus unter Vertrauensschutzgesichtspunkten bestimmte Einschränkungen:[35]

So bezweckt der Tatbestand der unentgeltlichen Leistung in § 134 InsO nicht den Schutz des Gläubigergleichbehandlungsgrundsatzes, sondern wird vom Grundsatz der geringeren Schutzwürdigkeit des unentgeltlichen gegenüber dem entgeltlichen Erwerb beherrscht. Danach überwiegt das Recht des Gläubigers auf Befriedigung seiner vollstreckbaren Forderung das Interesse des durch die unentgeltliche Leistung Begünstigten, das Empfangene behalten zu dürfen.[36] Eine weitere Ausnahme stellen die §§ 135, 136 InsO dar, die auch dazu dienen, einer zu geringen Kapitaldeckung der Gesellschaften entgegenzuwirken[37] und somit eine gewisse Abschreckungsfunktion erfüllen.

Die Gleichbehandlungs- und Befriedigungsfunktion der Anfechtungsregeln vermögen auch nicht das Vorhandensein subjektiver Tatbestandsmerkmale zu erklären. Historisch bedingt erklärt sich das Vorhandensein subjektiver Tatbestandsmerkmale im Anfechtungsrecht zwar aus dem Gedanken der Unredlichkeit.[38] Dieses folgt aus dem Gedanken, dass Unredlichkeit ein subjektives Merkmal darstellt und demzufolge die Anfechtbarkeit einer Rechtshandlung nach dieser Theorie notwendigerweise vom Vorliegen subjektiver Tatbestandsmerkmale abhängig gemacht werden muss.[39] Im heutigen Recht wird jedoch vermehrt die Auffassung vertreten, dass die subjektiven Tatbestandsmerkmale

---

drücklich dieser Theorie, s. BGH, Urt. 2.2.1972 - VIII ZR 152/70, BGHZ 58, 108; Dieses galt wohl auch schon für die Konkursordnung, vgl. Hahn, Materialien zur Konkursordnung, S. 44; Kuhn/Uhlenbruck, KO, § 30 Rdn 1; nach Eichberger, Konkursanfechtung, beruht der Gläubigergleichbehandlungsgrundsatz in der Insolvenz im Endeffekt auf dem allgemeinen Gleichheitssatz des Verfassungsrechts, Art. 3 I GG. Berges, KTS 1957, 49 sieht die Gläubigergesamtheit im Konkurs als Vorratsgemeinschaft an, welche anteilig aus dem Masse“vorrat“ zu befriedigen sei. Häsemeyer, KTS 1982, 507, leitet den Gleichbehandlungsgrundsatz dagegen aus einer (anteiligen) Ausgleichshaftung der Gläubiger untereinander für die Konkursforderungen ab.

[35] Bestimmte andere Einschränkungen des Gleichbehandlungsgrundsatzes unter Vertrauensschutzgesichtspunkten stellen auch die Bestimmung einer zeitlichen Komponente – der Anfechtungs- oder Verjährungsfristen – oder bestimmte Tatbestandseinschränkungen dar. S. im einzelnen dazu unten § 4 und § 5.

[36] Zeuner, Insolvenzanfechtung, Rdn 207; Kuhn/Uhlenbruck, KO, § 32 Rdn 1; Hess/Weis, AnfR, § 134, Rdn; FK-Dauernheim, InsO, § 134 Rdn 2 f.

[37] Smid, Insolvenzrecht, S. 259; Kuhn/Uhlenbruck, KO, § 32a Rdn 1; Zeuner, Insolvenzanfechtung, Rdn 230

[38] s. hierzu v. Campe, Insolvenzanfechtung, S. 9 f.; Eichberger, Konkursanfechtung, S. 18 ff.; s. allgemein zur dogmatischen Einordnung der Insolvenzanfechtung im deutschen Recht auch § 8 – Rechtsfolgen der Anfechtung

[39] Eichberger, Konkursanfechtung, S. 19; a. A. Niehus, Insolvenzanfechtung, S. 33.

durch Gesichtspunkte des Vertrauensschutzes und der Rechtssicherheit motiviert sind.[40]

Daneben folgt aber aus dem für die Anfechtung einer Rechtshandlung erforderlichen Tatbestandsmerkmal der Gläubigerbenachteiligung, dass die Insolvenzanfechtung neben der Gläubigergleichbehandlung auch der Gläubigerbefriedigung dient, denn eine Benachteiligung ist nur dann gegeben, wenn die Befriedigungsmöglichkeit der Gläubiger vermindert, vereitelt, erschwert oder verzögert wird.[41] Zudem dienen die Anfechtungsregeln insgesamt nicht nur der Anreicherung der Masse, sondern ihnen wird darüber hinaus auch eine gewisse Präventiv- oder Abschreckungswirkung zugeschrieben.[42]

Bisher ungeklärt dagegen ist das genaue Verhältnis der Regeln über die Insolvenzanfechtung und dem in § 1 InsO neu statuierten Ziel der Unternehmenssanierung.[43] Das Ziel der Unternehmenssanierung steht zwar unter der Prämisse, dass hierdurch eine bessere Befriedigung der Gläubiger erreicht werden kann.[44] Diese Einschränkung ergibt sich aus dem Gedanken, dass für den Erhalt des Unternehmens auch Schritte der Gläubiger, wie Forderungsverzichte oder Zuführung neuer Mittel, erforderlich sind, um das Unternehmen zu erhalten. Die Motivation zu derartigen Leistungen des Schuldners kann sich nur dann ergeben, wenn die Gläubiger auch konkrete eigene Vorteile durch die Sanierung erwarten können. Es ist jedoch möglich, dass im Zuge eines Sanierungsverfahrens durch Anfechtung erlangte Vermögenswerte dem Gemeinschuldner selbst wieder zugute kommen. Dieser faktische Verfahrensausgang steht in einem Spannungsverhältnis zu den oben angesprochenen anderen dogmatischen Begründungen des Anfechtungsrechts.[45] Hierauf soll im Laufe der Untersuchung noch vertieft eingegangen werden.

Zusammenfassend läßt sich somit feststellen, dass die Anfechtungsregeln im deutschen Recht grundsätzlich eine spezielle Ausprägung des Gläubigergleichbehandlungsgrundsatzes darstellen, wobei dieses Prinzip aus Gründen des Ver-

---

[40] v. Campe, Insolvenzanfechtung, S. 16 f.; Niehus, Insolvenzanfechtung, S. 33.

[41] Kübler/Prütting-Prütting, InsO, § 129 Rdn 22; Kuhn/Uhlenbruck, KO, § 29 Rdn 25; Weisemann/Smid-Steder, Unternehmensinsolvenz, s. 228; vertiefend zu diesem Tatbestandsmerkmal, s. auch § 4 III – Erfordernis eines objektiv meßbaren Erfolges der Rechtshandlung.

[42] v. Campe, Insolvenzanfechtung, S. 18; Drukarczyk, Unternehmen und Insolvenz, S. 229; Bruski, Konkursanfechtung, S. 138.

[43] Dieses trifft grundsätzlich auch auf das Verhältnis zur Restschuldbefreiung zu. Hierbei sind jedoch Spannungen nicht zu erwarten, da die Entschuldung erst nach Abschluß des Verfahrens in Frage kommt, die Anfechtung aber gerade im Verfahren selbst erfolgt.

[44] Niehus, Insolvenzanfechtung, S. 34; Smid, Insolvenzrecht, S. 7; v. Campe, Insolvenzanfechtung, S. 19 ff.

[45] s. hierzu auch v. Campe, Insolvenzanfechtung, S. 22; Paulus, BB 2001, 425; Paulus. ZInsO 1999, 242, 243.

trauensschutzes und der Rechtssicherheit bestimmte Einschränkungen erfährt. Darüber hinaus existieren bestimmte Anfechtungstatbestände, denen eine andere Zielrichtung zugewiesen ist.

II. Englisches Recht

Im Verlauf der Reform des englischen Insolvenzrechts hat das *Cork Committee* bezüglich der Ziele des Insolvenzverfahrens einen Kanon von insgesamt zwölf Verfahrenszielen entwickelt.[46] Dabei nimmt der Grundsatz der Gläubigergleichbehandlung (im englischen Recht als *pari passu* bezeichnet) eine prominente Stellung ein, obwohl eingestanden wird, dass die praktische Durchsetzbarkeit dieses Prinzips eher schwach ist.[47] Ein weiteres, neben dem Grundsatz der Gleichbehandlung gleichwertiges, Ziel ist die Sanierung von Unternehmen, die einen „nützlichen Beitrag zum Wirtschaftslebens des Landes leisten können.[48] Dieses Ziel soll vorwiegend durch die Verfahren der „administration“ und des „administrative receivership“ erreicht werden. Dabei soll das insolvente Unternehmen, bzw. Teile davon, erhalten werden, indem durch den Insolvenzverwalter ein Sanierungsplan aufgestellt und durchgesetzt wird.

Mit den Regeln über die Insolvenzanfechtung werden im englischen Recht nach Ansicht der Literatur nun vornehmlich drei Ziele verfolgt:[49] Es soll sowohl die Vermögensmasse des Insolvenzschuldners erhöht[50] als auch das Prinzip der Gleichrangigkeit der Insolvenzgläubiger abgesichert werden.[51] Auch sollen die Insolvenzgläubiger gegen vermögensmindernde Rechtshandlungen geschützt werden, die dem anderen Teil einen unredlichen Vorteil einräumen.[52] *Prentice* macht darüber hinaus auch noch eine Abschreckungsfunktion der Insolvenzanfechtungsregeln aus.[53]

Abgesehen von dieser Zielfeststellung ist die dogmatische Begründung für die Insolvenzanfechtung im englischen Recht weder von der Literatur, noch vom

---

[46] Cork-Report, Rdn 198 (f); zur Möglichkeit, für das Insolvenzverfahren verschiedene Ziele zu bestimmen, s. allgemein Jackson, Bankruptcy Law, S. 3 ff; Balz, ZIP 1988, S. 1438.

[47] Cork-Report, Rdn 233; Fletcher in Ziegel, S. 299.

[48] vgl. Cork-Report, Rdn 198 (j).

[49] Goode, Commercial Law, S. 856 macht vier Ziele aus, wobei jedoch eines das in dieser Arbeit nicht vertiefte Problem der Nichtregistrierung von Sicherheiten, sec. 395 CA 85, betrifft.

[50] Bunge, Konkursanfechtung, S. 1; Hemsworth [2000] Ins L&P 54.

[51] Cork-Report, Rdn 1209; Prentice, Preferences, S. 442; Goode, Commercial Law, S. 856; Doyle, Insolvency Litigation, Rdn 9.02; Kamlah, Insolvenzanfechtung, S. 120; Bunge, Konkursanfechtung, S. 1; Finch, Corporate Insolvency, S. 398.

[52] Goode, Insolvency Law, S. 345; Prentice in Pettet, S. 77; Tolmie, Insolvency Law, S. 333.

[53] Prentice, Preferences, S. 443.

Gesetzgeber, noch von den Gerichten besonders herausgearbeitet worden.[54] Hierfür wird die Tatsache verantwortlich gemacht, dass jeder Anfechtungstatbestand sich aus einer historischen Regelung ableitet, jedoch nie der Versuch unternommen wurde, diese Normen zu einem in sich schlüssigen System zusammenzustellen.[55] Eine Ausnahme hierzu stellen die Ausführungen von *Wood*[56] und *Jackson*[57] (letzterer spricht eigentlich für das US-Recht, wird aber auch in England häufig als Autorität zitiert[58]) dar. *Wood* erkennt das Spannungsverhältnis, in dem das Anfechtungsrecht steht und stellt heraus, dass die Anfechtungsregeln unter Umständen mit dem Gebot der Rechtssicherheit kollidieren und Rettungsbemühungen der Unternehmensleitung zunichte machen können sowie zumindest teilweise im Gegensatz dazu stehen, dass ein Schuldner seine Verpflichtungen erfüllen soll.[59]

Aus den vorgenannten Stellungnahmen sowie aus – später noch vertieft darzustellenden – bestimmten Aspekten der Ausgestaltung des Anfechtungsrechts läßt sich entnehmen, dass das englische Recht der Insolvenzanfechtung (unbewußt) der Unredlichkeitstheorie folgt und keine klare Trennung zwischen der Unredlichkeitstheorie und dem Grundsatz der Gläubigergleichbehandlung durchführt. Die vorgenannte Aussage, dass die Verschaffung „unredlicher Vorteile" verhindert werden soll, indiziert schon die Nähe zur Unredlichkeitstheorie. Dieser Eindruck wird noch verstärkt durch die Tatsache, dass im englischen Recht Vollstreckungsmaßnahmen grundsätzlich nicht anfechtbar sind.[60] Dem liegt der Gedanke zugrunde, dass einerseits dem Gläubiger die „Früchte" seiner Bemühungen, den Anspruch gegenüber dem Schuldner vor anderen Gläubigern durchzusetzen, erhalten bleiben sollen.[61] Andererseits sollen nur diejenigen Handlungen anfechtbar sein, die auf aktivem und freiwilligem Tun des Schuldners beruhen. Ein weiteres Anzeichen dafür, dass dem englischen Anfechtungsrecht die Unredlichkeitstheorie zugrunde liegt, stellt die Tatsache dar, dass im englischen Recht die Anfechtung von Deckungshandlungen unbekannt ist.[62] Ebenfalls für die (unbewußte) Verfolgung der Unredlichkeitstheorie spricht auch die bisher bruchlose historische Entwicklung des englischen Insolvenzrechts, das sich aus

[54] s. hierzu beispielhaft die kurzen dogmatischen Begründungen bei Doyle, Insolvency Litigation, Rdn 9.02; Fletcher, Cross-Border Insolvency, S. 222.
[55] Goode, Insolvency Law, S. 346 f.; Kamlah, Insolvenzanfechtung, S. 120.
[56] Wood, International Insolvency, Rdn 4-1.
[57] Jackson, Bankruptcy Law, Chapter 6; s. auch die Besprechung des Buches bei Balz, ZIP 1988, 1438
[58] s. als Beispiel Prentice in Pettet, S. 72 ff.; vgl. auch Smid, Insolvenzrecht, S. 4.
[59] Wood, International Insolvency, Rdn 4-3.
[60] Wood, International Insolvency, Rdn 5 – 36; Kamlah, Insolvenzanfechtung, S. 149, 151; s. hierzu aber die von Eckstein, englisches Konkursrecht, S. 206 nachgezeichnete historische Entwicklung der Anfechtung von Vollstreckungshandlungen.
[61] Cork-Report, Rdn 1256 (b); s. hierzu die Kritik von Goode, S. 441.
[62] Kamlah, Insolvenzanfechtung, S. 227.

dem Strafrecht und nicht aus dem Prozeßrecht entwickelt hat.[63] Schließlich deutet die Auslegung der subjektiven Tatbestandsmerkmale in den Anfechtungstatbeständen, wie etwa in *Re MC Bacon*,[64] darauf hin, dass die Rechtsprechung eher der Unredlichkeits- denn der Gleichbehandlungstheorie verhaftet ist.

Im englischen Insolvenzanfechtungsrecht existieren aber auch Tatbestände, die doch eher der Verwirklichung des Gleichbehandlungsgrundsatzes zu folgen scheinen, so insbesondere sec. 245 IA 86, avoidance of certain floating charges. Diese Regelung enthält z. B. keine subjektiven Tatbestandsmerkmale, welche unter Zugrundelegung der Unredlichkeitstheorie aber unabdingbar wären. Wie in dieser Untersuchung noch vertieft darzustellen sein wird,[65] handelt es sich bei dieser Vorschrift aber nicht um eine Anfechtungs-, sondern um eine Nichtigkeitsregelung. Auch die Regelung der sec. 244 IA 86 scheint nur auf den ersten Blick der Verwirklichung des Gleichbehandlungsgrundsatzes zu dienen. In Wirklichkeit stellt diese Regelung aber gar keinen Anfechtungstatbestand im eigentlichen Sinne dar,[66] so dass auch diese Regelung nicht beispielhaft für die Verwirklichung des Gleichbehandlungsgrundsatzes im englischen Recht steht. Somit verbleibt als Regelung, die zumindest teilweise der Durchsetzung des Gläubigergleichbehandlungsgrundsatzes dient, sec. 238 IA 86, transactions at an undervalue.[67]

Zusammenfassend läßt sich sagen, dass das englische Recht trotz Bekenntnis zur Gläubigergleichbehandlung und Gläubigerbefriedigung mit Ausnahme der sec. 238 IA 86 eher der Unredlichkeitstheorie verhaftet ist.

III. Vergleich

Die Regeln des Rechts der Insolvenzanfechtung in beiden Systemen verfolgen zumindest äußerlich die selbe primäre Zielsetzung, nämlich, eine gleichmäßige Befriedigung der Gläubiger sicherzustellen. Sie unterstützen damit auch die (Haupt-) Ziele des jeweiligen Insolvenzverfahrens in beiden Ländern, die ebenfalls vorrangig auf eine gleichmäßige Gläubigerbefriedigung ausgerichtet sind. Es existieren allerdings schon auf dogmatischer Ebene erhebliche Unterschiede zwischen den beiden Rechtssystemen: Während im deutschen Recht sowohl die Ziele des Insolvenzverfahrens als auch diejenigen der Anfechtungsregelungen dogmatisch/theoretisch vertieft begründet wurden, geht das englische Rechtssystem, ohne theoretische Ansätze zu vertiefen, eher pragmatisch an die Lösung

---

[63] Eckstein, englisches Konkursrecht, S. 2; vgl. auch Vach, Insolvenzrechtsreform, S. 10; Richard, englisches Konkursrecht, S. 7.
[64] [1990] BCLC 324.
[65] s. hierzu § 5 VII. 2. b. iii.
[66] so auch Kamlah, Insolvenzanfechtung, S. 142; vgl. auch die Darstellung unter § 5 VII 1. b. ii.
[67] vgl. auch Kamlah, Insolvenzanfechtung, S. 139 und unten § 5 IV. 2.

der Anfechtungsproblematik heran, wie die wenigen Aussagen zur Anfechtungsdogmatik belegen. Weiterhin wird im englischen Recht auch keine strikte Unterscheidung zwischen Nichtigkeits- und Anfechtungstatbeständen getroffen. Trotz dieser fehlenden dogmatischen Begründung läßt sich an Hand verschiedener Indizien nachweisen, dass das englische Recht der Insolvenzanfechtung der Unredlichkeitstheorie folgt. Damit aber besteht schon in rechtstheoretischer Hinsicht ein wesentlicher Unterschied zwischen deutschem und englischem Recht, denn das deutsche Recht folgt mittlerweile der Gleichbehandlungstheorie. Dieser Unterschied im dogmatischen Ansatz hat gravierende Auswirkungen, wie von *Pfefferle*[68] nachgewiesen wurde:

Während Rechtshandlungen vor Verfahrenseröffnung nach der Unredlichkeitstheorie grundsätzlich Bestand haben und nur ausnahmsweise – nämlich im Falle der Unredlichkeit - anfechtbar sind, ist auf Grund des objektiven Ansatzes nach der Gläubigergleichbehandlungstheorie die Anfechtbarkeit derartiger Rechtshandlungen die Regel. Die subjektiven Merkmale der Anfechtungstatbestände sind nach der Unredlichkeitstheorie konstitutive Voraussetzungen der Anfechtung, während sie nach der Gleichbehandlungstheorie Tatbestandseinschränkungen im Interesse des Vertrauensschutzes darstellen. Daraus läßt sich ableiten, dass im englischen Recht die Anfechtung von Rechtshandlungen, welche vor Beginn des Insolvenzverfahrens vorgenommen wurden, als Ausnahme angesehen wird, während sie im deutschen Recht als Regel anzusehen ist. Folglich ist schon vom dogmatischen Ansatz das deutsche Recht eher auf eine Gleichbehandlung der Gläubiger in der Insolvenz ausgerichtet als das englische Recht.

Ein anderer Punkt betrifft die Frage des in beiden Rechtssystemen nunmehr verfolgten Ziels der Sanierung des Insolvenzschuldners. Zwar wird das Spannungsverhältnis zwischen den mit der Insolvenzanfechtung verfolgten Zielen einerseits und der Sanierungsfunktion des Insolvenzrechts andererseits erkannt, aber auf dogmatischer Ebene bisher nicht gelöst.

IV. Analyse

Die fehlende dogmatische Auseinandersetzung mit den durch das Vorhandensein von Anfechtungsregeln verfolgten Zielen im englischen Recht führt zu schwerwiegenden Unstimmigkeiten zwischen Aussage und Wirklichkeit: Zum einen trifft das *Cork-Committee* in seiner Bestimmung der Ziele des Insolvenzrechts keine klare Unterscheidung zwischen den Zielen des Verfahrens und den Funktionen des Rechts in einem solchen Verfahren. So werden im schon genannten Zielkanon[69] z. B. neben der Verwirklichung des Grundsatzes des *pari passu* als Ziel des Insolvenzverfahrens die Akzeptanz der Tatsache genannt,

---

[68] Pfefferle, Konkursanfechtung, S. 60.
[69] Cork-Report, Rdn 198.

dass die heutige Welt(wirtschaft) auf Kredit aufgebaut ist, welches als Korrektiv ein Insolvenzverfahren benötige.

Diese fehlende Unterscheidung von Ziel und Funktion, Verfahren und Recht führt zu einem wenig durchdachten dogmatischen Aufbau des Rechts der Insolvenzanfechtung: Unabhängig von der Frage, ob nicht gewichtige Gründe gegen die Unredlichkeits- und für die Gläubigergleichbehandlungstheorie sprechen,[70] ist im englischen Recht eine Diskrepanz zwischen Aussage und Inhalt auszumachen: Während Literatur und Rechtsprechung immer wieder betonen, dass die Anfechtungsregeln dem Grundsatz des *pari passu*, also der Durchsetzung des Gläubigergleichbehandlungsgrundsatzes, folgen würden, folgt, wie noch vertieft darzustellen sein wird, die Ausgestaltung und Auslegung der eigentlichen Anfechtungsregeln tatsächlich der Unredlichkeitstheorie. Der fehlende dogmatische Unterbau des englischen Rechts der Insolvenzanfechtung bewirkt aber auch eine Vermengung von Nichtigkeits- und Anfechtungstatbeständen unter der Bezeichnung Anfechtungsrecht.

§ 3 Die Durchsetzung des Anfechtungsanspruches

I. Überblick

Die formlose Geltendmachung des materiellen Anfechtungsanspruches gegenüber dem Anfechtungsgegner, z. B. durch mündliche Erklärung, stellt zwar ein mögliches Mittel zur Durchsetzung des Anfechtungsanspruches dar. Die Durchsetzung wird in der Praxis jedoch häufig nur auf dem Gerichtsweg erfolgen können, da zu Ungunsten des Anfechtungsgegners in ein bestehendes Rechtsverhältnis eingegriffen wird, und dieser sich einer Rückgängigmachung der in Frage stehenden Rechtshandlung widersetzen wird. Die Effektivität und Effizienz der materiellen Regelungen des Anfechtungsrechts hängt aus diesem Grund auch maßgeblich von den Möglichkeiten der prozessualen Geltendmachung ab. Angesichts der Insolvenz des Schuldners ist darüber hinaus die Frage der Finanzierung des Anfechtungsprozesses von herausragender Bedeutung. An dieser Stelle wird deswegen neben den prozeßrechtlichen Voraussetzungen einer gerichtlichen Geltendmachung des Anfechtungsanspruchs auch die praktisch bedeutsame Frage der Prozeßfinanzierung aus rechtsvergleichender Sicht aufgearbeitet.

II. Statthaftigkeit der Anfechtungsklage

Stellt sich heraus, dass auf Grund der Haltung des Anfechtungsgegners eine Durchsetzung des materiellen Anfechtungsanspruches ohne Inanspruchnahme gerichtlicher Hilfe nicht möglich ist, so ergibt sich die Folgefrage, ob das jeweilige nationale Insolvenzverfahren die prozessuale Geltendmachung des Anspru-

[70] s. hierzu ausführlich Pfefferle, Konkursanfechtung, S. 53 ff.; v. Campe, Insolvenzanfechtung; S. 13 ff.

ches vorsieht. Gerade das englische Recht kennt eine Vielzahl verschiedener Insolvenzverfahren, wie z. B. administration oder administrative receivership.[71] Aber auch in der deutschen Insolvenzordnung sind verschiedene, zuvor teilweise in unterschiedlichen Gesetzen geregelte Verfahrensarten vereinigt worden.[72] In diesem Abschnitt soll geklärt werden, in welchen dieser Verfahrensarten eine Anfechtungsklage überhaupt zugelassen wird.

1. Deutsches Recht

Bis zum 31.12.1998 existierten verschiedene Gesetze, die Verfahrensregelungen in Bezug auf insolvente Schuldner trafen, nämlich die Konkursordnung von 10. Februar 1877, die Vergleichsordnung vom 26. Februar 1935 und die Gesamtvollstreckungsordnung vom 6. Juni 1990, deren Anwendungsbereich auf die neuen Bundesländer beschränkt war. In einem Vergleichsverfahren nach der VglO war, im Gegensatz zum Konkurs- oder Gesamtvollstreckungsverfahren eine Konkursanfechtung nicht zulässig.[73]

Mit der Neuregelung des Insolvenzrechts wurden einerseits die drei oben genannten Regelwerke durch die Insolvenzordnung ersetzt. Darüber hinaus wird in der InsO aber zwischen verschiedenen Arten von Insolvenzverfahren differenziert: Zum einen bleibt das sog. Regelinsolvenzverfahren bestehen, das grundsätzlich dem Konkursverfahren der KO entspricht. Daneben wurde das Insolvenzplanverfahren, §§ 217 ff. InsO, geschaffen, welches die Möglichkeit einer vom gesetzlich vorgesehenen Regelinsolvenzverfahren abweichenden Lösung regelt. Weiterhin wurde das sog. Verfahren der Eigenverwaltung (§§ 270 ff. InsO) sowie das sog. Verbraucherinsolvenzverfahren, §§ 304 ff. InsO, in die Insolvenzgesetzgebung aufgenommen. Nunmehr ist in allen diesen Verfahren nach der InsO eine Anfechtung zulässig, also selbst im Insolvenzplanverfahren, welches der Sanierung des insolventen Unternehmens dienen soll.[74] Die Insolvenzanfechtung ist allerdings immer nur im Rahmen eines eröffneten Insolvenzverfahrens statthaft, also z. B. dann nicht, wenn der Eröffnungsantrag rechtswirksam für erledigt erklärt wurde.[75]

Die Anfechtung wird durch Klage oder durch Einrede im Prozeß geltend gemacht, wobei Klageart die Leistungsklage und nicht die Gestaltungsklage ist, denn die Anfechtung ist kein Gestaltungsakt.[76] Der Insolvenzverwalter hat nach

---

[71] s. sogleich unten 2.
[72] s. sogleich unten 1.
[73] Henckel, Kölner Schrift, Rdn 3; v. Campe, Insolvenzanfechtung, S. 21.
[74] v. Campe, Insolvenzanfechtung, S. 21; Henckel, Kölner Schrift, Rdn 3; Zeuner, Insolvenzanfechtung, Rdn 3; FK-Dauernheim, InsO, § 129 Rdn 2.
[75] BGH, Urt. v. 20.11.2001 – VI ZR 77/00, NJW 2002, 504.
[76] Kuhn/Uhlenbruck, KO, § 29 Rdn 45; Zeuner, Insolvenzanfechtung, Rdn 306 f.; Weisemann/Smid-Steder, Unternehmensinsolvenz, S. 307; s. hierzu vertiefend Eckardt, Anfech-

§ 160 II Nr. 3 InsO vor Erhebung der Anfechtungsklage die Zustimmung des Gläubigerausschusses einzuholen, wenn der Streitwert "erheblich" ist.[77]

2. Englisches Recht[78]

Im englischen Recht wird zwischen Insolvenzverfahren für natürliche und für juristische Personen unterschieden. Für juristische Personen sieht die Insolvency Act 1986 insgesamt vier Arten von Insolvenzverfahren vor: company voluntary arrangement (cva), ss. 1 ff. IA 86, administration, ss. 8 ff. IA 86, administrative receivership, ss. 28 ff. IA 86 und winding up (liquidation), ss. 73 IA 86.[79]

Um ein company voluntary arrangement zu erreichen, müssen die directors der Gesellschaft dem zuständigen Gericht einen Vorschlag für einen Vergleichsvertrag mit den Gläubigern unter Benennung eines „nominees" vorlegen. Der nominee hat Gläubigerversammlungen einzuberufen, dem Gericht über die Erfolgsaussichten des Vertrages zu berichten und die Implementierung des Vertrages zu überwachen. Die Gläubigerversammlung muss diesem Vertrag zustimmen und die Gläubiger, die Kenntnis von diesem Verfahren besaßen, sind, unabhängig davon, ob sie dem Vertrag zugestimmt haben oder nicht, an das arrangement gebunden.[80] Bei einem derartigen Verfahren ist eine Insolvenzanfechtung mit Ausnahme einer Anfechtung nach sec. 423 IA 86 nicht statthaft.[81]

Weiterhin ist grundsätzlich auch im Verfahren des administrative receivership,[82] ss. 28 ff IA 86, eine Insolvenzanfechtung nicht statthaft,[83] obwohl eine derartige Anfechtungsmöglichkeit vom *Cork Committee* unter bestimmten Auflagen ge-

---

tungsklage, S. 231 ff, der davon ausgeht, dass das Erfordernis der gerichtlichen Geltendmachung dem Gebot der Rechtssicherheit entspringt.

[77] FK-Wegener, InsO, § 160 Rdn 8; gemäß § 164 InsO wird die Wirksamkeit der Klageerhebung allerdings nicht durch eine fehlende Zustimmung berührt.

[78] Für den Ablauf eines Anfechtungsprozesses im englischen Recht s. die Tabellen bei Bailey/Groves/Smith, Corporate Insolvency, S. 395 ff.; Doyle, Insolvency Litigation, Rdn 9.03.

[79] Goode, Commercial Law, S. 848; Farrar, Company Law, S. 624; s. zu Sanierungsverfahren im englischen Recht auch die deutschsprachigen Darstellungen bei Weiss, ZIP 1982, 1038; Vach, Insolvenzrechtsreform, Starnecker, englische Insolvenzverfahren; van Hüllen, InVO 1999, 97; Lange, WM 1990, 701.

[80] Farrar, Company Law, S. 698; Goode, Insolvency Law, S. 22.

[81] Dieses Ergebnis läßt sich im Rückschluß daraus ableiten, dass der „supervisor", der grundsätzlich für die Überwachung der Ausführung des cva gemäß sec. 7 IA 86 verantwortlich ist, in der Liste der anfechtungsberechtigten Personen („office-holder") in sec. 238 (1), auf die in ss. 239 (1), 244 (1) und 245 (1) jeweils Bezug genommen wird, nicht genannt wird.

[82] s. zu diesem Verfahren auch die Darstellungen bei Starnecker, englische Insolvenzverfahren, S. 72 ff.; Weiss, ZIP 1982, 1038, 1039 ff.; Lange, WM 1990, 701, 702 ff.; Gottwald, KTS 1981, 17, 35.

[83] s. hierzu auch unten § 9 und Milman/Parry, Avoidance Mechanisms, S. 38; Cork-Report, Rdn 1264; Cork/Graham, ZIP 1982, 1275, 1277 mit einer Einführung in das receivership-Verfahren und das Recht der floating charge.

rade empfohlen wurde.[84] Bei dem Verfahren des administrative receivership handelt es sich um ein Verfahren der privaten Zwangsvollstreckung, bei dem der Sicherungsnehmer einer sog. floating charge, die zumindest den überwiegenden Teil des Betriebsvermögens sichert, ohne jegliche Beteiligung der Justiz einen administrative receiver ernennt. Die floating charge stellt ein Sicherungsmittel eigener Art dar, welches nicht an bestimmtes Eigentum gebunden ist, sondern an Vermögensgegenstände, die ständig variieren. Aufgabe des administrative receivers ist es, im Wege der Zwangsverwaltung zu versuchen, die Forderung des gesicherten Gläubigers zu befriedigen.[85]

Damit verbleiben als Verfahren, bei denen eine Insolvenzanfechtung grundsätzlich statthaft ist die administration gemäß ss. 8 ff. IA 86 und das winding-up by the court (auch als „liquidation" bezeichnet), ss. 117 ff. IA 86.[86] Das Verfahren der administration ist ein Verfahren, bei dem auf Antrag der directors der Gesellschaft oder der Gläubiger ein durch das Gericht ernannter administrator die Geschäftsführung des Unternehmens unter Einschluß der Vermögens- und Eigentumsverwaltung übernimmt, um es zu sanieren.[87] Die liquidation, bzw. das winding-up der Gesellschaft stellt die Auflösung und Liquidation einer Gesellschaft dar, wobei zwischen der nicht insolvenzbedingten voluntary winding-up und der insolvenzbedingten compulsory-winding up unterschieden wird.[88]

Bei den vorgenannten Verfahrensarten, in denen grundsätzlich keine Insolvenzanfechtung zulässig ist, also im Verfahren des cva und des receiverships ist eine Anfechtung aber zumindest nach der Regelung der sec. 423 IA 86 möglich, denn sec. 424 IA 86 nennt als anfechtungsberechtigte Personen auch den supervisor eines cva, sec 424 (1) (b) IA 86, und (zumindest subsidiär) das Opfer einer Rechtshandlung, sec 424 (1) (c) IA 86.

3. Vergleich

Während im deutschen Recht nach der Insolvenzrechtsreform nunmehr eine Insolvenzanfechtung in allen Verfahrensarten zulässig ist, wird im englischen Recht abgestuft verfahren. Gründe für die Nichtzulassung der Anfechtungsklage in bestimmten Verfahren im englischen Recht wurden nicht angegeben, insbesondere beschäftigte sich das *Cork Committee* auch nicht mit diesem Thema.

---

[84] Cork-Report, Rdn 1264 – 1267.

[85] Farrar, Company Law, S. 663; Cork/Graham, ZIP 1982, 1275, 1277.

[86] vgl. hierzu auch Doyle, Insolvency Litigation, Rdn 9.05; Snaith/Cownie, Corporate Insolvency, Rdn 20.03; eine Anfechtung im Verfahren des voluntary winding-up, ss. 84 ff. IA 86 ist, bis auf die Ausnahme der sec. 423 IA 86 schon deswegen ausgeschlossen, weil die Gesellschaft, wenn sie dieses Verfahren zur Liquidierung wählt, gerade nicht insolvent sein darf, vgl. sec. 89 IA 86.

[87] Goode, Commercial Law, S. 868; Farrar, Company Law, S. 685.

[88] Goode, Insolvency Law, S. 18; Farrar, Company Law, S. 705; Gottwald, KTS 1981, 17, 20.

Zwar wurde teilweise die Statthaftigkeit der Insolvenzanfechtung im Rahmen des administrative receivership vorgeschlagen,[89] dagegen spricht jedoch, dass das receivership-Verfahren als Zielsetzung nicht die gleichmäßige Befriedigung der Gläubigergemeinschaft vor Augen hat. Vielmehr kann dieses Verfahren von dem Inhaber einer floating charge zum Zwecke der Eigenbefriedigung in Gang gesetzt werden. Diese Einzelbefriedigung steht aber gerade im Gegensatz zum pari passu principle des englischen Rechts.

III. Zuständige Gerichte und Instanzenzug[90]

An dieser Stelle soll - nach einer kurzen Darstellung der Zuständigkeit für die Durchführung des Insolvenzverfahrens an sich - der Frage nachgegangen werden, welche Gerichte zur Entscheidung über die Anfechtungsklage berufen sind, wobei das Hauptaugenmerk darauf liegen soll, ob das nationale Verfahren eher von einer Trennung von Insolvenzverfahren und Anfechtungsklage oder einer einheitlichen Durchführung beider ausgeht.

1. Deutsches Recht

Gemäß § 2 InsO ist für die Durchführung des Insolvenzverfahrens das Amtsgericht als Insolvenzgericht sachlich zuständig. Örtlich zuständig ist grundsätzlich das Amtsgericht, in dessen Bezirk der Schuldner seinen allgemeinen Gerichtsstand hat.

Bezüglich des für die Erhebung der Anfechtungsklage zuständigen Gerichts gelten dagegen die allgemeinen Vorschriften des Prozeßrechts, d.h. der Gerichtsstand der Anfechtungsklage ist abweichend von dem der Insolvenzverwaltung geregelt. Demzufolge bestimmt sich die sachliche Zuständigkeit nach dem Streitwert (§§ 23, 71 GVG), die örtliche Zuständigkeit regelmäßig nach dem Wohnsitz des Beklagten (§§ 13 ff. ZPO), also des Anfechtungsgegners[91] Folglich gelten auch für den Instanzenzug, d.h. für etwaige Berufungs- und Revisionsverhandlungen, die generellen Vorschriften.

Damit haben sich die vor der Reform erhobenen Forderungen nach Schaffung eines eigenständigen Gerichtsstandes für Anfechtungsklagen am Sitz der Insolvenzverwaltung, also der Bündelung der Zuständigkeit des Insolvenzgerichts nicht durchsetzen können, so dass in diesem Bereich die Regelungen, welche

[89] Cork-Report, Rdn 1268; Milman/Parry, Avoidance Mechanisms, S. 38.

[90] In diesem Abschnitt wird die rein nationale Zuständigkeit bei Fällen ohne Auslandsberührung behandelt. Für die Frage der internationalen Zuständigkeit wird auf die Ausführungen in § 8, Insolvenzanfechtungen mit Auslandsbezug, verwiesen.

[91] Thomas/Putzo, ZPO, § 19a Rdn 2; Musielak, ZPO, § 19a, Rdn 5; HK-Kreft, InsO, § 129 Rdn 95; Zeuner, Insolvenzanfechtung, Rdn 308.

schon unter der KO galten, auch weiterhin Anwendung finden.[92] Der im Zuge der Insolvenzrechtsreform neu in die ZPO eingefügte § 19a legt zwar einen Gerichtsstand für den Insolvenzverwalter fest. Dieser Gerichtsstand bezieht sich aber, wie sich schon aus der Gesetzessystematik ergibt, nur auf Klagen gegen den Insolvenzverwalter.[93] Somit erfolgt im deutschen Recht eine grundsätzliche Trennung zwischen der Zuständigkeit für die Durchführung des Insolvenzverfahrens allgemein und der Entscheidung über den Anfechtungsprozeß.[94]

2. Englisches Recht

Dem gegenüber sieht das englische Recht eine einheitliche Zuständigkeit vor: Schon das *Cork Committee* schlug in seinem Reformpapier vor, auf Grund der Komplexität der Insolvenzprozesse die gerichtliche Zuständigkeit für alle insolvenzbezogenen Angelegenheiten bei einem Gericht zu bündeln,[95] wobei sich aus technischen Gründen der *High Court, Chancery Division* anbot.[96] Hierbei ist hervorzuheben, dass die *Chancery Division* an sich schon für Fragen des Handels- und Gesellschaftsrechts zuständig ist,[97] sie somit schon Fachkompetenz in wirtschaftsrechtlichen Fragen aufweist, die bei der Lösung insolvenzrechtlicher Probleme hilfreich sein kann.

Der englische Gesetzgeber hat die Vorschläge des Komitees weitgehend übernommen, so dass für Insolvenzverfahren über das Vermögen juristischer Personen grundsätzlich der *High Court, Chancery Division*, zuständig ist.[98] Insbesondere entscheidet gemäß sec. 117 (1) IA 86 der *High Court* über Liquidationen (winding-up by the court), es sei denn, es handelt sich um eine Gesellschaft, deren Stammkapital 120.000 GBP nicht übersteigt.[99] Dann besitzt der örtlich zuständige county court eine zum *High Court* konkurrierende Zuständigkeit, sec. 117 (2) IA 86. Der High Court ist aber auch für die Durchführung des Verfahrens der administration nach sec. 8 IA 86 zuständig, denn der Antrag auf Eröffnung eines derartigen Verfahrens muss an das Gericht gerichtet werden, welches

---

[92] Zeuner, Insolvenzanfechtung, Rdn 309; HK-Kreft, InsO, § 129 Rdn 95; Zweiter Bericht der Kommission für Insolvenzrecht, S. 62.

[93] OLG Schleswig, Urt. v. 26.7.2001 – 5 U 80/00, ZIP 2001, 1595 mit eingehender Erläuterung; Thomas/Putzo, ZPO, § 19a Rdn 2; Musielak, ZPO, § 19a, Rdn 4; insoweit fehlgehend hier Baumbach/ Lauterbach, ZPO, § 19a Rdn 3, der davon ausgeht, dass dieser Gerichtsstand auch Klagen des Insolvenzverwalters erfaßt.

[94] Zustimmend hierzu Smid-Smid, InsO, § 2 Rdn 2.

[95] vgl. die instruktive Darstellung im Cork-Report, Rdn 968 ff.

[96] Cork-Report, Rdn 1001, 1006.

[97] vgl. Cork-Report, Rdn 986 ff.

[98] Fletcher, Cross-Border Insolvency, S. 223; Bunge, Zivilprozeß und Zwangsvollstreckung, S. 157.

[99] dieses galt auch schon vor der Insolvenzrechtsreform, vgl. Gottwald, KTS 1981, 17, 20.

auch im Falle des winding-up zuständig wäre, vgl. sec. 251 IA 86 i.V.m. sec. 744 CA 85.[100]

Da die Anfechtungsvorschriften grundsätzlich nur allgemein auf „the court" Bezug nehmen, ist somit das für das jeweilige Insolvenzverfahren, bei dem eine Insolvenzanfechtung statthaft ist, nämlich die administration gemäß ss. 8 ff. IA 86 und winding-up by the court, ss. 117 ff. IA 86, insgesamt zuständige Gericht gemeint.[101] Die Regelung der sec. 423 IA 86 folgt der selben Zuweisungssystematik. So ist im Falle der Anfechtung einer transaction defrauding creditors gemäß sec. 423 (4) IA 86 ebenfalls grundsätzlich der *High Court* sachlich zuständig, bei einer liquidationsfähigen Gesellschaft jedoch ein für liquidations zuständiges Gericht.[102] Mit dieser einheitlichen Zuständigkeit des *High Courts* sowohl für das Insolvenzverfahren als auch für Anfechtungsprozesse verfolgt das englische Recht das Prinzip der vis attractiva concursus, d. h. dass alle mit dem jeweiligen Insolvenzverfahren in Zusammenhang stehenden Streitigkeiten einheitlich vor dem Insolvenzgericht verhandelt werden.[103] Der Instanzenzug für Berufungen und Beschwerden richtet sich nach r 7.47 IR 86. Danach ist für die Entscheidung von Rechtsmitteln gegen Entscheidungen eines county court der *High Court*, für solche gegen Entscheidungen des *High Court* der *Court of Appeal* zuständig.

3. Vergleich

Während im deutschen Recht bezüglich der gerichtlichen Zuständigkeit auch nach der Reform die allgemeinen Zuständigkeitsvorschriften Geltung besitzen, hat sich im englischen Recht ein System der speziellen Zuweisung des Anfechtungsprozesses nach dem Prinzip der vis attractiva concursus durchgesetzt. Folglich wird im deutschen Recht von einer Trennung des Insolvenzverfahrens und des Anfechtungsprozesses ausgegangen, während im englischen Recht Insolvenzverfahren und Anfechtungsprozeß einheitlich vor einem Gericht durchgeführt werden.

4. Analyse

Die im deutschen Recht erfolgte unterschiedliche Regelung der Zuständigkeit in Bezug auf die Durchführung des Insolvenzverfahrens einerseits und in Bezug auf die Durchführung eines Anfechtungsprozesses innerhalb dieses Insolvenzverfahrens andererseits erscheint gegenüber der englischen Regelung der *vis attractiva concursus* als nachteilig. Gründe der Prozeßökonomie, und damit auch

---

[100] Vach, Insolvenzrechtsreform, S. 135.
[101] Bruski, Konkursanfechtung, S. 39.
[102] Bailey/Groves/Smith, Corporate Insolvency, S. 410; s. auch Fletcher, Cross-Border Insolvency, S. 234; Doyle, Insolvency Litigation, Rdn 12.04; Snaith/Cownie, Corporate Insolvency, Rdn 20.36.
[103] Bruski, Konkursanfechtung, S. 39, 41.

der Kostenersparnis, sprechen gegen diese Zweigleisigkeit, denn das vom *Cork Committee* angeführte Komplexitätsargument läßt sich problemlos auch auf die deutsche Situation übertragen. Weiterhin sind auch die von der *Kommission für Insolvenzrecht* für die Ablehnung eines besonderen Gerichtsstandes ins Feld geführten Argumente nicht stichhaltig. So argumentiert die Kommission z. B. mit der insoweit übereinstimmenden Gerichtsstandsregelung des Anfechtungsgesetzes.[104] Hierbei übersieht sie jedoch die anders gelagerte Problematik einer Anfechtung nach der Insolvenzordnung: Während es sich bei einer Anfechtung nach dem AnfG um ein isoliertes, von einem einzelnen Gläubiger betriebenes Verfahren handelt, ist eine Anfechtung nach der InsO in ein Verfahren eigener Art eingebunden und kann nicht ohne weiteres losgelöst von diesem betrachtet werden. Schwerer wiegt schon das Argument, dass es sich bei den Anfechtungsgegnern um bisher am Insolvenzverfahren nicht beteiligte Personen handele, die in einen Prozeß gezogen würden, so dass aus diesem Grund der allgemeine Gerichtsstand des Schuldners einer insolvenzspezifischen Lösung vorzuziehen sei. Hiergegen ist jedoch einzuwenden, dass diese Aussage in ihrer Allgemeinheit nicht zutreffend sein kann, denn wie schon die jetzt eingeführte gesetzliche Regelung bezüglich nahestehender Personen belegt, geschehen viele Vermögensverschiebungen im unmittelbaren familiären Umfeld des Insolvenzschuldners. Dieser Personenkreis dürfte aber auch als weniger schutzwürdig anzusehen sein, als der „normale“ Prozeßgegner. Weiterhin ist aber auch in einem die Allgemeinheit belastenden Insolvenzverfahren[105] die Schutzwürdigkeit des einzelnen mit diesen betroffenen Allgemeininteressen abzuwägen, so dass auch hier die Argumente der Kommission widerlegbar erscheinen. Schwerer wiegt hier schon die Argumentation von *Smid*,[106] der darlegt, dass (allgemein und nicht nur in Bezug auf die Insolvenzanfechtung) in der Unterscheidung der Zuständigkeit von Prozeß- und Konkursgericht die Unterschiedlichkeit der Aufgaben von Organisation des Konkursverfahrens auf der einen und der streitigen unparteiischen Erkenntnis des zwischen den Parteien streitigen Rechts auf der anderen Seite zum Ausdruck komme. Geht man jedoch von der Unabhängigkeit und Unparteilichkeit der Gerichte aus und berücksichtigt man, dass die Entscheidung des Gesetzgebers, die Insolvenzanfechtung nur auf prozessualem Wege zuzulassen, schon zu einer verstärkten Überwachung des als unabhängig anzusehenden Insolvenzverwalters führt, so erscheint auch diese Argumentation nicht als zwingend. Schließlich ist es nicht erforderlich auch eine sachliche Zuständigkeit des Insolvenzgerichts zu begründen. Es genügt vielmehr eine örtliche Zuständigkeit am Sitz des Insolvenzgerichts.

[104] Zweiter Bericht der Kommission für Insolvenzrecht, S. 61.
[105] man denke nur an die Zahlungen von Insolvenzgeld.
[106] Smid-Smid, InsO, § 2 Rdn 2.

IV. Anfechtungsberechtigter Personenkreis und Anfechtungsgegner

Die Schmälerung der Insolvenzmasse durch den Insolvenzschuldner schadet letztendlich den Insolvenzgläubigern. Deswegen erscheint es auf den ersten Blick nicht abwegig, gerade die Insovenzgläubiger als anfechtungsberechtigt anzusehen. Hierbei ist jedoch auch zu beachten, dass das Insolvenzverfahren Universalcharakter besitzt, also der Zugriff des einzelnen Gläubigers auf das Vermögen des Insolvenzschuldners gerade verhindert werden soll. In diesem Abschnitt soll nun dargestellt werden, wer in den verglichenen Rechtskreisen die Anfechtbarkeit einer Rechtshandlung geltend machen darf und gegen wen sich dieser Anspruch grundsätzlich richtet. Die Anfechtung gegen den Rechtsnachfolger wird aus Gründen der besseren Darstellbarkeit in § 7, Rechtsfolgen der Anfechtung, behandelt.

1. Deutsches Recht

Im deutschen Recht war schon unter Geltung der KO einzig der Konkursverwalter dazu befugt, das Anfechtungsrecht auszuüben, § 36 KO.[107] Weder einzelne Konkursgläubiger, noch ein Organ der Gläubigergemeinschaft und erst recht nicht der Gemeinschuldner[108] waren dazu befugt. Dieses folgt schon aus dem Gedanken, dass die Konkursanfechtung nicht dem Wohl des einzelnen Gläubigers, sondern dem der Gläubigergemeinschaft insgesamt dient. Diesem Gedanken wird auch in der Insolvenzordnung gemäß § 129 InsO Rechnung getragen, die grundsätzlich nur den Insolvenzverwalter zur Anfechtung ermächtigt.[109]

Dieser Grundsatz erfährt im Verbraucherinsolvenzverfahren jedoch zwei Durchbrechungen, nämlich die §§ 280, 313 II InsO: die Vorschrift des § 280 InsO, wonach im Verfahren der Eigenverwaltung der Sachwalter zur Anfechtung berechtigt ist,[110] erklärt sich allerdings aus der Systematik des Gesetzes: in diesem Verfahren, das ja auch ein den Zielen des § 1 InsO untergeordnetes Insolvenzverfahren darstellt, ist der Insolvenzverwalter durch die Person des Sachwalters ersetzt worden.[111] Demgegenüber stellt die Regelung des § 313 II InsO, die im vereinfachten Insolvenzverfahren grundsätzlich eine Anfechtung

---

[107] Baur/Stürner, Insolvenzrecht, S. 284; Kuhn/Uhlenbruck, KO, § 36 Rdn 2; HK-Kreft, InsO, § 129 Rdn 81; Eckardt, Anfechtungsklage, S. 226.

[108] BGH, Urt. v. 10.2.1982 - VIII ZR 158/80, BGHZ 83, 102, 105 m.w.N.; Kuhn/Uhlenbruck, KO, § 36 Rdn 1

[109] Zeuner, Insolvenzanfechtung, Rdn 284; Smid, Insolvenzrecht, S. 238; v. Campe, Insolvenzanfechtung, S. 321; Jauernig, Zwangsvollstreckung, S. 240; wird dem Insolvenzverwalter in einem Insolvenzplan nicht eindeutig die Prozeßführungsbefugnis für Anfechtungsprozesse erteilt, so fehlt ihm die Aktivlegitimation, LG Erfurt, Urt. v. 26.7.2001 – 3 O 290/01, ZIP 2001, 1646.

[110] HK-Kreft, InsO, § 129 Rdn 81; Henckel, Kölner Schrift, Rdn 94, 97; Zeuner, Insolvenzanfechtung, Rdn 284

[111] s. hierzu auch die Ausführungen bei Henckel, Kölner Schrift, Rdn 94 ff.; s. zur Anfechtung im Verbraucherinsolvenzverfahren Wagner, ZIP 99, 689.

durch „jeden Insolvenzgläubiger" anstelle des die Funktion des Insolvenzverwalters in einem solchen Verfahren wahrnehmenden Treuhänders vorsieht, eine wirkliche Durchbrechung der grundsätzlichen Anfechtungsbefugnis des Insolvenzverwalters dar. Zwar ist durch die erneute Reform der Insolvenzordnung nunmehr ein § 313 II S. 3 in die Insolvenzordnung eingefügt worden, der die Gläubigerversammlung dazu ermächtigt, den Treuhänder mit der Anfechtung zu beauftragen.[112] Gleichwohl ist diese Regelung, die erst im parlamentarischen Gesetzgebungsverfahren in die Insolvenzordnung aufgenommen worden ist, als Ausnahmeregelung anzusehen. Dementsprechend wird sie als Fremdkörper kritisiert[113] und soll an dieser Stelle nicht weiter vertieft werden.

Somit steht im deutschen Recht – bis auf die Ausnahme des § 313 II InsO – ausschließlich der Person das Recht zur Insolvenzanfechtung zu, die gerichtlich zur Abwicklung des Insolvenzverfahrens bestellt ist. Dem Anfechtungsrecht des Insolvenzverwalters (und wohl auch der übrigen Amtswalter) steht aber keine Pflicht zur Anfechtung gegenüber. Insoweit unterliegt der Insolvenzverwalter nur seinem eigenen pflichtgemäßen Ermessen.[114]

In diesem Zusammenhang ist interessant, dass nach dem Recht der Konkursordnung der Konkursverwalter dazu berechtigt war, Rechtshandlungen des Sequesters anzufechten, selbst wenn dieser mit dem späteren Konkursververwalter personenidentisch war.[115] Diese Regelung wurde mit der schwächeren Rechtsstellung des Sequesters gegenüber der des Konkursverwalters begründet. Durch die Reform wird dieses Prinzip allerdings dahingehend modifiziert, dass der Insolvenzverwalter der zuvor schon als vorläufiger Insolvenzverwalter unter Übertragung der Verwaltungs- und Verfügungsbefugnis eingesetzt worden war, sog. „starker" vorläufiger Insolvenzverwalter, § 22 I InsO, seine Rechtshandlungen nicht mehr anfechten darf, da seine Rechtsstellung mit der des endgültigen Insolvenzverwalters vergleichbar ist.[116] Dagegen wird man beim sog. „schwachen" vorläufigen Insolvenzverwalter nach § 22 II InsO, also dem Verwalter, bei welchem dem Schuldner kein allgemeines Verfügungsverbot auferlegt wird, von einer grundsätzlichen Anfechtbarkeit aller Rechtshandlungen ausgehen

[112] s. zur Neuregelung und zu der Frage, ob eine Beauftragung auch durch das Insolvenzgericht möglich ist, Fuchs, ZinsO, 2002, 358.
[113] vgl. Wagner, ZIP 1999, 689, 690; Paulus, ZInsO 1999, 242, 243; Jauernig, Zwangsvollstreckung, S. 240.
[114] Haarmeyer/Wutzke/Förster, Insolvenzhandbuch, Rdn 207; a. A. wohl Smid, Insolvenzrecht, S. 239.
[115] BGH, Urt. v. 22.12.1982 - VIII ZR 214/81, BGHZ 86, 190; 97, 87; 118, 374; Häsemeyer, ZIP 1994, 418; Kuhn/Uhlenbruck, KO, § 29 Rdn 1b.
[116] Zeuner, Insolvenzanfechtung, Rdn 21, 288; HK-Kreft, InsO, § 129 Rdn 31; Hess/Weis, AnfR, § 129 Rdn 41; Weisemann/Smid-Steder, Unternehmensinsolvenz, S. 232.

müssen, da dieser Verwalter nicht dazu befugt ist, gemäß § 55 II InsO Masseverbindlichkeiten zu begründen.[117]

Anfechtungsgegner ist grundsätzlich, wer durch die anzufechtende Rechtshandlung etwas erlangt hat, aber auch dessen Rechtsnachfolger.[118] Etwas anderes gilt jedoch im Falle der Anfechtung einer unentgeltlichen Leistung nach § 134 InsO. Denn bei der nicht geschuldeten Erfüllung einer fremden Schuld ist im allgemeinen nicht der Gläubiger der Empfänger der Zuwendung und damit Anfechtungsgegner, da er ja mit der Annahme der Leistung seine Forderung gegen den Schuldner verliert, sondern der Schuldner selbst, da er von seiner Schuld frei wird.[119]

Bei den Regelungen außerhalb der Insolvenzordnung ergibt sich ein uneinheitliches Bild. So wird bei der Anfechtung nach dem Anfechtungsgesetz gemäß § 2 AnfG der Anspruch von einzelnen, eigennützig handelnden Gläubigern geltend gemacht.[120] Dagegen kann die Feststellung der Unwirksamkeit einer Rechtshandlung nach § 138 BGB von Jedermann geltend gemacht werden, also auch von demjenigen, der selbst sittenwidrig gehandelt hat.[121]

2. Englisches Recht

Das *Cork Committee* schlug vor, dass im Falle der administration und des receivership der Verwalter anfechtungsberechtigt sein sollte, aber nur nach Zustimmung des Gläubigerausschusses und Genehmigung des zuständigen Gerichts.[122]

Gemäß ss. 238 (2), 239 (2) IA 86 kann der „Office Holder" im Falle einer transaction at an undervalue oder einer preference die Anfechtungsklage erheben. Nach der Legaldefinition der sec. 238 (1) IA 86 ist damit ein administrator oder liquidator gemeint.[123] Per Verweisung jeweils in der Untersektion eins gilt dieses auch für extortionate credit transactions, sec. 244 IA 86, und avoidance of certain floating charges, sec. 245 IA 86.[124] In den vorgenannten Fällen können

---

[117] so jetzt auch OLG Stuttgart, Urt. v. 24.7.2002 – 3 U 14/02, ZIP 2002, 1900; HK-Kreft, InsO, § 129 Rdn 30; Hess/Weis, AnfR, § 129 Rdn 41; Kirchhof, ZInsO 2000, 297, 299.

[118] Smid, Insolvenzrecht, S. 238; HK-Kreft, InsO, § 129 Rdn 89; zum Rechtsnachfolger s. unten.

[119] BGH, Urt. v. 15.4.1964 - VIII ZR 232/62, BGHZ 41, 298, 302; Kuhn/Uhlenbruck, KO, § 32, Rdn 5a; mißverständlich Zeuner, Insolvenzanfechtung, Rdn 213.

[120] Zeuner, Insolvenzanfechtung, Rdn 353; Huber, AnfG, § 2 Rdn 1.

[121] Palandt-Heinrichs, BGB, § 138 Rdn 21; MüKo-Mayer-Maly, BGB, § 138 Rdn 130.

[122] Cork-Report, Rdn 1287 (e).

[123] Bailey/Groves/Smith, Corporate Insolvency, S. 364; Doyle, Insolvency Litigation, Rdn 9.05, 10.05; Totty/Moss, Insolvency Rdn H 4-02.

[124] vgl. hier Kamlah, Insolvenzanfechtung, S. 147, der davon ausgeht, dass sec. 245 IA 86 selbst keine Regelung über die Anfechtungsberechtigung enthält, aber über die Begründung,

also weder die Gläubiger noch der Gemeinschuldner selbst die Anfechtungsklage erheben. Hervorzuheben ist, dass aber auch einem administrative receiver damit kein Anfechtungsrecht nach diesen Vorschriften zusteht.[125] Bei der Anstrengung eines Anfechtungsprozesses ist der Insolvenzverwalter auch nicht, wie vom *Cork Committee* empfohlen, an etwaige Zustimmungen der Gläubiger gebunden.

Die Regelung der sec. 423 IA 86, transaction defrauding creditors, dagegen kennt einen wesentlich größeren Kreis von anfechtungsberechtigten Personen. Hierzu enthält sec. 424 IA 86 eine detaillierte Regelung. Danach kann in bestimmten Fällen auch das „Opfer" („victim") der Rechtshandlung selbst die Anfechtungsklage erheben, wobei als „Opfer" gemäß sec. 423 (5) IA 86 gilt, wer (potentiell) durch die in Frage stehende Rechtshandlung benachteiligt ist. Dieses kann insbesondere auch ein Gläubiger sein.[126] Eine derartige Anfechtung durch das Opfer ist aber nur möglich, wenn entweder kein Insolvenzverfahren anhängig ist oder der Insolvenzverwalter sich der Durchführung eines Anfechtungsprozesses verweigert.[127] Weiterhin ist zu beachten, dass der diesbezügliche Klageantrag als für und im Namen aller Opfer der transaction gestellt gilt, sec. 424 (2) IA 86.[128] Damit dient der Tatbestand nicht der eigennützigen Durchsetzung einer Rechtsposition, sondern der Durchsetzung für die Gläubigergemeinschaft.

Im Insolvenzverfahren über das Vermögen einer natürlichen Person (bankruptcy) wird die Anfechtung vom trustee of the bankrupt's estate durchgeführt. Dieser trustee nimmt im bankruptcy-Verfahren die Stellung des Office-Holder ein, vgl. sec. 292 IA 86, so dass das Anfechtungsmonopol des Insolvenzverwalters nicht durchbrochen wird.

Das englische Recht kennt zwar die Möglichkeit, einen provisional liquidator zu ernennen, sec. 135 IA 86.[129] Dagegen ist ein „provisional administrator" nicht vorgesehen. Es sind weiterhin weder precedents noch dogmatische Ansichten in der Literatur ersichtlich, die dem liquidator ein Recht zu- oder absprechen, Handlungen eines provisional liquidators anzufechten. Dagegen gibt r 4.149 IR 86 einem Gläubiger das Recht, eine transaction des liquidators zugunsten eines associate iSd. sec. 435 IA 86 anzufechten. Das bedeutet, dass ein Insolvenzgläu-

dass innerhalb eines Insolvenzverfahrens nur der Verwalter berechtigt sei, für die Gesellschaft zu handeln, zum selben Ergebnis gelangt.

[125] Milman/Durant, Corporate Insolvency, S. 202 f.; Snaith/Cownie, Corporate Insolvency, Rdn 20.03, 20, 40.

[126] Re Ayala Holdings Ltd [1993] BCLC 256; Doyle, Insolvency Litigation, Rdn 12.10.

[127] Fletcher, Insolvency Law, S. 233; Doyle, Insolvency Litigation, Rdn 12.09.

[128] Bailey/Groves/Smith, Corporate Insolvency, S. 410; Fletcher, Insolvency Law, S. 233; Doyle, Insolvency Litigation, Rdn 12.33.

[129] Gottwald, KTS 1981, 17, 21 noch für r 32 Companies Rules zu CA 48.

biger z. B. den Verkauf eines Vermögensgegenstandes des Insolvenzschuldners durch den Insolvenzverwalter an dessen Ehefrau anfechten kann.[130]

Bezüglich des Anfechtungsgegners finden sich weder in Gesetz, Judikatur noch in der Literatur Ausführungen. Aus dem Zusammenhang der Äußerungen zur Erforderlichkeit eines objektiv meßbaren Erfolges[131] läßt sich jedoch ablesen, dass Anfechtungsgegner derjenige ist, dem ein Vorteil aus der in Frage stehenden transaction zugeflossen ist.[132]

3. Vergleich

Beide Rechtsordnungen autorisieren im Prinzip nur den Insolvenzverwalter, einen Anfechtungsprozeß innerhalb des Insolvenzverfahrens zu führen und tragen damit der Universalität des Insolvenzverfahrens Rechnung.[133] Im deutschen Recht gilt hierzu einmal die durch das Fehlen der Person eines Insolvenzverwalters im Verfahren der Eigenverwaltung bedingte Ausnahme. Eine weitere Ausnahme, nämlich die Regelung des § 313 II InsO, der eine Insolvenzanfechtung durch jeden Insolvenzgläubiger zuläßt, stellt eine (systemwidrige) Durchbrechung des Anfechtungsmonopols des Insolvenzverwalters dar.

Im englischen Recht sind zwei Besonderheiten hervorzuheben. Zum einen ist hier ein als administrative receiver handelnder Insolvenzverwalter zumindest in den Fällen der ss. 238-245 IA 86 nicht zur Anfechtung berechtigt, zum anderen ist der Kreis der Anfechtungsberechtigten bei transactions defrauding creditors erheblich ausgeweitet und umfaßt sogar den benachteiligten Gläubiger („victim"). Als Grund hierfür läßt sich die Nähe dieser Vorschrift zu der im deutschen Recht vom Anfechtungsgesetz erfaßten actio pauliana anführen.[134] Gleichwohl enthält eine Anfechtung nach dieser Vorschrift eine Besonderheit, die sie wieder näher an das Insolvenzrecht rückt, nämlich, dass die Anfechtungsklage zwar von einer einzelstehenden Person durchgeführt werden kann, dass aber die Klage gleichwohl zugunsten der Gläubigergesamtheit erhoben wird. Weiterhin scheint die im deutschen Recht noch eingeschränkt mögliche Anfechtung der Rechtshandlungen des vorläufigen Insolvenzverwalters durch den eigentlichen Insolvenzverwalter im englischen Recht unbekannt zu sein.

Das „Anfechtungsmonopol" des Insolvenzverwalters setzt sich jedoch nicht bei den Anfechtungsregelungen außerhalb der Insolvenz und für die Berufung auf die Nichtigkeit nach § 138 BGB fort. Hier ist der Kreis der Befugten gegenüber

---

[130] s. genauer zur Ehefrau als „associate" unten § 4 IV. 2. a.
[131] s. vertiefend hierzu § 4 III. 2.
[132] vgl. Prentice, Preferences, S. 452 f.; Doyle, Insolvency Litigation, Rdn 9.42.
[133] zum Begriff der „Universalität" s. Baur/Stürner, Insolvenzrecht, S. 284.
[134] Cork, Rdn 1200 ff.; Wood, International Insolvency, Rdn 4-19 ff.

dem Anfechtungsrecht wesentlich erweitert, so dass gerade auch Gläubiger zur Anfechtung oder zur Geltendmachung der Nichtigkeit berechtigt sind.

Übereinstimmend ist in beiden Rechtssystemen grundsätzlich derjenige als Anfechtungsgegner anzusehen, der aus der anfechtbaren Rechtshandlung einen Vorteil gezogen hat. Dieses kann, muss aber nicht, derjenige sein, der die in Frage stehende Rechtshandlung vorgenommen hat.[135]

V. Finanzierung des Anfechtungsprozesses

Die praxisrelevante Problematik der Finanzierung eines Anfechtungsprozesses zeigt, dass eine noch so gute rechtliche Regelung letztlich an Faktoren außerhalb des materiellen Anfechtungsrechts scheitern kann. So ist nämlich für 60 % der englischen[136] und 38 % der deutschen[137] Insolvenzverwalter die fehlende Finanzierungsmöglichkeit der Grund, von einem Anfechtungsprozeß abzusehen. Somit scheitern viele Anfechtungsprozesse nicht an den dem Anfechtungsrecht selbst innewohnenden Schwächen, sondern schon im Vorfeld an der Finanzierung. In diesem Abschnitt sollen deswegen die Finanzierungsmöglichkeiten, die das deutsche und englische Rechtssystem zur Verfügung stellt, sowie von den Insolvenzverwaltern entwickelte Finanzierungsmethoden aufgezeigt und analysiert werden.

1. Deutsches Recht

Im deutschen Recht gilt zwar der Grundsatz, dass die unterliegende Partei die Kosten des Prozesses tragen muss, § 91 ZPO. Gleichwohl stellt sich für den Insolvenzverwalter schon vor Beginn eines etwaigen Rechtsstreits die Frage der Finanzierung, da im allgemeinen ein Prozeßkostenvorschuß zu leisten ist, bevor die Gerichte ihre Arbeit aufnehmen, vgl. § 65 GKG.[138] Zumindest theoretisch stehen dem Insolvenzverwalter im deutschen Recht mehrere Wege offen, einen Anfechtungsprozeß zu finanzieren. Er kann zum einen etwaige Kosten der Prozeßführung aus eigenen oder aus Mitteln des insolventen Unternehmens decken, Prozeßkostenhilfe beantragen oder den dem Anfechtungsprozeß zugrundeliegenden Anspruch zur Finanzierung des Prozesses an einen Dritten abtreten.

Die Finanzierung eines Anfechtungsprozesses aus Mitteln der insolventen Gesellschaft dürfte häufig nur eingeschränkt möglich ein, da es an Barmitteln fehlen wird. Selbst die Tatsache, dass der Insolvenzverwalter den aus eigenen Mitteln finanzierten Anfechtungsprozeß als Massekosten nach § 55 InsO vorweg

---

[135] zur Anfechtung gegenüber dem Rechtsnachfolger des eigentlichen Anfechtungsgegners s. unten § 7.
[136] Milman/Parry, Avoidance Mechanisms, S. 30.
[137] Gessner/Rhode/Strate/Ziegert, Praxis Konkursabwicklung, S. 38.
[138] „Ohne Schuß, kein Jus!".

befriedigen darf,[139] dürfte angesichts der Massearmut der meisten Insolvenzverfahren schwerlich zur Finanzierung eines Anfechtungsprozesses beitragen.

Bezüglich der Gewährung von Prozeßkostenhilfe stellt sich die Rechtslage nach wie vor uneinheitlich dar, obwohl es zwei richtungsweisende Beschlüsse des *BGH* aus neuerer Zeit gibt.[140] Der Insolvenzverwalter kann gemäß § 116 Satz 1 Nr. 1 ZPO als Partei kraft Amtes[141] dann Prozeßkostenhilfe erhalten, wenn die Kosten aus der verwalteten Vermögensmasse nicht aufgebracht werden können und den am Gegenstand des Rechtsstreits wirtschaftlich Beteiligten nicht zugemutet werden kann, die Kosten des Verfahrens aufzubringen. Die Literatur geht zumeist davon aus, dass diejenigen Insolvenzgläubiger, die mit einer zumindest teilweisen Befriedigung rechnen können, wirtschaftlich beteiligt iSd. Norm sind.[142] Dieses können zum einen die Gläubiger des Gemeinschuldners, wie z. B. der Steuerfiskus,[143] zum anderen aber auch ein Insolvenzverwalter sein, selbst wenn der Rechtsstreit vorwiegend oder allein der Realisierung seines Vergütungsanspruches dient.[144]

Unter Berufung auf die amtliche Begründung zur PKH-Novelle hat der *BGH* hierzu angeführt, dass nach dem Willen des Gesetzgebers die Bewilligung von Prozeßkostenhilfe für den Insolvenzverwalter die Regel darstelle, die Verweigerung aber die Ausnahme sein solle. So soll der Tendenz entgegengewirkt werden, dass Masseschuldner allein deshalb zahlungsunwillig seien, weil sie mit einer lediglich geringen Wahrscheinlichkeit der klageweisen Geltendmachung der gegen sie bestehenden Ansprüche rechnen müßten, da niemand das zusätzliche Risiko eines Unterliegens im Prozeß tragen wolle. Weiterhin sei der Insolvenzverwalter als Amtswalter auch im Interesse der Öffentlichkeit tätig, um eine geordnete Abwicklung auch massearmer Unternehmungen zu gewährleisten.[145] Zudem sei nach der Neuregelung des Prozeßkostenrechts ist nicht mehr nur auf die finanzielle Lage des Insolvenzverwalters abzustellen, vielmehr müsse ein Prozeßkostenvorschuß für den Verwalter auch zumutbar sein.[146] Demgemäß wird die Aufbringung der Prozeßkosten durch eigene Mittel dem Insolvenzverwalter in der Regel nicht zuzumuten sein.[147] Folglich ist grundsätzlich selbst

---

[139] Kübler/Prütting, InsO, § 55 Rdn 30; vgl. auch HK-Eickmann, InsO, § 55 Rdn 4..
[140] BGH, Urt. 27.9.1990 - IX ZR 250/89, ZIP 1990, 1490; BGH, Beschl. v. 8.10.1992 - VII ZB 3/92, ZIP 1992, 1644 (s. dazu unten); vgl. auch die Diskussion bei Uhlenbruck, KTS 1998, 435.
[141] Kuhn/Uhlenbruck, KO, § 6 Rdn 24; HK-Kreft, InsO, § 129 Rdn 99.
[142] Thomas/Putzo, ZPO, § 116 Rdn 1; Uhlenbruck, KTS 1988, 436; HK-Kreft, InsO, § 129 Rdn 100; a.A. Baum-bach/Lauterbach, ZPO, § 116 Rdn 9.
[143] vgl. BGH, Beschl. v. 16.3.1998 - II ZB 19/97, ZIP 1998, 792.
[144] OLG Frankfurt, Beschl. v. 16.6.1997 - 21 W 30/97, ZIP 1997, 1600.
[145] BGH, Beschl. v. 8.10.1992 - VII ZB 3/92, ZIP 1992, 1644.
[146] OLG Rostock, Beschl. v. 2.9.1997 - 7 W 63/97, ZIP 1997, 1710.
[147] OLG Frankfurt, Beschl. v. 16.6.1997 - 21 W 30/97, ZIP 1997, 1600, 1601.

dann Prozeßkostenhilfe zu gewähren, wenn der Prozeß vorwiegend oder allein der Realisierung des Vergütungsanspruchs des Verwalters dient.[148]

Eine andere Entscheidung des *BGH*, sowie in neuerer Zeit ergangene Entscheidungen verschiedener unterinstanzlicher Gerichte zur Gewährung von Prozeßkostenhilfe stehen jedoch in einer gewissen Diskrepanz zu den vorgezeichneten Grundsätzen: In einem außerordentlichen Beschwerdeverfahren hat der *BGH* entschieden, dass die Ablehnung von Prozeßkostenhilfe für den Insolvenzverwalter einer GmbH dann nicht greifbar gesetzeswidrig sei, wenn ein Großteil der eingeklagten Summe dem Steuerfiskus zugute kommt.[149]

Daneben wurde bis zum Inkrafttreten des Insolvenzordnungsänderungsgesetzes die Gewährung von Prozeßkostenhilfe im Verbraucherinsolvenzverfahren von den zuständigen Gerichten sehr unterschiedlich gehandhabt.[150] Zwar ging es in den Entscheidungen nicht um die Gewährung von Prozeßkostenhilfe zur Finanzierung eines Anfechtungsprozesses, sondern um die Frage, ob Prozeßkostenhilfe zu gewähren ist, um dem insolventen Verbraucher überhaupt die Eröffnung eines Insolvenzverfahrens zu ermöglichen. Die Entscheidungen zeigen jedoch die Divergenz der Rechtsprechung zwischen Entscheidungen zu Insolvenzen natürlicher und juristischer Personen sehr gut auf. So wird in einem Beschluß des *LG Memmingen* ausgeführt, dass die Insolvenzordnung Prozeßkostenhilfe grundsätzlich nicht vorsehe.[151] Andere Gerichte halten dagegen die Gewährung von Prozeßkostenhilfe auch im Verbraucherinsolvenzverfahren für zulässig.[152] Eine einheitliche Rechtsprechung zu diesem Themenkomplex wird es wohl nicht mehr geben, da der *BGH* die besonderen insolvenzrechtlichen Beschwerdemöglichkeiten der §§ 6, 7 InsO für das Verfahren zur Gewährung der Prozeßkostenhilfe nicht zugelassen hat.[153] Die Brisanz dieser Frage ist daneben aber auch durch die Einführung der sog. Stundungsregelungen in den §§ 4a ff. InsO entschärft worden. Danach können dem Verbraucher die Kosten für das Insolvenzverfahren und – unter bestimmten Umständen – auch die Kosten für einen beigeordneten Rechtsanwalt für die Dauer des Verfahrens gestundet werden.

Die Rechtsprechung des *Reichsgerichts*, wonach der Anfechtungsanspruch des Verwalters als nicht abtretbar gilt, da die Befugnis zur Geltendmachung der An-

---

[148] OLG Frankfurt, Beschl. v. 16.6.1997 - 21 W 30/97, ZIP 1997, 1600; OLG Köln, Beschl. v. 8.8.2000 – 18 W 23/00, ZIP 2000, 1779; OLG Rostock, Beschl. v. 2.9.1997 - 7 W 63/97, ZIP 1997, 1710 mit Ausführungen zur Gegenansicht.
[149] BGH, Beschl. v. 16.3.1998 - II ZB 19/97, ZIP 1998, 792.
[150] vgl. die Darstellung zu diesem Themenkomplex bei König, NJW 2000, 2485, 2487; Schulz, InVo 2000, 43, 47; Harms, InVo 2000, 41.
[151] LG Memmingen – 4 T 1298/99, NJW-RR 2000, 129.
[152] LG Koblenz, Beschl. v. 1.8.2000 – 2 T 432/00, WM 2000, 2261.
[153] BGH, Beschl. v. 16.3.2000 - IX ZB 2/00, NJW 2000, 1869.

fechtungsfolgen nicht von der Masse getrennt werden dürfe,[154] stellt bis heute den Stand der Rechtsprechung dar. Gleichwohl scheint sich der *BGH* in neuerer Zeit der Zulässigkeit der Abtretung des Anfechtungsanspruches anzunähern.[155] Auch in der Literatur mehren sich die Stimmen, die von einer Abtretbarkeit des Anfechtungsanspruchs des Insolvenzverwalters ausgehen.[156] Folglich ist zwar nach dem derzeitigen Stand der Rechtsprechung eine Abtretbarkeit des Anfechtungsanspruchs im deutschen Recht noch nicht zu bejahen, ein Wandel erscheint hier aber für die Zukunft nicht unwahrscheinlich.

2. Englisches Recht

Im englischen Recht stellt sich die Situation bei der Finanzierung von Anfechtungsprozessen[157] für den betroffenen Insolvenzverwalter als eher verworren dar. Zwar gibt es auch hier theoretisch mehrere Wege, die Kosten eines Anfechtungsprozesses zu finanzieren, aber etliche dieser Möglichkeiten erscheinen auf Grund der ablehnenden Haltung sowohl der Judikative als auch der Legislative nicht sehr erfolgversprechend.

So schlug das *Cork Committee* die Schaffung eines „Ten Per Cent Fund" vor, in den zehn Prozent des Nettoerlöses aus der Verwertung einer floating charge fließen sollten.[158] Dieser Fonds sollte neben anderen Zielen auch der Finanzierung von Prozessen des Insolvenzverwalters zur Sicherung der Masse dienen.[159] Zwar wurde dieser Vorschlag in der Reformdiskussion dann nicht aufgegriffen, jedoch scheint dieser Vorschlag nicht endgültig aus der Reformdiskussion verschwunden zu sein.[160]

Der Insolvenzverwalter hat grundsätzlich zwar die Möglichkeit, das Vermögen des Gemeinschuldners heranzuziehen, um einen Anfechtungsprozeß zu finanzieren.[161] Bei dieser Art der Finanzierung kann der Anfechtungsgegner aber zumindest dann, wenn es sich bei dem Gemeinschuldner um eine private limited company handelt, versuchen, den Prozeß durch einen Antrag auf Sicherheitslei-

---

[154] RG, Urt. v. 5.1.1893 - Rep. VI 228/92, RGZ 30, 71, 75 ff; vgl. auch Zeuner, Insolvenzanfechtung, Rdn 313; Haarmeyer/Wutzke/Förster, Insolvenzhandbuch, Rdn 209; Kilger/K. Schmidt, KO, § 36 Anm. 2; Gerhardt/Kreft, Insolvenzanfechtung, S. 29 f.

[155] s. BGH, Urt. v. 18.5.1995 – IX ZR 189/94, ZIP 1995, 1204, 1206.

[156] Eckardt, KTS 1993, 585; HK-Kreft, InsO, § 129 Rdn 87; Kübler/Prütting-Paulus, InsO, § 143 Rdn 8; Paulus, ZInsO 1999, 370, 372; Paulus, ZInsO 1999, 242, 243.

[157] Die nachfolgenden Fälle betreffen zum Teil die Verfolgung von Geschäftsführern/Vorstandsmitgliedern unter den Vorschriften über Wrongful Trading, sec. 214 IA 86; die dort aufgestellten Regeln gelten jedoch auch für Anfechtungsprozesse, siehe Walters, Wrongful Trading, S. 155 FN 3.

[158] Cork-Report, Rdn 1538.

[159] Cork/Graham, ZIP 1982, 1275, 1283; Cork-Report, Rdn 1538.

[160] Goode, [1983-84] Can.Bus.LJ, 53, 67; Wheeler [1993] JBL 256, 269.

[161] Milman/Parry, Avoidance Mechanisms, S. 17.

stung für die Prozeßkosten zu blockieren.[162] Ein derartiger Antrag ist dann nach sec. 726 CA 85 statthaft, wenn Gründe für den Verdacht vorliegen, dass die Gesellschaft als Klägerin im Falle des Unterliegens die Prozeßkosten des Beklagten nicht tragen kann. Ein derartiger Verdacht dürfte gerade bei einer insolventen Gesellschaft nur schwer von der Hand zu weisen sein. Gibt das Gericht diesem Antrag statt und kommt die Gesellschaft, vertreten durch den Insolvenzverwalter, der Anordnung des Gerichtes nicht nach, so kann das Gericht das Verfahren aussetzen.

Führt der Insolvenzverwalter einen Anfechtungsprozeß mit eigenen Mitteln, so hat er grundsätzlich auch im Falle der Niederlage einen Anspruch auf Kostenerstattung durch das Gesellschaftsvermögen.[163] Dieser wegen der häufig maroden Finanzlage der Gesellschaft schon eher theoretische Grundsatz ist jedoch von der Rechtsprechung noch weiter ausgehöhlt worden. Beispielhaft hierfür steht *Re MC Bacon Ltd (No. 2).*[164]

> In diesem Fall hatte der Insolvenzverwalter von *MC Bacon* erfolglos versucht, die Stellung einer floating charge durch *MC Bacon* zugunsten einer Bank anzufechten. Im Folgeprozeß nun versuchte der Insolvenzverwalter, seine eigenen Prozeßkosten aus dem Vorprozeß und die der obsiegenden Bank gegenüber den durch die floating charge gesicherten Vermögensgegenständen mit der Begründung zurückzuerhalten, diese Kosten seien Masseverbindlichkeiten. Der mit der Entscheidung des Falles betraute *Millet J* wies die Klage ab und entschied, dass entgegen der in sec. 115, 175 IA 86 und r 4.218 IR 86 festgelegten Regelung, die eine Priorität für Kosten der Insolvenzabwicklung vorsieht, gerade Kosten eines erfolglosen Anfechtungsprozesses nicht unter diese Vorschrift zu subsumieren seien, weil der in einem solchen Fall geltend gemachte Rechtsanspruch nicht als Vermögensbestandteil der Gesellschaft angesehen werden könne. Vielmehr sei dieser Anspruch in der Person des Insolvenzverwalters begründet.[165] Weiterhin entschied er, dass der Insolvenzverwalter für die Kosten des Anfechtungsprozesses persönlich haftbar sei.

Der Regel, dass der Insolvenzverwalter einen Anspruch auf Kostenerstattung hat, wird weiterhin durch die Ermessensvorschrift der sec. 51 Supreme Court

---

[162] Milman/Parry, Avoidance Mechanisms, S. 18.
[163] Re Wilson Lovatt & Sons Ltd [1977] All ER 274.
[164] [1990] BCC 430; [1991] Ch 127; [1990] BCLC 607, 613G, 615D.
[165] s. auch Doyle, Insolvency Litigation, Rdn 5.13, 5.14; Diese Entscheidung steht insoweit auch im Widerspruch zu der Entscheidung in Re Produce Marketing Consortium Ltd [1989] BCLC 520, 554, wo dieser Rechtsanspruch gerade als Vermögensbestandteil der Gesellschaft angesehen wurde; vgl. hierzu auch § 7- Rechtsfolgen der Anfechtung.

Act 1981 gefährdet. Grundsätzlich liegt die Kostenentscheidung nämlich im Ermessen des Gerichts, vgl. sec. 51 SCA 81 In der Praxis werden der unterliegenden Partei regelmäßig die notwendigen Kosten der Gegenseite (zusätzlich zu den eigenen) auferlegt.[166] Dementsprechend besteht die Gefahr, dass auch der Insolvenzverwalter im Falle des Unterliegens zumindest einen Teil der Kosten der Gegenseite neben seinen eigenen wird tragen müssen.[167] Nach einer in der Literatur vertretenen Ansicht wird das entscheidende Gericht hierbei jedoch darauf abstellen, ob das Verhalten des Insolvenzverwalters in Verfolgung des Anspruches in irgendeiner Weise rechtsmißbräuchlich („improper“) war und nicht darauf, ob es schlicht unvernünftig erscheint.[168] Dennoch ist der Insolvenzverwalter für die aus einem Anfechtungsprozeß entstandenen Kosten nur als einfacher, nicht bevorrechtigter Gläubiger anzusehen, der zudem auch noch persönlich hierfür haftet.

Auch die Möglichkeit, einen Anfechtungsprozeß über Prozeßkostenhilfe[169] zu finanzieren, ist von der Gesetzgebung und von den Gerichten stark eingeschränkt worden. Gesellschaften als solche sind schon per Definition von der Prozeßkostenhilfe ausgeschlossen, sec. 2 (10) Legal Aid and Advice Act 1949.[170]

> Ein Versuch von Insolvenzverwaltern, diese Regelung zu umgehen, stellte, wie z. B. in den Fällen *Norglen Ltd v. Reeds Rains Prudential Ltd* und *Circuit Systems v. Zuken Redac (UK) Ltd,*[171] die Abtretung des Anfechtungsanspruches an einen Gesellschafter oder director gegen einen Anteil an den im Prozeß zugesprochenen Vermögenswerten dar. Dieser Personenkreis hat als natürliche Personen grundsätzlich Anspruch auf Prozeßkostenhilfe nach der Legal Aid and Advice Act 1949. Das Resultat in beiden Fällen war, dass der Anfechtungsprozeß durch das Legal Aid Board finanziert wurde, während die Anfechtungsgegner den schon oben erwähnten Antrag auf Sicherheitsleistung nach sec. 726 CA 85 nicht stellen konnten, da sie sich einer natürlichen Person als Prozeßgegner gegenüber sahen.

---

[166] vgl. Bunge, Zivilprozeß und Zwangsvollstreckung, S. 161; Plant, Civil Procedure Rules, S. 304.

[167] Diese Möglichkeit wurde in Eastglen Ltd v. Grafton [1996] 2 BCLC 279 diskutiert, aber auf Grund der Gegebenheiten des Falles nicht angewandt.

[168] Goldring/Theobald, [1997] Ins. L&P 9, 11 f. m. w. N.

[169] s. allgemein zur Prozeßkostenhilfe im englischen Recht Bunge, Zivilprozeß und Zwangsvollstreckung, S. 164.

[170] Munro, [1998] Ins. L&P 148; Milman/Parry, Avoidance Mechanisms, S. 17.

[171] [1998] 1 All ER 218.

Diese Art der Finanzierung eines Anfechtungsprozesses wurde von den unteren Gerichten als Umgehungsversuch der gesetzlichen Regeln zum Ausschluß der Prozeßkostenhilfe für Gesellschaften gewertet und dementsprechend verworfen.[172] Das *House of Lords* hob diese Urteile jedoch auf und erachtete den in Frage stehenden Finanzierungsmodus für zulässig, da die Legal Aid and Advice Act 1949 selber keine Regelung gegen eine solche Umgehung treffe. In der Folge dieses Urteils wurden die der Vergabe von Prozeßkostenhilfe zugrunde liegenden Richtlinien geändert, um auch diese Umgehungsmöglichkeit zu unterbinden.[173]

Ein anderer Versuch, das oben genannte Urteil in *Re MC Bacon (No. 2)* und die neue Regelung bezüglich der Vergabe von Prozeßkostenhilfe zu umgehen, stellte, wie z. B. in *Re Oasis Merchandising Services Ltd,*[174] die Abtretung der Ansprüche aus dem Anfechtungsprozeß an außenstehende Dritte als Gegenleistung für die Zahlung der Prozeßkosten dar.

> Hier initiierte der Insolvenzverwalter von *Oasis Merchandising Services Ltd* (*OMS*) eine Klage wegen wrongful trading gemäß sec. 214 IA 86[175] gegen fünf directors. Um den Prozeß zu finanzieren, schloß er einen Finanzierungsvertrag mit *London Wall Litigation Claims Ltd* (*LWLC*) , einem Unternehmen, das bestimmte Serviceleistungen für Insolvency Practitioners anbot, ab. Dabei trat er einen Teil der (zukünftigen) Ansprüche aus dem Prozeß gegen Finanzierung des Anfechtungsprozesses ab. Die Beklagten beantragten, den Prozeß zu unterbrechen, da der Vertrag zwischen dem Insolvenzverwalter und *LWLC* wegen champerty als nichtig anzusehen sei. Tatsächlich gab *Robert Walker J* dem Antrag statt und unterbrach das Verfahren wegen Verstoßes gegen die Doktrinen der maintenance und champerty.

Im Vereinigten Königreich wird nämlich jegliche Unterstützung der prozeßführenden Partei, insbesondere die (Mit-)Finanzierung der Prozeßkosten durch einen Dritten, der selbst keinerlei Interesse am Ausgang des Prozesses hat, als (verbotene) maintenance angesehen.[176] Champerty[177] stellt dabei eine verschärfte Form der maintenance dar, denn hier vergibt der Dritte die Finanzie-

[172] s. die vorzitierten Fälle.
[173] Reg. 33A Civil Legal Aid General Regulations 1989; Doyle, Insolvency Litigation, Rdn 5.17; Munro, [1998] Ins. L&P, 148, 149.
[174] [1997] BCC 282; [1997] All ER 1009.
[175] die in diesen Fällen geltenden Regeln gelten auch für Anfechtungsprozesse, siehe Walters, Wrongful Trading, S. 155 FN 3.
[176] Doyle, Insolvency Litigation, Rdn 5.02.
[177] Das Wort kommt von *campi partitio* , „Teilung des Realeigentums", Doyle, Insolvency Litigation, Rdn 5.02.

rungshilfe unter der Bedingung, dass er einen Anteil am Prozeßerlös erhält.[178] Während also maintenance lediglich eine Finanzierung durch einen Dritten darstellt, die nicht an den Prozeßerfolg gekoppelt ist, werden bei der champerty Finanzierung und Prozeßausgang miteinander verknüpft. Die Ablehnung dieser Finanzierungsformen resultiert noch aus dem Mittelalter, als die Justiz unter einem Mangel an Unparteilichkeit litt. Gerade die reichen Adeligen ließen sich Anteile am Prozeßerfolg gegen Finanzierung des Prozesses abtreten, um dann ihre eigene Macht mit dem Ziel einzusetzen, ein Urteil in ihrem Sinne zu erwirken. Obwohl die Strafbarkeit dieser Rechtsfiguren 1967 abgeschafft wurde, sind derartige Absprachen nach wie vor grundsätzlich nichtig.[179] Somit stellt auch der zwischen dem Insolvenzverwalter von *OMS* und *LWLC* geschlossene Vertrag einen Verstoß gegen die öffentliche Ordnung („public policy") dar und ist nichtig.

Der Beschluß beruhte, im Anschluß an *Re MC Bacon,* auch darauf, dass der geltend gemachte Rechtsanspruch kein Vermögensbestandteil der Gesellschaft sei, so dass der Insolvenzverwalter, der grundsätzlich über die Vermögensbestandteile der Gesellschaft verfügen kann, den Anfechtungsanspruch eben nicht an Dritte weiterveräußern kann. Daraus resultierend wurde dem Insolvenzverwalter dann auch eine bevorrechtigte Befriedigung verweigert.

Selbst wenn man, wie Teile der Literatur,[180] den Anfechtungsanspruch des Insolvenzverwalters nun für einen Vermögensbestandteil der Gesellschaft hält und demzufolge auch dessen Abtretung für zulässig erachtet, so könnte sie immer noch von einem Gläubiger als unvernünftig ("unreasonable") nach sec. 168 (5) IA 86 angefochten werden.[181] Der Insolvenzverwalter ist auch nicht berechtigt, einen Gläubiger der Gesellschaft mit dem Versprechen eines höheren Anteils an den aus einem erfolgreichen Anfechtungsprozeß zur Masse gezogenen Vermögenswerten zur Finanzierung eines Anfechtungsprozesses zu bewegen,[182] da hierdurch der Gleichbehandlungsgrundsatz der Gläubiger durchbrochen würde.[183]

In der Folge wurde diese harte Linie der Rechtsprechung jedoch durch das Urteil in *Katz v. McNally*[184] etwas aufgelockert:

---

[178] Walters, Wrongful Trading, S. 156; Doyle, Insolvency Litigation, Rdn 5.02.
[179] Doyle, Insolvency Litigation, Rdn 5.02; Walters, Wrongful Trading, S. 156.
[180] Walters, Wrongful Trading, S. 157.
[181] Re Edennote Ltd [1996] BCC 718.
[182] ohne den Anspruch als solchen abzutreten, dazu sogleich.
[183] Re Yagerphone Ltd [1935] 1 Ch 392.
[184] [1997] BCC 784.

In diesem Fall hatte der Insolvenzverwalter der insolventen *Exchange Travel (Holdings) Ltd* einen Anfechtungsprozeß wegen Gewährung einer preference nach sec. 239 IA 86 gegen die ehemaligen directors der Gesellschaft geführt und erstinstanzlich gewonnen. Der Hauptgläubiger der Holding war die, ebenfalls insolvente, Tochtergesellschaft *Exchange Travel Agency Ltd.* Beide Gesellschaften wurden von demselben Insolvenzverwalter verwaltet. Dieser schloß mit dem Liquidationskomitee der Tochtergesellschaft gegen die Einräumung einer bevorrechtigten Rangstufe bei der Verteilung der Insolvenzmasse ein Übereinkommen zur Finanzierung des Anfechtungsprozesses. Die Anfechtungsgegner beantragten, das Übereinkommen wegen Verstoßes gegen die champerty – Lehre für nichtig zu erklären. Der *Court of Appeal* verwarf den Antrag mit der Begründung, dass hier champerty deswegen nicht vorliege, weil die Tochtergesellschaft der Hauptgläubiger der Muttergesellschaft sei und deswegen ein rechtliches Interesse am Ausgang des Prozeßes habe. Darüber hinaus wurde aber auch das Urteil in *Re MC Bacon (No. 2)* kritisiert (und insoweit indirekt für unanwendbar erklärt), als es die Kostenerstattung des Insolvenzverwalters mit der Begründung einschränkt, der Anfechtungsanspruch stelle keinen Vermögensgegenstand der Gesellschaft dar.[185] Das Gericht entschied, dass die aus dem Anfechtungsprozeß zur Masse gezogenen Vermögenswerte für die Erstattung der Kosten und Auslagen des Insolvenzverwalters zur Verfügung stehen.[186]

Die Finanzierungslage wurde zumindest theoretisch weiter durch die 1995 in Kraft getretene Conditional Fee Agreements Order 1995 (Gesetz über bedingte Gebühren) verbessert:[187] hiernach ist es möglich, einen Rechtsanwalt mit der Vertretung in einem Anfechtungsprozeß unter der Bedingung zu beauftragen, dass sein Gebührenanspruch erst bei erfolgreichem Ausgang des Prozesses entsteht und fällig wird. Zusätzlich hierzu kann der Insolvenzverwalter mit dem jeweiligen Rechtsanwalt ein Erfolgshonorar vereinbaren, das bis zu 25 % der Summe betragen kann, welche der Anwalt für die Insolvenzmasse gewonnen hat.[188] Es scheint jedoch, dass diese Möglichkeit der Finanzierung eines Anfechtungsprozesses bisher relativ selten genutzt wird.[189]

---

[185] [1997] BCC 784, 791.

[186] [1997] BCC 784, 791 f. ; s. auch Farrar, Company Law, S. 733.

[187] SI 1995/1674; Conditional Fee Agreement Regulations 1995, SI 1995/1675.

[188] Milman/Parry, Avoidance Mechanisms, S. 21; Doyle, Insolvency Litigation, Rdn 5.22.

[189] Mit Begründung hierzu Milman/Parry, Avoidance Mechanisms, S. 21; s. auch Doyle, Insolvency Litigation, Rdn 5.21.

3. Vergleich

Sowohl im deutschen als auch im englischen Recht hat der Insolvenzverwalter beim Einsatz eigener Mittel für die Führung eines Anfechtungsprozesses zumindest theoretisch das Recht auf vorrangige Befriedigung aus der Insolvenzmasse. Diese wegen der chronischen Massearmut der Insolvenzen schon nicht sehr realistische Möglichkeit wird im englischen Recht durch das Urteil in *Re MC Bacon* sowie sec. 51 Supreme Court Act noch weiter eingeschränkt. Darüber hinaus beschränkt das englische Recht durch die Möglichkeit, dem Insolvenzverwalter eine Sicherheitsleistung für die Erbringung der Prozeßkosten aufzuerlegen, dessen Handlungsmacht sehr stark. Derartige Sicherungsmaßnahmen sind im deutschen Recht überhaupt nur sehr eingeschränkt[190] und bei einem nur deutsches Recht und deutsche Beteiligte betreffenden Anfechtungsprozeß überhaupt nicht möglich.

Während das deutsche Rechtssystem dem Insolvenzverwalter unter ausdrücklicher Verweisung auf dessen auch im öffentlichen Interesse liegenden Auftrag mittlerweile recht unkompliziert Prozeßkostenhilfe gewährt, stellt das englische Recht auf die Gesellschaft ab, die durch die Legal Aid Act ausdrücklich von der Gewährung von Prozeßkostenhilfe ausgenommen ist. Dagegen erscheint in beiden Rechtssystemen - zumindest nach dem derzeitigen Stand der Rechtsprechung - eine Finanzierung des Anfechtungsprozesses durch Abtretung des Anfechtungsanspruches problematisch. Sowohl im deutschen als auch im englischen Recht gibt es höchstrichterliche Entscheidungen, die von einer Untrennbarkeit der Anfechtungsbefugnis einerseits und dem hieraus realisierten Masseanspruch andererseits und damit von einer grundsätzlichen Nichtabtretbarkeit dieses Anspruchs ausgehen.[191] Daneben sprechen sich aber auch verstärkt Stimmen in der Literatur dafür aus, die die Abtretbarkeit eines derartigen Anspruchs zu bejahen,[192] so dass ein Richtungswechsel der Rechtsprechung in diesem Punkt möglich erscheint.

Eine der Conditional Fee Agreements Order 1995 vergleichbare Regelung kennt das deutsche Recht nicht, da die Vereinbarung eines Erfolgshonorares schon gegen § 49 b II BRAO verstößt und damit gemäß § 138 BGB nichtig ist.[193]

4. Analyse

Die Untersuchung der konkreten Ausgestaltung der Finanzierungsmöglichkeit von Anfechtungsprozessen hat anschaulich untermauert, dass die Bedenken der

---

190 § 108 ZPO, vgl. Thomas/Putzo, ZPO, § 108 Rdn 1.

191 Grovewood Holdings v. James Capel & Co [1995] Ch 80; RG, Urt. v. 5.1.1893 - Rep. VI 228/92, RGZ 30, 71, 75 ff.

192 Walters, Wrongful Trading, S. 157; Eckardt, KTS 1993, 585; HK-Kreft, InsO, § 129 Rdn 87; Kübler/Prütting-Paulus, InsO, § 143 Rdn 8; Paulus, ZInsO 1999, 370, 372.

193 vgl. Feuerich/Braun, BRAO, § 49 b Rdn 19 ff.; Hartung/Holl, BerufsO, vor § 21 Rdn 25 ff.

Insolvenzverwalter bezüglich der Finanzierung eines Anfechtungsprozesses begründet sind. Gerade das englische Recht weist hier gewisse Unstimmigkeiten auf, die die Durchsetzung berechtigter Anfechtungsansprüche entscheidend hindern können. Die uneinheitliche Rechtsprechung, nicht sehr erfolgreiche Gesetzesinitiativen wie die Conditional Fees Agreement Order und die Möglichkeit als Insolvenzverwalter selber für die Kosten haftbar gemacht zu werden, stellen nicht gerade einen Anreiz zur Aufnahme von Anfechtungsprozessen dar, was sich folglich auch in der oben aufgezeigten Statistik niederschlägt.

Im Zusammenhang mit der Prozeßkostenhilfe ist auch auf einen gewissen Wertungswiderspruch im englischen Recht einzugehen. Einerseits wird die Abtretbarkeit des aus der Anfechtung resultierenden Anspruchs mit der Begründung abgelehnt, dass es sich hierbei um einen Anspruch handele, der in der Person des Insolvenzverwalters entstehe, andererseits wird bei der Verneinung von Prozeßkostenhilfe dann aber gerade nicht auf den Insolvenzverwalter, sondern auf die Gesellschaft selbst abgestellt, die keinen Anspruch auf die Gewährung von Prozeßkostenhilfe habe.

Eine Möglichkeit, die Finanzierung von Anfechtungsprozessen zu verbessern, könnte die Aufstellung bestimmter Fonds darstellen. *Milman/Parry* schlagen vor, durch zweckgebundene Fonds, die durch Einnahmen des Insolvency Services Account oder bestimmte Gebühren gespeist würden, eine staatliche Finanzierung von Insolvenzprozessen einzuführen, wobei aber die Mißbrauchsmöglichkeit dieser Methode aufgezeigt wird.[194] Auch der bisher nicht umgesetzte Vorschlag des *Cork Committee*, einen Fonds zur Finanzierung u.a. von Anfechtungsprozessen einzurichten, stellt eine erfolgversprechende Möglichkeit dar, Anfechtungsprozesse zu finanzieren, obwohl hiergegen auch schon Kritik geübt wurde. So spricht sich *Wheeler* gegen einen derartigen Fond aus, weil er zu einer Erhöhung der Geschäftskosten und zu einem noch früheren Eingreifen der durch eine floating charge gesicherten Gläubiger führen würde.[195]

Eine andere Finanzierungsmethode, wie sie in Australien praktiziert wird, ist die, dass das Gericht einer Übereinkunft zwischen einem Gläubiger der Gesellschaft und dem Insolvenzverwalter zustimmen kann, in dem dieser dem finanzierenden Gläubiger einen höheren Anteil an dem in einem Anfechtungsprozeß realisierten Gewinn verspricht.[196] Dieses verstößt zwar im englischen Recht gegen den Grundsatz der Gläubigergleichbehandlung,[197] aber an dieser Stelle ist zu hinterfragen, was ein Grundsatz der Gläubigergleichbehandlung noch wert ist, wenn er im Endeffekt die Zusammenziehung der Masse verhindert.

[194] Milman/Parry, Avoidance Mechanisms, S. 41.
[195] Wheeler, JBL [1993] 256, 269; s. auch die Argumentation von Prentice in Pettet, S. 70 f.
[196] Milman/Parry, Avoidance Mechanisms, S. 18.
[197] Re Yagerphone [1935] 1 Ch 392.

Die Möglichkeit, Anfechtungsprozesse durch Abtretung von Forderungen aus dem Anfechtungsprozeß oder durch Finanzierungsabkommen zu finanzieren, könnte auch für das deutsche Recht eine sinnvolle Ergänzung darstellen. Interessanterweise wird die zur Begründung der Nichtabtretbarkeit häufig angeführte Argumentation, die von einer Untrennbarkeit der Anfechtungsbefugnis und dem zugehörigen Masseanspruch ausgeht, in der Literatur als Haarspalterei kritisiert.[198]

Bezüglich der Finanzierung von Anfechtungsprozessen erscheinen die Lösungen, die das englische Rechtssystem eingeschlagen hat, sehr komplex und nicht unbedingt vereinbar mit den Zielen des Insolvenzanfechtungsrechts. Die Lösung des deutschen Rechtssystems, relativ einfach Prozeßkostenhilfe für Anfechtungsprozesse – zumindest in der Insolvenz juristischer Personen - zu vergeben, erscheint als vorzugswürdig.

§ 4 Gemeinsame Merkmale der Anfechtungstatbestände

Nach Darstellung der Bedingungen der (prozessualen) Durchsetzung des Anfechtungsanspruchs werden im nun folgenden Teil die allen Anfechtungstatbeständen gemeinsamen Merkmale behandelt. Dabei nimmt der Abschnitt über die Insider-Problematik eine Sonderstellung ein, denn die diesbezüglichen Regelungen stellen keine conditio sine qua non für die Zulässigkeit der Anfechtung dar. Vielmehr wird bei Vorliegen bestimmter Personenkonstellationen die Durchsetzung des Anfechtungsanspruchs erleichtert.

I. Die Insolvenz des Schuldners

Eine Insolvenzanfechtung im eigentlichen Sinne ist überhaupt nur dann möglich, wenn der betreffende Schuldner zum Zeitpunkt der Anfechtung iSd. Norm „insolvent" ist,[199] denn, wie in § 2 dargestellt, verlagert die Insolvenzanfechtung den Schutz der Masse vor den Beginn des eigentlichen Insolvenzverfahrens. Die Feststellung des Vorliegens der Insolvenz erfolgt grundsätzlich im Rahmen der Eröffnung des Insolvenzverfahrens. Bei der Insolvenzanfechtung besteht jedoch zusätzlich die Besonderheit, dass Rechtshandlungen anfechtbar sind, die vor dem formellen Beginn des Insolvenzverfahrens vorgenommen wurden. Zu diesem Zweck wird der Insolvenzzeitpunkt vorverlagert. Dieses entspricht auch der wirtschaftlichen Realität, da zumeist der Zeitpunkt des Beginns des Insolvenzverfahrens (formelle Insolvenz) nicht identisch sein wird mit dem der tatsächlichen Insolvenz (materielle Insolvenz) des Schuldners.[200] Der Zeitpunkt der for-

[198] Eckardt, KTS 1993, 585; HK-Kreft, InsO, § 129 Rdn 87; vgl. auch Milman/Parry, Avoidance Mechanisms, S. 20 m.w.N.

[199] Goode, Insolvency Law, S. 348; s. auch Goode [1983-84] 8 Can. Bus. L. J. 53, 71 ff.

[200] s. zur Diskussion um materielle und formelle Insolvenz auch Gerhardt, FS KO, S. 111, 130.

mellen Insolvenz ist der Zeitpunkt, der rückwirkend den Beginn des anfechtungsrelevanten Zeitraumes, der „Krise", markiert. Dieser Abschnitt beschäftigt sich damit, wie die hier verglichenen Rechtssysteme für die Zwecke der Insolvenzanfechtung diese formelle und materielle Insolvenz feststellen. Weiterhin soll geprüft werden, inwieweit die materielle Insolvenz schon zum Zeitpunkt der Vornahme der anfechtbaren Rechtshandlung vorliegen muss.

1. Deutsches Recht

Gemäß § 129 InsO sind bestimmte Rechtshandlungen anfechtbar, die vor Eröffnung des Insolvenzverfahrens vorgenommen worden sind. In den Tatbeständen der §§ 130 bis 132 InsO wird weitergehend danach differenziert, ob die anfechtbare Rechtshandlung vor oder nach Stellung des Antrages auf Eröffnung des Insolvenzverfahrens vorgenommen wurde. Für die Zwecke der Insolvenzanfechtung ist also die Stellung des Antrages auf Eröffnung des Insolvenzverfahrens der für die Berechnung der Anfechtungsfrist relevante Zeitpunkt der formellen Insolvenz. Diese Regelung vereinheitlicht damit die verschiedenen zeitlichen Anknüpfungspunkte unter dem Recht der KO.[201] Gleichwohl ist für die Anfechtung selbst immer das Vorliegen eines eröffneten Insolvenzverfahrens unabdingbare Voraussetzung.[202]

Die formelle Insolvenz knüpft auch im deutschen Recht an die materielle Insolvenz an. Dementsprechend ist die Stellung eines Eröffnungsantrages nur bei Glaubhaftmachung eines Eröffnungsgrundes (materielle Insolvenz) statthaft, vgl. §§ 14, 16 InsO. Allgemeiner Eröffnungsgrund ist gemäß § 17 I InsO die Zahlungsunfähigkeit, wobei der Gesetzgeber mit dieser Regelung an die des § 102 KO angeknüpft hat.[203] Mit Zahlungsunfähigkeit ist der Zeitpunkt gemeint, ab dem der Schuldner entweder nicht in der Lage ist, die fälligen Zahlungspflichten zu erfüllen, bzw. ab dem er seine Zahlungen eingestellt hat, siehe § 17 II InsO. Der Gesetzgeber ist damit der bislang h. M. gefolgt, die die Zahlungsunfähigkeit als das auf dem Mangel an Zahlungsmitteln beruhende dauernde Unvermögen des Schuldners, seine fälligen Geldschulden im wesentlichen zu berichtigen, definiert hatte.[204] Auch wenn sich das Gesetz nicht über die Dauer der Zahlungsunfähigkeit ausläßt, so ist auch weiterhin eine nur vorübergehende Zahlungsstockung als nicht ausreichend anzusehen.[205] Letzteres liegt vor allem dann vor, wenn der Schuldner erwarten kann, die Forderungen der Gläubiger

---

[201] HK-Kreft, InsO, § 129 Rdn 2; Kirchhof, ZInsO 1998, 5.

[202] Kamlah, Insolvenzanfechtung, S. 20; Zeuner, Insolvenzanfechtung, Rdn 9.

[203] Zeuner, Insolvenzanfechtung, Rdn 100; Henckel, Kölner Schrift, Rdn 25; fehlgehend hier Breutigam/Tanz, ZIP 1998, 718; s. zum Recht der KO Baur/Stürner, Insolvenzrecht, S. 86.

[204] BGH, Urt. v. 22.11.1990 - IX ZR 103/90, ZIP 1991, 39; v. Campe, Insolvenzanfechtung, S. 61.

[205] Henckel, Kölner Schrift, Rdn 24; Harz, ZInsO 2001, 193; differenzierend Zeuner, Insolvenzanfechtung, Rdn 100.

innerhalb eines Zeitraumes, der nach Auffassung des Verkehrslebens den Mangel an bereiten Zahlungsmitteln als nur vorübergehenden erscheinen läßt, erfüllen zu können.[206] Die Zahlungseinstellung, welche als Indiz für die Zahlungsunfähigkeit in § 17 II 2 InsO genannt wird, stellt gleichzeitig die wohl stärkste Form der Zahlungsunfähigkeit dar.[207] Hierfür ist eine bloße Nichtzahlung nicht ausreichend, erforderlich ist vielmehr, dass die Zahlungseinstellung für die beteiligten Verkehrskreise nach außen hin erkennbar geworden ist.[208] Dabei steht der Annahme der Zahlungseinstellung allerdings nicht entgegen, dass der Schuldner vereinzelt noch Zahlungen, auch in beträchtlicher Höhe, leistet. Es genügt, dass der Schuldner außer Stande ist, den wesentlichen Teil seiner Verbindlichkeiten zu erfüllen.[209] Indizien für die Zahlungseinstellung können z. B. fruchtlose Vollstreckungsversuche beim Schuldner darstellen.[210]

Bei juristischen Personen ist gemäß § 19 I InsO auch die Überschuldung Eröffnungsgrund. Nach der Legaldefinition des § 19 II InsO liegt Überschuldung dann vor, wenn das Vermögen des Schuldners die bestehenden Verbindlichkeiten nicht mehr deckt. Mit dieser Regelung hat der Gesetzgeber diesen zuvor schon in anderen Gesetzen normierten Tatbestand der materiellen Insolvenz[211] ausdrücklich als Insolvenzgrund in die Insolvenzordnung aufgenommen. Gleichzeitig hat der mit der konkreten Ausgestaltung der Regelung die bisher von Rechtsprechung und Literatur favorisierten zweistufige Überschuldungsprüfung in ihrer Anwendbarkeit stark eingeschränkt.[212] Nach der nunmehr geltenden Prüfungsmethode liegt Überschuldung dann vor, wenn ein besonderer Überschuldungsstatus, der nicht mit der Handelsbilanz gleichzusetzen ist, eine negative Differenz zwischen dem Betrag des Vermögens des Schuldners und dessen Schulden ergibt. Bei diesem (ersten) Überschuldungsstatus ist von den tatsächlichen Vermögenswerten auszugehen; handelsrechtliche Bewertungsregeln gelten nicht. Im Falle der Überschuldung ist dann eine Fortführungsprognose zu erstellen.[213] Führt diese zu der Feststellung dass die Gesellschaft überlebensfähig

---

[206] Kuhn/Uhlenbruck, KO, § 102, Rdn 2e; Niehus, Insolvenzanfechtung, S. 63; FK-Schmerbach, InsO, § 17 Rdn 13 ff.

[207] Breutigam/Tanz, ZIP 1998, 717, 718; HK-Kirchhof, InsO, § 17 Rdn 25; FK-Schmerbach, InsO, § 17 Rdn 4

[208] BGH, Urt. v. 27.4.1995 - IX ZR 147/94, ZIP 1995, 929, 930; HK-Kirchhof, InsO, § 17 Rdn 25; FK-Schmerbach, InsO, § 17 Rdn 4.

[209] BGH, Urt. v. 17.5.2001 – IX ZR 188/98, ZIP 2001, 1155 m. Anm. Eckardt, EwiR § 30 KO 4/01 821.

[210] Jaeger/Henckel, KO, § 30 Rdn 18.

[211] vgl. § 92 II 2 AktG; § 64 I 2 GmbHG.

[212] Kübler/Prütting-Pape, InsO, § 19 Rdn 2; zur zweistufigen Prüfung unter Geltung der KO s. die vertiefenden Ausführungen bei Kuhn/Uhlenbruck, KO, § 102 Rdn 5c ff.

[213] s. zur Erstellung Bork, ZIP 2000, 1709; Harz, ZInsO 2001, 193, 198.

ist, so kann ein zweiter Überschuldungsstatus aufgestellt werden, dem Fortführungswerte zugrunde gelegt werden.[214]

Im Rahmen der Reform ist mit dem Tatbestand der drohenden Zahlungsunfähigkeit gemäß § 18 InsO nun ein weiterer Eröffnungsgrund in die Insolvenzordnung aufgenommen worden. Dieser Tatbestand trägt dem Reformziel Rechnung, eine Eindämmung der hohen Anzahl an masselosen Insolvenzen zu erreichen, und folgt der zuvor schon von Teilen des Schrifttums vertretenen Ansicht, die eine Insolvenz schon für den Fall annahm, dass der Schuldner mit hinreichender Wahrscheinlichkeit seine zwar schon bestehenden, aber noch nicht fälligen, Verbindlichkeiten nicht wird erfüllen können[215] Der Gesetzgeber versucht so, in Anlehnung an das amerikanische Sanierungsmodell unter Chapter 11 BC, eine Vorverlagerung der Insolvenzeröffnung zu erreichen, um die Möglichkeiten der Sanierung zu verbessern.[216]

Für die Zwecke der Insolvenzanfechtung stellen die §§ 130 – 132 InsO lediglich auf die Zahlungsunfähigkeit ab,[217] eine etwaige Überschuldung des Schuldners zum Zeitpunkt der Vornahme der Rechtshandlung spielt, ebenso wie unter Geltung der Konkursordnung dagegen keine Rolle. Diese Entscheidung des Gesetzgebers beruhte auf der Überlegung, dass die Überschuldung nicht nach außen erkennbar wird und daher aus Verkehrsschutzgründen nicht als Anfechtungsvoraussetzung geeignet ist.[218] Darüber hinaus hat die Kommission für Insolvenzrecht eine Anfechtbarkeit nach Eintritt der Überschuldung mit dem Argument abgelehnt, dass die damit verbundene Vorverlagerung der materiellen Insolvenz die Rechtssicherheit zu sehr beschränken würde.[219] Obwohl also vom Wortlaut der §§ 130 – 132 InsO nur die Zahlungsunfähigkeit als Zeitpunkt der materiellen Insolvenz und damit als Anknüpfungspunkt der Anfechtung in Betracht kommt, wird dennoch die Meinung vertreten, dass zumindest im Fall des § 130 I Nr. 2 InsO eine Anfechtung auch bei drohender Zahlungsunfähigkeit oder Überschuldung möglich ist,[220] mit der Folge, dass die Anfechtbarkeit nach § 130 I Nr. 2 InsO unter Umständen früher einsetzen kann, als die Anfechtbarkeit nach § 130 I Nr. 1 InsO.

---

[214] Kübler/Prütting-Pape, InsO, § 19 Rdn 7; Druckarczyk/Schüler, Kölner Schrift, Rdn 63 ff.; im Ergebnis so auch Harz, ZInsO 2001, 193, 198.

[215] Bork, Insolvenzrecht, Rdn 87; FK-Schmerbach, InsO, § 17 Rdn 4.

[216] Breutigam/Tanz, ZIP 1998, 717, 718; Beilage NJW 1/99, 6.

[217] Dieses stellt auch eine Neuerung gegenüber dem Recht der KO dar, bei der für die Zwecke der Konkursanfechtung auf die Zahlungs*einstellung* abgestellt wurde, vgl. v. Campe, Insolvenzanfechtung, S. 60.

[218] Hahn, Materialien zur Konkursordnung, S. 119; Jaeger/Henckel, KO, § 30 Rdn 30.

[219] Erster Bericht der Kommission für Insolvenzrecht, S. 404.

[220] Zeuner, Insolvenzanfechtung, Rdn 103; Breutigam/Tanz, ZIP 1998, 718, 719.

Nicht in allen Tatbeständen der Insolvenzanfechtung ist die materielle Insolvenz des Schuldners zum Zeitpunkt der Vornahme der anfechtbaren Rechtshandlung Tatbestandsvoraussetzung, so nämlich in den Regelungen der §§ 133 – 136 InsO. Bei diesen Tatbeständen wird bezüglich der Anfechtbarkeit der in Frage stehenden Rechtshandlung nur auf die formelle Insolvenz, also auf die Stellung des Insolvenzantrages, abgestellt.

Zusammenfassend läßt sich sagen, dass das deutsche Recht zum Zwecke der Insolvenzanfechtung die formelle Insolvenz an die Stellung des Eröffnungsantrages anknüpft. Dieser formellen Insolvenz muss jedoch ein Eröffnungsgrund im Sinne einer materiellen Insolvenz, wie (drohende) Zahlungsunfähigkeit oder Überschuldung zugrunde liegen. Bei den Tatbeständen der besonderen Insolvenzanfechtung ist aber lediglich die Zahlungsunfähigkeit als für die Anfechtbarkeit einer Rechtshandlung maßgeblicher Zeitpunkt ausschlaggebend, nicht jedoch die Überschuldung. Schließlich ist bei den Tatbeständen der §§ 133 – 136 InsO noch nicht einmal diese Zahlungsunfähigkeit des Schuldners zum Zeitpunkt der Vornahme der Rechtshandlung Tatbestandsvoraussetzung.

2. Englisches Recht [221]

Auch im englischen Recht ist eine Anfechtung grundsätzlich[222] nur innerhalb eines Insolvenzverfahrens möglich.[223] Es existieren jedoch im Anfechtungsrecht auf den ersten Blick unterschiedliche Regelungen bezüglich der Feststellung des Vorliegens sowohl der formellen als auch der materiellen Insolvenz: Zum einen wird für die Anfechtung nach ss. 238, 239 IA 86 in sec. 240 IA 86 und sec. 245 IA 86 auf den sog. „onset of insolvency“ abgestellt, zum anderen wird in sec. 244 IA 86 ein eigenständiger Zeitpunkt definiert. Weiterhin gilt für sec. 423 IA 86 eine Sonderregelung.

Zuerst zum Grundfall der sec. 240 IA 86: Mit dem onset of insolvency ist nach § 240 IA 86 der Zeitpunkt gemeint, an dem entweder der Antrag auf Erlaß einer administration order[224] oder an dem der Antrag auf Abwicklung der Gesellschaft (liquidation)[225] gestellt wurde.[226] Der onset of insolvency bezeichnet somit den Zeitpunkt der formellen Insolvenz.

Materieller Insolvenzgrund für den Erlaß einer administration order oder das winding-up der Gesellschaft ist die (drohende) Zahlungsunfähigkeit der Gesell-

---

[221] vertiefend zu diesem Bereich s. Goode, Insolvency Law, S. 64 ff.
[222] zur Ausnahmevorschrift der sec. 423 IA 86 s. sogleich unten.
[223] Kamlah, Insolvenzanfechtung, S. 144; Goode, Insolvency Law, S. 348.
[224] sec. 240 (3) (a) IA 86 iVm. sec. 9 IA 86.
[225] sec. 240 (3) (b) IA 86 iVm. sec. 129 IA 86.
[226] Milman/Durant, Corporate Insolvency, S. 202; Bailey/Groves/Smith, Corporate Insolvency, S. 368; Snaith/Cownie, Corporate Insolvency, Rdn 20.10.

schaft, vgl. sec. 8 (1) (a) IA 86. Die Zahlungsunfähigkeit ist ebenfalls einer der Gründe für die Abwicklung der Gesellschaft, vgl. sec. 122 (1) (f) IA 86. Die Zahlungsunfähigkeit wird in sec. 123 IA 86 näher definiert.[227] Zur Feststellung der Zahlungsunfähigkeit existiert zum einen der sog. cash-flow-test, wonach eine Gesellschaft dann insolvent ist, wenn der Schuldner nach Überzeugung des Gerichts nicht in der Lage ist, seine Schulden bei Fälligkeit zu begleichen, sec. 123 (1) (e) IA 86.[228] Ein anderer wichtiger Test für die Zahlungsfähigkeit der Gesellschaft ist der in sec. 123 (2) IA 86 aufgestellte balance-sheet-test: danach ist die Gesellschaft dann zahlungsunfähig, wenn nach Überzeugung des Gerichts die Verbindlichkeiten das Vermögen der Gesellschaft übersteigen.[229] Daneben existieren auch andere Indizien, die zur Annahme der Zahlungsunfähigkeit der Gesellschaft führen, so z. B., wenn die Gesellschaft auf die förmliche Aufforderung eines Gläubigers hin auf eine fällige Verbindlichkeit, welche die Summe von 750 GBP übersteigt, nicht innerhalb von 21 Tagen leistet, sec. 123 (1) (a) IA 86. Die Gesellschaft wird ebenfalls als zahlungsunfähig angesehen, wenn sie auf ein sog. Vollstreckungsurteil nicht leistet, sec. 123 (1) (b) IA 86.[230]

Damit eine Rechtshandlung als transaction at an undervalue, sec. 238 IA 86, oder als preference, sec. 239 IA 86 anfechtbar ist, muss sowohl die materielle Insolvenz („inability to pay its debts“) als auch die formelle Insolvenz („onset of insolvency“) vorliegen. Bezüglich der Anfechtbarkeit einer extortionate credit transaction, sec. 244 IA 86, wird für den Beginn des Fristlaufs auf den Zeitpunkt des Erlasses der administration order oder den Beginn der Liquidation abgestellt, sec 244 (2) IA 86. Diese Regelung unterscheidet sich damit von der in sec. 240 IA 86 getroffenen, da dort auf den Zeitpunkt der Antragstellung abgestellt wird.[231] Hervorzuheben ist, dass es für die Anfechtbarkeit der Darlehenshingabe nicht darauf ankommt, dass der Gemeinschuldner zum Zeitpunkt der Vornahme der Rechtshandlung insolvent ist oder durch die Rechtshandlung selber insolvent wird.[232] Dagegen wird bei der Anfechtung von floating charges wieder auf den formellen Insolvenzzeitpunkt des onset of insolvency abgestellt, sec. 245 (5) IA 86 und obwohl der Wortlaut der Vorschrift anders ist als der in sec. 240 (3) IA 86, liegen keine Anhaltspunkte für eine abweichende Auslegung dieser Vorschrift vor. Da es bei einer transaction defrauding creditors nicht erforderlich ist, dass der Schuldner zum Zeitpunkt der Rechtshandlung oder der Anfechtung

[227] Goode, Insolvency Law, S. 66; Bailey/Groves/Smith, Corporate Insolvency, S. 369; s. auch Cork-Report, Rdn 535 f.

[228] Farrar, Company Law, S. 711; Milman/Durant, Corporate Insolvency, S. 197; Goode, Insolvency Law, S. 77.

[229] Farrar, Company Law, S. 712; Goode, Insolvency Law, S. 83; Starnecker, englische Insolvenzverfahren, S. 124.

[230] Für nähere Details, siehe Goode, Insolvency Law, S. 70 ff; Starnecker, englische Insolvenzverfahren, S. 123

[231] so auch Snaith/Cownie, Corporate Insolvency, Rdn 20.59.

[232] Bailey/Groves/Smith, Corporate Insolvency, S. 373; Goode, Insolvency Law, S. 351.

überhaupt insolvent ist,[233] ist demzufolge weder die Feststellung einer materiellen noch einer formellen Insolvenz zur Zulässigkeit der Anfechtung erforderlich.

3. Vergleich

Sowohl im deutschen als auch im englischen Recht ist, bis auf die Ausnahmevorschrift der sec. 423 IA 86, transactions defrauding creditors, eine Anfechtung nur innerhalb eines eröffneten Insolvenzverfahrens möglich.

Beide Rechtssysteme legen den Beginn der formellen Insolvenz (mit der Ausnahme von sec. 244 IA 86) einheitlich mit Stellung des Insolvenzantrages fest, wobei jeweils auch die Anfechtung zwischen Stellung des Antrages und tatsächlicher Eröffnung des Insolvenzverfahrens ermöglicht wird. Für die Feststellung der formellen Insolvenz muss in beiden Rechtssystemen auch ein Insolvenzgrund, die materielle Insolvenz, gegeben sein. Bezüglich der Methoden der Feststellung des Vorliegens der materiellen Insolvenz differieren die Rechtssysteme jedoch voneinander. Zwar werden sowohl in Deutschland als auch in England hierzu grundsätzlich die vorhandenen Vermögenswerte mit den bestehenden Verbindlichkeiten abgeglichen (Überschuldung/balance-sheet-test) oder die Möglichkeiten des Schuldners, zum gegebenen Zeitpunkt seine Verbindlichkeiten zu begleichen, geprüft (Zahlungsunfähigkeit/cash-flow-test). Während im deutschen Recht jedoch Überschuldung und Zahlungsunfähigkeit als gleichwertige Eröffnungsgründe nebeneinander stehen, stellt die Überschuldung nach dem englischen Rechtsverständnis nur eine Untergruppe der Zahlungsunfähigkeit dar.

Der in Deutschland im Zuge der Reform eingefügte weitere Eröffnungsgrund der drohenden Zahlungsunfähigkeit ist im englischen Recht nur in Bezug auf den Erlaß einer administration order bekannt. Im englischen Recht sind dennoch prinzipiell mehr gesetzlich festgelegte Anknüpfungspunkte für die Feststellung der materiellen Insolvenz vorgesehen, als im deutschen Recht, wie z. B. die Nichterfüllung trotz Fälligkeit und Mahnung bei einer Schuld, die 750 GBP übersteigt. Allerdings können im deutschen Recht fruchtlose Vollstreckungsversuche als Indiz für die Zahlungsunfähigkeit des Gläubigers gelten, so dass in der Praxis der Unterschied zwischen deutschem und englischem Recht nur marginal sein dürfte.

Anders als im deutschen Recht ist im englischen Recht für Anfechtungszwecke nicht nur die Zahlungsunfähigkeit, sondern auch die Überschuldung als Kriterium maßgeblich.234 In beiden Rechtssystemen gibt es aber nun sowohl Anfech-

[233] Wood, International Insolvency, Rdn 4-21; Fletcher, Insolvency Law, S. 232; Cork-Report, Rdn 1213; Doyle, Insolvency Litigation, Rdn 12.11; Snaith/Cownie, Corporate Insolvency, Rdn 20.35; Kamlah, Insolvenzanfechtung, S. 145.

[234] Kamlah, Insolvenzanfechtung, S. 241; Bruski, Konkursanfechtung, S. 153 f.

tungsregelungen, bei denen diese materielle Insolvenz des Schuldners zum Zeitpunkt der Vornahme der anfechtbaren Rechtshandlung Tatbestandsvoraussetzung ist, als auch solche, in denen diese Voraussetzung fehlt. So muss bei einigen Tatbeständen sowohl im deutschen Recht als auch im englischen Recht der Schuldner zum Zeitpunkt der Rechtshandlung schon zahlungsunfähig (also materiell insolvent) sein oder durch die Rechtshandlung insolvent werden, damit eine Rechtshandlung im nachhinein überhaupt anfechtbar ist. Im deutschen Recht betrifft dies die Regelungen der §§ 130 – 132 InsO, im englischen Recht die der ss. 238, 239 IA 86. Der Unterschied besteht hier aber darin, dass im englischen Recht allein auf die objektive Lage abgestellt wird, während im deutschen Recht in allen vorgenannten Tatbeständen, bis auf § 131 I Nr. 1 InsO,[235] die Kenntnis des Anfechtungsgegners von der objektiv vorliegenden Insolvenzlage gegeben (und damit nachgewiesen) sein muss. Davon abweichend wird in den Fällen der ss. 244, 245 IA 86 nur auf den formellen Zeitpunkt der Insolvenz abgestellt. In diesen Fällen ist, wie bei den deutschen Vorschriften der §§ 133 – 136 InsO, keine materielle Insolvenz zum Zeitpunkt der Vornahme der Rechtshandlung erforderlich.

4. Analyse

Die Sicht des englischen Rechts, die Überschuldung als Untergruppe der Zahlungsunfähigkeit zu begreifen erscheint systematisch fragwürdig, denn eine Gesellschaft kann sowohl zahlungsunfähig sein, aber nicht überschuldet, als auch überschuldet, aber nicht zahlungsunfähig sein. Damit existieren beide Typen der materiellen Insolvenz unabhängig voneinander und nicht in einem Über-/Unterordnungsverhältnis. Auf den ersten Blick erscheint die Beschränkung des deutschen Rechts, welches für die Zwecke der Anfechtung lediglich auf die Zahlungsunfähigkeit abstellt, nicht zwingend, schon weil die Überschuldung einen möglichen Eröffnungsgrund darstellt. Auch die Begründung der *Insolvenzrechtskommission*, ein Abstellen auf die Überschuldung würde die Rechtssicherheit zu sehr einschränken, erscheint nicht stichhaltig. Das Institut des Anfechtungsrechts schränkt die Rechtssicherheit per se ein. Erst innerhalb des Anfechtungsrechts selbst wird durch bestimmte Merkmale, wie subjektive Tatbestandserfordernisse, dem Gesichtspunkt der Rechtssicherheit Rechnung getragen. So muss der Anfechtungsgegner (außer bei § 131 I Nr. 1, 2 InsO) ohnehin Kenntnis von der Zahlungsunfähigkeit des Schuldners haben. Folglich würde die Anfechtbarkeit einer Rechtshandlung nach Eintritt der Überschuldung auch erst bei Kenntnis des Anfechtungsgegners von dieser Tatsache eröffnet sein.[236] Schwerer wiegt hier schon die von *Bruski* vertretene Argumentation, dass auf Grund der Schwierigkeit der Feststellung des Zeitpunktes der Überschuldung *ex post* eine Anknüpfung der Anfechtung an diesen Zeitpunkt als praktisch nicht

---

[235] Zu den Gründen hierfür, s. Smid, Insolvenzrecht, S. 246.

[236] vgl. zu diesem Argument auch v. Campe, Insolvenzanfechtung, S. 64; Henckel, ZIP 1982, 391, 392.

durchführbar erscheint.[237] Selbst wenn durch die Einführung der Insolvenzordnung dem zweistufigen Überschuldungsbegriff der Konkursordnung eine Absage erteilt wurde, so erscheint die Bestimmung der Überschuldung gegenüber der Zahlungsunfähigkeit wegen Bewertungsfragen nach wie vor schwieriger. Demzufolge müßte der Überschuldungsbegriff, wie im englischen Recht, auf einem einfachen Abgleich der Verbindlichkeiten gegenüber den Vermögensgegenständen beruhen, um die Bewertungsfragen auch nur einigermaßen eingrenzen zu können.

In der deutschen Literatur gibt es darüber hinaus erste Stimmen, die die Ausdehnung der Anfechtungsmöglichkeit für die drohende Zahlungsunfähigkeit insbesondere im Hinblick auf § 130 I Nr. 2 InsO kritisieren.[238] Hierbei wird vor allen Dingen auch darauf verwiesen, dass durch die mögliche zeitliche Vorverlagerung der Insolvenz[239] und durch die zusätzlichen Beweiserleichterungen, die durch die Reform in das Recht der Insolvenzanfechtung eingefügt wurden,[240] eine möglicherweise vom Gesetzgeber so nicht gewollte „Übererleichterung" der Zugriffsmöglichkeiten erreicht wird.[241] Hiergegen ist jedoch anzuführen, dass es vordringlich gerade um Beweiserleichterungen geht, hierdurch aber der Anfechtung nicht ein höherer Stellenwert eingeräumt wird, denn die in Frage stehende Rechtshandlung muss ja erst einmal begangen worden sein, also eine Vermögensverschiebung tatsächlich stattgefunden haben.

Im Zuge der Reform des deutschen Insolvenzrechts ist die ursprünglich geplante Einführung eines sog. Feststellungsverfahrens, in dem die Insolvenz des Schuldners einheitlich für alle Verfahren festgestellt werden sollte, wieder fallengelassen worden.[242] Mit der Einführung eines derartigen Verfahrens wäre ebenfalls eine Beweiserleichterung einhergegangen, denn so muss der Insolvenzverwalter den Insolvenzzeitpunkt immer wieder neu nachweisen. Gerade weil das Vorliegen der materiellen Insolvenz zur Eröffnung des Verfahrens sowieso schon nachgewiesen werden muss, wurde hier eine einfache Möglichkeit zur Effizienzsteigerung des Anfechtungsrechts vertan.

Während das deutsche Recht im Zuge der Reform die einzelnen zeitlichen Anknüpfungspunkte vereinheitlicht hat, existieren im englischen Recht noch ver-

---

[237] Bruski, Konkursanfechtung, S. 154 ff.
[238] Paulus/Schröder, WM 1999, 253; Breutigam/Tanz, ZIP 1998, 717, 719.
[239] An dieser Stelle ist erneut hervorzuheben, dass der Antrag nach § 18 InsO nur durch den Schuldner erfolgen kann; konsequenterweise muss der Insolvenzverwalter in etwaig nachfolgenden Anfechtungsprozessen eben nicht mehr die Insolvenz nachweisen.
[240] s. zu diesem Komplex auch § 6 – Beweislast.
[241] Paulus/Schröder, WM 1999, 253, 254.
[242] Niehus, Insolvenzanfechtung, S. 26; v. Campe, Insolvenzanfechtung, S. 64; HK-Kreft, InsO, § 129 Rdn 3 Paulus/Schröder, WM 1999, 253.

schiedene Anknüpfungspunkte. Darüber hinaus fällt im englischen Recht eine systematische Unstimmigkeit auf, denn es ist kein Grund ersichtlich, warum bei sec. 244 IA 86 auf den Zeitpunkt des Erlasses der administration order oder der liquidation order abgestellt wird, während die übrigen Normen des englischen Rechts auf die Stellung des Antrages selbst abstellen.

In Bezug auf die Regelung der sec. 423 IA 86 läßt sich durchaus die Ansicht vertreten, dass sie innerhalb des Insolvency Act systematisch falsch eingeordnet wurde, da zu ihrer Anwendbarkeit die Insolvenz des Schuldners zu keinem Zeitpunkt erforderlich ist, sie also auch außerhalb eines Insolvenzverfahrens Anwendung finden kann. Es wird zwar in diesem Zusammenhang (ohne nähere Begründung) darauf hingewiesen, dass die Norm praktische Relevanz nur im Falle der Insolvenz des Schuldners habe,[243] abgesehen von der systematischen Stellung der Norm innerhalb der Insolvency Act erscheint dieses Argument aber nicht stichhaltig.

II. Gegenstand der Anfechtung

Verschiebungen von Vermögenswerten, die Dritten gegenüber derart wirksam sind, dass sie nur durch Anfechtung rückgängig gemacht werden können, müssen durch eine rechtlich relevante Handlung erfolgen, die den Gegenstand der Anfechtung bildet. Dieser Abschnitt beschäftigt sich mit der Frage, wie die beiden Rechtssysteme diesen Gegenstand der Anfechtung definieren.

1. Deutsches Recht

In den Tatbeständen der Insolvenzordnung ist, ebenso wie unter Geltung der KO, Gegenstand der Anfechtung grundsätzlich eine Rechtshandlung. Eine Ausnahme hierzu stellt § 132 InsO dar, bei dem von einem Rechtsgeschäft die Rede ist. Im folgenden sollen beide Begriffe definiert und an Hand von Beispielen veranschaulicht werden.

Der Begriff der Rechtshandlung ist weit auszulegen, so dass jedes willentliche Verhalten, welches eine rechtliche Wirkung auslöst, dieses Tatbestandsmerkmal erfüllt.[244] Hierzu gehören insbesondere Verfügungen, Willenserklärungen und rechtsgeschäftsähnliche Handlungen.[245] Daneben kommen als Rechtshandlungen aber auch rein tatsächliche Handlungen mit Rechtswirkung, wie z. B. Verbindung, Vermengung oder Vermischung nach den §§ 946 ff. BGB in Betracht.[246] Darüber hinaus werden durch § 129 II InsO nunmehr auch Unterlassungen

---

[243] Fletcher, Insolvency Law, S. 232.

[244] Bork, Insolvenzrecht, Rdn 206; HK-Kreft, InsO, § 129 Rdn 10; Häsemeyer, Insolvenzrecht, S. 431; Kübler/Prütting, InsO, § 129 Rdn 11.

[245] Kuhn/Uhlenbruck, KO, § 29 Rdn 6; HK-Kreft, InsO, § 129 Rdn 10; Brandes, Insolvenzrecht, Rdn 131; Jaeger/Henckel, KO, § 29 Rdn 4.

[246] HK-Kreft, InsO, § 129 Rdn 11; Henckel, Kölner Schrift, Rdn 19.

schon gesetzlich explizit erfaßt, obwohl sie schon im Rahmen der KO als anfechtbare Rechtshandlungen anerkannt waren.[247] Auch auf der Entscheidung eines Gerichts beruhende Vermögensverschiebungen können durch den Begriff der Rechtshandlung erfaßt werden, also insbesondere Urteile, Vollstreckungshandlungen oder gerichtliche Vermögensauseinandersetzungen.[248] Schließlich ist es nicht erforderlich, dass der Schuldner die Handlung selbst vornimmt, es reicht vielmehr auch die eines Dritten aus.[249] Dabei kann es sich um mittelbare Zuwendungen handeln, also Rechtshandlungen, bei denen sich der Schuldner zur Leistung eines Dritten an den Gläubiger bedient, um die Anfechtungsvorschriften zu umgehen.[250]

Die Vorschrift des § 132 I InsO dagegen spricht von einem Rechtsgeschäft. Damit soll deutlich werden, dass solche Willenserklärungen, die gewollt auf die Herbeiführung eines Rechtserfolges gerichtet sind, mithin also auch einseitige Willenserklärungen, wie die Kündigung, von dieser Norm erfaßt werden, nicht jedoch Unterlassungen sowie Maßnahmen der Zwangsvollstreckung.[251] Dagegen ist der Auffangtatbestand des § 132 II InsO, der ebenfalls von Rechtsgeschäften spricht, vornehmlich darauf gerichtet, bestimmte Unterlassungen des Schuldners, insbesondere auch im prozeßrechtlichen Bereich zu erfassen, auch wenn die Regelung ausweislich ihres Wortlautes auch in Bezug auf Handlungen anwendbar ist.[252]

2. Englisches Recht

Im englischen Recht existiert keine einheitliche Begriffsstruktur, vielmehr wird der Gegen- stand der Anfechtung je nach Vorschrift gesondert geregelt.[253] Den Ausgangsbegriff bildet insofern jedoch der der „transaction", welcher in den Anfechtungsvorschriften der ss. 238, 244 IA 86 verwendet wird. Nach der - nicht abschließenden[254] - Legaldefinition der sec. 436 IA 86 schließt „transac-

---

[247] Henckel, Kölner Schrift, Rdn 19; Smid, Insolvenzrecht, S. 242; Schmidt-Räntsch, InsO, § 129 Rdn 5; Jaeger/Henckel, KO, § 29 Rdn 5.

[248] Schmidt-Räntsch, InsO, § 129 Rdn 4; Bork, Insolvenzrecht, Rdn 206; Henckel, Kölner Schrift, Rdn 19; Kuhn/Uhlenbruck, KO, § 29 Rdn 5; Jaeger/Henckel, KO, § 29 Rdn 19; s. zu Vollstreckungshandlungen auch Gerhardt, FS KO, S. 111, 128; Brandes, Insolvenzrecht, Rdn 136.

[249] Schmidt-Räntsch, InsO, § 129 Rdn 4; HK-Kreft, InsO, § 129 Rdn 27, 33; Häsemeyer, Insolvenzrecht, S. 232.

[250] HK-Kreft, InsO, § 129 Rdn 27; Kübler/Prütting-Paulus, InsO, § 129 Rdn 23; FK-Dauernheim, InsO, § 129 Rdn 32 f.

[251] Zeuner, Insolvenzanfechtung, Rdn 156; HK-Kreft, InsO; § 132 Rdn 6; Kuhn/Uhlenbruck, KO, § 29 Rdn 7; FK-Dauernheim, InsO, § 129 Rdn 20.

[252] Schmidt-Räntsch, InsO, § 132 Rdn 2; HK-Kreft, InsO, § 132 Rdn 8; s. vertiefend zur Anfechtung von Prozeßhandlungen auch Kühnemund, ZInsO 1999, 62.

[253] Bruski, Konkursanfechtung, S. 30; Kamlah, Insolvenzanfechtung, S. 149.

[254] Fletcher in Ziegel, S. 303; Bailey/Groves/Smith, Corporate Insolvency, S. 364.

tion“ iSd. Insolvency Act ein Geschenk, eine Vereinbarung (agreement) und einen Vergleich (arrangement) mit ein. Rechtshandlungen iSd. Norm sind dabei nicht auf Verträge beschränkt, umfaßt sind vielmehr auch solche Verfügungen, die nicht gerichtlich durchsetzbar sind.[255]

Demgegenüber wird bei der Definition des Gegenstandes der Anfechtung bei preferences, sec. 239 IA 86, nicht an einen rechtlich definierten Begriff, sondern generell an ein bestimmtes Tun oder Unterlassen angeknüpft, vgl. sec. 239 (4). Danach ist eine preference gegeben, wenn die Gesellschaft etwas tut ("does") oder erleidet ("suffers"), was den jeweiligen Gläubiger im Falle einer Liquidierung der Gesellschaft in eine bessere Position versetzt, als er sie ohne das Tun oder Erleiden der Gesellschaft innegehabt hätte.[256] Dabei soll die Zahlung oder Rechtsübertragung durch einen Dritten, selbst wenn durch den Gemeinschuldner veranlaßt, zumindest keine eine preference konstituierende Rechtshandlung darstellen, es sei denn, durch diese Leistung würde das Vermögen des Gemeinschuldners belastet, etwa, weil dem Dritten hieraus ein Rückgriffsanspruch gegen den Gemeinschuldner entstehen würde.[257] Es lassen sich jedoch nur wenige Fälle denken, in denen ein derartiger Rückgriffsanspruch nicht entstehen wird. Gerade in dem praktisch relevanten Fall, in dem der Drittschuldner auf Anweisung des Gemeinschuldners hin eine Verbindlichkeit gegenüber diesem durch die Zahlung an den Gläubiger befriedigt, wird im Endeffekt das Vermögen des Gemeinschuldners belastet, da hieraus ja eine Forderung abgezogen wird.

Während die Normen der ss. 238, 239 IA 86 den Gegenstand der Anfechtung sehr weit fassen, werden in den Fällen der Anfechtung einer extortionate credit transaction, sec. 244 IA 86, oder einer floating charge, sec. 245 IA 86, nur ganz bestimmte Handlungen erfaßt, nämlich entweder eine Kreditaufnahme oder die Bestellung einer floating charge.

Generell sind Vollstreckungshandlungen („execution judgements“) grundsätzlich nur im Falle der Kollusion des Schuldners mit dem Gläubiger und vor Antragstellung auf Eröffnung des Insolvenzverfahrens als möglicher Anfechtungsgegenstand anzusehen. Begründet wird dies damit, dass in diesem Fall keine Handlung des Schuldners erforderlich sei. Dem liegt der Gedanke zu Grunde, dass nur diejeinige Handlung als anfechtbar anzusehen ist, die auf aktivem und freiwilligem Tun des Schuldners beruht.[258] Dagegen sind Unterlassungen grund-

[255] Goode, Insolvency Law, S. 356; Bailey/Groves/Smith, Corporate Insolvency, S. 364; Doyle, Insolvency Litigation, Rdn 9.06; Snaith/Cownie, Corporate Insolvency, Rdn 20.06.

[256] s. hierzu auch die Beispiele in § 5 V. 2. und die Ausführungen in § 4 I. 2.

[257] Goode, Insolvency Law, S. 391.

[258] Wood, International Insolvency, Rdn 5-36; vertiefend Kamlah, Insolvenzanfechtung, S. 149; anders, ohne nähere Begründung Richard, englisches Konkursrecht, S. 141.

sätzlich als Gegenstand der Anfechtung anerkannt, wie die Fassung von sec. 239 (4) IA 86 („suffers") verdeutlicht.[259]

3. Vergleich

Während das deutsche Recht durch den Begriff der Rechtshandlung einen für alle Anfechtungstatbestände einheitlichen Rechtsbegriff verwendet, werden im englischen Recht jeweils unterschiedliche Anknüpfungspunkte gewählt. Weiterhin fällt im englischen Recht auf, dass in ss. 238, 239 IA 86 sehr weite Begriffe zur Bestimmung des Gegenstandes der Anfechtung gewählt werden, aber in ss. 244, 245 IA 86 an ganz konkrete, rechtlich definierte Verfügungen angeknüpft, der Anfechtungsgegenstand also eingeschränkt wird. Hier ist wiederum der Einzelfallcharakter des englischen Anfechtungsrechts zu erkennen.

Die Begriffe der „Rechtshandlung" oder „transaction" sind in den jeweiligen Rechtssystemen erkennbar weit gefaßt, um ein Umgehen der Anfechtungsvorschriften zu verhindern. Hierbei ist anzumerken, dass der Terminus der „transaction" nicht nur für die Zwecke der Insolvenzanfechtung definiert wird, sondern für das gesamte Insolvenzrecht. Weiterhin lassen sich Leistungen durch Dritte und Unterlassungen zwar unter den deutschen Begriff der Rechtshandlung, nicht aber unter den englischen Begriff der transaction subsumieren. Derartige anfechtungsrelevante Akte werden nur in sec. 239 IA 86 erfaßt, um ein Umgehen der Anfechtungsvorschriften zu vermeiden. Ein weiterer wesentlicher Unterschied besteht darin, dass im englischen Recht Vollstreckungshandlungen im Gegensatz zum deutschen Recht grundsätzlich nicht als anfechtbare Rechtshandlungen gelten. An diesem Beispiel läßt sich die in § 1 genannte These, dass das englische Recht der Insolvenzanfechtung eher der Unredlichkeitstheorie folgt, anschaulich belegen.[260]

4. Analyse

Das Fehlen einer einheitlichen Bestimmung des Gegenstandes der Anfechtung einerseits und die Anknüpfung an spezielle Verfügungen andererseits im englischen Recht belegt erneut die nur rudimentäre Systematisierung des englischen Rechts der Insolvenzanfechtung. Daß diese Systematisierung möglich ist, belegt das deutsche Recht. Auch führt die fehlende Bestimmung von Grundbegriffen zu einer Erschwerung der Handhabbarkeit der Anfechtungsvorschriften im Einzelfall. Darüber hinaus gelten Unterlassungen nur im Anwendungsbereich der sec. 239 IA 86 als anfechtbare Rechtshandlungen. Es ist fraglich, inwieweit diese Nichterfassung sowie die Nichtanfechtbarkeit von Vollstreckungshandlungen im englischen Recht mit dem Gläubigergleichbehandlungsgrundsatz vereinbar ist.

---

[259] Doyle, Insolvency Litigation, Rdn 10.05, FN 5.

[260] auch Kamlah, Insolvenzanfechtung, S. 237 weist auf diesen Unterschied hin.

III. Erfordernis eines objektiv meßbaren Erfolges

Die Insolvenzanfechtung dient dazu, den Grundsatz der Gläubigergleichbehandlung schon vor Beginn eines formellen Insolvenzverfahrens abzusichern, indem der Masse solche Vermögensgegenstände wieder zugeführt werden, die ihr zuvor (nach Wertung des Gesetzgebers widerrechtlich) entnommen wurden.[261] Daraus folgt, dass die im vorigen Abschnitt behandelte Rechtshandlung zu einem objektiv meßbaren Verlust im Vermögen des Insolvenzschuldners geführt haben muss, um überhaupt anfechtbar zu sein. Im folgenden wird der Frage nachgegangen, wie dieser objektiv meßbare Erfolg in den beiden hier verglichenen Systemen festgestellt wird.

1. Deutsches Recht

§ 129 InsO stellt für das deutsche Recht den Grundsatz auf, dass eine Rechtshandlung nur dann anfechtbar ist, wenn sie die Insolvenzgläubiger benachteiligt. Die Benachteiligung der Insolvenzgläubiger ist somit als objektiv meßbarer Erfolg der Rechtshandlung im deutschen Recht für die Begründetheit der Anfechtung erforderlich.

Eine Gläubigerbenachteiligung ist dabei grundsätzlich dann gegeben, wenn die Befriedigung der Insolvenzgläubiger durch Verminderung, Vereitelung, Erschwerung oder Verzögerung beeinträchtigt wird.[262] Bereits die bloße Erschwerung des Gläubigerzugriffs auf die Soll-Masse in der Insolvenz wird hierfür als ausreichend erachtet.[263] Diese liegt schon dann vor, wenn zwar die Rechtshandlung selbst noch keinen Nachteil für die Gläubiger bedeutet, sie aber die Grundlage für eine weitere, die Gläubiger schädigende Handlung schafft (sog. mittelbare Gläubigerbenachteiligung, s. auch unten).[264] Das Tatbestandsmerkmal der Benachteiligung ist ausschließlich nach wirtschaftlichen Gesichtspunkten zu beurteilen, so dass eine Benachteiligung dann nicht vorliegt, wenn durch die Beseitigung des durch die Rechtshandlung eingetretenen Erfolges die Stellung der Gläubiger nicht verbessert wird.[265] Dieses ist insbesondere bei wertausschöpfend

---

[261] vgl. Kuhn/Uhlenbruck, KO, § 29 Rdn 1.

[262] Bork, Insolvenzrecht, Rdn 212; Schmidt-Räntsch, InsO, § 129 Rdn 2; Kübler/Prütting-Prütting, InsO, § 129 Rdn 22; Kuhn/Uhlenbruck, KO, § 29 Rdn 25; Weisemann/Smid-Steder, Unternehmensinsolvenz, S. 238.

[263] BGH, Urt. v. 27.9.1990 – IX ZR 67/90, ZIP 1990, 1420, 1422; Smid, Insolvenzrecht, S. 242 m.w.N.; HK-Kreft, InsO, § 129 Rdn 36; Brandes, Insolvenzrecht, Rdn 152, 155; Kuhn/Uhlenbruck, KO, § 29 Rdn 26; s. vertiefend hierzu auch Kulzer/Müller, ZinsO 2002, 313.

[264] Häsemeyer, Insolvenzrecht, S. 425; Schmidt-Räntsch, InsO, § 129 Rdn 2; Haarmeyer/Wutzke/Förster, Insolvenzordnung, S. 429.

[265] Haarmeyer/Wutzke/Förster, Insolvenzordnung, S. 429; Kuhn/Uhlenbruck, KO, § 29 Rdn 19; Jauernig, Zwangsvollstreckung, S. 245; Jaeger/Henckel, KO, § 29 Rdn 61; s. auch BGH, Urt. 6.4.2000 - IX ZR 122/99, WM 2000, 1073; s. für die Anfechtung bei Masseunzulänglichkeit auch LG Stralsund, Urt. v. 15.2.2001 – 6 O 342/99, ZIP 2001, 936; LG Hamburg,

belasteten Gegenständen des Schuldners möglich. So können Grundstücke, die mit (unanfechtbaren) dinglichen Rechten so hoch belastet sind, dass eine Vollstreckung in diese zu keiner Befriedigung führt, weiter belastet oder weggegeben werden, ohne dass diese Rechtshandlung anfechtbar wäre.[266] Eine Gläubigerbenachteiligung kann selbst bei einem letztendlich gescheiterten Sanierungsversuch ausgeschlossen sein, obwohl im Zuge der Sanierungsbemühungen dem Schuldnervermögen Bestandteile entzogen wurden. Dann muss diesem Sanierungsversuch aber ein schlüssiges Konzept zugrunde liegen, welches von den erkannten und erkennbaren tatsächlichen Gegebenheiten ausgeht und nicht offensichtlich undurchführbar ist.[267] Weiterhin ist von einer Benachteiligung bei einem unmittelbar erfüllten, ausgewogenen Bargeschäft nicht auszugehen, § 142 InsO, da dann keine Vermögensverschiebung, sondern nur eine Vermögensumschichtung stattfindet.[268] Diese Norm wird vom *BGH* jedoch restriktiv ausgelegt, so dass eine der Art nach inkongruente, weil nicht der originären Parteivereinbarung entsprechende, Deckungsleistung nicht mehr vom Tatbestand des § 142 InsO erfaßt ist.[269] Fraglich ist, ob in diesem Zusammenhang auch der Gedanke der Vorteilsanrechnung anzuwenden ist, so dass die Anfechtbarkeit insoweit entfällt, als der Masse aus der Rechtshandlung auch ein Vorteil erwächst. Dieses wird von der Rechtsprechung unter Hinweise auf die Zweckbestimmung der Insolvenzanfechtung abgelehnt.[270]

Es muss weiterhin ein ursächlicher Zusammenhang zwischen der Rechtshandlung und der Gläubigerbenachteiligung bestehen.[271] Grundsätzlich ist dabei zwischen der schon zuvor genannten mittelbaren und der unmittelbaren Gläubigerbenachteiligung zu unterscheiden. Sofern das Gesetz in den Einzeltatbeständen keine abweichende Regelung enthält, genügt jeder auch mittelbare Nachteil für die Schuldnerposition,[272] also wenn die Gläubigerbenachteiligung nicht schon

---

Urt. v. 16.3.2001 – 303 O 310/00, ZIP 2001, 711; Ahrendt/Struck, ZInsO 2000, 264; Pape, ZIP 2001, 901.

[266] HK-Kreft, InsO, vor § 129 Rdn 53; Kübler/Prütting-Paulus, InsO, § 129 Rdn 30; Kuhn/Uhlenbruck, KO, § 29 Rdn 19; Brandes, Insolvenzrecht, Rdn 153.

[267] BGH, Urt. v. 4.12.1998 - IX ZR 47/97, ZIP 1998, 248, 251; HK-Kreft, InsO, § 129 Rdn 44; kritisch Kübler/Prütting-Paulus, InsO, § 129 Rdn 27.

[268] Zeuner, Insolvenzanfechtung, Rdn 50; HK-Kreft, InsO, § 129 Rdn 46; Hess/Weis, AnfR, § 129 Rdn 81.

[269] BGH, Urt. 30.9.1993 - IX ZR 227/92, NJW 1995, 3267, 3269; Hess/Weis, AnfR, § 129 Rdn 81.

[270] BGH, Urt. v. 30.1.1986 - IX ZR 79/85, BGHZ 97, 87, 95 m.w.N.; Kuhn/Uhlenbruck, KO, § 29 Rdn 35; Brandes, Insolvenzrecht, Rdn 172.

[271] Kuhn/Uhlenbruck, KO, § 29 Rdn 21; Kübler/Prütting-Paulus, InsO, § 129 Rdn 35; HK-Kreft, InsO, § 129 Rdn 62; Brandes, Insolvenzrecht, Rdn 191; Jaeger/Henckel, KO, § 29 Rdn 85.

[272] BGH, Urt. v. 15.12.1994 - IX ZR 18/94, NJW 95, 1093; Kübler/Prütting-Paulus, InsO, § 129 Rdn 35; Kuhn/Uhlenbruck, KO, § 29 Rdn 22.

durch das angefochtene Geschäft selbst, sondern erst durch einen außerhalb dieses Geschäfts liegenden Umstand verursacht wird.[273] Dagegen wird in den Tatbeständen, der §§ 132 I, 133 II InsO eine unmittelbare Gläubigerbenachteiligung gefordert. Diese Unmittelbarkeit liegt nur dann vor, wenn der Nachteil bereits durch die Vornahme des Rechtsgeschäftes selbst eintritt.[274] Hier können später eintretende Umstände, die zu einer Benachteiligung der Gläubiger führen, die Anfechtbarkeit nicht mehr begründen. Bei der Übertragung eines Gegenstandes auf Grund eines Verpflichtungsgeschäftes muss der gesamte Vorgang, also Verpflichtungs- und Erfüllungsgeschäft als Ganzes betrachtet werden, um eine Unmittelbarkeit der Gläubigerbenachteiligung bejahen zu können.[275]

2. Englisches Recht

Zwar wird, wie nachfolgend dargestellt, auch im englischen Recht das Vorliegen eines objektiv meßbaren Erfolges gefordert. Jedoch wird die Frage, wie dieser Erfolg konkret zu ermitteln ist, nicht klar beantwortet. So nennt *Goode* als eine der Grundvoraussetzungen für die Insolvenzanfechtung, dass die fragliche Rechtshandlung das für die Gläubiger zur Verfügung stehende Vermögen vermindert haben muss.[276] Zuvor schon[277] führt er jedoch aus, dass alle Anfechtungsvorschriften auch die ungerechtfertigte Bereicherung einer Partei zu Lasten der übrigen Gläubiger beinhalten. Damit geht *Goode* davon aus, dass als Kehrseite aus jeglicher Bevorzugung eines Gläubigers auch eine Benachteiligung der anderen Gläubiger eintreten muss.[278] Auch *Wood* stellt klar, dass im englischen Recht gefragt wird, ob und inwieweit der Gläubiger durch die Rechtshandlung in eine bessere Position gebracht wurde, als ohne sie.[279] Im Gegensatz zu *Goode* geht *Wood* aber davon aus, dass es im Falle eines Dreiecksverhältnisses durchaus einen Unterschied machen kann, auf welchen Effekt man genau abzielt: Bezahlt die Bank einen Gläubiger des Schuldners auf dessen Anweisung hin, indem sie eine Erhöhung des Überziehungskredites vornimmt und dem Gläubiger die Abhebung des Betrages ermöglicht, so wird die Bank anstelle des ausbezahlten Gläubigers zum Gläubiger. Nach Ansicht von *Wood* soll durch diese Rechtshandlung das Vermögen des Schuldners nicht vermindert werden, jedoch sei der Gläubiger bevorzugt, da er im Falle der Insolvenz nur eine Insolvenzforderung gegen die Masse gehabt hätte, so aber seinen ganzen Forderungsbetrag

---

[273] Kuhn/Uhlenbruck, KO, § 29 Rdn 21; Kübler/Prütting-Paulus, InsO, § 129 Rdn 37; HK-Kreft, InsO, § 129 Rdn 39, 45.

[274] Zeuner, Insolvenzanfechtung, Rdn 44; HK-Kreft, InsO, § 129 Rdn 40 ff.; FK-Dauernheim, InsO, § 129 Rdn 41; Jaeger/Henckel, KO, § 29 Rdn 65.

[275] BGH, Urt. v. 15.12.1994 - IX ZR 153/93, ZIP 1995, 134, 136; HK-Kreft, InsO, § 129 Rdn 40.

[276] Insolvency Law, S. 348, 350.

[277] Goode, Insolvency Law, S. 345 f.

[278] Goode, Insolvency Law, S. 391; so auch Hemsworth [2000] Ins L&P 54; s. hierzu auch Zeuner, Insolvenzanfechtung, Rdn 191.

[279] Wood, International Insolvency, Rdn 5-1.

erhalten habe.[280] Unstreitig wird bei preferences auf den Eintritt eines objektiv (meßbaren) Bevorzugungseffektes beim Anfechtungsgegner abgestellt, um die Tatbestandsverwirklichung der sec. 239 IA 86 festzustellen.[281]

3. Vergleich

Die Erfordernisse an einen objektiv meßbaren Erfolg der Rechtshandlung haben sich in beiden Rechtssystemen unterschiedlich entwickelt. Zwar muss sowohl im deutschen als auch im englischen Recht grundsätzlich ein Erfolg eintreten, damit die Rechtshandlung überhaupt anfechtbar ist. Während das deutsche Recht jedoch direkt und einheitlich auf das Merkmal der Gläubigerbenachteiligung abstellt, richtet sich das englische Recht zumindest im Bereich der preferences am erzielten Bevorzugungseffekt beim Anfechtungsgegner aus. In den übrigen Tatbeständen des englischen Rechts gibt es kein eindeutiges, schon gar nicht ein einheitlich definiertes Merkmal, dass den objektiv meßbaren Erfolg der Rechtshandlung charakterisieren würde. Zudem scheint im englischen Recht die in Deutschland vorgenommene Unterscheidung in mittelbare und unmittelbare Gläubigerbenachteiligung nicht bekannt zu sein.[282]

4. Analyse

Auch hier wird, wie schon bei der fehlenden Definition des Gegenstandes der Anfechtung die Schwäche des englischen Rechts deutlich, im Sinne einer Effizienzsteigerung Rechtsbegriffe, auf denen das Anfechtungsrecht ruht, zu systematisieren. Diese fehlende Vereinheitlichung erklärt sich aus dem Fallrechtscharakter des englischen Rechts, führt aber zu einer erschwerten Handhabbarkeit der Anfechtungsvorschriften.

IV. Die Regelung der Insider-Problematik

Der Schuldner, der die Insolvenz seiner Gesellschaft oder seiner eigenen Person herannahen sieht, wird, wie schon eingangs beschrieben, möglicherweise versucht sein, Vermögenswerte dem Zugriff der Gläubiger zu entziehen. Dabei befindet er sich jedoch in einem gewissen Zwiespalt: Zwar muss er den jeweiligen Vermögenswert irgendwie an einen Dritten weitergeben, um den Zugriff der Gläubiger zu vereiteln. Gleichzeitig will er natürlich trotzdem auf den Vermögenswert Zugriff haben. Damit bietet sich die Weitergabe an eine Person des persönlichen Vertrauens, also z. B. Verwandte, an. Auf der anderen Seite gibt es gerade im gesellschaftsrechtlichen Bereich Gläubiger, wozu auch die Gesellschafter selbst zählen können, die über besondere Informations- und Einfluß-

[280] Wood, International Insolvency, Rdn 5-1.

[281] Bailey/Groves/Smith, Corporate Insolvency, S. 365; Prentice, Preferences, S. 453 mit Rechtsprechungsnachweisen; Goode, Insolvency Law, S. 390.

[282] so auch Kamlah, Insolvenzanfechtung, S. 153.

möglichkeiten verfügen und deswegen möglicherweise eine bevorzugte Befriedigung erreichen können.[283]

Um Umgehungen des Gläubigergleichbehandlungsgrundsatzes auf Grund dieser speziellen Näheverhältnisse - in Anlehnung an das Börsenrecht spricht man in diesem Zusammenhang auch von „Insidern“[284] - zu verhindern, wurden bezüglich der vorgenannten Personengruppen besondere Regelungen geschaffen. So wird in einem solchen Fall häufig die Beweislast umgekehrt, Anfechtungsfristen verlängern sich oder der Nachweis von subjektiven Tatbestandsmerkmalen kann unterbleiben.[285] Dieser Abschnitt zeigt auf, welche Personen von den Insiderregeln erfaßt werden, während die damit zusammenhängenden Rechtsfolgen jeweils gesondert in den nachfolgenden einzelnen Paragraphen und Abschnitten dargestellt werden.

1. Deutsches Recht

Innerhalb der Konkursordnung wurden Insider innerhalb zweier Vorschriften, nämlich § 31 Nr. 2 KO und § 32 KO, ausdrücklich, wenn auch beschränkt auf Ehegatten und andere Verwandte, erfaßt. Im Laufe der Zeit wurde der Anwendungsbereich gerade des § 32 Nr. 2 KO durch extensive Auslegung bzw. analoge Anwendung ständig ausgeweitet. Dennoch wurde die erreichte Lösung bezüglich der „nahen Angehörigen“ als nicht befriedigend empfunden.[286] Die Regelung des § 108 II VglO, in dem Gesellschafter einer GmbH und deren nahe Angehörige erfaßt wurden, diente als Vorbild für die Regelung des § 138 II InsO[287]. Weiterhin enthielt § 10 GesO im Vorgriff auf die Insolvenzrechtsreform schon eine erweiterte Formulierung bezüglich Insidern.[288]

Die Insolvenzordnung enthält in § 138 InsO zum ersten Mal eine (abschließende)[289] Legaldefinition der nahestehenden Person,[290] wobei der Begriff der „nahestehenden Person“ denjenigen des „nahen Angehörigen“ aus § 31 Nr. 2 KO ersetzt.[291] Das Gesetz unterscheidet nun ausdrücklich zwischen persönlich (§ 138 I

---

[283] Henckel, Kölner Schrift, Rdn 64.

[284] Ehricke, KTS 1996, 209; zum Begriff Insider s. auch Zeuner, Insolvenzanfechtung, Rdn 59 m.w.N.; Uhlenbruck, GmbHR 86, 109.

[285] Wood, International Insolvency, Rdn 6-5; Häsemeyer, Insolvenzrecht, S. 435; HK-Kreft, InsO, § 138 Rdn 2

[286] Hess/Weis, AnfR, § 138 Rdn 12 ff..

[287] Ehricke, KTS 1996, 209, 214; Uhlenbruck, GmbHR 86, 108, 109; Schmidt-Räntsch, InsO, § 138 Rdn 1.

[288] Schmidt-Räntsch, InsO, § 138 Rdn 1; HK-Kreft, InsO, § 138 Rdn 3.

[289] so Zeuner, Insolvenzanfechtung, Rdn 63; Bork, Insolvenzrecht, Rdn 217; dagegen Hirte, ZInsO 1999, 429, 431, 435.

[290] Zeuner, Insolvenzanfechtung, Rdn 59; Hess/Weis, AnfR, § 138 Rdn 8; Bork, Insolvenzrecht, Rdn 217.

[291] Hess/Weis, AnfR, § 138 Rdn 11; Schmidt-Räntsch, InsO, § 138 Nr. 1.

InsO) und gesellschaftsrechtlich (§ 138 II InsO) nahestehenden Personen.[292] Als dogmatische Begründung für diese Sonderregelung zu Lasten bestimmter Gläubiger wird allgemein die gegenüber Außenstehenden gesteigerte Informationsmöglichkeit über die Belange des Schuldners angeführt.[293]

a. Persönlich nahestehende Personen, § 138 I InsO

Die Regelung des § 138 I Nr. 1 InsO bezieht sich auf Ehegatten des Schuldners, wobei es zur Tatbestandserfüllung ausreichend ist, wenn die Ehe zum Zeitpunkt der letzten mündlichen Verhandlung in der Tatsacheninstanz zustande gekommen ist.[294] Weiterhin ist der Zeitraum, in dem der Partner einer aufgelösten Ehe noch als nahestehend angesehen wird, auf ein Jahr nach der Auflösung der Ehe begrenzt worden, weil bei einem noch längeren Zeitrahmen die dogmatische Begründung für die Sonderregelung zu Lasten nahestehender Personen, nämlich die besondere Informationsmöglichkeit, nicht mehr gegeben ist.[295]

Verwandte des Schuldners oder des Ehegatten des Schuldners in auf- und absteigender Linie sowie deren voll- und halbbürtige Geschwister und deren jeweilige Ehepartner gelten gemäß § 138 I Nr. 2 InsO ebenfalls als nahestehende Person. Auf die Feststellung der Verwandtschaft finden die betreffenden Vorschriften des BGB und des EheG Anwendung, Art 51 EGBGB, 32 Nr. 1 EGInsO.[296] Unerheblich ist dabei, ob das Verwandtschaftsverhältnis kraft Geburt besteht oder durch Adoption vermittelt wurde.[297]

Durch die Regelung des § 138 I Nr. 3 InsO sollen vor allen Dingen auch die Partner einer nichtehelichen Lebensgemeinschaften den besonderen Anfechtungsvoraussetzungen bei nahestehenden Personen unterworfen werden.[298] Weiterhin sollen hierunter auch z. B. Pflegeeltern, bzw. –kinder erfaßt werden, nicht dagegen bloße Zweckwohngemeinschaften, wie Studenten-

---

[292] Zeuner, Insolvenzanfechtung, Rdn 62, 67; Henckel, Kölner Schrift, Rdn 64; HK-Kreft, InsO, § 138 Rdn 5.

[293] Ehricke, KTS 1996, 209; HK-Kreft, InsO, § 138 Rdn 4; dagegen wurde als Begründung für die Vorgängerregelung des § 31 Nr. 2 KO noch angegeben, dass sich Verträge mit den dort genannten Personen „in der Regel als betrügerisch erwiesen haben“, Henckel, Kölner Schrift, Rdn 64.

[294] Zeuner, Insolvenzanfechtung, Rdn 64; HK-Kreft, InsO, § 138 Rdn 7; FK-Dauernheim, InsO, § 138 Rdn 5.

[295] Henckel, Kölner Schrift, Rdn 65; Schmidt-Räntsch, InsO, § 138 Rdn 2; Zeuner, Insolvenzanfechtung, Rdn 64.

[296] Zeuner, Insolvenzanfechtung, Rdn 65; Kübler/Prütting-Prütting, InsO, § 138 Rdn 7; Weisemann/Smid-Steder, Unternehmensinsolvenz, S. 246.

[297] Zeuner, Insolvenzanfechtung, Rdn 65; Kübler/Prütting-Prütting, InsO, § 138 Rdn 7.

[298] Hess/Weis, AnfR, § 138 Rdn 31; Henckel, Kölner Schrift, Rdn 66; Zeuner, Insolvenzanfechtung, Rdn 66; Schmidt-Räntsch, InsO, § 138 Rdn 2.

Wohngemeinschaften.[299] Wie schon bei Ehepartnern, so ist auch hier die zeitliche Erstreckung der Einstufung als nahestehende Person auf ein Jahr nach Auflösung der häuslichen Gemeinschaft begrenzt.

b. Gesellschaftsrechtlich nahestehende Personen, § 138 II InsO

Diese Regelung betrifft alle juristischen Personen sowie Gesellschaften ohne eigene Rechtspersönlichkeit gemäß § 1 II Nr. 1 InsO,[300] wobei die gesellschaftsrechtliche Beziehung zu dem Zeitpunkt bestehen muss, der für die Anfechtbarkeit der Rechtshandlung maßgeblich ist.[301] Dabei erfaßt § 138 II Nr. 1 InsO solche Gesellschafter, die zu mehr als einem Viertel am Kapital der Gesellschaft beteiligt sind, da die hiermit häufig verbundene Sperrminorität diesen Teilhabern eine besondere Informationsmöglichkeit bietet, die über das normale Informationsrecht z. B. nach § 131 AktG oder § 51a GmbHG hinausgeht.[302] Dabei ist unerheblich, ob die Quote von 25 % durch eine unmittelbare oder nur mittelbare Kapitalbeteiligung erreicht wird.[303] Die Grenze von 25 % ist jedoch aus Gründen der Rechtssicherheit und –klarheit als feste Grenze anzusehen, die nicht unterschritten werden darf.[304] Weiterhin werden hier auch persönlich haftende Gesellschafter, unabhängig von der Größe ihres Anteils erfaßt, also z. B auch die Komplementäre einer KG.[305] Darüber hinaus gelten gemäß § 138 II Nr. 1 InsO die Mitglieder des Vertretungs- oder Aufsichtsorganes einer juristischen Person als nahestehende Personen, also z. B. die Mitglieder des Vorstandes und Aufsichtsrates einer Aktiengesellschaft, die Geschäftsführer einer GmbH oder die Mitglieder eines Vereinsvorstandes. Es kommt dabei nicht darauf an, ob das betreffende Organ gesetzlich vorgeschrieben oder im Gesellschaftsvertrag vorgesehen ist, so dass auch fakultative Beiräte von dieser Regelung erfaßt werden.[306] Schließlich sollen auch sog. faktische Organe einer Gesellschaft unter den Tatbestand der nahestehenden Person fallen.[307]

---

299 Zeuner, Insolvenzanfechtung, Rdn 66; Kübler/Prütting-Prütting, InsO, § 138 Rdn 11.

300 Zeuner, Insolvenzanfechtung, Rdn 67; Kübler/Prütting-Prütting, InsO, § 138 Rdn 12; HK-Kreft, InsO, § 138 Rdn 11; Bsp.: GbR; oHG, KG (aA), GmbH (& Co KG), EwiV, wohl nicht die Partnerschaftsgesellschaft.

301 Zeuner, Insolvenzanfechtung, Rdn 68; Kübler/Prütting-Prütting, InsO, § 138 Rdn 13; HK-Kreft, InsO, § 138 Rdn 11.

302 Ehricke, KTS 1996, 209, 216; Henckel, Kölner Schrift, Rdn 70; Hess/Weis, AnfR, § 138 Rdn 40; Zeuner, Insolvenzanfechtung, Rdn 73; Hirte, ZInsO 1999, 429,430.

303 Zeuner, Insolvenzanfechtung, Rdn 71; Kübler/Prütting-Prütting, InsO, § 138 Rdn 18; HK-Kreft, InsO, § 138 Rdn 13; Hirte, ZInsO 1999, 429, 431.

304 BGH, Urt. v. 6.4.1995 - IX ZR 61/94, ZIP 1995, 1021, 1024; Zeuner, Insolvenzanfechtung, Rdn 71; kritisch Ehricke, KTS 1996, 209, 224; kritisch hierzu Hirte, ZInsO 1999, 429, 430 f.

305 Zeuner, Insolvenzanfechtung, Rdn 69; Kübler/Prütting-Prütting, InsO, § 138 Rdn 18; HK-Kreft, InsO, § 138 Rdn 12; Hirte, ZInsO 1999, 429.

306 Henckel, Kölner Schrift, Rdn 68; Schmidt-Räntsch, InsO, § 138 Rdn 5; Zeuner, Insolvenzanfechtung, Rdn 69; Hirte, ZInsO 1999, 429.

307 Kübler/Prütting-Prütting, InsO, § 138 Rdn 22; Hirte, ZInsO 1999, 429.

Als nahestehende Person gilt gemäß § 138 II Nr. 2 InsO auch eine Person oder eine Gesellschaft, die auf Grund einer vergleichbaren gesellschaftsrechtlichen oder dienstvertraglichen Verbindung zum Schuldner die Möglichkeit hat, sich über dessen wirtschaftliche Verhältnisse zu informieren. Eine vergleichbare dienstvertragliche Verbindung kommt z. B. bei einem Prokuristen oder einem Leiter der Buchhaltung in Betracht.[308] Da es bei dieser Variante entscheidend darauf ankommt, dass die betreffende Person innerhalb des Schuldnerunternehmens tätig ist und gerade aus diesem Grund über besondere Informationsmöglichkeiten verfügt, sollen selbstständig Tätige, also z. B. Rechtsanwälte, Wirtschaftsprüfer und Steuerberater, nicht von dieser Regelung erfaßt werden, auch wenn sie durch einen Dienstvertrag mit Geschäftsbesorgungscharakter mit der Gesellschaft verbunden sind.[309] Rein geschäftliche Beziehungen, z. B. zu Hausbanken oder Großlieferanten, sollen ebenfalls nicht die Stellung einer nahestehenden Person begründen können.[310] Eine der § 138 II Nr. 1 InsO vergleichbare gesellschaftsrechtliche Stellung ist vor allen Dingen bei Unternehmensverbänden zwischen herrschendem und beherrschtem Unternehmen gegeben.[311] Dagegen hat der *BGH* es abgelehnt, diese Tatbestandsvariante darüber hinausgehend als Auffangtatbestand zur Nr. 1 auszulegen.[312] Somit ist eine weitergehende Auslegung z. B. im Hinblick auf das Verhältnis von Konzerntöchtern untereinander zwar vielleicht wünschenswert, aber derzeit nicht durchsetzbar.[313]

In § 138 II Nr. 3 InsO werden nun die Möglichkeiten der Begründung der Stellung einer nahestehenden Person, die sich aus Absatz eins und zwei ergeben, miteinander kombiniert. Die Norm verweist aber nur auf Absatz eins, so dass insoweit nur natürliche Personen, die mit einer anderen natürlichen Person iSd. Absatz 1 verbunden sind, in Frage kommen, dagegen nicht juristische Personen untereinander.[314] Ausgenommen sind hier auch solche (natürlichen) Personen,

---

[308] Zeuner, Insolvenzanfechtung, Rdn 74; Henckel, Kölner Schrift, Rdn 71; Kübler/Prütting-Prütting, InsO, § 138 Rdn 22; Hirte, ZInsO 1999, 429, 434.

[309] so BGH, Urt. v. 11.12.1998 - IX ZR 278/96, ZIP 1998, 247, 248, 248; Henckel, Kölner Schrift, Rdn 71; dagegen will Hirte, ZInsO 1999, 429, 434 auch diesen Personenkreis u. a. mit Verweis auf die Regelungen gegen die Verschleierung von Finanztransaktionen (Geldwäsche) als Insider erfassen.

[310] Schmidt-Räntsch, InsO, § 138 Rdn 6; Ehricke, KTS 1996, 209, 217, insb. FN 29; Zeuner, Insolvenzanfechtung, Rdn 75; Henckel, Kölner Schrift, Rdn 71.

[311] Zeuner, Insolvenzanfechtung, Rdn 78; Schmidt-Räntsch, InsO, § 138 Rdn 6; HK-Kreft, InsO, § 138 Rdn 15

[312] BGH, Urt. v. 23.11.1995 - IX ZR 18/95, ZIP 1996, 83; kritisch hierzu Ehricke, KTS 1996, 209, 224.

[313] so auch Zeuner, Insolvenzanfechtung, Rdn 78 f.; Hess/Weis, AnfR, § 138 Rdn 55; s. zum Problemfeld des Konzernrechts und der Insolvenzanfechtung auch Paulus, ZIP 1996, 2141; kritisch HK-Kreft, InsO, § 138 Rdn 16.

[314] Zeuner, Insolvenzanfechtung, Rdn 81; HK-Kreft, InsO, § 138 Rdn 5; Hess/Weis, AnfR, § 138 Rdn 4

die gesetzlich zur Verschwiegenheit verpflichtet sind, wie etwa Mitglieder des Vorstandes oder des Aufsichtsrates einer AG (§§ 93 I 2, 116 AktG).[315] Dagegen reicht eine vertragliche Verschwiegenheitspflicht nicht aus.[316]

2. Englisches Recht

Im Zuge der Reform des englischen Insolvenzrechts befaßte sich das *Cork Committee* auch konkret mit der Erfassung von sog. „connected persons“ im Insolvenzrecht.[317] So wurde an das Komitee auch der Vorschlag herangetragen, im Fall der Insolvenz eines Betriebes die Vermögen der Ehegatten zusammenzufassen, um zu verhindern, dass das Eigentum an den zum Betrieb gehörenden Vermögenswerten dem einen Ehegatten zusteht, während der Betrieb tatsächlich vom anderen Ehegatten geführt wird (sog. „pooling of spouses‘ assets“).[318] Dieser Vorschlag wurde von der Kommission mit der Begründung abgelehnt, dass ein derartiges Konzept mit den Prinzipien des Eigentumsrechts und des ehelichen Güterrechts nicht vereinbar wäre.[319] Statt dessen wurde vorgeschlagen, Eheleute zumindest bei ehegatteninternen Darlehen für Geschäftszwecke generell wie Gesellschafter in einem partnership zu behandeln.[320] Diesem Vorschlag wurde von gesetzgeberischer Seite so nicht nachgekommen, da nach der Regelung der sec. 329 (2) IA 86 Kredite für Ehepartner einen beschränkt bevorzugten Rang innehaben.[321] Mit dieser Vorschrift können die Regelungen über die Insolvenzanfechtung zumindest teilweise unterlaufen werden, da es nicht einmal erforderlich ist, dass der insolvenzbedrohte Ehepartner Vermögenswerte an den anderen überträgt. Vielmehr ist es ausreichend, bestimmte Zahlungen und übertragene Vermögenswerte als Darlehen auszugeben, um zumindest eine bevorzugte Behandlung des Ehegatten zu gewährleisten.

Neben dieser vertieften Diskussion über die Einbeziehung des Vermögens des Ehegattens in die Insolvenzmasse schlug das *Cork Committee* auch besondere Regelungen für nahestehende Personen vor und nannte als solche beispielhaft Ehegatten, Familienmitglieder und Konzerne.[322]

Die Insolvency Act 1986 behandelt nahestehende Personen („connected persons“) nun an zwei Stellen: einmal unter sec. 249 IA 86 bezüglich directors von Gesellschaften, und einmal unter sec. 435 IA 86 bezüglich associates, wobei sec.

---

[315] Zeuner, Insolvenzanfechtung, Rdn 82; HK-Kreft, InsO, § 138 Rdn 19; Kübler/Prütting-Prütting, InsO, § 138 Rdn 19.
[316] Zeuner, Insolvenzanfechtung, Rdn 82; HK-Kreft, InsO, § 138 Rdn 19; Kübler/Prütting-Prütting, InsO, § 138 Rdn 19.
[317] Cork-Report, Rdn 1033 ff., 1230 ff.
[318] ibid, Rdn 1228.
[319] ibid, Rdn 1229.
[320] ibid, Rdn 1140.
[321] s. vertiefend hierzu Clarke, Insolvent Families, S. 83 ff.
[322] Cork-Report, Rdn 1033.

249 auf sec. 435 verweist. Hervorzuheben ist an dieser Stelle, dass insbesondere die Regelung der sec. 435 IA 86 nicht nur auf anfechtungsspezifische Probleme zugeschnitten ist, sondern Definitionen für die gesamte Insolvency Act bereithält.

Als Begründung für die Sonderbehandlung nahestehender Personen wird auch im englischen Recht angeführt, dass dieser Personenkreis erfahrungsgemäß eher von der Insolvenz der Gesellschaft Kenntnis erhalten und zudem häufig in der Lage sein wird, Druck auf die Gesellschaft auszuüben, um noch eine Zahlung zu erhalten.[323]

a. Persönlich nahestehende Personen („associates"), sec. 435 IA 86

Allgemein gesprochen ist ein associate iSv. ss. 249, 435 IA 86 eine (natürliche) Person, die mit dem Gemeinschuldner in gerader Linie oder in Seitenlinie (Bruder, Schwester, Tante, Onkel, Neffe oder Nichte) verwandt oder mit ihm verheiratet ist.[324] Im letzteren Fall werden auch nicht (mehr) existierende Ehen sowie nichteheliche Lebensgemeinschaften („reputed") erfaßt, sec. 435 (8) IA 86. Unklar ist, ob unter „reputed" iSd. Norm auch solche unehelichen Lebenspartnerschaften zu verstehen sind, in denen die betreffenden Personen nicht wirklich als vorgeblich verheiratet, sondern innerhalb einer sonstigen Wohngemeinschaft, zusammenleben.[325] Weiterhin werden durch sec. 435 (4) IA 86 auch der jeweilige Arbeitgeber oder Arbeitnehmer des Anfechtungsgegners als associate erfaßt, wobei gemäß sec. 435 (10) IA 86 hier auch directors als Angestellte angesehen werden.[326]

b. Gesellschaftsrechtlich nahestehende Personen („connected persons"), sec. 249 IA 86

Bei den gesellschaftsrechtlich nahestehenden Personen ist zwischen den directors, verbundenen Gesellschaften und den Gesellschaftern zu unterscheiden.

Gemäß sec. 249 IA 86 ist eine Person der Gesellschaft nahestehend iSd. Vorschrift, wenn sie director bzw. shadow director der Gesellschaft ist oder wenn sie associate eines directors / shadow directors ist. Nach der Legaldefinition der sec. 251 IA 86 umfaßt director jede Person, die eine derartige Position besetzt, unabhängig von der genauen Stellenbezeichnung. Gemäß sec. 282 CA 85 iVm. Table A, Nr. 70, wird eine englische Gesellschaft (also sowohl eine Ltd als auch eine plc.) von (mindestens) einem director geleitet, der die Befugnisse der Ge-

[323] Prentice, Preferences, S. 454; Fletcher in Ziegel, S. 300.
[324] Fletcher in Ziegel, S. 301; Fletcher, Insolvency Law, S. 224; Snaith/Cownie, Corporate Insolvency, Rdn 20.19.
[325] s. Fletcher in Ziegel, S. 301; Fletcher, Insolvency Law, S. 225; Snaith/Cownie, Corporate Insolvency, Rdn 20.19.
[326] Fletcher, Insolvency Law, S. 643; Snaith/Cownie, Corporate Insolvency, Rdn 20.22.

sellschaft nach außen ausübt. Damit ist als director iSd. Norm jede Person anzusehen, die eine Gesellschaft leitet.

Ein shadow director ist nach der in sec. 251 IA 86 enthaltenen Legaldefinition eine (juristische) Person, auf Grund deren Anweisung die directors gewöhnlicherweise handeln. Die Entscheidung in *Re Hydrodan (Corby) Ltd*[327] beschäftigte sich die Rechtsprechung mit der Fragestellung, wer als shadow director in Frage kommt.

Eagle Trust plc war die Alleingesellschafterin von *Hydrodan (Corby) Ltd.* Letztere Gesellschaft sollte zwangsliquidiert werden. Im Zuge der Abwicklung versuchte der Insolvenzverwalter, u. a. gegen die directors von *Eagle Trust* unter dem Gesichtspunkt des wrongful trading, sec. 214 IA 86 vorzugehen. Dabei stützte er sich auf die Behauptung, dass die directors von Eagle Trust selber shadow directors von *Hydrodan (Corby) Ltd*)seien. *Millett J* wies die Klage ab und stellte in seiner Entscheidung fest, wer überhaupt als shadow director in Frage kommt. Danach kann, in Auslegung des Gesetzestextes von sec. 251 IA 86, eine Person den Tatbestand des shadow directors nur dann erfüllen, wenn eine Geschäftsführung oder ein Vorstand pro forma existiert, die / der keine eigenen Ermessensspielräume besitzt, sondern gewöhnlicherweise nach den Anweisungen der in Frage stehenden Person handelt. Danach sind die directors einer Muttergesellschaft, deren Eigenschaft als shadow directors behauptet wird, nicht automatisch selber shadow directors der Tochtergesellschaft. Sie können aber als Kollektiv zum shadow director werden, wenn sie gemeinsam Anweisungen an die Tochtergesellschaft geben und die directors dieser Tochtergesellschaften gewöhnlicherweise nach diesen Anweisungen handeln. In diesem Fall ist die Muttergesellschaft selbst, aber nicht deren directors als shadow director der Tochtergesellschaft anzusehen. Auf der anderen Seite können die jeweiligen directors jeweils einzeln als shadow directors eingestuft werden, wenn sie einzeln Anweisungen gegeben, also nicht kollektiv, sondern individuell gehandelt haben. Der Insolvenzverwalter konnte aber keines der beiden vorgenannten Szenarien nachweisen, so dass die Klage als unbegründet abgewiesen wurde.

Weiterhin ist es auch möglich, dass die Hausbank einer Gesellschaft als connected person eingestuft wird, nämlich, wenn sie so in die Geschäftstätigkeit der Gesellschaft eingebunden ist, dass sie als shadow director zu qualifizieren ist.[328]

Durch die Regelung der sec. 435 (6) IA 86 werden nun auch in Konzernstrukturen eingebundene Gesellschaften erfaßt. Danach ist eine Gesellschaft zum einen dann als associate einer anderen Gesellschaft anzusehen, wenn dieselbe Person die Kontrolle über beide Gesellschaften ausübt, bzw. wenn sie die Kontrolle

---

[327] [1994] BCC 161.
[328] Re a Company No. 005009/1987 [1988] 4 BCC 424.

über eine Gesellschaft besitzt und eine andere Person, die ein associate von ihr ist, die andere kontrolliert. Zum anderen, wenn eine Gruppe von mindestens zwei Personen die Kontrolle über jede Gesellschaft ausübt und die Gruppe entweder aus denselben Personen besteht oder Gruppenmitglieder associates von Personen sind, die eine der in Frage stehenden Gesellschaften kontrollieren.

Dagegen wurde der Vorschlag des *Cork Committee*,[329] auch solche Teilhaber als connected person einzustufen, die über einen entsprechenden („substantial“) Anteil am Gesellschaftsvermögen verfügen, oder derartigen Teilhabern nahestehen, vom Gesetzgeber in sec. 435 (7) IA 86 nur bedingt umgesetzt. Demnach ist eine Person nur dann als associate einer Gesellschaft anzusehen, wenn diese Person die Gesellschaft entweder eigenständig oder mit Hilfe eines associate kontrolliert. Was unter „Kontrolle“ iSd. jeweiligen Tatbestandes zu verstehen ist, wird durch sec. 435 (10) IA 86 definiert. Danach übt eine Person die Kontrolle über eine Gesellschaft entweder dann aus, wenn die directors der Gesellschaft gewöhnlich nach den Anweisungen dieser Person handeln oder wenn diese Person (entweder allein oder zusammen mit einem associate) mindestens über ein Drittel der Stimmrechte der Gesellschaft verfügt.

3. Vergleich

Beide Rechtssysteme verfügen nach den Reformen nunmehr über eine Legaldefinition des Tatbestandsmerkmales der nahestehenden Person, wenn diese auch im englischen Recht nicht alleine auf das Anfechtungsrecht zugeschnitten ist. Auch der Grundgedanke, der zu einer Sonderbehandlung der nahestehenden Personen führt, ist in beiden Rechtssystemen derselbe, nämlich die gegenüber anderen Personen bessere Informationsmöglichkeit. Zudem liegt es bei derartigen Personen nahe, dass sie in einer Position sein werden, in der sie Druck auf den Gemeinschuldner ausüben können, um eine bevorzugte Leistungserbringung an sich zu erreichen.[330]

Bei der Erfassung persönlich nahestehender Personen geht das englische Recht weiter als das deutsche, da hier auch weiter entfernte Verwandte in der Seitenlinie, nämlich Onkel und Tanten, Nichten und Neffen erfaßt werden, während sich das deutsche Recht hier auf die Erfassung der Geschwister des Gemeinschuldners (bzw. der Geschwister des Ehegatten des Gemeinschuldners) beschränkt. Weiterhin werden auch die Verwandten des Partners einer unehelichen Lebensgemeinschaft[331] erfaßt, während im deutschen Recht nur der Partner einer unehelichen Lebensgemeinschaft selbst unter die Norm subsumiert werden kann. Außerdem gilt sowohl im Fall einer aufgelösten Ehe als auch einer aufgelösten nichtehelichen Lebensgemeinschaft keine zeitliche Beschränkung der

[329] Cork-Report, Rdn 1036.
[330] Smid, Insolvenzrecht, S. 245; s. auch Breutigam/Tanz, ZIP 1998, 720.
[331] wenn man den Terminus „reputed“ so auslegt, s. oben.

Eigenschaft als nahestehende Person. Schließlich werden im englischen Recht unterschiedslos alle Arbeitnehmer und Arbeitgeber als nahestehend angesehen, während im deutschen Recht nur solche Arbeitnehmer als nahestehend gelten, die über die Möglichkeit verfügen, sich über die wirtschaftlichen Verhältnisse des Schuldners zu informieren.

Wie die Regelung in sec. 329 IA 86 zeigt, weist das englische Insolvenzrecht allgemein gewisse Unstimmigkeiten in Bezug auf die Behandlung von Ehegatten als nahestehende Personen auf. Denn auf der einen Seite werden Ehegatten als connected persons eingestuft, auf der anderen Seite wird ihnen bei eheinternen Darlehen eine gewisse Vorrangstellung vor anderen Gläubigern eingeräumt. Dagegen konnte sich der Vorschlag, das Vermögen der Ehegatten zusammenzufassen, im englischen Recht nicht durchsetzen. Eine derartige Konstruktion scheint im deutschen Recht nicht einmal in Erwägung gezogen worden zu sein, und wäre wohl auch mit Art. 6 GG unvereinbar. Dennoch gab und gibt es auch im deutschen Recht Bestrebungen, einen vereinfachten Zugriff gerade auf das Ehegattenvermögen zu ermöglichen. Dieses wird an Hand der nunmehr überholten Regelungen der §§ 31 Nr. 2, 32 Nr. 2 KO deutlich, in denen die Anfechtung von Rechtshandlungen zugunsten des Ehegatten erleichtert wurde. Ein Bereich, in dem es zu einer ähnlichen Konstruktion wie im englischen Recht kommen kann, ist der der Kapitalerhaltungsregeln im Gesellschaftsrecht. Der Gedanke, den Ehegatten, der einem Gesellschafter in der Krise ein Darlehen gegeben hat, den gleichen Regeln unterwerfen zu können, wie den Gesellschafter selbst, wurde während der Reform des GmbHG zwar angedacht, ist aber nicht verwirklicht worden.[332] In der Folge ist vom *BGH* auch das Bestreben verworfen worden, Finanzierungshilfen von nahen Angehörigen den Kapitalerhaltungsregeln des GmbH-Rechts zu unterwerfen.[333] Somit kann hierzu festgehalten werden, dass es sowohl im englischen als auch im deutschen Recht Überlegungen gab, Ehegattenvermögen im Fall der Insolvenz einem vereinfachten Zugriff durch Anfechtung auszusetzen, dass diese Überlegungen aber letztendlich nicht verwirklicht wurden.

Während im deutschen Recht Gesellschafter als solche schon als nahestehende Personen eingestuft werden können, wenn sie zumindest 25 % Kapitalbeteiligung aufweisen oder persönlich haftender Gesellschafter sind (§ 138 II Nr. 1 InsO), müssen im englischen Recht Gesellschafter zumindest über ein Drittel der Stimmrechte[334] verfügen oder über die Konstruktion des shadow directors erfaßt werden. Auch sieht das englische Recht sowohl Arbeitnehmer als auch Arbeitgeber des Schuldners unabhängig von ihrer jeweiligen Position im Unternehmen als connected persons an, während im deutschen Recht nur diejenigen

[332] Brandner in FS Merz, S. 3.
[333] BGH, Urt. v. 18.2.1991 - II ZR 259/89, ZIP 1991, 366.
[334] die grundsätzlich an den Anteilsbestand geknüpft sind, vgl. sec. 370 (6) CA 85.

Arbeitnehmer des Schuldners als diesem nahestehend eingestuft werden, die sich in einer herausgehobenen Stellung befinden. Bei der Erfassung von Konzernstrukturen geht das englische Recht ebenfalls weiter als das deutsche, da es auch die jeweiligen Tochtergesellschaften im Verhältnis zueinander als associates ansieht, was im deutschen Recht gerade ausgeschlossen ist. Das Konzept des shadow directors ist wohl insbesondere auf Konzernstrukturen anwendbar, die nicht auf einer gesellschaftsrechtlichen, sondern auf einer schuldrechtlichen Beziehung aufbauen, so dass diese Regelung auch insoweit mit derjenigen in § 138 II Nr. 2 InsO vergleichbar ist. Schließlich können im englischen Recht Hausbanken zumindest über die Konstruktion des shadow directors erfaßt werden, während sie im deutschen Recht schon nach der Begründung zum Gesetzestext von den Regelungen über nahestehende Personen ausgenommen sind. In beiden Rechtssysteme werden schließlich auch faktische Gesellschaftsorgane als nahestehende Personen angesehen.

4. Analyse

Obwohl die Neuregelung bezüglich Insidern gerade auf den Erfahrungen der KO/GesO aufbauen sollte, gibt es immer noch Fälle von nahestehenden Personen, die von § 138 InsO nicht erfaßt werden, obwohl sie in der Rechtsprechung zum alten Recht schon aufgezeigt und behandelt wurden.[335] So hat der *BGH* entschieden, dass eine GmbH dann als nahestehende Person einer insolventen natürlichen Person zu gelten hat, wenn ihr geschäftsführender Mehrheitsgesellschafter als natürliche Person zum Kreis der nahestehenden Personen des Insolvenzschuldners gehört.[336] Diese Fälle werden in § 138 I InsO jedoch nicht geregelt. Auch *Ehricke* macht deutlich, dass gerade die gesellschaftsbezogenen Insiderregeln zu kurz greifen können, denn, da z. B. die Regelungen bezüglich der Sperrminorität sowohl in der GmbH als auch in der AG abdingbar seien, könne die gesetzliche Regelung in § 138 InsO leicht unterlaufen werden.[337] Auffällig ist auch, dass eine Gattung juristischer Personen, die mit ziemlicher Sicherheit über die finanzielle Situation der Gesellschaft bestens informiert ist, nämlich die Hausbank des Insolvenzschuldners, von den Regelungen zur Insolvenzanfechtung im deutschen Recht ausgenommen worden ist.

Diese Anmerkungen, wie auch schon die im Vergleichsteil erarbeiteten Differenzen, zeigen auf, dass im deutschen Recht grundsätzlich ein kleinerer Personenkreis als nahestehend angesehen wird, als im englischen, obwohl deren Erfassung sinnvoll erschiene. Die Ausnahme hierzu stellt die Nichterfassung von Gesellschaftern im englischen Recht dar, die eigentlich augenfällig als naheste-

---

[335] Zeuner, Insolvenzanfechtung, Rdn 63; HK-Kreft, InsO, § 138 Rdn 5; Weisemann/Smid-Steder, Unternehmensinsolvenz, S. 247.

[336] BGH, Urt. vom 12.12.1985 - IX ZR 1/85, ZIP 1986, 170; Zeuner, Insolvenzanfechtung, Rdn 63.

[337] Ehricke, KTS 1996, 209, 227.

hend erscheinen müßten. In der englischen Literatur finden sich hierzu keine weitergehenden Erläuterungen, es ist jedoch möglich, dass die Nichterfassung von Gesellschaftern auf dem im englischen Recht tief verwurzelten Prinzip der getrennten Betrachtung von Gesellschaftern und Gesellschaft gerade in Bezug auf ihr jeweiliges Vermögen beruht. Diese strikte Trennung wurde in der Entscheidung zu *Salomon v. Salomon* [338] begründet und zieht sich seitdem als roter Faden durch das englische Gesellschaftsrecht.

> Im Jahre 1892 gründete Aron Salomon als Mehrheitsgesellschafter die *A. Salomon & Co. Ltd* und brachte seine Schuhmanufaktur gegen Gewährung von 20.000 Anteilen in die Gesellschaft ein. Da das Gesetz zu dieser Zeit für Gesellschaften eine Gesellschafterzahl von mindestens sieben vorschrieb, erhielten seine Ehefrau, seine Söhne und andere Familienmitglieder jeweils einen Anteil am Gesellschaftsvermögen, so dass die Gesellschaft in Wirklichkeit eine Ein-Personen-Gesellschaft mit beschränkter Haftung war. In der Folgezeit fiel die Gesellschaft in Konkurs und die Gläubiger verlangten in einer Klage gegen A. Salomon persönlich Leistung auf die gegenüber der Gesellschaft bestehenden Forderung. Sie begründeten diese Klage damit, dass die Ein-Mann-Gesellschaft einen Mißbrauch der gesellschaftsrechtlichen Regelungen darstelle, denn hier würde nur der Form, nicht aber der Intention des Gesetzes genügt. Die unteren Instanzen gaben der Klage mit derselben Begründung statt, das *HoL* jedoch hob die vorinstanzlichen Urteile auf und wies die Klage in einem für die damaligen Verhältnisse denkwürdigen Urteil ab, welches bis heute Bestand hat.[339] Die Richter des *HoL* vertraten gegenüber den Vorinstanzen eine mehr formale Sicht und begründeten ihre Entscheidung damit, dass eine formell korrekt inkorporierte Gesellschaft immer eine von ihren Gesellschaftern zu unterscheidende (juristische) Person sei.

Diese formale Sicht und die daraus resultierende strikte Trennung zwischen der Gesellschaft und ihren Gesellschaftern mag erklären, warum Gesellschafter nicht als connected persons erfaßt werden.

V. Anfechtungs- und Verjährungsfristen

Die Erfassung aller vom Insolvenzschuldner in der Vergangenheit vorgenommenen Rechtshandlungen unter anfechtungsrechtlichen Gesichtspunkten würde mit dem Gebot der Rechssicherheit kollidieren. Deswegen muss das Recht zur Anfechtung auch in zeitlicher Hinsicht limitiert werden. Hierbei ist die gesetzliche Bestimmung des schon oben angesprochenen Zeitraums der Krise rechtspolitisch schwierig. Es muss nämlich eine Balance zwischen dem Gebot der Ef-

---

[338] [1897] AC 22, HL.
[339] vgl. Farrar, Company Law, S. 67.

fektivität des Anfechtungsrechts einerseits, dem Gebot des Vertrauensschutzes andererseits, aber auch dem praktischen Problem der Beweisbarkeit geschaffen werden. Damit die Rechtshandlung überhaupt anfechtbar ist, muss sie in diesen Krisenzeitraum fallen, so dass die Festlegung, wann eine Rechtshandlung iSd. Anfechtungsvorschriften als vorgenommen gilt, also der Anfechtungsfrist, von entscheidender Bedeutung ist. Eine weitere Möglichkeit, dem Gebot des Vertrauensschutzes und der Rechtssicherheit Geltung zu verschaffen, ist die Festsetzung einer Verjährungsfrist.

1. Deutsches Recht

Einer der Kritikpunkte an der Rechtslage unter der Konkursordnung war, dass der Zeitraum, in dem eine Rechtshandlung vorgenommen werden musste, um den Anfechtungsvorschriften zu unterfallen, generell zu kurz war, um effektiv zu sein.[340] Grundsätzlich sind diese Kritikpunkte in der InsO beachtet und entsprechend die anfechtungsrelevanten Zeiträume verlängert worden. Im Fall der inkongruenten Deckung wurde die Frist von zehn Tagen auf mindestens einen Monat verlängert.[341] Auch wurde die Anfechtungsfrist für die frühere Schenkungs- und heutige Anfechtung unentgeltlicher Leistungen von zwei auf vier Jahre verdoppelt, was mit der geringeren Bestandskraft unentgeltlichen Erwerbes begründet wird.[342] Auf der anderen Seite wurden allerdings auch überzogene anfechtungsrelevante Zeiträume verkürzt, so die ehemals dreißigjährige Frist für eine Anfechtung wegen vorsätzlicher Benachteiligung zugunsten einer nahestehenden Person, welche jetzt noch zehn Jahre beträgt.[343]

§ 140 InsO formuliert den im Rahmen der Insolvenzanfechtungstatbestände maßgeblichen Zeitpunkt der Vornahme einer Rechtshandlung und legt damit einheitlich für den Bereich der Insolvenzanfechtung fest, ab wann Handlungen des Schuldners oder des Anfechtungsgegners anfechtungsrechtliche Relevanz beigemessen werden soll.[344] Die Vorschrift stellt gegenüber den Regelungen der KO eine Neuentwicklung dar, wobei die GesO jedoch schon Teile der jetzigen Vorschrift vorwegnahm.[345] Der Regelung liegt der Gedanke zu Grunde, dass durch die Anfechtungsvorschriften lediglich gläubigerbenachteiligende Wirkungen beseitigt werden sollen. Dementsprechend werden Rechtshandlungen auch

---

[340] Killinger, Insolvenzanfechtung, S. 25; Kirchhof, ZInsO 1998, 4.

[341] Zeuner, Insolvenzanfechtung, Rdn 143; Hess/Weis, AnfR, § 131 Rdn 3; Kirchhof, ZInsO 1998, 4.

[342] Zeuner, Insolvenzanfechtung, Rdn 208; v. Campe, Insolvenzanfechtung, S. 74; Hess/Weis, AnfR, § 131 Rdn 3.

[343] v. Campe, Insolvenzanfechtung, S. 74; Paulus/Schröder, WM 1999, 253, 255; Kirchhof, ZInsO 1998, 5; zum alten Recht, s. § 41 KO.

[344] Hess/Weis, AnfR, § 140 Rdn 2; Breutigam/Tanz, ZIP 1998, 720; Kirchhof, ZInsO 1998, 6; Weisemann/Smid-Steder, Unternehmensinsolvenz, S. 233.

[345] Zeuner, Insolvenzanfechtung, Rdn 30; Schmidt-Räntsch, § 140 Rdn 1; Henckel, Kölner Schrift, Rdn 76; Kirchhof, ZInsO 1998, 6.

erst dann wieder rückgängig gemacht, wenn eine Verringerung der Masse tatsächlich eingetreten ist.[346] Konsequenterweise wird in § 140 I InsO deshalb auf den Zeitpunkt des Eintrittes der rechtlichen Wirkungen und nicht auf das Eingehen der Rechtshandlung abgestellt.[347]

Dieser Grundsatz wird jedoch mehrfach modifiziert: Grundsätzlich gilt eine mehraktige Rechtshandlung erst dann als vorgenommen, wenn der letzte zur Wirksamkeit erforderliche Teilakt durchgeführt wurde.[348] Eine Sonderregelung hierzu stellt § 140 II InsO für bestimmte eintragungspflichtige mehraktige Rechtsgeschäfte dar. In anfechtungsrechtlicher Hinsicht gelten solche Rechtsgeschäfte bereits zu einem Zeitpunkt vorgenommen, in dem es zu ihrer rechtlichen Wirksamkeit nur noch der Eintragung bedarf, also insbesondere bindende Willenserklärungen der Parteien vorliegen und der Antrag auf Eintragung gestellt ist.[349] Abweichend von der Grundregel des § 140 I InsO kommt es bei einer bedingten oder befristeten Rechtshandlung nicht auf den Eintritt der Bedingung oder des Termins an, sondern auf den Abschluß der rechtsbegründenden Tatumstände.[350] So treten die rechtlichen Wirkungen einer Unterlassung frühestens in dem Zeitpunkt ein, in dem die Rechtsfolgen der Unterlassung nicht mehr durch eine Handlung abgewendet werden können; vor diesem Zeitpunkt gilt die Unterlassung noch nicht als Rechtshandlung im Sinne des Anfechtungsrechts.[351]
Die Vorschrift des § 139 I InsO enthält nun erstmals eine ausdrückliche Regelung zur Fristberechnung, so dass nicht mehr hilfsweise auf die Regelungen der §§ 186 ff BGB zurückgegriffen werden muss, wie noch unter der Geltung der Konkursordnung.[352] Die Anfechtungsfrist beginnt demnach mit dem Anfang des Tages, der durch seine Zahl dem Tag entspricht, an dem der erste zulässige und begründete[353] Insolvenzantrag beim Insolvenzgericht eingegangen ist, bzw., bei Fehlen eines solchen Tages, der nachfolgende Tag, vgl. § 139 I InsO. Darüber

---

[346] Zeuner, Insolvenzanfechtung, Rdn 30; differenzierend Kirchhof, ZInsO 1998, 6.
[347] Henckel, Kölner Schrift, Rdn 76; Häsemeyer, Insolvenzrecht, S. 442; Hess/Weis, AnfR, § 129 Rdn 77.
[348] Schmidt-Räntsch, InsO, § 140 Rdn 2; Häsemeyer, Insolvenzrecht, S. 442; Hess/Weis, AnfR, § 129 Rdn 77.
[349] Zeuner, Insolvenzanfechtung, Rdn 33; Henckel, Kölner Schrift, Rdn 79; Häsemeyer, Insolvenzrecht, S. 443; Kirchhof, ZInsO 98, 6.
[350] Henckel, Kölner Schrift, Rdn 80; Zeuner, Insolvenzanfechtung, Rdn 39; FK-Dauernheim, InsO, § 129 Rdn 46.
[351] Schmidt-Räntsch, InsO, § 140 Rdn 2; Zeuner, Insolvenzanfechtung, Rdn 31; Henckel, Kölner Schrift, Rdn 78.
[352] Henckel, Kölner Schrift, Rdn 74; HK-Kreft, InsO, § 139 Rdn 2 f.; FK-Dauernheim, InsO, § 129 Rdn 1
[353] Dieser bewirkt, dass eine Anfechtung auch möglich ist, wenn das Insolvenzverfahren selbst erst auf Grund eines weiteren Antrages eröffnet wird, etwa, wenn der ersste Antrag wieder zurückgenommen wurde, vgl. OLG Celle, Urt. v. 14.9.2000 – 13 U 255/99; Smid, InVo 2002, 41.

hinaus bestimmt § 139 II InsO den für die Fristberechnung maßgeblichen Eröffnungsantrag.

Alle Rechtshandlungen, die unter die Tatbestände der §§ 130 bis 136 InsO fallen und nach Verfahrenseröffnung vorgenommen werden, sind nur nach Maßgabe des § 147 InsO anfechtbar. Eine weitergehende Anfechtungsmöglichkeit ist in diesem Fall nicht erforderlich, da die Masse nach Eröffnung des Insolvenzverfahrens schon von Gesetzes wegen durch das Verfügungsverbot (§ 81 InsO), das Verbot der Einzelzwangsvollstreckung (§ 89 InsO) sowie des Verbotes des Erwerbes von Massegegenständen (§ 91 InsO) geschützt ist.[354]

Gemäß § 146 muss der Insolvenzverwalter eine Verjährungsfrist von zwei Jahren einhalten. Durch diese Vorschrift wurde die bisherige Regelung des § 41 KO, die eine Ausschlußfrist vorsah, grundlegend umgestaltet.[355]

2. Englisches Recht

Auch im englischen Recht muss eine Rechtshandlung in einem bestimmten Zeitraum vor der formellen Eröffnung eines Insolvenzverfahrens („onset of insolvency", sec. 240 (3) IA 86) vorgenommen werden, um anfechtbar zu sein, „relevant time", sec. 240 IA 86.

Das Cork Committee überprüfte ebenfalls die Länge dieser Anfechtungsfristen und schlug tendenziell eine Verkürzung zumindest der längeren Fristen vor.[356] So sollte die Anfechtungsfrist für die Vorgängerregelung der neu geschaffenen Regelung der sec. 238 IA 86 im Falle einer nahestehenden Person von zehn auf fünf Jahre, in sonstigen Fällen von zwei auf ein Jahr halbiert werden.[357] Dagegen sollte die Anfechtungsfrist für preferences bei einer Länge von sechs Monaten belassen werden, da bei einem längeren Zeitraum Probleme mit der Beweislage bezüglich der fraglichen Rechtshandlungen und des Insolvenzstatus befürchtet wurden.[358] Das Komitee schlug darüber hinaus auch die Schaffung eines Ermessenspielraums für die Gerichte vor, in geeigneten Fällen die Anfechtungsfristen zu verlängern.[359]

Tatsächlich wurden die anfechtungsrelevanten Zeiträume in der Folge teilweise sogar über die Vorschläge des Cork Committee hinaus verkürzt, so dass sich die Anfechtungsfristen bei Rechtshandlungen zugunsten einer nicht nahestehenden

---

[354] Zeuner, Insolvenzanfechtung, Rdn 346; Henkel, Kölner Schrift, Rdn 93.

[355] Schmidt-Räntsch, InsO, § 146 Rdn; HK-Kreft, InsO, § 129 Rdn 3; Kirchhof, ZInsO 1998, 6; Jauernig, Zwangsvollstreckung, S. 241; s. zu § 41 KO Eckardt, Anfechtungsklage, S. 16.

[356] Cork-Report, Rdn 1232, 1259 ff, 1280 ff.

[357] Cork-Report, Rdn 1232, 1286.

[358] Cork-Report, Rdn 1260.

[359] Cork-Report, 1288 (f).

Person zwischen sechs Monaten (z. B. für preferences, sec. 240 (1) (b) IA 86) und drei Jahren (für extortionate credit transactions, sec. 244 (2) IA 86) bewegen. Diese Zeiträume verlängern sich grundsätzlich, sobald die fragliche Rechtshandlung zugunsten einer nahestehenden Person erfolgt (z. B. im Falle einer preference sec. 240 (1) (a) IA 86 auf zwei Jahre).[360] Unklar ist, warum die Anfechtungsfristen für eine transaction at an undervalue und eine preference in ihrer jeweiligen Grundkonstellation unterschiedlich lang ausfallen.[361] Auffallend ist auch der Unterschied in der Länge der Anfechtungsfristen zwischen Anfechtungen von Rechtshandlungen von natürlichen und juristischen Personen. Bei der Anfechtung von durch eine natürliche Person vorgenommene transactions at an undervalue nach sec. 339 IA 86 ist nämlich eine Anfechtungsfrist von bis zu fünf Jahren vorgesehen, sec. 341 (1) (a) IA 86, und zwar unabhängig davon, ob die Rechtshandlung zugunsten einer connected person erfolgt oder nicht.[362] Auch hierfür liegt keine Erklärung vor.

Die einzelnen Anfechtungsfristen stellen sich nun wie folgt dar: Wie schon oben angesprochen gilt bei einer transaction at an undervalue, sec. 238 IA 86, eine Anfechtungsfrist von zwei Jahren unabhängig davon ob die Rechtshandlung zugunsten einer connected person erfolgte oder nicht.[363] Die Anfechtungsfrist bei einer preference, sec. 239 IA 86, beträgt sechs Monate und verlängert sich bei einer connected person auf zwei Jahre.[364] Eine floating charge ist innerhalb von 12 Monaten, bzw. 24 Monaten bei connected persons, nach ihrer Bestellung anfechtbar, sec. 245 (3) IA 86.[365] Im Falle einer extortionate credit transaction läuft eine Anfechtungsfrist von drei Jahren, sec. 244 (2) IA 86.[366] Dagegen ist für die Anfechtung einer transaction defrauding creditors nach sec. 423 IA 86 keinerlei Anfechtungsfrist vorgesehen.[367]

Über den Zeitpunkt, ab wann eine transaction iSd. der Anfechtungsvorschriften als „vorgenommen" gilt, schweigt sich der Insolvency Act aus. Angesichts des

---

[360] Bailey/Groves/Smith, Corporate Insolvency, S. 368; dieses entspricht, auch vom Zeitraum her genau den Vorschlägen des *Cork Committee*, s. Cork-Report, Rdn 1263.
[361] Goode, Insolvency Law, S. 407.
[362] Doyle, Insolvency Litigation, Rdn 9.26; Fletcher, Insolvency Law, S. 223; Tomlie, Insolvency Law, S. 344.
[363] Doyle, Insolvency Litigation, Rdn 9.26; Fletcher, Insolvency Law, S. 644; Snaith/Cownie, Corporate Insolvency, Rdn 20.11.
[364] Doyle, Insolvency Litigation, Rdn 10.08; Fletcher, Insolvency Law, S. 644; Snaith/Cownie, Corporate Insolvency, Rdn 20.4.
[365] Bailey/Groves/Smith, Corporate Insolvency, S. 368; Goode, Insolvency Law, S. 410; Doyle, Insolvency Litigation, Rdn 11.22; Snaith/Cownie, Corporate Insolvency, Rdn 20.67.
[366] Bailey/Groves/Smith, Corporate Insolvency, S. 373; Goode, Insolvency Law, S. 408; Snaith/Cownie, Corporate Insolvency, Rdn 20.59.
[367] Milman/Durant, Corporate Insolvency, S. 207; Goode, Insolvency Law, S. 436; Tomlie, Insolvency Law, S. 342; Kamlah, Insolvenzanfechtung, S. 249.

Gesetzeswortlautes dürfte dieses aber der Zeitpunkt des Eingehens der transaction sein.

Auffallend ist schließlich, dass, obwohl das Cork Committee eine Verjährungsfrist von drei Jahren vorschlug, innerhalb derer der Insolvenzverwalter ein Anfechtungsverfahren einleiten sollte,[368] eine derartige Regelung nicht Eingang in das aktuelle Gesetz gefunden hat. Es kommen somit nur die allgemeinen Verjährungsvorschriften der Limitation Act 1980 zur Anwendung, wonach die Verjährung, je nach Fallgestaltung sechs bis zwölf Jahre betragen kann.[369]

3. Vergleich

Sowohl das deutsche als auch das englische Rechtssystem begrenzen die Ausübung des Anfechtungsrechts in zeitlicher Hinsicht. Beide Rechtssysteme haben auch grundsätzlich die anfechtungsrelevanten Zeiträume gestaffelt. Eine Ausnahme hierzu stellt sec. 423 IA 86 dar, für die keine Anfechtungsfrist gilt. Auf den ersten Blick erscheinen die Fristen im deutschen Recht teilweise wesentlich kürzer als die der englischen Anfechtungsvorschriften. Hierbei ist jedoch zu beachten, dass die Gruppe der Deckungsanfechtungen mit ihren im Vergleich zu den anderen Anfechtungstatbeständen wesentlich kürzeren Anfechtungsfristen im englischen Recht überhaupt nicht bekannt sind.[370] Betrachtet man die Anfechtungsfristen bei vergleichbaren Anfechtungstatbeständen, so verstärkt sich dieser erste Eindruck gleichwohl: So beträgt die Anfechtungsfrist bei der zur Gruppe der Vorteilsabschöpfung gehörenden deutschen Vorschrift der unmittelbar nachteiligen Rechtshandlung nach § 132 I 1 InsO drei Monate, bei den Parallelvorschriften des englischen Rechts, sec. 238 IA 86 zwei Jahre für Gesellschaften und sogar fünf Jahre für natürliche Personen, vgl. sec. 341 IA 86.

Weiterhin verzichtet das englische Recht auf verschiedene Detailregelungen, die das deutsche Recht ausdrücklich vornimmt, nämlich die Festlegung des Zeitpunktes, ab dem eine anfechtbare Rechtshandlung als vorgenommen gilt, § 140 InsO, und die Berechnungsregel des § 139 InsO. Schließlich verfügt das englische Recht im Gegensatz zum deutschen über keine besondere Verjährungsfrist für die Insolvenzanfechtung. Die Anwendung der allgemeinen Verjährungsregelungen auch auf Insolvenzanfechtungen im englischen Recht bewirkt eine um mindestens vier Jahre längere Verjährungsfrist im englischen Recht.

4. Analyse

Es soll an dieser Stelle die in der Einleitung aufgeworfene Fragestellung wieder aufgenommen werden und geklärt werden, inwieweit die konkrete Ausgestaltung der Anfechtungs- und Verjährungsfristen in beiden Rechtssystemen dem

---

[368] Cork-Report, Rdn 1282.

[369] vertiefend hierzu Bunge, Zivilprozeß und Zwangsvollstreckung, S. 94.

[370] s. näher hierzu bei § 5 – Anfechtungstatbestände.

Vertrauensschutz Rechnung trägt. Die Reformen wurden in beiden Systemen zur Konsolidierung der, teilweise übermäßig kurzen oder langen, Fristen genutzt. Im deutschen Recht wurden z. B. die zwei Extreme, nämlich die nur zehntägige Frist im Fall der inkongruenten Deckung und der Frist von 30 Jahren im Falle der Absichtsanfechtung, realistischen Bedingungen angepaßt. Die erstgenannte zehntägige Frist war zu kurz, die zweite Frist war in der Praxis wegen Beweisschwierigkeiten nur schwer durchsetzbar.[371] Betrachtet man die weiterhin bestehenden Unterschiede im Hinblick auf die Anfechtungsfristen, so muss man bedenken, dass jegliche Frist zu irgendeinem Grad willkürlich sein wird,[372] da die Balance zwischen der Gefahr des Leerlaufes der jeweiligen Regelung einerseits und der Aushöhlung der Rechtssicherheit bei Rechtsgeschäften andererseits gehalten werden muss. Damit ist ein Urteil, ob eine innerhalb eines Toleranzbereiches liegende Anfechtungsfrist zu lang oder zu kurz ist, schwer zu fällen.

Die zum Teil jedoch erheblichen Unterschiede in der jeweiligen Länge der Anfechtungsfristen ist im englischen Recht auch darauf zurückzuführen, dass ein und derselbe Anfechtungstatbestand mehrere Gruppen von Anfechtungszielen abdeckt.[373] Dieses wird am Beispiel der transaction at an undervalue deutlich: Diese Vorschrift deckt einerseits den Bereich der Vorteilsabschöpfung ab, andererseits aber auch den Bereich der unentgeltlichen Leistung. Gleichwohl gilt für diese Vorschrift eine einheitliche (Grund-) Anfechtungsfrist von zwei (für juristische), bzw. fünf (für natürliche Personen) Jahren. Im deutschen Recht, das zwischen diesen Gruppen unterscheidet, wird zwischen einer Anfechtungsfrist von drei Monaten für den Bereich der Vorteilsabschöpfung (§ 132 InsO) und vier Jahren für den Bereich der unentgeltlichen Leistung (§ 134 InsO) differenziert.

Angesichts der über die Jahre sich erschwerenden Beweislage, wie sie vom *Cork Committee* für das englische Rechtssystem dargestellt wurde, die aber auch auf die deutsche Situation fraglos zutrifft, ist selbst eine Anfechtungsfrist von zehn Jahren für die Anfechtung von vorsätzlichen Benachteiligungen, § 133 InsO als eher bedenklich anzusehen. Zwar steht bei derartigen Rechtshandlungen der Grundsatz des Vertrauensschutzes grundsätzlich nicht im Vordergrund, es wird aber vermehrt aufzeigt, dass eine nach dieser Vorschrift anfechtbare Rechtshandlung durchaus auch bei seriösen Sanierungsversuchen vorliegen kann.[374] In einem solchen Fall erscheint die Berücksichtigung des Vertrauensschutzesgesichtspunktes auch bei der Frage der Anfechtungsfrist wichtig.

---

[371] Paulus/Schröder, WM 1999, 253, 255.
[372] s. hierzu Goode, Commercial Law, S. 857 f.
[373] s. hierzu die Ausführungen unter § 5 – Anfechtungstatbestände.
[374] BGH, Urt. v. 12.11.1992 - IX ZR 236/91, ZIP 1993, 276 m. Anm. Onusseit, EwiR 1993, § 31 KO, 1/93, 161; kritisch hierzu Smid, Insolvenzrecht, S. 251; Zeuner, Insolvenzanfechtung, Rdn 241 m.w.N.; Paulus, BB 2001, 425, 426.

Auch der vom englischen Gesetzgeber bisher nicht aufgenommene Vorschlag des *Cork Committee,* die Anfechtungsfristen zumindest zum Teil in das Ermessen der Gerichte zu stellen, ist in Anbetracht des Gebotes der Rechtssicherheit als problematisch einzustufen. Dennoch verdient an dieser Stelle ein differenzierender Vorschlag von *Milman/Parry* Beachtung: danach sollen die Anfechtungsfristen auf Grund Ermessensentscheidung der Gerichte zumindest dann verlängert werden können, wenn directors den Eröffnungsantrag verzögern, nur um Rechtshandlungen den Anfechtungsvorschriften zu entziehen.[375] Wie die Autoren jedoch schon selber anmerken, muss hierbei auch ein ausgewogenes Verhältnis zum Gebot der Rechtssicherheit hergestellt werden. Das *Cork Committee* hatte diese Gefahr ebenfalls schon erkannt, sich, wenn auch ohne Angaben von Gründen, jedoch lediglich für eine gesetzlich geregelte Verlängerung der Anfechtungsfristen in einem solchen Fall ausgesprochen.[376] *Prentice* schließlich sieht die von *Milman/Parry* angesprochene Gefahr der Insolvenzverschleppung nur als bedingt praxisrelevant an, da ja auch die anderen Gläubiger den Eröffnungsantrag stellen könnten, wenn sie Indizien für ein derartiges Verhalten der Gesellschaft entdecken.[377] Abschließend sieht *Goode* auch lediglich eine unterschiedliche Länge der Anfechtungsfrist zwischen nahestehenden und nicht nahestehenden Personen, nicht jedoch zwischen den einzelnen Tatbeständen als gerechtfertigt an.[378]

Im englischen Recht scheint darüber hinaus auch der Verzicht auf jegliche Anfechtungsfrist im Falle der transaction defrauding creditors, sec. 423 IA 86 nicht mit dem Gebot zur Rechtssicherheit vereinbar zu sein. Jedoch werden gerade Probleme der Beweislast der zeitlichen Erstreckung der Anfechtbarkeit in der Praxis Grenzen setzen. Schließlich erscheint auch der Verzicht auf eine in der IA 86 ausdrücklich geregelte Verjährungsfrist unter Vertrauensschutzgesichtspunkten problematisch, obwohl sich in der englischen Literatur und Rechtsprechung hierzu keine Aussagen finden. Auch die allgemeine Regelung der Verjährung durch Anwendung der Limitation Act 1980 mit ihrer Maximalfrist von bis zu zwölf Jahren erscheint nicht angemessen.

Zusammenfassend läßt sich festhalten, dass im englischen Recht die konkrete Ausgestaltung der Anfechtungs- und Verjährungsfristen selbst unter der Prämisse, dass jegliche Frist letztendlich auch immer ein Stück willkürlich sein wird, dem Grundsatz des Vertrauensschutzes nur wenig Beachtung schenkt. Die jeweiligen Fristen sind untereinander nicht abgestimmt und erscheinen aus den

---

[375] Milman/Parry, Avoidance Mechanisms, S. 37.
[376] Cork-Report, Rdn 1261 ff; an späterer Stelle (Rdn 1288 (f)) schlägt das Komitee dann, wiederum ohne Begründung vor, eine etwaige Verlängerung der Anfechtungsfristen in das Ermessen der Gerichte zu stellen.
[377] Prentice, Preferences, S. 454.
[378] Goode, Insolvency Law, S. 442.

historischen Vorbildern übernommen. Im deutschen Recht dagegen erscheint die zehnjährige Frist für die Anfechtung vorsätzlicher Benachteiligungen zumindest im Hinblick auf Sanierungsbemühungen als problematisch.

§ 5 Anfechtungstatbestände

I. Einführung

Während sich die bisherige Darstellung des englischen und deutschen Rechts im wesentlichen auf die Erläuterung der Ziele, Grundlagen und Rahmenbedingungen der Insolvenzanfechtung beschränkte, sollen nachfolgend nun die eigentlichen Anfechtungstatbestände behandelt werden. Dabei werden die einzelnen Regelungen nicht nacheinander gemäß ihrer systematischen Stellung im Gesetz, sondern geordnet nach den übergedordneten Kriterien des Schutzzwecks und der Wirkungsweise dargestellt, um eine bessere Vergleichbarkeit zu erreichen. Zudem werden im Abschnitt VII. „Maßnahmen gegen indirekte Masseschmälerungen" bestimmte Typen von Rechtshandlungen, nämlich die Kreditgewährung, die Bestellung von Sicherheiten und die Aufrechnung, zusammengefaßt, um eine Entzerrung der Gesamtdarstellung zu ermöglichen und dem Fallrechtscharakter des englischen Rechts Rechnung zu tragen.[379] Zuvor jedoch sollen die einzelnen in den folgenden Abschnitten darzustellenden Regelungen gemäß ihres Standortes in der jeweiligen Gesetzessystematik eingeordnet werden.

1. Deutsches Recht[380]

Die Regelungen über die Insolvenzanfechtung sind in den §§ 129 bis 147 InsO enthalten, wobei § 129 InsO die Grundregel aufstellt, dass Rechtshandlungen, die vor der Eröffnung des Insolvenzverfahrens vorgenommen werden und die Insolvenzgläubiger benachteiligen, nach Maßgabe der §§ 130 bis 146 InsO angefochten werden können. Die Regelungen der §§ 130 – 132 InsO werden auch als „besondere Anfechtungsgründe" bezeichnet, da diese Vorschriften im Gegensatz zu den nachfolgenden Regelungen, die auch im AnfG enthalten sind, nur innerhalb eines Insolvenzverfahrens geltend gemacht werden können.[381] § 147 InsO enthält eine Sonderregelung für Rechtshandlungen nach Verfahrenseröffnung.

---

[379] vgl. zu den unterschiedlichen Möglichkeiten der Kategorisierung der Anfechtungsnormen auch Kamlah, Insolvenzanfechtung, S. 228 f.

[380] Für eine englischsprachige Darstellung des deutschen Rechts der Insolvenzanfechtung s. Trunk [2000] Int. Ins. Rev. 37.

[381] Haarmeyer/Wutzke/Förster, Insolvenzhandbuch, Rdn 224; Zeuner, Insolvenzanfechtung, Rdn 84; Häsemeyer, Insolvenzrecht, S. 436; Jaeger/Henckel, KO, § 30 Rdn 1.

2. Englisches Recht[382]

Auch nach der Reform des englischen Insolvenzrechts wird zwischen verschiedenen Arten von Anfechtungsvorschriften unterschieden, nämlich solchen, die sich gegen Einzelpersonen,[383] solchen, die sich gegen Gesellschaften[384] und solchen, die sich gegen beide Gruppen von Anfechtungsgegnern richten.[385] In diesem Abschnitt wird vertieft nur auf die die Gesellschaften betreffenden Bestimmungen eingegangen. Generell unterscheiden sich diese beiden Regelungskomplexe nicht sehr voneinander,[386] so dass die Beobachtungen in diesem Abschnitt grundsätzlich auch auf Anfechtungsprozesse in Individualinsolvenzen zutreffen. Im englischen Recht wird die Problematik der fehlenden Registrierung von Sicherheiten, insbesondere von floating charges, sec. 399 CA 85, sowie die Unwirksamkeit von Verfügungen und Vollstreckungshandlungen, ss. 127, 128 IA 86, als zur Lehre von der Insolvenzanfechtung zugehörig an dieser Stelle behandelt.[387] Dieser Bereiche soll im Rahmen dieser Untersuchung nicht näher behandelt werden, da er zumindest nach dem deutschen systematischen Verständnis nicht in den Kontext der Insolvenzanfechtung im eigentlichen Sinn eingeordnet werden kann.[388]

II. Maßnahmen vor Beginn des Insolvenzverfahrens

In diesem Abschnitt soll ein kurzer Abriß über die Anfechtungsmöglichkeiten außerhalb des eigentlichen Insolvenzverfahrens gegeben werden, um die jeweiligen Regelungen in ihrem Gesamtkontext darstellen zu können. Die Regelung der sec. 423 IA 86, transactions defrauding creditors, erfordert nämlich nicht einmal die Insolvenz des Schuldners (s.u.). Folglich kommt dieser Regelung eine gewisse Doppelfunktion zu, die im Rahmen dieser Untersuchung nicht unbeachtet bleiben soll.

---

[382] s. hierzu auch die deutschsprachige Kurzdarstellung der Anfechtungsregeln bei van Hüllen, InVo 1999, 97, 102.

[383] sec. 339 IA 86 („Transactions at an undervalue"); sec. 340 IA 86 („Preferences"); sec. 343 IA 86 („Extortionate credit transactions"); sec. 344 („Avoidance of general assignment of book debts").

[384] sec. 238 – sec. 246 IA 86; siehe dazu sogleich unten.

[385] sec. 423 IA 86 („Transactions defrauding creditors").

[386] Fletcher, Insolvency Law, S. 221; Totty/Moss, Insolvency Rdn H4-01.

[387] so z. B. Milman/Durant, Corporate Insolvency, S. 190; Farrar, Company Law, S. 651; Jackson, Bankruptcy Law, S. 128 grenzt denn auch die Problematik der Nichtregistrierung von Sicherheiten von den Fällen der eigentlichen Anfechtung ab.

[388] Anders hier Kamlah, Insolvenzanfechtung, der alle vorgenannten Themenkomplexe auch unter dem Oberbegriff „Anfechtung" behandelt.

1. Deutsches Recht

Das Anfechtungsgesetz (AnfG)

Die Gläubigeranfechtung läßt sich historisch von der actio pauliana des römischen Rechts ableiten.[389] Schon das römische Recht erlaubte nämlich Schritte gegen einen Schuldner, der versuchte, seine Habe vor dem Zugriff der Gläubiger in Sicherheit zu bringen. Das ursprüngliche AnfG stammte noch aus dem Jahre 1879 und wurde ebenfalls im Rahmen der Insolvenzrechtsreform überarbeitet.[390]

Die Anfechtung nach dem AnfG weist sowohl Übereinstimmungen als auch Unterschiede zur Anfechtung nach der InsO auf. So erfolgt die Gläubigeranfechtung gemäß § 1 I AnfG außerhalb des Insolvenzverfahrens, wobei hier der Anfechtungsanspruch von einzelnen eigennützig handelnden Gläubigern geltend gemacht wird.[391] Dementsprechend ist die Gläubigeranfechtung auch nicht auf die Durchsetzung des Gläubigergleichbehandlungsgrundsatzes ausgerichtet, sondern darauf, dem einzelnen Gläubiger den zwangsweisen Zugriff auf Gegenstände, die der Schuldner anfechtbar weggegeben hat, zu ermöglichen.[392]

Jedoch ist die Anfechtung aufgrund desselben Sachverhalts sowohl nach der Insolvenzordnung als auch nach dem Anfechtungsgesetz möglich, wenn die Voraussetzungen des jeweils anwendbaren Rechts vorliegen.[393] Dabei ist aber, wie sich aus § 16 AnfG ergibt, die Anfechtung nach der Insolvenzordnung vorrangig. Grundsätzlich sind die allgemeinen Voraussetzungen der Gläubigeranfechtung, insbesondere was den Begriff der Rechtshandlung und der Gläubigerbenachteiligung angeht, ähnlich denen der Insolvenzanfechtung. Eine Anfechtung nach dem AnfG ist jedoch nur dann statthaft, wenn ihr ein vollstreckbarer Schuldtitel zugrunde liegt und die Forderung fällig ist, § 2 AnfG. Die erfolgreiche Gläubigeranfechtung führt auch nicht zu einem direkten Rückgewähranspruch gegenüber dem Anfechtungsgegner, wie die erfolgreiche Insolvenzanfechtung, § 143 InsO, sondern zur Wiederherstellung der Zugriffslage durch Duldung der Zwangsvollstreckung in den anfechtbar weggegebenen Gegenstand, vgl. § 11 AnfG.[394]

---

389 Huber, ZIP 1998, 897; Huber, AnfG, Einfhrg, Rdn 1; Gerhardt, Gläubigeranfechtung, S. 46; s. auch den in neuerer Zeit erschienen historischen Abriß bei Möhlenbrock, Gläubigeranfechtung, S. 4 ff.

390 Hess/Weis, AnfR, vor § 129 Rdn 17 ff.; Huber, AnfG, Einfhrg, Rdn 1.

391 Zeuner, Insolvenzanfechtung, Rdn 353; Huber, AnfG, Einfhrg, Rdn 7; Hess/Weis, AnfR, vor § 129 Rdn 26.

392 Huber, AnfG, Einfhrg, Rdn 1; Huber, ZIP 1998, 897, 898; Zeuner, Insolvenzanfechtung, Rdn 353.

393 BGH, Urt. v. 18.5.1995 - IX ZB 189/94, ZIP 1995, 1204; Zeuner, Insolvenzanfechtung, Rdn 9; Huber, AnfG, Einfhrg, Rdn 21.

394 Zeuner, Insolvenzanfechtung, Rdn 355; Huber, ZIP 1998, 897, 903.

Bei den Anfechtungstatbeständen des Anfechtungsgesetzes fehlen die den §§ 130-132 InsO entsprechenden Regelungen, die dem Insolvenzrecht vorbehalten bleiben (sog. „besondere Insolvenzanfechtung"). Die in den §§ 3 bis 6 AnfG geregelten Tatbestände stimmen jedoch tatbestandsmäßig mit den Tatbeständen der §§ 133 – 135 InsO überein. So entspricht der in § 3 AnfG geregelte Anfechtungstatbestand der vorsätzlichen Benachteiligung dem in § 133 InsO geregelten Tatbestand, die Anfechtung wegen unentgeltlicher Leistungen in § 4 AnfG ist identisch mit § 134 InsO und die Anfechtung kapitalersetzender Darlehen in § 6 AnfG stimmt mit § 135 InsO überein.[395] Es kann insoweit also auf die Darstellungen zum Insolvenzanfechtungsrecht verwiesen werden. Keine Entsprechung dagegen findet sich im AnfG für § 136 InsO (stille Gesellschaft).[396]

2. Englisches Recht

a. Transactions defrauding creditors, sec. 423 IA 86[397]

Diese Vorschrift, die sowohl auf Individual- als auch Gesellschaftsinsolvenzen anwendbar ist,[398] stellt in mehrerer Hinsicht eine Besonderheit im Bereich der Insolvenzanfechtung dar. So liegen die Wurzeln von sec. 423 IA 86 nicht im Insolvenzrecht, sondern eher im Bereich der betrügerischen Vollstreckungsvereitelung durch Eigentumsübertragung (fraudulent conveyance) und die Norm geht zurück auf ein Statut von 1571.[399] In der Literatur ist umstritten, ob dieses Statut seinerseits auf die „*actio pauliana*" zurückzuführen ist.[400] In der Folge zahlreicher Vorschläge des *Cork Committee* wurde diese Norm aus der Law of Property Act, sec. 172, in sec. 423 IA 86 übernommen und zahlreichen Änderungen unterworfen.[401] So war die Regelung ursprünglich nur gegen Verfügungen über Gegenstände gerichtet, aus denen sich die Gläubiger im Wege der Zwangsvollstreckung befriedigen können. Im Zuge der Reform wurde der Anwendungsbereich auf insbesondere rechtsgeschäftlich vorgenommene Verfügungen („transactions") ausgedehnt. Weiterhin ist es im Rahmen der Anfechtung nach dieser Regelung bis heute nicht erforderlich, dass der Schuldner zum

---

395 Zeuner, Insolvenzanfechtung, Rdn 401, 411, 418; Huber, AnfG, Einfhrg, Rdn 22.

396 Zeuner, Insolvenzanfechtung, Rdn 400.

397 s. auch die Darstellung in Abschnitt V, Vorsatzanfechtung.

398 Milman/Parry, Avoidance Mechanisms, S. 16; Fletcher, Insolvency Law, S. 232.

399 Cork Report, Rdn 1210 ff.; Goode, Insolvency Law, S. 435, Milman/Parry, Avoidance Mechanisms, S. 16; Bailey/Groves/Smith, Corporate Insolvency, S. 404; Kamlah, Insolvenzanfechtung, S. 121; s. zur historischen Entwicklung auch Eckstein, englisches Konkursrecht, S. 214 ff.; Vach, Insolvenzrechtsreform, S. 70; Finch, Corporate Insolvency, S. 404.

400 Wood, International Insolvency, Rdn 4-19 geht ohne nähere Begründung davon aus, dass sec. 423 IA 86 eine actio pauliana darstellt; so auch Kamlah, Insolvenzanfechtung, S. 121; Cork-Report, Rdn 1200 dagegen unterstellt, dass die actio pauliana niemals in das englische Rechtssystem eingeführt wurde.

401 Bailey/Groves/Smith, Corporate Insolvency, S. 404; Cork-Report, Rdn 1210 ff.; Totty/Moss, Insolvency, Rdn H4-14; s. zur Entwicklung auch Bunge, Konkursanfechtung, S. 52.

Zeitpunkt der Vornahme der Rechtshandlung überhaupt insolvent ist.[402] Schutzzweck der Vorschrift ist auch nicht der Schutz der Gläubigergleichbehandlung,[403] sie folgt vielmehr dem Grundsatz, dass jemand korrekt („just“) sein muss, bevor er freigiebig sein kann und dass Verbindlichkeiten erfüllt werden müssen, bevor Geschenke gemacht werden können.[404]

Der Tatbestand der sec. 423 IA 86 gliedert sich in einen objektiven und einen subjektiven Tatbestand. Objektiv ist eine Rechtshandlung zur Benachteiligung der Gläubiger erforderlich, also eine von der Gesellschaft vorgenommene transaction at an undervalue um Vermögenswerte dem Zugriff der Insolvenzgläubiger zu entziehen oder um die Interessen der Insolvenzgläubiger auf andere Art und Weise zu schädigen.[405] Dabei entspricht die Definition der transaction at an undervalue grundsätzlich derjenigen in sec. 238 IA 86.[406] Zu beachten ist jedoch, dass hier zusätzlich eine transaction erfaßt wird, die als Gegenleistung zur Heirat erbracht wird, vgl. sec. 423 (1) (b) IA 86, ein Tatbestandsmerkmal, das bei Gesellschaften unbekannt ist und deswegen auch in sec. 238 IA 86 nicht erfaßt wird. Subjektiv ist zumindest der Wille erforderlich, die betreffenden Vermögenswerte dem Zugriff der Gläubiger zu entziehen.[407]

3. Vergleich

Sowohl im deutschen als auch im englischen Recht hat sich die rechtliche Konstruktion der Anfechtung außerhalb der Insolvenz entwickelt und etabliert. Während jedoch das deutsche Recht eine strikte Trennung zwischen der Anfechtung außerhalb und innerhalb der Insolvenz vornimmt, enthält das englische Recht in sec. 423 IA 86 eine Regelung, die sowohl innerhalb als auch außerhalb eines Insolvenzverfahrens anwendbar ist. Zwar beschränkt sich die Ausgestaltung dieser Regelung nicht nur auf die eigentliche Anfechtungsvorschrift der sec. 423 IA 86, vielmehr sind auch in ss. 424, 425 IA 86 Regelungen bezüglich der Durchführung der Anfechtung und ihrer Rechtsfolgen enthalten. Dennoch wird bei einem Vergleich der Vorschriften deutlich, dass die englische Regelung deutlich weniger ausdifferenziert ist als die deutsche. So ist bei einigen Tatbeständen des AnfG die Erfüllung eines subjektiven Tatbestandes nicht erforderlich, vgl. z. B.

---

[402] Wood, International Insolvency, Rdn 4-21; Fletcher, Insolvency Law, S. 232; Cork-Report, Rdn 1213; ähnlich auch Richard, englisches Konkursrecht, S. 143.

[403] Arbuthnot Leasing International Ltd v. Havelet Leasing (No.2) [1990] BCC 636; Eckstein, englisches Konkursrecht, S. 215; Vach, Insolvenzrechtsreform, S. 70 f.; Kamlah, Insolvenzanfechtung, S. 121.

[404] Cork-Report, Rdn 1202.

[405] Goode, Insolvency Law, S. 435; Doyle, Insolvency Litigation, Rdn 12.02; Bailey/Groves/Smith, Corporate Insolvency, S. 408.

[406] Fletcher, Insolvency Law, S. 232, 650; Goode, Insolvency Law, S. 435.

[407] Arbuthnot Leasing International Ltd v. Havelet Leasing (No.2) [1990] BCC 636; Doyle, Insolvency Litigation, Rdn 12.12; Bunge, Konkursanfechtung, S. 53.

§ 4 AnfG, während sec. 423 IA 86 immer auch die Erfüllung eines subjektiven Tatbestandes erfordert.

Der Schutzzweck sowohl der deutschen als auch der englischen Regelungen zur Anfechtung außerhalb der Insolvenz ist darauf gerichtet, dem einzelnen Gläubiger den Zugriff auf das schuldnerische Vermögen zu erhalten und nicht auf die Durchsetzung des Gleichbehandlungsgrundsatzes. Auf Grund dieser Tatsache und weil zur Anfechtung nach sec. 423 IA 86 eine Insolvenz des Schuldners nicht erforderlich ist, könnte man die Norm als in der Insolvency Act falsch plaziert ansehen. Bedenkt man jedoch, dass zur Anfechtung zwar grundsätzlich auch Gläubiger zugelassen sind, sie aber auch den Anspruch nur für die Gläubigergesamtheit geltend machen, also ein Eigeninteresses nur bedingt verfolgen können, so relativiert sich dieser Eindruck wieder.

III. Deckungshandlungen

Die in dieser Gruppe zusammengefaßten Anfechtungstatbestände dienen dazu, den Schutz des Grundsatzes der Gläubigergleichbehandlung vor den Beginn des eigentlichen Insolvenzverfahrens vorzuverlagern. Ihnen liegt nicht der Gedanke der Unredlichkeit zugrunde; vielmehr soll der Verwirklichung der Gleichbehandlung aller Gläubiger der Vorrang vor der Privatautonomie des einzelnen eingeräumt werden.[408] Demnach ist eine Deckungshandlung dadurch zu charakterisieren, dass der Gläubiger vom Schuldner die Erfüllung oder Sicherung selbst kurz vor oder während der Krise verlangen durfte (kongruente Deckung), bzw. ihm die Erfüllung oder Sicherung zwar grundsätzlich zustand, nur nicht in der konkreten Ausgestaltung (inkongruente Deckung).[409]

1. Deutsches Recht

Die Fälle der Deckungsanfechtung, §§ 130, 131 InsO dienen ausschließlich der Gläubigergleichbehandlung in der Insolvenz des Schuldners.[410] Unter bestimmten Voraussetzungen soll der Grundsatz der Gläubigergleichbehandlung vor dem Zeitpunkt der eigentlichen Verfahrenseröffnung verwirklicht werden.[411] Nach in Teilen der Literatur verbreiteter Ansicht stellt die inkongruente Deckung sich letztlich als Spezialfall der kongruenten Deckung dar.[412] Dieser Umstand ermögliche es dem Insolvenzverwalter, so er die Voraussetzungen des § 131 InsO nicht nachweisen kann, die Handlung über § 130 InsO anzufechten.[413]

---

408 vgl. Häsemeyer, Insolvenzrecht, S. 441; Jaeger/Henckel, KO, § 30 Rdn 1, 3.
409 Smid, Insolvenzrecht, S. 245, 246; Jaeger/Henckel, KO, § 30 Rdn 3 ff.
410 Häsemeyer, Insolvenzrecht, S. 413; kritisch, Henckel in Kölner Schriften, 813 Rdn 8 ff.
411 Häsemeyer, Insolvenzrecht, S. 437; Kübler/Prütting-Paulus, InsO, § 130 Rdn 1.
412 Henckel, Kölner Schrift, Rdn 21; Häsemeyer, Insolvenzrecht, S. 441; Jaeger/Henckel, KO, § 30 Rdn 9.
413 Häsemeyer, Insolvenzrecht, S. 441.

a. Kongruente Deckung, § 130 InsO

i. Objektiver Tatbestand

Diese Regelung, die die bisherige Regelung in § 30 Nr. 1 Fall 2 KO ersetzt,[414] verfolgt das Ziel, solche Leistungen des Schuldners an seine Einzelgläubiger, auf die diese zwar grundsätzlich einen Anspruch in dieser Form und zu diesem Zeitpunkt haben, die aber nach Eintritt der Krise erfolgt sind, wieder zur Masse zu ziehen.[415] Gegenüber der Regelung des § 30 Nr. 1 Alt. 1 KO wurde § 130 InsO insoweit erweitert als nun auch solche Rechtshandlungen anfechtbar sind, die eine Deckung nur „ermöglichen". Damit sollen z. B. Prozeßhandlungen, wie ein Anerkenntnis im Prozeß, erfaßt werden, die nur mittelbar zu einer Deckung führen.[416]

Zur Erfüllung des Tatbestandes ist lediglich erforderlich, dass eine Rechtshandlung entweder in den letzten drei Monaten vor dem Eröffnungsantrag oder nach dem Eröffnungsantrag vorgenommen worden ist, welche einem Insolvenzgläubiger eine Sicherung oder Befriedigung gewährt oder ermöglicht. Diese relativ einfache Anfechtbarkeit einer kongruenten Deckung wird nun schon tatbestandsmäßig durch die Vorschriften der §§ 137, 142 InsO eingeschränkt.[417] Nach § 137 InsO, der die Vorschrift des § 34 KO übernimmt, ist die Anfechtung der Zahlung, die der spätere Insolvenzschuldner auf einen Wechsel oder Scheck vornimmt, nicht als kongruente Deckung anfechtbar. Fließt dem Gemeinschuldner zeitnah mit der von ihm erbrachten Leistung eine gleichwertige Gegenleistung zu, so ist die Anfechtung dieser Leistung zumindest unter dem Gesichtspunkt der kongruenten Deckung gemäß § 142 InsO als sog. Bardeckung ausgeschlossen.[418]

ii. Subjektiver Tatbestand

In subjektiver Hinsicht ist zwischen den Alternativen des § 130 I InsO zu unterscheiden. Im Rahmen des § 130 I Nr. 1 InsO muss der Anfechtungsgegner Kenntnis von der Zahlungs-unfähigkeit des Gemeinschuldners zum Zeitpunkt der Vornahme der innerhalb der letzten drei Monate vor dem Eröffnungsantrag vorgenommenen Rechtshandlung haben. Bei der Anfechtung einer Rechtshandlung nach Stellung des Eröffnungsantrages, § 130 I Nr. 2 InsO, genügt alternativ auch die Kenntnis vom Eröffnungsantrag zur Erfüllung des Tatbestandes. Aus-

---

[414] Zeuner, Insolvenzanfechtung, Rdn 85; zu den Unterschieden gegenüber der Vorgängerregelung s. Schmidt-Räntsch, InsO, § 130 Rdn 1 ff.

[415] Smid, Insolvenzrecht, S. 244; Haarmeyer/Wutzke/Förster, Insolvenzhandbuch, Rdn 225; Breutigam/Tanz, ZIP 1998, 717.

[416] Smid, Insolvenzrecht, S. 245, Zeuner, Insolvenzanfechtung, Rdn 95; Henckel, Kölner Schrift, Rdn 23.

[417] Auf diese Sonderregelungen soll noch vertieft im Abschnitt IX., Limitierungen der Anfechtungstatbestände, eingegangen werden.

[418] s. hierzu auch unten, Abschnitt IX.1.a.

reichend ist allerdings nur positive Kenntnis von der Zahlungsunfähigkeit oder der Stellung des Eröffnungsantrags zur Tatbestandsverwirklichung, nicht dagegen eine fahrlässige, grob fahrlässige oder bedingt vorsätzliche Nicht-Kenntnis.[419] Streitig ist aber, ob die Kenntnis vom Eröffnungsantrag auch dann ausreichend ist, wenn der Eröffnungsantrag auf andere Gründe als die Zahlungsunfähigkeit des Schuldners, also insbesondere drohende Zahlungsunfähigkeit, § 18 InsO, oder auf Überschuldung, § 19 InsO, gestützt wurde.[420]

Nach der neu eingeführten Regelung des § 130 II InsO genügt zur Erfüllung des Tatbestandes nun auch die Kenntnis von Umständen, die zwingend auf die Zahlungsunfähigkeit oder den Eröffnungsantrag schließen lassen. Nach dem bisherigen Diskussionsstand in der Literatur ist nicht klar, was unter diesem neuen, dem Zivilrecht bisher unbekannten Haftungsmaßstab zu verstehen ist. Klar ist insoweit bisher nur, dass gegenüber den Regelungen der KO eine Änderung der Rechtslage gewollt war, denn dort ließ die Rechtsprechung die Kenntnis von Tatsachen, die auf die Zahlungseinstellung schließen ließen, gerade nicht ausreichen.[421]

b. Inkongruente Deckung, § 131 I Nr. 1, 2 InsO

Diese Norm ersetzt die bisherige Regelung in § 30 Nr. 2 KO und § 10 I Nr. 1 GesO.[422] Auf den als aus § 133 InsO ausgelagerten Sonderfall der Absichtsanfechtung nach § 131 I Nr. 3 InsO soll an anderer Stelle eingegangen werden.

i. Objektiver Tatbestand

Unter einer inkongruenten Deckung ist eine Rechtshandlung zu verstehen, die einem Gläubiger eine Sicherung oder Befriedigung gewährt, die er nicht oder nicht in der Art oder nicht zu der Zeit für sich beanspruchen durfte.[423] Sinn dieser Vorschrift ist es, die Bevorzugung einzelner Gläubiger zu verhindern, wenn nicht mehr gesichert ist, dass andere Gläubiger ebenfalls eine realistische Möglichkeit auf Erfüllung ihrer Verbindlichkeiten haben.[424] Eine inkongruente Befriedigung ist insbesondere dann gegeben, wenn bei objektiver Betrachtung die bewirkte Leistung von derjenigen abweicht, die der Gläubiger nach Maßgabe des Schuldverhältnisses im Zeitpunkt der Leistung beanspruchen kann. Dabei ist

[419] Zeuner, Insolvenzanfechtung, Rdn 114; HK-Kreft, InsO, § 130 Rdn 21; FK-Dauernheim, InsO, § 130 Rdn 35.
[420] Breutigam/Tanz, ZIP 1998, 717, 719; unklar hier Zeuner, Insolvenzanfechtung, Rdn 114, 103.
[421] Henckel, Kölner Schrift, Rdn 29; Kübler/Prütting-Paulus, InsO, § 130 Rdn 33; s. hierzu auch Abschnitt IX. Limitierungen der Anfechtungstatbestände.
[422] Schmidt-Räntsch, InsO, § 131 Rdn 1; Zeuner, Insolvenzanfechtung, Rdn 122.
[423] BGH, Urt. V. 19.3.1998 - IX ZR 22/97, ZIP 1998, 793, 798; Smid, Insolvenzrecht, S. 246; Zeuner, Insolvenzanfechtung, Rdn 122.
[424] Zeuner, Insolvenzanfechtung, Rdn 122; Kübler/Prütting-Paulus, InsO § 131 Rdn 1; s. auch Kuhn/Uhlenbruck, KO, § 30 Rdn 45.

eine Gesamtwürdigung des Sachverhalts bei wirtschaftlicher Betrachtungsweise maßgeblich.[425]

Beispiele für eine inkongruente Deckung wegen einer „nicht“ zu beanspruchenden Befriedigung sind u.a. die Bestellung einer nicht geschuldeten Grundschuld oder die Zahlung eines Honorars für eine unentgeltliche Leistung.[426] Aber auch die Erfüllung einer einredebehafteten, also z. B. verjährten, Forderung stellt eine inkongruente Deckung in diesem Sinne dar. [427] Weiterhin liegt beispielsweise bei einer Leistung erfüllungshalber oder an Erfüllung statt eine „nicht in dieser Art“ zu beanspruchende Erfüllung vor, die ebenfalls nach § 131 InsO anfechtbar ist.[428] Beispiele für die Befriedigung einer „nicht zu der Zeit zu beanspruchenden“ Befriedigung bilden die Erfüllung einer noch nicht fälligen oder einer aufschiebend bedingten Forderung.[429]

Die Anfechtbarkeit einer Rechtshandlung unter dem Gesichtspunkt der inkongruenten Deckung scheidet jedoch aus, wenn eine Bardeckung iSd. § 142 InsO vorliegt.[430] Der *BGH* hat hierzu einschränkend ausgeführt, dass eine die Anfechtung wegen Inkongruenz ausschließende Bardeckung schon dann nicht vorliege, wenn das Verpflichtungsgeschäft durch einen Abänderungsvertrag nachträglich modifiziert wird.[431]

ii. Subjektiver Tatbestand

Die ersten beiden Alternativen des § 131 InsO sind als rein objektive Tatbestände ausgestaltet, so dass es auf etwaige subjektive Merkmale nicht ankommt, wenn die Rechtshandlung bis zu einem Monat vor dem Antrag auf Eröffnung des Insolvenzverfahrens vorgenommen wird, bzw. wenn sie bis zum dritten Mo-

---

[425] OLG Dresden, Urt. v. 7.11.1996 – 16 U 662/96, WiB 1997, 647, m. Anm. Pape, ibid, 648, Zeuner, Insolvenzanfechtung, Rdn 127.

[426] Haarmeyer/Wutzke/Förster, Insolvenzhandbuch, Rdn 226; Häsemeyer, Insolvenzrecht, S. 448; weitere Beispiele bei Smid, Insolvenzrecht, S. 247.

[427] Zeuner, Insolvenzanfechtung, Rdn 130; Hess/Weis, AnfR, § 131 Rdn 10; FK-Dauernheim, InsO, § 131 Rdn 6

[428] Zeuner, Insolvenzanfechtung, Rdn 130, 131; Kübler/Prütting-Paulus, InsO, § 131 Rdn 14; HK-Kreft, InsO, § 131 Rdn 9.

[429] Zeuner, Insolvenzanfechtung, Rdn 132; Häsemeyer, Insolvenzrecht, S. 448; Kübler/Prütting-Paulus, InsO, § 131 Rdn 16.

[430] Begr. zu § 161 RegEInsO entspr. § 142 InsO, BT-Drucks. 12/2443; zu § 142 s. auch unten Abschnitt X. Limitierungen der Tatbestände.

[431] BGH, Urt. v. 30.09.1993 – IX ZR 227/92, BGHZ 123, 320 (= ZIP 1993, 1653); zustimmend hierzu Henckel, Kölner Schrift, Rdn 47; Zeuner, Insolvenzanfechtung; Rdn 51; HK-Kreft, InsO, § 142 Rdn 8, 9.

nat vor dem Eröffnungsantrag vorgenommen wurde und der Schuldner zu dieser Zeit schon zahlungsunfähig war.[432]

2. Englisches Recht

Das *Cork Committee* setzte sich auch mit der Gruppe der reinen Deckungshandlungen auseinander und machte dazu folgende Anmerkungen:

„Es ist ein seit langer Zeit im englischen Recht etabliertes Prinzip, dass jemand seine Verbindlichkeiten erfüllen kann, wann immer es ihm gefällt. Er kann selbst dann eine Verbindlichkeit bezahlen, wenn er insolvent ist und dieses auch weiß und die Konsequenz aus der Bezahlung des einen Gläubigers ist, dass die anderen nicht bezahlt werden. [...] Wir haben uns reiflich überlegt, ob diese aus dem neunzehnten Jahrhundert stammende Regel geändert werden sollte. Wir sind zu dem Ergebnis gekommen, dass sie nicht geändert werden sollte. Es ist nicht betrügerisch, auch wenn es unfair sein sollte, einen Gläubiger gegenüber einem anderen zu bevorzugen; unter bestimmten Umständen mag es noch nicht einmal moralische Einwendungen verdienen. Wir sind der festen Ansicht, dass ein Rechtsmittel, dass Gläubiger vor Unredlichkeit schützen soll,[433] nicht erhoben werden darf, wenn die Unredlichkeit nicht erwiesen ist."[434]

Diese Einstellung zieht sich dann durch die weitere Diskussion bezüglich der Reform des Insolvenzanfechtungsrechts. In diesem Zusammenhang diskutierte das Komitee dann nämlich auch an anderer Stelle die Regelungen des australischen Rechts, in dem nicht auf die Bevorzugungs*absicht*, sondern auf den Bevorzugungs*effekt* abgestellt wird.[435] Das *Cork Committee* entschied sich jedoch gegen die australische Lösung und schlug die Beibehaltung des Tatbestandsmerkmales der Bevorzugungsabsicht vor.[436] Der englische Gesetzgeber ist in dieser Hinsicht den Empfehlungen des *Cork Committee* in vollem Umfang gefolgt, so dass die Anfechtung von reinen Deckungsleistungen im englischen Recht nicht möglich ist, da für die Erfüllung der Tatbestände der ss. 239 IA 86 nach wie vor eine Bevorzugungsabsicht erforderlich ist.[437]

3. Analyse

An dieser Stelle erübrigt sich damit ein Vergleich, da im englischen Recht ein dem im deutschen Recht enthaltenen Tatbestand der Anfechtung einer

---

[432] Henckel, Kölner Schrift, 813 Rdn 37; Zeuner, Insolvenzanfechtung, Rdn 146; Häsemeyer, Insolvenzrecht, S. 450.

[433] gemeint ist hier die heutige Regelung der sec. 423 IA 86.

[434] Cork-Report, Rdn 1217, 1218.

[435] Cork-Report, Rdn 1250; Farrar [1991] JBL 71, 73.

[436] Cork-Report, Rdn 1256.

[437] eine vertiefte Erläuterung von sec. 239 IA 86 erfolgt sogleich in Abschnitt V. Vorsatzanfechtung.

Deckungs*leistung* vergleichbarer Tatbestand nicht existiert.[438] Dennoch ergeben sich an dieser Stelle Anmerkungen zum Rechtsverständnis des *Cork Committee*. Die fehlende Anfechtbarkeit von Deckungsleistungen indiziert erneut, dass das englische Recht eher den historischen Begründungen des Insolvenzrechts verhaftet ist und der Unredlichkeitstheorie folgt.

Schon im Jahre 1983 forderte *Farrar* im Zuge der damaligen Reformbewegung, das Recht der preference entlang der amerikanischen Standards zu reformieren, wo das Element der Absicht völlig abgeschafft wurde, und nur noch auf die Kenntnis des anderen Teils von der Insolvenz des Schuldners abgestellt wird.[439] Die Verwirklichung dieser Forderung hätte dazu geführt, dass auch im englischen Recht eine Deckungsanfechtung eingeführt worden wäre. Erst durch die Anfechtbarkeit von Deckungsleistungen wird aber dem Grundsatz des *pari passu* der Vorrang vor dem Streben des einzelnen Gläubigers auf seine vollständige Befriedigung eingeräumt.[440] Die Ausführungen des *Cork Committee* zeigen darüber hinaus auf, dass das Komitee das Prinzip des *pacta sunt servanda* als höherwertiger ansieht, als das Prinzip des *pari passu* in der Insolvenz. Im deutschen Insolvenzrecht wird die Werterelation für den Insolvenzfall dagegen genau umgekehrt gesetzt.

IV. Vorteilsabschöpfung

Diese Gruppe der Anfechtungsvorschriften begründet sich aus dem Gedanken der „nachteiligen Leistungswertbestimmung".[441] Danach unterliegt eine Rechtshandlung, welche die Haftungsmasse durch ein objektives Mißverhältnis der Leistungen vermindert und dem jeweiligen Gläubiger einen Vorteil gegenüber den anderen Gläubigern verschafft haben, ebenfalls der Insolvenzanfechtung.[442]

1. Deutsches Recht

a. Unmittelbar nachteilige Rechtshandlungen, § 132 InsO

Die Anfechtung nach § 132 InsO gehört, wie die §§ 130, 131 InsO ebenfalls noch zu den Tatbeständen der besonderen Insolvenzanfechtung. Während jedoch die §§ 130, 131 InsO ausschließlich dem Schutz des Prinzips der Gläubigergleichbehandlung dienen, ist die Anfechtung unmittelbar nachteiliger

---

[438] so auch Kamlah, Insolvenzanfechtung, S. 172; s. aber Abschnitt VII 2 – Stellung von Sicherheiten - zur Anfechtbarkeit der floating charge.

[439] Farrar, [1983] JBL 390, 408; vgl. hierzu auch Gottwald, KTS 1981, 17, 30, der mit Verweis auf das sog. *Blagden-Committee* nachweist, dass auch in England vor der Einsetzung des *Cork-Committee* derartige Pläne favorisiert wurden.

[440] im Ergebnis so auch Kamlah, Insolvenzanfechtung, S. 128 f., 227.

[441] so Häsemeyer, Insolvenzrecht, S. 453.

[442] Häsemeyer, Insolvenzrecht, S. 452; Hess/Weis, AnfR, § 132 Rdn; vgl. auch Kamlah, Insolvenzanfechtung, S. 138, 204 f.

Rechtshandlungen als Vorteilsabschöpfung zugunsten der Insolvenzgläubiger zu charakterisieren und dient der Erhaltung der Haftungsmasse.[443]

§ 132 InsO stellt insgesamt einen in sich abgestuften Auffangtatbestand dar, wobei die Anfechtungsmöglichkeit des Absatzes eins im wesentlichen dem Tatbestand des § 30 Nr. 1 1. Alt KO und § 10 I Nr. 4 GesO, der Anfechtung wegen Masseverschleuderung, entspricht und Absatz zwei einen völlig neuen Anfechtungstatbestand inkorporiert.[444] Nach § 132 InsO sind nur solche Rechtsgeschäfte erfaßt, die nicht der Sicherung oder Befriedigung des Insolvenzgläubigers dienen, da insofern die Regelungen der §§ 130, 131 InsO als lex specialis vorgehen.[445]

b. Objektiver Tatbestand

Nach der Regelung des Absatzes eins sind solche Rechtsgeschäfte anfechtbar, die die Insolvenzgläubiger unmittelbar benachteiligen[446] und die innerhalb der Anfechtungsfrist vorgenommen werden. Auf Grund der Formulierung dieser Vorschrift, die im Gegensatz zur Vorgängerregelung des § 30 Nr. 1 1. Alt KO von einem „vorgenommenen“ und nicht nur von einem „eingegangenen“ Rechtsgeschäft spricht, werden nun auch einseitige Rechtsgeschäfte wie z. B. die Kündigung eines Vertrages erfaßt.[447] Andere typische Beispiele für Rechtsgeschäfte iSd. Norm sind Verkäufe unter Wert, die Hingabe und Aufnahme von Darlehen, Bürgschaften, aber zum Beispiel auch Schenkungen oder andere unentgeltliche Leistungen.[448]

Absatz zwei dient als gänzlich neuer „Unterauffangtatbestand“ vor allem der Schließung von Regelungslücken, der alle gläubigerbenachteiligenden Rechtshandlungen des Schuldners erfassen soll, soweit dies nicht schon durch die §§ 130, 131, 132 I InsO geschieht.[449] Die hier aufgestellten Tatbestandserfordernisse sind im wesentlichen auf Unterlassungen zugeschnitten, da die vorbezeichneten Regelungslücken nach dem bisher geltenden Konkursrecht zumeist bei der

---

[443] Häsemeyer, Insolvenzrecht, S. 416.

[444] Zeuner, Insolvenzanfechtung, Rdn 150, 152; Henckel, Kölner Schrift, Rdn 43, 45.

[445] Schmidt-Räntsch, InsO, § 132, Rdn 1; Smid, Insolvenzrecht, S. 248; Haarmeyer/Wutzke/Förster, Insolvenzhandbuch, Rdn 227; Zeuner, Insolvenzanfechtung, Rdn 152.

[446] entsprechend ist zur Erfüllung des Tatbestandes des § 132 I InsO ist eine unmittelbare Gläubigerbenachteiligung erforderlich, Schmidt-Räntsch, InsO, § 132 Rdn 1; Smid, Insolvenzrecht, S. 248; Kübler/Prütting-Paulus, InsO, § 132 Rdn 9; FK-Dauernheim, InsO, § 132 Rdn 6.

[447] Zeuner, Insolvenzanfechtung, Rdn 156; Schmidt-Räntsch, InsO, § 132 Rdn 2; Henckel, Kölner Schrift, Rdn 43.

[448] Kuhn/Uhlenbruck, KO, § 30 Rdn 19; Zeuner, Insolvenzanfechtung, Rdn 157; Kübler/Prütting-Paulus, InsO, § 132 Rdn 12.

[449] Henckel, Kölner Schrift, Rdn 45; Zeuner, Insolvenzanfechtung, Rdn 151; Schmidt-Räntsch, InsO, § 132 Rdn 1; Smid, Insolvenzrecht, S. 248.

Anfechtung von Unterlassungen bestanden, wobei die Norm jedoch zumindest vom Wortlaut her positive Handlungen erfaßt.[450] Als Beispiele für eine nach § 132 II InsO anfechtbare Rechtshandlung kommen in Frage das Unterlassen, Rechtsmittel oder –behelfe einzulegen, die Unterlassung der rechtzeitigen Irrtumsanfechtung nach §§ 119 ff. BGB oder das Nichterheben der Verjährungseinrede nach § 222 BGB im Passivprozeß.[451] Bei § 132 II InsO genügt im Gegensatz zu § 132 I InsO schon die nur mittelbare Gläubigerbenachteiligung zur Tatbestandserfüllung.[452]

c. Subjektiver Tatbestand

Die subjektiven Voraussetzungen des § 132 InsO entsprechen im Grundsatz denen des § 130 I InsO, so dass insoweit auf die dortigen Ausführungen verwiesen werden kann.[453]

2. Englisches Recht

a. Transactions at an undervalue, sec. 238 IA 86

Die Norm der sec. 238 IA 86 besitzt kein historisches Vorbild, sondern ist völlig neu in die Insolvency Act eingefügt worden. Das *Cork Committee* empfahl die Einführung einer derartigen Regelung,[454] allerdings beschränkt auf Insolvenzen natürlicher Personen. Die entsprechende Norm findet sich in sec. 339 IA 86. In Bezug auf Gesellschaften hielt das Komitee eine entsprechende Regelung nicht unbedingt für erforderlich, da eine dieser Norm unterfallende Rechtshandlung ultra vires[455] und schon deswegen nichtig sei.[456] Angesichts der mit der ultra vires-Doktrin verbundenen Unsicherheiten erschien aber die Aufnahme dieser Vorschrift auch in die die Gesellschaften betreffenden Anfechtungsvorschriften sinnvoll,[457] so dass der Gesetzgeber die Regelung der sec. 238 IA 86 schuf. Die

---

450 Zeuner, Insolvenzanfechtung, Rdn 151.; Schmidt-Räntsch, InsO, § 132 Rdn 2; weitere Bsp. bei Henckel, Kölner Schrift, Rdn 45.

451 Schmidt-Räntsch, InsO, § 132 Rdn 2; Zeuner, Insolvenzanfechtung, Rdn 160; Kübler/Prütting-Paulus, InsO, § 132 Rdn 8.

452 Zeuner; Rdn 163; Henckel, Kölner Schrift, Rdn 45; HK-Kreft, InsO, § 132 Rdn 9.

453 Zeuner, Insolvenzanfechtung, Rdn 169; Henckel, Kölner Schrift, Rdn 46; Häsemeyer, Insolvenzrecht, S. 455; HK-Kreft, InsO, § 132 Rdn 10.

454 s. auch Milman/Parry, S.12; zum alten Recht s. Fletcher in Ziegel, S. 301.

455 *ultra vires* bedeutet, dass eine Rechtshandlung außerhalb des durch den Gesellschaftsvertrag festgelegten Geschäftsgegenstandes liegt. Bis zur Reformierung der Companies Act 1985 durch die Einfügung der ss. 35A, 35B durch die Companies Act 1989 waren derartige Rechtshandlungen unwirksam; s. vertiefend zu diesem Bereich Farrar, Company Law, S. 98 ff.; s. hierzu auch nachfolgend Kapitel VI 2 – unentgeltliche Leistungen.

456 Cork-Report, Rdn 1237; Doyle, Insolvency Litigation, Rdn 9.02 FN 4; s. auch Snaith/Cownie, Corporate Insolvency, Rdn 20.50.

457 Cork-Report, Rdn 1237; Prentice in Pettet, S. 75; Doyle, Insolvency Litigation, Rdn 9.02 FN 4; Kamlah, Insolvenzanfechtung, S. 138.

Norm dient der Durchsetzung des Gläubigergleichbehandlungsgrundsatzes in der Insolvenz.[458]

b. Objektiver Tatbestand

i. Allgemein

Die Norm richtet sich gegen Rechtshandlungen, die das Nettovermögen der Gesellschaft vermindern, also gemäß der (nicht abschließenden[459]) Definition in sec. 238 (4) IA 86 gegen Geschenke oder andere Rechtshandlungen, die ohne Gegenleistung[460] des anderen Teils erbracht werden, bzw. gegen die Veräußerung eines Vermögensbestandteils der Gesellschaft für wesentlich („significantly") weniger als den marktüblichen Preis.[461] Weitere Beispiele sind: die Anmietung eines Gegenstandes für erheblich mehr, bzw. die Vermietung eines Gegenstandes für erheblich weniger als den marktüblichen Preis; die Erbringung von Dienstleistungen zu einem den marktüblichen Preis erheblich unterschreitenden Preis, bzw. der Erhalt von Dienstleistungen zu einem überhöhten Preis.[462]

ii. Wertberechnung bei erbrachter Gegenleistung

Wird nun eine Gegenleistung erbracht, so stellt sich das Problem der Wertberechnung von Leistung und Gegenleistung, wobei aber klar ist, dass Leistung und Gegenleistung in Geld oder Geldwert meßbar sein müssen.[463] Dabei wird bei der Berechnung des Werts der Gegenleistung grundsätzlich auf die subjektive Sicht der Vertragsparteien abgestellt und nicht auf den objektiven Wert.[464] Außerdem gilt, wie generell im englischen Vertragsrecht üblich, auch hier eine nachträglich erbrachte Gegenleistung nicht als wirksame Gegenleistung („past consideration is no consideration").[465] Das heißt zum einen, dass die Gegenleistung im Prinzip schon bei Vertragsschluß, spätestens aber bei Erhalt der Lei-

---

[458] Prentice in Pettet, S. 77; Kamlah, Insolvenzanfechtung, S. 139; Vach, Insolvenzrechtsreform; S. 73.

[459] so Bailey/Groves/Smith, Corporate Insolvency, S. 364.

[460] für eine nähere Definition des Terminus Gegenleistung („consideration"), s. Goode, Insolvency Law, S. 360.

[461] Doyle, Insolvency Litigation, Rdn 9.02; Goode, Commercial Law, S. 857; für weitere konkrete Beispiele s. Goode, Insolvency Law, S. 356 ff.

[462] Goode, Insolvency Law, S. 356; Doyle, Insolvency Litigation, Rdn 9.07, der zudem davon ausgeht, dass hiervon auch die Einbehaltung eines Gegenstandes in Erfüllung einer Verbindlichkeit erfaßt wird, wenn der Wert des einbehaltenen Gegenstandes wesentlich hinter der Forderung der Gesellschaft zurückbleibt. Dieses würde aber bedeuten, dass auch Unterlassungen im Rahmen der sec. 238 IA 86 anfechtbar wären. Dieses ist aber schon von der Formulierung der Norm her abzulehnen, denn im Gegensatz zu sec. 239 IA 86, wo von „suffers" (erleiden) die Rede ist, geht sec. 238 IA 86 von einem aktiven Tun aus. Diese Ansicht ist somit abzulehnen.

[463] Re MC Bacon, [1990] BCLC 324; Doyle, Insolvency Litigation, Rdn 9.12; Snaith/Cownie, Corporate Insolvency, Rdn 20.05.

[464] Re MC Bacon, [1990] BCLC 324, 340 G; Doyle, Insolvency Litigation, Rdn 9.09.

[465] Goode, Insolvency Law, S. 361.

stung erbracht werden muss. Zum anderen ist aber auch nicht ausschlaggebend, welche Gegenleistung vereinbart wurde, sondern welche tatsächlich in das Vermögen des Schuldners fließt.[466]

Verschiedene Entscheidungen befassen sich auch mit der Frage, welche Rechtsgeschäfte in welchem Umfang für den Wertvergleich zwischen Leistung und Gegenleistung herangezogen werden können. Die Entscheidung in Agricultural Mortgage Corporation plc. v Woodward stellt klar, dass bei der Feststellung der Geringwertigkeit der konkreten Gegenleistung das gesamte Rechtsgeschäft betrachtet werden muss.[467] In diesem Fall wurde entschieden, dass selbst eine eigentlich marktübliche Miete eine transaction at an undervalue iSv. sec. 238 IA 86 darstellen kann, wenn der Miet- bzw. Pachtvertrag über ein hypothekenbelastetes Grundstück abgeschlossen wird, da das Grundstück durch den Miet- bzw. Pachtvertrag einen Wertverlust erleide, der bei Berechnung des Mietzinses berücksichtigt werden müsse. In diesem Zusammenhang ist auch die Entscheidung in *Philips v. Brewin Dolphin Bell Lawrie Ltd*[468] zu beachten, in der es um die Frage ging, wann zwei Rechtsgeschäfte als ein verdeckt einheitliches zu werten sind. Gemäß der Entscheidung ist ein solches zumindest dann nicht gegeben, wenn die jeweiligen Rechtsgeschäfte mit unterschiedlichen Personen abgeschlossen werden. Somit läßt sich feststellen, dass bei der Festlegung der zu vergleichenden Gegenleistung zwar auch die Hintergründe des durch die Rechtshandlung betroffenen Gegenstandes berücksichtigt werden, nicht jedoch die Vertragsbeziehungen zu verschiedenen Parteien.

Es sind keine precedents zu der Frage ersichtlich, ab welcher Wertdifferenz zwischen Leistung und Gegenleistung nun genau ein „significant" undervalue anzunehmenen ist.[469] Auch aus der Literatur lassen sich zu dieser Frage nur wenige Anhaltspunkte entnehmen. Lediglich *Rajak* äußert sich konkret zu diesem Punkt und nimmt eine derartig tatbestandserfüllende Wertdiskrepanz an, wenn der Wert von Leistung und Gegenleistung um mindestens 25% voneinander abweichen.[470]

---

[466] Goode, Insolvency Law, S. 360; Kamlah, Insolvenzanfechtung, S. 205 ff.
[467] [1994] BCC 688, die Entscheidung betrifft eigentlich sec. 423 IA 86, aber das dortige Konzept der transaction at an undervalue entspricht dem in sec. 238 IA 86; s. auch Barclays Bank v. Eustice [1995] BCC 978.
[468] [1999] 2 All ER 844.
[469] bestätigend auch Kamlah, Insolvenzanfechtung, S. 207.
[470] Rajak, Company Liquidations, Ziff. 1207, 4.

iii. Die statutory defence, sec. 238 (5) IA 86[471]

Eine überaus interessante, im deutschen Recht in diesem Zusammenhang unbekannte, Konstruktion, ist die der statutory defence, sec. 238 (5) IA 86. Danach hat das Gericht vom Erlaß einer Rückgewähranordnung abzusehen, wenn es davon überzeugt ist, dass die Gesellschaft die Rechtshandlung in gutem Glauben und zum Zwecke der Geschäftsfortführung vornahm und zum Zeitpunkt der Rechtshandlung vernünftige Gründe für die Annahme vorlagen, dass die Rechtshandlung der Gesellschaft dienen würde (statutory defence).

c. Subjektiver Tatbestand

Die Norm ist als rein objektiver Tatbestand ausgestaltet, so dass es auf subjektive Tatbestandsmerkmale hier nicht ankommt.[472]

3. Vergleich

Die Vorschriften des § 132 InsO und der sec. 238 IA 86 verfolgen den gleichen Schutzzweck, nämlich durch Abschöpfung bestimmter, durch „nachteilige Leistungswertbestimmung“ erzielter, Vorteile den Gläubigergleichbehandlungsgrundsatz durchzusetzen. Damit folgt die - neu in die Insolvency Act 1986 aufgenommene - Vorschrift der sec. 238 IA 86 nicht der Unredlichkeitstheorie.[473]

Ein genauerer Vergleich der jeweiligen Anwendungsbereiche des deutschen und englischen Rechts zeigt auf, dass die Regelung des § 132 InsO einen umfänglicheren Anwendungsbereich abdeckt, als sec. 238 IA 86. Während das englische Recht sich – fallrechtsorientiert – auf die Erfassung zweier typischer Fälle der Vorteilsabschöpfung beschränkt, unterbindet die schon als Auffangtatbestand konzipierte Regelung des § 132 InsO weitergehend nicht nur die aktive Verschaffung, sondern auch die passive Belassung eines Vorteils. Innerhalb von sec. 238 IA 86 sind nämlich Unterlassungen schon tatbestandlich nicht als transaction erfaßt. Unterlassungen können zwar unter die Regelung der sec. 239 IA 86, preferences, subsumiert werden,[474] diese Norm dient aber auf Grund der subjektiven Erfordernisse nicht der reinen Vorteilsabschöpfung. Auch in Bezug auf Tatbestandseinschränkungen sind die beiden Regelungen unterschiedlich ausgestaltet: während in sec. 238 IA 86 keine subjektiven Tatbestandserfordernisse vorgesehen sind, muss der betroffene Gläubiger nach § 132 InsO zumindest Kenntnis von Umständen haben, die auf die Zahlungsunfähigkeit bzw. den

[471] Die statutory defence steht nur im Insolvenzverfahren einer Gesellschaft, nicht jedoch bei Individualinsolvenzen zur Verfügung, vgl. sec. 339 IA 86; Doyle, Insolvency Litigation, Rdn 9.28 FN 63; s. hierzu vertiefend auch Abschnitt IX. 2 b., Limitierungen der Anfechtungstatbestände.

[472] Milman/Parry, Avoidance Mechanisms, S. 12; Doyle, Insolvency Litigation, Rdn 12.06; Kamlah, Insolvenzanfechtung, S. 216.

[473] vgl. auch Kamlah, Insolvenzanfechtung, S. 233.

[474] dazu näher unten Abschnitt V. Vorsatzanfechtung.

Eröffnungsantrag schließen lassen. Dem Fehlen dieser subjektiven Tatbestandsmerkmale im englischen Recht steht aber die – im deutschen Recht unbekannte - Möglichkeit der Einrede der statutory defence gegenüber.[475]

V. Vorsatzanfechtung

Die bisherige Darstellung beschränkte sich bisher im wesentlichen auf solche Anfechtungstatbestände, die dem Schutz der Gläubigergleichbehandlung den Vorrang vor der Privatautonomie einräumen oder objektiv unangemessene Vorteile abschöpfen sollen. In diesem Abschnitt wird nun auf Regelungen eingegangen, die die Haftungsmasse gegen bewußte Beeinträchtigungen schützen sollen, denen also eine bestimmte Intention entweder seitens des Insolvenzschuldners oder des betroffenen Insolvenzgläubigers zugrundeliegt und die damit eher der Unredlichkeitstheorie verhaftet sind.

1. Deutsches Recht

a. Inkongruente Deckung, § 131 I Nr. 3 InsO

§ 131 I Nr. 3 InsO stellt nach umstrittener, aber auch hier vertretener, Ansicht einen auf inkongruente Deckungen bezogenen Sonderfall der Anfechtung wegen vorsätzlicher Benachteiligung nach § 133 InsO dar.[476]

i. Objektiver Tatbestand

Bezüglich des objektiven Tatbestandes kann vollumfänglich auf die Darstellung des objektiven Tatbestandes von § 131 I Nr. 1, 2 InsO im Abschnitt III, Dekkungsanfechtung, verwiesen werden. Hinzuzufügen ist lediglich, dass der Schuldner zum Zeitpunkt der Vornahme der Rechtshandlung noch nicht einmal zahlungsunfähig gewesen sein muss.[477]

ii. Subjektiver Tatbestand

Im Gegensatz zu § 131 I Nr. 1, 2 InsO, bei denen subjektive Tatbestandsmerkmale keine Rolle spielen, ist bei Nr. 3 für eine erfolgreiche Anfechtung zumindest erforderlich, dass dem betreffenden Gläubiger zum Zeitpunkt der Vornahme der Rechtshandlung bekannt war, dass diese die Insolvenzgläubiger benachteiligen würde. Allerdings sind die Anforderungen an die Kenntnis iSd. Norm von der Rechtsprechung schon unter der Geltung der Konkursordnung relativ anfechtungsunfreundlich angesetzt worden. Diese Rechtsprechung lässt sich auf § 131 InsO übertragen, auch wenn diese Norm objektiv formuliert ist, also nicht auf einen Vorsatz abstellt. Denn die Kenntnis einer Benachteiligung kann nur dann gegeben sein, wenn der Anfechtungsgegner davon ausgeht, dass der

---

[475] s. hierzu auch unten Abschnitt IX. Limitierungen der Anfechtungstatbestände.

[476] Smid, Insolvenzrecht, S. 249; Zeuner, Insolvenzanfechtung, Rdn 126; Hess/Weis, AnfR, § 131 Rdn 73; a.A. Henckel, Kölner Schrift, Rdn 40.

[477] Zeuner, Insolvenzanfechtung, Rdn 146; Hess/Weis, AnfR, § 131 Rdn 72; FK-Dauernheim, InsO, § 131 Rdn 2 a.E.

Schuldner eine Gläubiger in absehbarer Zeit nicht befriedigen können wird.[478] Die Begünstigungsabsicht fehlt demnach nämlich schon dann, wenn der Schuldner bei Vornahme der Rechtshandlung der vollen Überzeugung war, er werde in absehbarer Zeit seine Gläubiger gänzlich befriedigen können.[479]

§ 131 II InsO erweitert nun die Anfechtungsmöglichkeit nach § 131 I Nr. 3 InsO, indem der positiven Kenntnis die Kenntnis von Umständen, die zwingend auf die Gläubigerbenachteiligung schließen lassen, gleichgestellt wird. Dieser Haftungsmaßstab ist identisch mit dem des § 130 II InsO, so dass insoweit auf die dortigen Ausführungen verwiesen werden kann.

b. Vorsätzliche Benachteiligung, § 133 InsO

Die Vorsatzanfechtung basiert auf der Regelung des § 31 KO und § 10 I Nr. 1, 2 GesO und stellt eine Art Generalklausel zum Schutz der gesetzlichen Haftungsordnung dar.[480] Diese Regelung folgt eher der Unredlichkeits- als der Gleichbehandlungstheorie.[481] Während der erste Absatz von § 133 InsO die Anfechtbarkeit von Rechtshandlungen statuiert, die mit der Absicht der Gläubigerbenachteiligung und Kenntnis dieser Absicht beim Anfechtungsgegner vorgenommen wurden, gilt der zweite Absatz der Vorschrift entgeltlichen Verträgen des Insolvenzschuldners mit ihm nahestehenden Personen.

i. Objektiver Tatbestand

Der Grundtatbestand der Vorsatzanfechtung nach § 133 I InsO erfordert, dass der Schuldner selbst durch die Vornahme der betreffenden Rechtshandlung innerhalb der zehnjährigen Anfechtungsfrist die gesetzliche Haftungsordnung beeinträchtigt hat. Durch die Bedingung, dass der Schuldner selbst die Rechtshandlung vorgenommen haben muss, soll verhindert werden, dass solche Zwangsvollstreckungsakte gegen den Gemeinschuldner der Anfechtbarkeit unterliegen, die gegen oder ohne seinen Willen vorgenommen wurden.[482] Jedoch soll es für die Verwirklichung des Tatbestandes wiederum ausreichen, dass der Schuldner es unterläßt, die Vollstreckung durch Rechtsbehelfe abzuwenden.[483]

---

[478] Zeuner, Insolvenzanfechtung, Rdn 146.

[479] BGH, Urt. v. 15.12.1994 - IX ZR 24/94, ZIP 1995, 293; Smid, Insolvenzrecht, S. 247; Zeuner, Insolvenzanfechtung, Rdn 146; Kübler/Prütting-Paulus, InsO, § 133 Rdn 20 f.

[480] Zeuner, Insolvenzanfechtung, Rdn 172; Häsemeyer, Insolvenzrecht, S. 458; Henckel, Kölner Schrift, Rdn 48; Kübler/Prütting-Paulus, InsO, § 133 Rdn 1.

[481] Pfefferle, Konkursanfechtung, S. 92; v. Campe, Insolvenzanfechtung, S. 10; Niehus, Insolvenzanfechtung, S. 32.

[482] Zeuner, Insolvenzanfechtung, Rdn 178; Häsemeyer, Insolvenzrecht, S. 459; FK-Dauernheim, InsO, § 133 Rdn 5; Jaeger/Henckel, KO, § 31 Rdn 2.

[483] Häsemeyer, Insolvenzrecht, S. 459 m.w.N.; Zeuner, Insolvenzanfechtung, Rdn 178; Kübler/Prütting-Paulus, InsO, § 133 Rdn 3.

Ein typisches Beispiel für die gezielte Beeinträchtigung der gesetzlichen Haftungsordnung ist das kollusive Zusammenwirken des Schuldners mit dem Anfechtungsgegner z. B. durch das gezielte Beiseiteschaffen von Vermögenswerten. Aber auch andere Rechtshandlungen, wie Käufe zu überhöhtem Preis oder Verkäufe unter Wert können die Beeinträchtigung des Gläubigergleichbehandlungsgrundsatzes indizieren.[484] Zur Erfüllung des Anfechtungstatbestandes des § 133 I InsO ist schon eine nur mittelbare Gläubigerbenachteiligung ausreichend.[485]

Durch die Fassung des Tatbestandes und dessen Auslegung durch die Rechtsprechung wird aber auch eine Anfechtung von Sanierungskrediten begründet.[486] Insbesondere eine nicht nur geringe Inkongruenz von Leistung und Gegenleistung der erbrachten Sanierungsleistungen oder ein den hohen Anforderungen der Jurisprudenz nicht genügender Sanierungsplan stellen Gründe für eine erfolgreiche Insolvenzanfechtung von Sanierungen dar.

Im Rahmen des Tatbestandes des § 133 II InsO werden nun nahestehende Personen einer verschärften Regelung unterworfen. Schließt der Schuldner nämlich mit einer ihm nahestehenden Person iSd. § 138 InsO einen entgeltlichen Vertrag, durch den die Insolvenzgläubiger unmittelbar benachteiligt werden, so erfüllt dieses den objektiven Tatbestand des § 133 II InsO. Dabei dient die Bezeichnung entgeltlicher Vertrag zur Abgrenzung von der Anfechtung unentgeltlicher Leistungen.[487] Die „Entgeltlichkeit" bezieht sich hier nicht nur auf das Verpflichtungs-, sondern auch auf das Erfüllungsgeschäft,[488] wobei Entgeltlichkeit iSd. Norm bei jedweder Form eines wirtschaftlichen Vorteils zu bejahen ist.[489] Der Begriff des Vertrages ist weit auszulegen, so dass jeder auf wechselseitiger Willensübereinstimmung beruhende Erwerbsvorgang hiervon erfaßt ist, auch wenn es sich nicht um Verträge des bürgerlichen Rechts im weiteren Sinne, wie z. B. Gesellschaftsverträge oder Erfüllungsvereinbarungen, handelt.[490] Dagegen stellen Akte der Zwangsvollstreckung nur dann einen entgeltlichen

---

[484] Häsemeyer, Insolvenzrecht, S. 460; Kübler/Prütting-Paulus, InsO, § 133 Rdn 4.

[485] Smid, Insolvenzrecht, S. 250; HK-Kreft, InsO, § 133 Rdn 6; Hess/Weis, AnfR, § 133 Rdn 13.

[486] BGH, Urt. v. 26.3.1984 – II ZR 171/83, NJW 1984, 1893, 1899; BGH, Urt. v. 12.11.1992 - IX ZR 236/91, ZIP 1993, 276 m. Anm. Onusseit, EwiR 1993, § 31 KO, 1/93, 161; Smid, Insolvenzrecht, S. 251; Zeuner, Insolvenzanfechtung, Rdn 241 m.w.N.; Paulus, BB 2001, 425, 426.

[487] Häsemeyer, Insolvenzrecht, S. 462; Zeuner, Insolvenzanfechtung, Rdn 179; HK-Kreft, InsO, § 133 Rdn 25; Kilger/K. Schmidt, KO; § 31 Anm. 10g.

[488] Häsemeyer, Insolvenzrecht, S. 462; Kilger/K. Schmidt, KO; § 31 Anm. 10b.

[489] Zeuner, Insolvenzanfechtung, Rdn 180; Hess/Weis, AnfR, § 133 Rdn 92; FK-Dauernheim, InsO, § 133 Rdn 22.

[490] Kilger/K. Schmidt, KO, § 31 Anm. 10a; Zeuner, Insolvenzanfechtung, Rdn 179; Häsemeyer, Insolvenzrecht, S. 462.

Vertrag iSd. Norm dar, wenn sie in kollusivem Zusammenwirken zwischen Schuldner und Anfechtungsgegner erwirkt worden sind.[491] Auch einseitige Rechtshandlungen, wie z. B. ein Einredeverzicht unterfallen nicht dieser Norm.[492]

Zur Erfüllung des Tatbestandes des Absatzes zwei ist, wie sich schon aus dem Gesetz selbst ergibt, eine unmittelbare Benachteiligung erforderlich.[493] Ob der fragliche Vertrag nachteilig iSd. Norm ist, wird dabei durch den objektiven Vergleich der wechselseitig versprochenen Leistungen ermittelt.[494]

ii. Subjektiver Tatbestand

In subjektiver Hinsicht muss der Schuldner in beiden Absätzen mit dem Vorsatz gehandelt haben, seine übrigen Gläubiger zu benachteiligen.[495] Dieser sog. Gläubigerbenach-teiligungsvorsatz liegt zumindest dann vor, wenn der Schuldner mit Eventualvorsatz bezüglich der Benachteiligung gehandelt hat.[496] Ein derartiger dolus eventualis ist dem Schuldner zu unterstellen, wenn er die Benachteiligung in Kauf genommen hat, ohne sich von seinem Verhalten abhalten zu lassen.[497] Auch wenn der Schuldner die Benachteiligung als mögliche Folge seines Handelns erkannt und billigend in Kauf genommen hat, ist der Vorsatz zu bejahen.[498] Die Benachteiligung muss dagegen nicht Ziel, Zweck oder Beweggrund des Handelns gewesen sein.[499]

Die Prüfung des Gläubigerbenachteiligungsvorsatzes spielt bei der Anfechtung von Sanierungsmaßnahmen eine maßgebliche Rolle. Wird im Rahmen des Versuchs einer (auch so bezeichneten) Unternehmenssanierung auf die Forderung eines Gläubigers von insgesamt 1.000.000 DM z. B. in Höhe von 100.000 DM unter gleichzeitigem Verzicht auf DM 900.000 bezahlt,[500] dann hat sich durch

---

[491] Zeuner, Insolvenzanfechtung, Rdn 179; HK-Kreft, InsO, § 133 Rdn 6.

[492] Häsemeyer, Insolvenzrecht, S. 463; Hess/Weis, AnfR, § 133 Rdn 90.

[493] Smid, Insolvenzrecht, S. 250; Zeuner, Insolvenzanfechtung, Rdn 182; HK-Kreft, InsO, § 133 Rdn 24.

[494] Häsemeyer, Insolvenzrecht, S. 462.

[495] Henckel, Kölner Schrift, Rdn 49; Zeuner, Insolvenzanfechtung, Rdn 191; Kübler/Prütting-Paulus, § 133 Rdn 5.

[496] Zeuner; Insolvenzanfechtung, Rdn 191; Kübler/Prütting-Paulus, InsO, § 133 Rdn 7; Jaeger/Henckel, KO, § 31 Rdn 9.

[497] BGH, Urt. v. 18.4.1991 - IX ZR 149/90, ZIP 1991, 807, 808; Kübler/Prütting-Paulus, InsO, § 133 Rdn 7

[498] BGH, Urt. v. 13.7.1995 - IX ZR 81/94, ZIP 1995, 1364; Kübler/Prütting-Paulus, InsO, § 133 Rdn 7; FK-Dauernheim, InsO, § 133 Rdn 9.

[499] Zeuner, Insolvenzanfechtung, Rdn 191; FK-Dauernheim, InsO, § 133 Rdn 9; Jaeger/Henckel, KO, § 31 Rdn 9

[500] Beispiel gebildet nach Paulus, BB 2000, 425, 427, der zutreffend darauf hinweist, dass im Anfechtungsrecht das Prinzip der Vorteilsausgleichung nicht anwendbar ist.

den Forderungsverzicht des Gläubigers die Passivmasse zwar um diese 900.000 DM verringert, aber auch das Aktivvermögen des Schuldners hat sich um 100.000 DM vermindert. Objektiv liegt also eine Gläubigerbenachteiligung vor. Die Bardeckungsausnahme des § 142 InsO wird im vorliegenden Fall zumindest dann keine Anwendung finden, wenn dem Insolvenzverwalter der Nachweis des Gläubigerbenachteiligungsvorsatzes iSd. § 133 InsO gelingt. Es kann davon ausgegangen werden, dass alle Beteiligten von der Krisenlage des schuldnerischen Unternehmens Kenntnis besaßen, da die in Frage stehende Rechtshandlung als Sanierungsmaßnahme bezeichnet wurde. Derartige Sanierungsmechanismen unterliegen denn auch prinzipiell der Anfechtung,[501] insbesondere sieht das Gesetz kein Sanierungsprivileg vor.[502] Die Rechtsprechung verneint gleichwohl den Gläubigerbenachteiligungsvorsatz z. B. dann, wenn zum Zeitpunkt der Vornahme der Rechtshandlung ein realistischer Sanierungsplan vorlag.[503] Aber selbst bei einem unzureichenden Sanierungsplan wird unter bestimmten Umständen der Gläubigerbenachteiligungsvorsatz von der Rechtsprechung verneint, z. B. dann, wenn der Schuldner auch eigene Mittel zur Sanierung aufbringt.[504]

2. Englisches Recht

a. Preferences, sec. 239 IA 86

Der Vorgänger dieser Regelung befand sich unter dem Titel „fraudulent preferences" in sec. 615 CA 85 für Anfechtungen gegenüber juristischen Personen und in sec. 44 BA 14 für Anfechtungen gegenüber natürlichen Personen.[505] Die Vorschrift wurde nach Vorschlägen des *Cork Committee* in weiten Teilen reformiert und im Zuge der Reform auch in die Insolvency Act eingegliedert.[506] Die Parallelvorschrift für Individualinsolvenzen befindet sich in sec. 340 IA 86. Schutzzweck der Vorschrift ist es, zu verhindern, dass ein Gläubiger durch die Vornahme einer Rechtshandlung des Schuldners innerhalb des Zeitraums der Krise einen unredlichen Vorteil („unfair advantage") erlangt.[507]

---

[501] BGH, Urt. v. 26.3.1984 – II ZR 171/83, NJW 1984, 1893, 1899; BGH, Urt. v. 12.11.1992 - IX ZR 236/91, ZIP 1993, 276 m. Anm. Onusseit, EwiR 1993, § 31 KO, 1/93, 161; Smid, Insolvenzrecht, S. 251; Zeuner, Insolvenzanfechtung, Rdn 241; Paulus, BB 2001, 425, 426.
[502] Paulus, BB 2000, 425, 426; Zeuner, Insolvenzanfechtung, Rdn 241.
[503] BGH, Urt. v. 12.11.1992 – IX ZR 236/91; ZIP 1993, 276, 279; OLG Köln, Urt. v. 30.11.2000 – 18 U 147/00 (nicht rechtskräftig).
[504] BGH, Urt. v. 4.12.1997 – IX ZR 47/97, ZIP 1998, 1648.
[505] Bailey/Groves/Smith, S.363; s. auch Farrar [1983] JBL 390 – 393; Kamlah, Insolvenzanfechtung, S. 128; s. zur weiteren Historie der Norm auch Eckstein, englisches Konkursrecht, S. 219 ff; Vach, Insolvenzrechtsreform, S. 77; Bunge, Konkursanfechtung, S. 36 ff.
[506] Cork-Report, Rdn 1241 ff; für eine Zusammenfassung der Vorschläge s. Fletcher in Ziegel, S. 305; zu den Reformen s. auch Goode, Insolvency Law, S. 387; Prentice, Preferences, S. 441; zu den Empfehlungen des *Cork Committee s.* auch oben Abschnitt III. Deckungshandlungen.
[507] Goode, Insolvency Law, S. 386; Doyle, Insolvency Litigation, Rdn 9.02; Vach, Insolvenzrechtsreform, S. 77; Finch, Corporate Insolvency, S. 399.

i. Objektiver Tatbestand

Eine Bevorzugung („preference“) iSd. dieser Vorschrift liegt vor, wenn jemand durch eine der Gesellschaft zuzurechnende Handlung eine bessere Stellung in Bezug auf seine Befriedigung im Rahmen des Insolvenzverfahrens erhält, als ohne diese Handlung. [508] Absatz vier enthält eine Legaldefinition der preference,[509] wonach zur Erfüllung des Tatbestandes das kumulative Vorliegen zweier Voraussetzungen erforderlich ist: a) die Person, welche die preference erhält, muss Gläubiger oder Sicherungsnehmer der Gesellschaft für Verbindlichkeiten der Gesellschaft sein[510] und b) die Gesellschaft muss eine Handlung oder Unterlassung vornehmen, durch die diese Person im Falle einer insolvenzbedingten Liquidation der Gesellschaft eine bessere Position erlangt, als sie ohne diese Handlung innegehabt hätte.[511]

Das klassische Beispiel einer preference ist die vollständige Befriedigung eines Gläubigers, dessen Quote im Insolvenzverfahren sehr gering gewesen wäre, kurz vor der Antragstellung auf Eröffnung des Insolvenzverfahrens.[512] Gemäß sec. 239 (7) IA 86 kann auch die Anordnung eines Gerichts zu einer preference führen, so dass bestimmte Maßnahmen der Zwangsvollstreckung durch diese Vorschrift miterfaßt werden. Dagegen liegt eine preference dann nicht vor, wenn der Schuldner nur eine Zahlung oder Verfügung durch einen Dritten veranlaßt, es sei denn, diese Zahlung oder Verfügung durch den Dritten würde in der Folge als Verbindlichkeit des Schuldners gewertet.[513]

Die Begünstigung einer nahestehenden Person im unmittelbaren Vorfeld der Insolvenz ist vom *Cork Committee*[514] als einer der wichtigsten Anwendungsfälle der Vorschrift angesehen worden. Dieses hat sich auch bewahrheitet: so wurden z. B. in *Re Exchange Travel (Holdings) Ltd*[515] weniger als zwei Monate vor Erlaß der administration order von der Gesellschaft noch gegenüber den directors bestehende Darlehensverbindlichkeiten in Höhe von GBP 200.000 getilgt.[516] In diesem Fall hatten die directors bestimmte Summen an *Holdings* gezahlt, vorgeblich, um *Holdings* als Quasi-Bank zu benutzen und so eine günstigere Zinsquote zu erreichen. *Holdings* jedoch behandelte dieses Geld als Darlehen an die

[508] Goode, Commercial Law, S. 859; Doyle, Insolvency Litigation, Rdn 10.09; Snaith/Cownie, Corporate Insolvency, Rdn 20.41; Kamlah, Insolvenzanfechtung, S. 155.
[509] Fletcher in Ziegel, S. 307; Doyle, Insolvency Litigation, Rdn 10.02.
[510] Re Beacon Leisure Ltd, [1991] BCC 213, 214; Doyle, Insolvency Litigation, Rdn 10.05; Totty/Moss, Insolvency, Rdn H4-03.
[511] Goode, Insolvency Law, S. 389; Doyle, Insolvency Litigation, Rdn 10.09.
[512] Rajak, Company Liquidations, Ziff. 1208, 3; Doyle, Insolvency Litigation, Rdn 10.14; Snaith/Cownie, Corporate Insolvency, Rdn 20.41.
[513] Goode, Insolvency Law, S. 391; s. hierzu auch oben, § 4 I 2.
[514] Rdn 1257 ff.
[515] [1996] 2 BCLC 524, [1996] BCC 933.
[516] s. auch Farrar, Company Law, S. 732 m.w. Beispielen.

Gesellschaft, was schon durch die Vermischung der gezahlten Summen mit gesellschaftseigenem Kapital deutlich wurde.[517] Durch die Tilgung dieser Darlehen innerhalb der relevant time, sec. 240 I IA 86 wurde der objektive Tatbestand der preference erfüllt.

Ein anderes, weniger offensichtliches, Beispiel für eine preference ist die Rückgabe von Waren an den Lieferanten, die zwar noch nicht bezahlt wurden, an denen der Gemeinschuldner jedoch schon Eigentum erworben hatte.[518] Weitere Beispiele für eine preference stellen die Veräußerung eines Gegenstands unter Wert oder eine vertragliche Aufrechnungsabrede dar, die über die gesetzlichen Regelungen der Aufrechnung im Falle der Insolvenz hinausgeht.[519]

ii. Das Konzept des „new value" in sec. 239 IA 86[520]

Bei der Anwendung dieser Vorschrift ist jedoch das Konzept des new value zu berücksichtigen. Danach muss die Rechtshandlung, um eine preference darzustellen, im Zusammenhang mit einer schon vorher entstandenen Schuld stehen. Ein Gläubiger, der eine (auch geringwertige[521]) Gegenleistung für eine gleichzeitige oder (direkt) vorangegangene Leistung der Gesellschaft erbringt, erfüllt den Tatbestand der preference nicht, da die Minderung des Vermögenswertes der Gesellschaft durch diese Gegenleistung sofort ausgeglichen wird.[522] Dagegen führt die Zahlung an einen Gläubiger, die zur Freigabe einer für diesen Gläubiger bestellten Sicherheit erfolgt, grundsätzlich nicht zu einer preference, da hierdurch der belastete Vermögensteil der Gesellschaft entlastet wird.[523] Dieser Grundsatz wird jedoch eingeschränkt, wenn die Gesellschaft erheblich mehr leistet, als der Sicherungsgegenstand wert ist oder wenn die Hingabe der Sicherheit aus irgendeinem Grund unwirksam ist.[524] Dann ist die Gegenleistung erneut der Anfechtung als preference unterworfen.

---

[517] [1996] BCC 933, 941.

[518] Bailey/Groves/Smith, Corporate Insolvency, S. 365; Doyle, Insolvency Litigation, Rdn 10.15 a.E.; Sealy/Milman, S. 281.

[519] Goode, Insolvency Law, S. 394; zu den Problemen der Aufrechnung in der Insolvenz, insbesondere auch beim Zahlungsverkehr mit Banken, s. unten Abschnitt VII. Indirekte Masseschmälerungen.

[520] s. hierzu auch die Ausführungen in Abschnitt IX., Limitierungen der Anfechtungstatbestände.

[521] Doyle, Insolvency Litigation, Rdn 10.17; eine geringwertige Gegenleistung kann aber zu einer Anfechtbarkeit nach sec. 238 IA 86 führen.

[522] Goode, Insolvency Law, S. 390, 392; Doyle, Insolvency Litigation, Rdn 10.17; Kamlah, Insolvenzanfechtung, S. 156.

[523] Goode, Insolvency Law, S. 395; Doyle, Insolvency Litigation, Rdn10.18; Bailey/Groves/Smith, Corporate Insolvency, S. 365.

[524] Goode, Insolvency Law, S. 396; Bailey/Groves/Smith, Corporate Insolvency, S. 365.

iii. Subjektiver Tatbestand

Im Verlauf der Reform wurde das zuvor geltende Tatbestandsmerkmal der „Bevorzugungsabsicht“ („intention to prefer“) durch die Wendung „beeinflußt durch den Wunsch, zu bevorzugen“ („...influenced... by a desire to produce...“) ersetzt.[525] Die Grundsatzentscheidung zur Auslegung dieses subjektiven Tatbestandsmerkmales ist der nachfolgend besprochene Fall *Re MC Bacon Ltd.*[526]

> Als der Hauptabnehmer von *MC Bacon Ltd* seine Abnahmeverpflichtung bezüglich Bacon mit der Gesellschaft aufkündigte, beschlossen zwei der drei directors, welche die Gesellschaft lange Jahre geleitet hatten, sich aus der Gesellschaft zurückzuziehen. Die Hausbank von *MC Bacon* verlangte daraufhin die Bestellung einer floating charge über das Vermögen der Gesellschaft zur Sicherung des bis dato ungesicherten Kontokorrentkredites der Gesellschaft und drohte bei Verweigerung der Sicherung mit Kündigung der Kreditlinien. Bei Bestellung der floating charge wußten die directors, dass sich *MC Bacon* in finanziellen Schwierigkeiten befand und ohne ständigen und gleichmäßigen Mittelzufluß der Hausbank nicht überleben konnte. In der Folge fiel *MC Bacon* gleichwohl in die Insolvenz und über ihr Vermögen wurde die liquidation angeordnet. Gleichzeitig bestellte die Hausbank einen administrative receiver zur Zwangsverwaltung über die durch die floating charge gesicherten Vermögensgegenstände. Der Insolvenzverwalter versuchte nun, sowohl die floating charge als auch die Bestellung des administrative receivers als preference nach sec. 239 IA 86 anzufechten. In seiner Entscheidung argumentierte *Millet J*, dass die Gesellschaft bei Vornahme der fraglichen Rechtshandlung den Willen haben müsse, die Position des betroffenen Gläubigers für den Fall einer Insolvenzabwicklung zu verbessern. Ein direkter Nachweis dieses Willens sei nicht erforderlich; er könne vielmehr aus den Umständen des Falles abgeleitet werden. Das reine Vorhandensein dieses Willens sei jedoch nicht ausreichend, der Wille müsse darüber hinaus die Entscheidung der Gesellschaft, die Verfügung vorzunehmen, beeinflußt haben. Andererseits müsse der Wille aber nicht der einzige oder entscheidende Faktor der Entscheidung gewesen sein, es sei vielmehr ausreichend, wenn er einer der Faktoren war, der bei der Entscheidung eine Rolle spielte.[527] Aus diesen Gründen entschied *Millet J*, dass die directors die floating charge nicht bestellt hatten, um

---

[525] Milman/Durant, Corporate Insolvency, S. 201; Bailey/Groves/Smith, Corporate Insolvency, S. 367; Doyle, Insolvency Litigation, Rdn 10.10; zur Auslegung des sec. 44 BA 1914 in dieser Hinsicht, s. Bunge, Konkursanfechtung, S. 37.

[526] [1990] BCLC 324.

[527] ibid, auf S. 333-336; s. auch Prentice, Preferences, S. 453 f.; Bailey/Groves/Smith, Corporate Insolvency, S. 367; Snaith/Cownie, Corporate Insolvency, Rdn 20.43.

die Hausbank zu bevorzugen, sondern um ihre Gesellschaft vor der ansonsten unvermeidlichen Insolvenz zu bewahren und wies die Klage des Insolvenzverwalters als unbegründet ab.

Aus dieser Urteilsformulierung wird klar, dass hinter der Verfügung ein starker subjektiver Willen stehen muss, was folglich eine hohe Barriere für eine erfolgreiche Insolvenzanfechtung bedeutet.[528] Die Entscheidung stimmt aber mit der Ansicht der Mehrheit des *Cork Committee* überein, die glaubte, dass ein gemäßigter Druck („genuine pressure") durch die Gläubiger auf den Schuldner weiterhin eine Einrede gegen die Anfechtung von preferences darstellen sollte.[529]

b. Transactions defrauding creditors, sec. 423 IA 86

Wie schon unter Abschnitt II. aufgezeigt, stellt die Anfechtung nach sec. 423 IA 86 eine Besonderheit im Rahmen der Anfechtungsvorschriften dar, da diese Norm sowohl innerhalb als auch außerhalb des Insolvenzverfahrens anwendbar ist. Sie folgt dem Grundsatz, dass jemand korrekt („just") sein muss, bevor er freigiebig sein kann und dass Verbindlichkeiten erfüllt werden müssen, bevor Geschenke gemacht werden können.[530] Die Norm stellt somit keine Ausprägung des Gläubigergleichbehandlungsgrundsatzes dar, sondern sie dient der Erhaltung des schuldnerischen Vermögens.[531] Ihre Charakterisierung als Vorsatzanfechtung beruht auf der für die Erfüllung des subjektiven Tatbestandes erforderlichen Absicht des Schuldners.

i. Objektiver Tatbestand

Eine transaction defrauding creditors ist eine vom Schuldner vorgenommene transaction at an undervalue, um Vermögenswerte dem Zugriff der Insolvenzgläubiger zu entziehen oder um die Interessen der Insolvenzgläubiger auf andere Art und Weise zu schädigen.[532] Dabei entspricht der Tatbestand der transaction at an undervalue grundsätzlich dem der sec. 238 IA 86,[533] so dass insoweit auf die Ausführungen unter Abschnitt IV. 2 verwiesen werden kann. Zu beachten ist jedoch, dass im Rahmen der Anfechtung nach sec. 423 IA 86 die Einrede der statutory defence nicht anwendbar ist, da sie im Tatbestand der Norm nicht vorgesehen ist.

---

528 Milman/Parry, S.14; differenzierend Doyle, Insolvency Litigation, Rdn 10.22 ff.; Fletcher in Ziegel, S. 310; Finch, Corporate Insolvency, S. 400 f.; s. aber auch die positive Einschätzung bei Farrar [1991] JBL 71, 74.

529 Cork-Report, Rdn 1252, 1256; Fletcher, Insolvency Law, S. 228; kritisch Finch, Corporate Insolvency, S. 401.

530 Cork-Report, Rdn 1202.

531 Arbuthnot Leasing International Ltd v. Havelet Leasing Ltd (No. 2) [1990] BCC 636; Kamlah, Insolvenzanfechtung, S. 121.

532 Goode, Insolvency Law, S. 435; Fletcher, Insolvency Law, S. 232.

533 Fletcher, Insolvency Law, S. 232, 650; Goode, Insolvency Law, S. 435; Doyle, Insolvency Litigation, Rdn 12.05; Kamlah, S. 219.

ii. Subjektiver Tatbestand

Der Schuldner muss die Handlung mit dem Ziel vorgenommen haben, entweder bestimmte Vermögensgegenstände dem Zugriff der Gläubiger zu entziehen oder anderweitig berechtigte Gläubigerinteressen zu beeinträchtigen, vgl. sec. 423 (3) IA 86. Dabei ist eine irgendwie geartete unredliche Absicht (im Sinne eines dolus directus) nicht erforderlich, ausreichend ist vielmehr der Wille des Schuldners, die betreffenden Vermögenswerte dem Zugriff der Gläubiger zu entziehen.[534] Weiterhin muss dieser Entziehungswille auch nicht der einzige Zweck der Rechtshandlung gewesen sein; es genügt, dass die Verfügung mit der dominierenden inneren Einstellung stattfand, Vermögenswerte beiseite zu schaffen und die Gläubiger zu benachteiligen.[535] Auf der anderen Seite reicht es zur Erfüllung des subjektiven Tatbestandes nicht aus, dass lediglich das Ergebnis der Rechtshandlung zu einer Gläubigerbenachteiligung führte, ohne dass diese Benachteiligung gewollt war.[536]

3. Vergleich

Alle hier verglichenen Rechtsnormen verfolgen das Ziel, solche Vermögensverschiebungen zu erfassen, die zumindest mit Kenntnis des Schuldners erfolgen, hierdurch dem Gläubiger, zugunsten dessen die Verschiebung erfolgt, einen Vorteil auf Kosten der übrigen Insolvenzgläubiger zu verschaffen. Sie sind auf Grund der konkreten Ausgestaltung der subjektiven Tatbestandsmerkmale mehr der Unredlichkeitstheorie verpflichtet als die übrigen Tatbestände des jeweiligen Rechts der Insolvenzanfechtung.

Das deutsche und englische Recht weisen etliche Übereinstimungen auf. So decken sich die objektiven Tatbestände weitgehend in ihren Anwendungsbereichen. Dieses wird insbesondere deutlich in Bezug auf Veräußerungen eines Gegenstandes unter Wert, welcher außer von § 131 I Nr. 3 InsO von allen Tatbeständen erfaßt wird. Aber auch die Vermögensverschiebungen zugunsten nahestehender Personen / connected persons werden durch diese Normengruppen abgedeckt.

Während aber im englischen Recht dieauch bei der Vorsatzanfechtung das Konzept des new value die Anfechtbarkeit einschränkt, ist die Regelung des § 142 InsO im deutschen Recht im Kontext der Vorsatzanfechtung nicht anwendbar, da § 133 InsO gerade vom Anwendungsbereich der Vorschrift ausgeschlossen

---

[534] Arbuthnot Leasing International Ltd v. Havelet Leasing (No.2) [1990] BCC 636; Doyle, Insolvency Litigation, Rdn 12.12; Bailey/Groves/Smith, Corporate Insolvency, S. 409.

[535] Chohan v. Saggar [1992] BCC 306; Milman/Durant, Corporate Insolvency, S. 207; Doyle, Insolvency Litigation, Rdn 12.12; Snaith/Cownie, Corporate Insolvency, Rdn 20.34; Totty/Moss, Insolvency Rdn H$-16.

[536] Royscott Spa Leasing Ltd v. Lovett [1995] BCC 502, 507; in diesem Fall wurde mit der Rechtshandlung nur ein Steuervorteil angestrebt; Tomlie, Insolvency Law, S. 342.

wurde. Weitere Unterschiede bestehen in Bezug auf das Erfordernis subjektiver Elemente. Selbst wenn man der Einbeziehung des § 131 I Nr. 3 InsO in die Gruppe der Vorsatzanfechtung kritisch gegenübersteht und diese Norm also für die Zwecke des Vergleichs ausklammert, dann ist auch im Kernbereich der hier verglichenen Regelungen, nämlich § 133 InsO einerseits und sec. 239 IA 86 andererseits ein Unterschied in der Stärke des erforderlichen Benachteiligungsvorsatzes nicht von der Hand zu weisen. Während der Schuldner im deutschen Recht es nur billigend in Kauf genommen haben muss, dass durch die in Frage stehende Rechtshandlung die übrigen Gläubiger benachteiligt werden, ist im englischen Recht der Wille zur Bevorzugung als mitentscheidender Faktor bei der Entscheidung, die Rechtshandlung vorzunehmen, erforderlich. Damit ist die subjektive Schwelle, die zur Tatbestandserfüllung überschritten werden muss im englischen Recht tendenziell höher, als im deutschen. Im Gegensatz dazu ähneln sich die Auslegungen der subjektiven Tatbestandsmerkmale in § 133 InsO und sec. 423 IA 86, obwohl der Grad der Vorsätzlichkeit im englischen Recht, nämlich das Erfordernis einer dominierenden Einstellung doch wiederum etwas stärker sein dürfte, als das bloße In-Kauf-Nehmen der benachteiligenden Rechtsfolge.

VI. Unentgeltliche Leistungen

In anfechtungsrechtlicher Hinsicht sind natürlich Leistungen, die ein Schuldner vor der Insolvenz erbringt, sehr suspekt, denn normalerweise gilt der Leitsatz, dass Leistungen eigentlich nur gegen eine wie auch immer geartete Gegenleistung erbracht werden.[537] Dieses Kapital zeigt nun auf, wie das deutsche und das englische Recht diesen Gedanken anfechtungsrechtlich umsetzen.

1. Deutsches Recht

a. Unentgeltliche Leistung, § 134 InsO

Diese Vorschrift, die insoweit der bisherigen Regelung in § 32 KO und § 10 I Nr. 3 GesO entspricht,[538] ersetzt die Begriffe „Schenkung" und „unentgeltliche Verfügung" durch die der „unentgeltlichen Leistung", da der historisch bedingte Begriff der Schenkungsanfechtung nach h.M. als zu eng anzusehen war.[539] Da das Recht auch sonst den unentgeltlichen Erwerb nur unter schwächere Bestandsschutzgarantien stellt als den entgeltlichen Erwerb, s. z. B. §§ 518, 816,

[537] so ist nach englischem Recht ein Vertrag nur dann bindend, wenn die vertragliche Zusage von einer „consideration", also Gegenleistung, begleitet wird. Maßgeblich sind dabei die tatsächlich ausgetauschten Leistungen, vgl. Kamlah, Insolvenzanfechtung, S. 205.

[538] Schmidt-Räntsch, InsO, § 134 Rdn 1; Haarmeyer/Wutzke/Förster, Insolvenzhandbuch, Rdn 233; Henckel, Kölner Schrift, Rdn 34.

[539] Henckel, Kölner Schrift, Rdn 55; Zeuner, Insolvenzanfechtung, Rdn 207; s. zum Recht der Schenkungsanfechtung unter Geltung der KO Häsemeyer, ZIP 1994, 420.

822 BGB,[540] dient dieser Anfechtungstatbestand nicht der gleichmäßigen Befriedigung der Gläubiger, sondern dem Interessenausgleich zwischen dem Recht der Gläubigergesamtheit auf Erfüllung ihrer Forderungen und dem Interesse des Begünstigten, das unentgeltlich Empfangene behalten zu dürfen.[541] Die Regelung ist auch im Zusammenhang mit der Vorschrift des § 39 I Nr. 4 InsO zu sehen, wonach Forderungen auf unentgeltliche Leistungen des Schuldners den übrigen Insolvenzforderungen nachgeordnet werden. Dem gegenüber ist die Regelung des § 143 II InsO zu beachten, wonach der gutgläubige Empfänger einer unentgeltlichen Leistung nur insoweit zur Herausgabe des Erlangten verpflichtet ist, als er noch bereichert ist.[542]

i. Objektiver Tatbestand

Nach § 134 InsO ist eine unentgeltliche Leistung des Schuldners innerhalb von vier Jahren vor Antragstellung auf Eröffnung des Insolvenzverfahrens anfechtbar, es sei denn, die Leistung ist auf ein gebräuchliches Gelegenheitsgeschenk geringen Wertes gerichtet. Der Tatbestand erfaßt alle Leistungen des Schuldners, durch die ein Vermögenswert aufgegeben wurde, ohne dass ein adäquater Ausgleich erfolgt ist, so dass auch sog. gemischte Schenkungen von dieser Vorschrift erfaßt werden.[543] Weiterhin sollen auf Grund der notwendigen weiten Auslegung der Norm auch Verpflichtungsgeschäfte, insbesondere Schenkungsversprechen dem Tatbestandsmerkmal der Leistung unterfallen.[544] Im Endeffekt soll die Anfechtbarkeit der in Frage stehenden Rechtshandlung noch nicht einmal von der Begründung eines Schuldverhältnisses nach § 241 BGB zwischen den Beteiligen abhängen.[545] Dagegen werden Maßnahmen der Zwangsvollstreckung nicht von dieser Norm erfaßt.[546]

Problematisch ist die Feststellung der Unentgeltlichkeit der Leistung.[547] Sie soll vorliegen, wenn der Schuldner einen Wert aus seinem Vermögen weggibt, ohne

---

540 Gerhardt, ZIP 1991, 273, 281; Haarmeyer/Wutzke/Förster, Insolvenzhandbuch, Rdn 233; Häsemeyer, Insolvenzrecht, S. 417; 464; Kübler/Prütting-Paulus, InsO, § 134 Rdn 1; Jaeger/Henckel, KO, § 32 Rdn 1.

541 Zeuner, Insolvenzanfechtung, Rdn 207; Smid, Insolvenzrecht, S. 251; Bork, Insolvenzrecht, Rdn 214; Gerhardt, ZIP 1991, 273, 281.

542 Häsemeyer, Insolvenzrecht, S. 464; Kübler/Prütting-Paulus, InsO, § 134 Rdn 35; s. hierzu auch § 7, Rechtsfolgen der Anfechtung.

543 Haarmeyer/Wutzke/Förster, Insolvenzhandbuch, Rdn 233; Zeuner, Insolvenzanfechtung, Rdn 210; Kübler/Prütting-Paulus, InsO, § 134 Rdn 16.

544 Zeuner, Insolvenzanfechtung, Rdn 210; v. Campe, Insolvenzanfechtung, S. 206; Kübler/Prütting-Paulus, InsO, § 134 Rdn 7.

545 Häsemeyer, Insolvenzrecht, S. 465; ähnlich Kübler/Prütting-Paulus, InsO, § 134 Rdn 5.

546 Zeuner, Insolvenzanfechtung, Rdn 210; a.A. Henckel in Kölner Schrift, 667 Rdn 44.

547 s. die eingehenden Darstellungen bei Zeuner, Insolvenzanfechtung, Rdn 210 f.; Häsemeyer, Insolvenzrecht, S. 465 f.; Jaeger/Henckel, KO, § 31 Rdn 5.

dass ein objektive meßbarer, ausgleichender Gegenwert an ihn zurückfließt.[548] Bei der Prüfung der Unentgeltlichkeit ist zu berücksichtigen, dass das Prinzip der subjektiven Äquivalenzbestimmung nur im Rahmen der Vorteilsabschöpfung nach § 132 I InsO außer Kraft gesetzt wird. Deswegen ist zwar in einem ersten Schritt auf den objektiven Wert einer Gegenleistung abzustellen, um die Vornahme willkürlicher Leistungsabreden und damit eine Umgehung von § 134 BGB zu verhindern. Ist aber ein Gegenwert in das Vermögen des Schuldners geflossen, so ist in einem zweiten Schritt der Prüfung die Intention der Parteien zu erforschen, also die subjektive Äquivalenzbestimmung zu beachten.[549] Den Parteien steht insoweit allerdings nur ein eingeschränkter Bewertungsspielraum zu.[550] Dieses Prüfungsverfahren stellt somit einen Eingriff in die Privatautonomie der Beteiligten dar, der sich jedoch aus der generell schwachen Stellung des unentgeltlichen Erwerbs rechtfertigt.[551] Zur Tatbestandserfüllung ist zudem eine zumindest mittelbare Gläubigerbenachteiligung erforderlich.[552]

Diese Regelung ist gerade bei Zuwendungen zwischen Ehegatten interessant, denn Ehegatten im gesetzlichen Güterstand der Zugewinngemeinschaft steht kein Anspruch auf eine über die Unterhaltsgewährung hinausgehende Beteiligung an Vermögenswerten des anderen Ehegatten zu.[553] Folglich sind auch Zuwendungen, die als Ausgleich für den Verzicht auf die Erwerbstätigkeit des anderen Ehegatten in der Folge der Kindererziehung dienen, gemäß § 134 InsO anfechtbar.[554]

Gebräuchliche Gelegenheitsgeschenke geringen Werts sind jedoch gemäß § 134 II InsO von der Anfechtung ausgenommen. Streitig ist, ob sich die Geringwertigkeit objektiv an der allgemeinen Verkehrsauffassung orientiert[555] oder ob diese Bestimmung doch an Hand der konkreten Verhältnisse und den individuellen

---

548 Häsemeyer, ZIP 1994, 418, 420; ders., S. 465; Haarmeyer/Wutzke/Förster, Insolvenzhandbuch, Rdn 234; Zeuner, Insolvenzanfechtung, Rdn 211.

549 Häsemeyer, Insolvenzrecht, S. 467 f.; Zeuner, Insolvenzanfechtung, Rdn 211; zu weitgehend deshalb LG Dresden, Urt. v. 12.3.2001 - 11 O 130/01 EV, ZinsO 2002, 140; s. auch Anmerkung Beck, ZinsO 2002, 516.

550 BGH, Urt. v. 2.4.1998 – IX ZR 232/96, ZIP 1998, 830, 836; FK-Dauernheim, InsO, § 134 Rdn 6.

551 Zeuner, Insolvenzanfechtung, Rdn 211; kritisch Häsemeyer, Insolvenzrecht, S. 465.

552 Zeuner, Insolvenzanfechtung, Rdn 223; HK-Kreft, InsO, § 134 Rdn 6.

553 BGH, Urt. v. 13.3.1978 - VIII ZR 241/76, BGHZ 71, 61; Kübler/Prütting-Paulus, InsO, § 134 Rdn 29.

554 Smid, Insolvenzrecht, S. 252; s. auch Häsemeyer, Insolvenzrecht, S. 466; Kübler/Prütting-Paulus, InsO, § 134 Rdn 29.

555 so Haarmeyer/Wutzke/Förster, Insolvenzhandbuch, Rdn 233; wohl auch Häsemeyer, Insolvenzrecht, S. 468; differenzierend Kübler/Prütting-Paulus, InsO, § 134 Rdn 32.

Abreden der Beteiligten erfolgt.[556] Hierbei ist zu beachten, dass die bisherige Ausnahmeregelung des § 32 KO von der Rechtsprechung zum Teil sehr weit ausgelegt wurde, und sich der Gesetzgeber schon deswegen zu einer anderen Formulierung dieser Ausnahme entschlossen hat.[557] Folglich ist der objektiven Prüfung der Geringwertigkeit der Vorzug zu geben.

ii. Subjektiver Tatbestand

Der Tatbestand des § 134 InsO ist als rein objektiver Tatbestand ausgestaltet, so dass weder Vorsatz auf Seiten des Schuldners noch eine irgendwie geartete Kenntnis des anderen Teils vom Insolvenzstatus des Schuldners vorliegen muss. Dieses wird erneut mit der generell geringeren Schutzwürdigkeit des unentgeltlichen Erwerbs begründet.[558]

2. Englisches Recht

a. Transactions at an undervalue, sec. 238 (4) (a) IA 86

In der ersten Alternative des objektiven Tatbestandes von sec. 238 IA 86 sind ausdrücklich Geschenke und solche Leistungen erfaßt, für die dem Schuldner keinerlei Gegenleistungen zufließen („no consideration").

Bei der Frage, ob und inwieweit indirekte Vorteile, welche die Gesellschaft durch die in Frage stehende Leistung erhält, eigentlich noch unter den Begriff no consideration fallen, muss auch auf die Rechtsprechung zur ultra vires Doktrin zurückgegriffen werden.[559] Die vor allen Dingen im angloamerikanischen Recht bekannte Doktrin des „ultra vires" statuiert, dass alle von der Gesellschaft vorgenommenen Rechtsgeschäfte, die außerhalb ihres durch den Gesellschaftsvertrag festgelegten Unternehmensgegenstandes liegen, ultra vires und damit nichtig sind.[560] Schon früh wurden die Probleme und Unstimmigkeiten dieser Doktrin erkannt, denn es liegt ja in der Macht der Gesellschafter, den jeweiligen Unternehmensgegenstand selber zu bestimmen. Gleichwohl gilt die Doktrin theoretisch bis heute fort, ihre Bedeutung ist jedoch durch die Einführung der ss. 35 A, B CA 89 entscheidend gemindert worden. Nach dieser Regelung ist ein Rechtsgeschäft, welches die directors der Gesellschaft mit einem gutgläubigen Dritten abschließen selbst dann wirksam, wenn es ultra vires ist.[561] Obwohl also die praktische Relevanz der Doktrin geschwunden ist, so kommt ihr zumindest

---

[556] so Smid, Insolvenzrecht, S. 251, einschränkend Zeuner, Insolvenzanfechtung, Rdn 221 a. E.; s. auch Henckel, Kölner Schrift, Rdn 57.

[557] Schmidt-Räntsch, InsO, § 134 Rdn 3.

[558] Zeuner, Insolvenzanfechtung, Rdn 209; Häsemeyer, Insolvenzrecht, S. 418.

[559] Rajak, Company Liquidations, Ziff. 1207, 3; wie schon oben angemerkt ergibt sich dieses auch aus den Überlegungen des Cork Committee, dass die ultra vires Doktrin die Stellung der Vorschrift der sec. 238 IA 86 einnehmen sollte.

[560] Farrar, Company Law, S. 98.

[561] Farrar, Company Law, S. 109.

im insolvenzrechtlichen Bereich nach wie vor Indizwirkung zu. Danach ist selbst ein Geschenk, welches die Gesellschaft in Verfolgung einer Geschäftsstrategie vornimmt, etwa um Mitarbeiter anzuwerben, grundsätzlich nicht ultra vires[562] und dürfte deswegen auch nicht als transaction at an undervalue anfechtbar sein.[563] Als Beispiele für Rechtshandlungen, die noch vom Begriff der Schenkung umfaßt werden, nennt *Goode* (ohne nähere Begründung) bestimmte Zahlungen an Arbeitnehmer, wie Abfindungen oder Boni sowie Leistungen an gemeinnützige Organisationen.[564]

Auch bei dieser Tatbestandsalternative besteht die Möglichkeit, die Einrede der statutory defence zu erheben, wenn deren Voraussetzungen vorliegen (was allerdings bei einer Schenkung nicht sehr wahrscheinlich sein dürfte). Dagegen ist die Erfüllung eines subjektiven Tatbestandes auf Grund der objektiven Ausgestaltung der Norm nicht erforderlich.

b. transactions defrauding creditors, sec. 423 IA 86

Auch die Regelung bezüglich transactions defrauding creditors erfasst Geschenke, vgl. sec. 423 (1) (a) IA 86, so dass auch hier wieder grundsätzlich auf die Ausführungen zu sec. 238 IA 86 verwiesen werden kann.

3. Vergleich

Beide Rechtssysteme stellen den unentgeltlichen Erwerb, also auch Schenkungen unter einen geringeren Schutz als entgeltliche Rechtsgeschäfte. Dieses folgt in beiden Rechtssystemen schon daraus, dass die Erfüllung eines subjektiven Tatbestandes nicht erforderlich ist. Während das deutsche Recht mit dieser Schlechterstellung des unentgeltlichen Erwerbs einer generellen Linie des deutschen Rechts folgt, die den unentgeltlichen Erwerb unter einen geringeren Bestandsschutz stellt, als den entgeltlichen, und damit den Gläubigergleichbehandlungsgrundsatz stärkt, scheint die englische Regelung der Anfechtung unentgeltlicher Leistungen eher wieder dem Gedanken der Unredlichkeit verhaftet zu sein. Denn gerade die Bewertung der Unentgeltlichkeit durch Anwendung der ultra vires – Lehre deutet darauf hin, dass für die Frage der Anfechtbarkeit nicht die Unentgeltlichkeit, sondern die wirtschaftliche Betrachtung einer Leistung ausschlaggebend ist. Diente die Leistung der Verfolgung des wirtschaftlichen Zwecks der Gesellschaft, so ist aus englischer Sicht die Unentgeltlichkeit zu verneinen und die Leistung ist nicht anfechtbar.

Zwar kennt das englische Recht das Konzept der sog. „gemischten Schenkung" nicht, da aber der Regelung der sec. 238 IA 86 auch Vermögensverfügungen unterliegen, für die keine in etwa gleichwertige Gegenleistung erbracht wird,

---

562 Evans v. Brunner, Mond & Co. Ltd [1921] 1 Ch 359.

563 Rajak, Company Liquidations, Ziff. 1207, 3.

564 Goode, Insolvency Law, S. 358 f.

somit also das Rechtsgeschäft einheitlich betrachtet wird, können derartige Schenkungen im englischen genauso wie im deutschen erfaßt werden. Beide Rechtssysteme beschränken den Kreis der insoweit anfechtbaren Rechtsgeschäfte nicht nur auf Geschenke im engeren Sinne, sondern unterwerfen auch alle anderen Rechtshandlungen, die im weitesten Sinne unentgeltlich sind der Anfechtung. Hier besteht jedoch der schon oben aufgezeigte Unterschied bezüglich der jeweiligen Erstreckung des Begriffs der Unentgeltlichkeit. Während im deutschen Recht Boni oder Abfindungszahlungen als durch die Arbeitsleistung erschaffen, und somit als entgeltlich angesehen werden,[565] wertet das englische Recht diese Leistungen gerade als unentgeltlich.

Unterschiede zwischen den beiden Rechtssystemen bestehen darüber hinaus in der Regelung von Ausnahmetatbeständen, die nach der Wertung des Gesetzgebers von einer Anfechtung ausgenommen sein sollen. Im deutschen Recht wird hierzu eine Ausnahmeregel bezogen auf gebräuchliche Gelegenheitsgeschenke verwendet, eine Regelung, die ebenso vom *Cork Committee* empfohlen wurde,[566] jedoch vom englischen Gesetzgeber nicht in die Insolvency Act 1986 aufgenommen wurde.

VII. Maßnahmen gegen indirekte Masseschmälerungen

Wie schon aus der Überschrift zu diesem Abschnitt hervorgeht, werden hier nicht direkte Leistungen des Schuldners an einen Gläubiger, sondern solche Rechtshandlungen behandelt, die erst in einem Folgeschritt die Insolvenzmasse schmälern, nämlich die Sicherheitenbestellung, die Kreditaufnahme und die Aufrechnung. Dieser Abschnitt stellt damit einen Bruch mit der die vorherigen Abschnitte durchziehenden Systematik dar, da hier nicht nach der Schutzrichtung des jeweiligen Anfechtungstatbestandes vorgegangen wird, sondern nach der jeweils angreifbaren Rechtshandlung. Dieses trägt dem Einzelfallcharakter der englischen Anfechtungsregeln Rechnung. Gleichzeitig ermöglicht diese Vorgehensweise, die Darstellung der Anfechtungstatbestände zu entzerren und durch konkrete Beispiele plastischer zu gestalten.

Die nachfolgend unter Punkt eins und zwei behandelten Probleme der Kreditaufnahme und der Sicherheitenbestellung betreffen im Grunde genommen den Kernpunkt des Insolvenzrechts. Das *Cork Committee* legte treffend dar, dass es in einer auf Tauschhandel oder Barzahlung gegründeten Volkswirtschaft eigentlich nur dann möglich ist, insolvent zu werden, wenn man durch eine unerlaubte Handlung eine Schadensersatzforderung generiert, die das eigene Vermögen übersteigt. Denn ein wichtiges Kennzeichen des Tausches oder Bargeschäftes ist die Zug-um-Zug Erbringung der Leistungen. Zwar besteht die Möglich-

---

[565] Kuhn/Uhlenbruck, KO, § 32 Rdn 8; Häsemeyer, Insolvenzrecht, S. 466 f.; Kübler/Prütting-Paulus, InsO, § 134 Rdn 20.
[566] Cork-Report, Rdn 1235.

keit, für seine Leistung eine geringwertigere Gegenleistung zu erhalten. Aber erst die Möglichkeit, Verbindlichkeiten zu einem späteren Zeitpunkt zu erfüllen, also die Schaffung des Kredits, kann dazu führen, dass bestehende Verbindlichkeiten das eigene Vermögen übersteigen können. Diese finanzielle Schieflage kann dann ihrerseits zur Insolvenz führen. Auf der anderen Seite bildet der Kredit erst den Grundstein für die wirtschaftliche Entwicklung der Gesellschaft.[567] Kreditgeber verfügen nun über die Möglichkeit, sich eine Sicherheit für die Rückzahlung des Kredites bestellen zu lassen. Diese Sicherheit führt nämlich im Insolvenzfall dazu, dass der jeweilige Gläubiger nicht an das Prinzip des Gleichbehandlungsgrundsatzes gebunden ist, sondern sich aus der Kreditsicherheit befriedigen kann.[568] Somit stehen der Kredit und die Sicherheit nicht nur in direktem Zusammenhang zueinander, sondern auch zum Prinzip der Gläubigergleichbehandlung in der Insolvenz.

1. Kreditaufnahme

Die Aufnahme eines Kredites selber führt zu einem – wenn auch vielleicht nur vorübergehenden – Liquiditätsgewinn der Gesellschaft. Dieser Liquiditätsgewinn kann aber, je nach Kreditkonditionen, in Wirklichkeit den Fall in die Insolvenz noch beschleunigen. In diesem Abschnitt wird der Frage nachgegangen, ob das Problem der Kreditaufnahme wirklich gesondert mit dem Reglementarium des Anfechtungsrechts bekämpft werden sollte, so wie es die englische Regelung der sec. 244 IA 86 indiziert.

a. Deutsches Recht

Im deutschen Recht kann ein Kreditvertrag unter bestimmten Bedingungen sowohl anfechtbar als auch nichtig sein. Insbesondere kann ein Kreditvertrag, bei Vorliegen der übrigen Voraussetzungen des Tatbestandes von § 132 I InsO als unmittelbar nachteilig der Anfechtung unterliegen.[569] Daneben kann eine Kreditabrede aber auch nach § 138 BGB – sittenwidriges Rechtsgeschäft; Wucher – angreifbar sein. Bei dieser Norm handelt es sich allerdings nicht um einen Anfechtungs- sondern um einen Nichtigkeitstatbestand.[570] Gleichwohl sollen in der Folge solche Aspekte dieses Tatbestandes, die Kreditverträge betreffen und sich im Grenzbereich zur Anfechtung befinden, behandelt werden, da sich die Lösungen des englischen Rechtes bezüglich dieses Bereiches im deutschen Recht eher der Nichtigkeit als der Anfechtbarkeit zuordnen lassen.

---

567 Cork-Report, Rdn 4 ff.

568 Goode, Commercial Law, S. 635 f.; An dieser Stelle sollen die Änderungen, die das neue Insolvenzrecht bezüglich der Befriedigung absonderungsberechtigter Gläubiger gebracht hat, außer Betracht bleiben.

569 Kuhn/Uhlenbruck, KO, § 30 Rdn 18; Kübler/Prütting-Paulus, InsO, § 132 Rdn 13.

570 s. zu den Problemen Häsemeyer ZIP 1994, 422; BGH, Urt. v. 18.2.1993 - IX ZR 129/92, ZIP 1993, 521; BGH, Urt. v. 11.6.1992 - IX ZR 255/91, BGHZ 118, 374.

Die Regelung des § 138 BGB ist grundsätzlich anders ausgestaltet, als die Anfechtungsvorschriften: wie schon angeführt, führt die Anwendung von § 138 BGB zur Nichtigkeit und nicht nur zur Anfechtbarkeit des Rechtsgeschäftes. Weiterhin ist Schutzzweck des § 138 BGB, einem Mißbrauch der Privatautonomie entgegenzuwirken,[571] und nicht, den Grundsatz der Gläubigergleichbehandlung in der Insolvenz zu schützen.

i. Objektiver Tatbestand

Gemäß § 138 I BGB ist ein Rechtsgeschäft, das gegen die guten Sitten verstößt, nichtig. Allgemein wird ein Rechtsgeschäft dann als sittenwidrig angesehen, wenn es gegen das Anstandsgefühl aller billig und gerecht Denkenden verstößt.[572]

In den letzten Jahren stellen Ratenkreditverträge mit einer im Vergleich zum Marktzins überhöhten Verzinsung ein im Rahmen dieser Norm häufig diskutiertes Problem dar. Auf derartige Verträge ist § 138 II BGB wegen Nichterfüllung des subjektiven Tatbestandes i.d.R. unanwendbar. An Hand des Prüfungsmaßstabes des § 138 I BGB hat die Rechtsprechung aber den Rechtsgrundsatz entwickelt, dass ein Ratenkreditvertrag dann sittenwidrig ist, wenn zwischen Leistung und Gegenleistung ein auffälliges Mißverhältnis besteht und der Kreditgeber die schwächere Lage des anderen Teils bewußt zu seinem Vorteil ausnutzt oder sich leichtfertig der Erkenntnis verschließt, dass der Kreditnehmer sich nur wegen seiner schwächeren Lage auf die drückenden Bedingungen einläßt.[573] Ein auffälliges Mißverhältnis zwischen Leistung und Gegenleistung ist in der Regel zu bejahen, wenn der vertraglich vereinbarte Zinssatz den marktüblichen Effektivzins relativ um 100 % oder absolut um 12 % übersteigt.[574] Weiterhin können die Rechtsprechungsgrundsätze bezüglich wucherischer Kredite grundsätzlich auch auf andere wucherähnliche Rechtsgeschäfte übertragen werden, wobei allerdings höhere Anforderungen an die Erfüllung des Tatbestandsmerkmales der Sittenwidrigkeit zu stellen sind.[575] Damit können etwa auch Zahlungsaufschübe für Warenlieferungen, die unter wucherischen Vertragsbedingungen gewährt wurden, nichtig sein.

---

[571] Palandt-Heinrichs, BGB, § 138 Rdn 1; MüKo-Mayer-Maly, BGB, § 138 Rdn 1.

[572] Palandt-Heinrichs, BGB, § 138 Rdn 2; MüKo-Mayer-Maly, BGB, § 138 Rdn 12; Staudinger-Sack, BGB, § 138 Rdn 16.

[573] BGH, Urt. v. 12.3.1981 - III ZR 92/79, BGHZ 80, 153, 160; Palandt-Heinrichs, BGB, § 138 Rdn 25; MüKo-Mayer-Maly, BGB, § 138 Rdn 83, 100.

[574] Palandt-Heinrichs, BGB, § 138 Rdn 27; Staudinger-Sack, BGB, § 138 Rdn 16 jew. m. zahlreichen Nachweisen aus der Rechtsprechung.

[575] Palandt-Heinrichs, BGB, § 138 Rdn 34.

ii. Subjektiver Tatbestand

In subjektiver Hinsicht ist grundsätzlich erforderlich, dass der Kreditgeber die schwächere Lage des anderen Teils bewußt zu seinem Vorteil ausgenutzt oder sich zumindest leichtfertig der Erkenntnis verschlossen hat, dass der Kreditnehmer sich nur auf Grund seiner schwächeren Lage auf die drückenden Bedingungen eingelassen hat.[576] Ist der Ratenkreditvertrag gemäß der oben dargelegten Kriterien objektiv sittenwidrig, so ist auch der subjektive Tatbestand in der Regel erfüllt.[577]

b. Englisches Recht

i. Transaction at an undervalue, sec. 238 IA 86

Ein (Kredit-) Vertrag mit einem überhöhten Zinssatz zu Lasten des Schuldners kann eine anfechtbare transaction at an undervalue gemäß sec. 238 IA 86 darstellen.[578] Aber auch der umgekehrte Fall, die Hingabe eines zinslosen Darlehens durch den Insolvenzschuldner, bzw. die Gewährung eines Darlehens zu einem den marktüblichen unterschreitenden Zinssatz, kann als transaction at an undervalue einzustufen sein.

ii. Extortionate credit transactions, sec. 244 IA 86

Das *Cork Committee* beschäftigte sich generell auch mit der Verzinsung von Forderungen.[579] Hierbei wurde auch die Regelung der sec. 66 (1) BA 14, die eine Beschränkung der in der Insolvenz geltend zu machenden Zinsforderungen auf 5% vorsah, kritisch kommentiert. In der Folge schlug das Komitee vor, in Anlehnung an ss. 137-139 Consumer Credit Act 1974, welche auf Gesellschaften keine Anwendung findet,[580] die Anfechtung von Verträgen mit überhöhten Zinssätzen zu modifizieren.[581] Der Gesetzgeber inkorporierte in der Folge die Anfechtung von extortionate credit transactions in sec. 244 IA 86. Die Parallelregelung für Individualinsolvenzen befindet sich in sec. 343 IA 86.

Schutzzweck der Vorschrift ist es, die Bevorzugung eines Gläubigers durch die Gewährung von überhöhten Zinssätzen zu verhindern. Würde nämlich eine derartige Verzinsungspflicht im Insolvenzfall fortbestehen, könnten sich überhöhte Forderungsfeststellungen ergeben.[582] Damit dient sec. 244 IA 86 nicht der

---

[576] Palandt-Heinrichs, BGB, § 138 Rdn 25; MüKo-Mayer-Maly, BGB, § 138 Rdn 102.

[577] Palandt-Heinrichs, BGB, § 138 Rdn 30; kritisch MüKo-Mayer-Maly, BGB, § 138 Rdn 102.

[578] Fletcher, Insolvency Law, S. 230; Bailey/Groves/Smith, Corporate Insolvency, S. 372.

[579] Cork-Report, Rdn 1363 ff.

[580] Milman/Durant, Corporate Insolvency, S. 206; Bailey/Groves/Smith, Corporate Insolvency, S. 372.

[581] Cork-Report, Rdn 1381, 1392.

[582] Cork-Report, Rdn 1379 ff; Farrar, Company Law, S. 733; Goode, Insolvency Law, S. 352; s. auch die Erläuterungen bei Sealy/Milman, S. 292; Kamlah, Insolvenzanfechtung, S. 140; s. dazu auch unten.

Durchsetzung des Gläubigergleichbehandlungsgrundsatzes und auch eine (zumindest unmittelbare) Benachteiligung anderer Gläubiger ist nicht erforderlich.[583]

(a) Objektiver Tatbestand
Ein Kreditvertrag ist dann gemäß sec. 244 (3) IA 86 anfechtbar, wenn in Anbetracht der Risiken, die der Kreditgeber eingegangen ist, entweder extrem übermäßige Zinszahlungen zu leisten sind oder er auf sonstige Weise die gewöhnlichen Prinzipien von Treu und Glauben („fair dealing“) grob überschreitet.[584] Hierfür ist es nicht ausreichend, dass die fragliche Rechtshandlung für die Gesellschaft wirtschaftlich nachteilig ist oder war, vielmehr muss ein Ungleichgewicht in der Verhandlungsstärke nachgewiesen werden, aus welcher der andere Teil einen unredlichen Vorteil gezogen hat.[585]

Es existiert keine gesetzliche oder anderweitige Definition des Begriffs des Kreditvertrages, man wird jedoch diesem Terminus einen weiten Wirkungskreis zusprechen müssen, um dem Schutzzweck der Norm gerecht zu werden.[586] Insofern dürfte schon jeder bei einem Verkaufsgeschäft gewährte Zahlungsaufschub dieses Tatbestandsmerkmal erfüllen, nicht jedoch die Anmietung oder das Leasen eines Gegenstandes.[587]

Für die Beantwortung der Frage, welcher Zinssatz als „extortionate“ iSd. Norm anzusehen ist, gibt es auch angesichts der wenigen bisher sowohl unter dieser Bestimmung als auch unter der ähnlichen Regelung der Consumer Credit Act ergangenen Gerichtsentscheidungen nur äußerst dürftige Leitlinien.[588] So wurde in *Ketley Ltd v Scott*[589] ein Zinssatz von 48 % als nicht wucherisch angesehen. Allerdings wurde der Kredit sehr kurzfristig, ohne Möglichkeit einer Liquiditätsprüfung, und mit hohem Verlustrisiko vergeben. Darüber hinaus wurden in *Coldunell Ltd v. Gallon*[590] ein Zinssatz von 20 % pro Jahr und in *Davies v. Directloans Ltd*[591] ein Zinssatz von 21,6 % nicht als wucherisch im Sinne von sec. 244 IA 86 angesehen.

---

[583] so auch Kamlah, Insolvenzanfechtung, S. 141.
[584] Goode, Insolvency Law, S. 408; Bailey/Groves/Smith, Corporate Insolvency, S. 373 f.
[585] Wills v. Wood [1984] 128 Sol. Jo. 222; Goode, Insolvency Law, S. 408.
[586] vgl. Bailey/Groves/Smith, Corporate Insolvency, S. 372.
[587] Bailey/Groves/Smith, Corporate Insolvency, S. 373; Snaith/Cownie, Corporate Insolvency, Rdn 20.60.
[588] Bailey/Groves/Smith, Corporate Insolvency, S. 374; Rajak, Company Liquidations, Ziff. 1212, 3.
[589] [1981] ICR 241.
[590] [1986] 1 All ER 429.
[591] [1986] 2 All ER 783.

(b) Subjektiver Tatbestand

Der Tatbestand der sec. 244 IA 86 ist wiederum als rein objektiver Tatbestand ausgestaltet, so dass die Erfüllung des Tatbestandes nicht von subjektiven Merkmalen abhängt.

(c) Vergleich

Sowohl im deutschen als auch im englischen Recht können Kreditverträge, die nachteilige Bedingungen enthalten, den allgemeinen Tatbeständen der Insolvenzanfechtung unterfallen. Im deutschen Recht existiert jedoch innerhalb des Rechts der Insolvenzanfechtung kein Tatbestand, der sich ausschließlich mit wucherischen Krediten beschäftigt. Während sittenwidrige Ratenkredite im deutschen Recht nämlich schon vom allgemeinen Auffangtatbestand des § 138 I BGB erfaßt werden, geschieht dieses im englischen Recht durch einen speziellen Anfechtungstatbestand.[592] Ein Grund für diesen Lösungsansatz kann darin gesehen werden, dass das englische Recht im Gegensatz zum deutschen kein „systemimmanentes" und damit normübergreifendes Prinzip von Treu und Glauben kennt.[593] Die somit im englischen Recht entstehende Regelungslücke muss durch Einzelregelungen, also hier sec. 244 IA 86, gefüllt werden.[594] Es handelt sich also nicht um eine spezifisch insolvenzrechtliche Regelung, sondern nur um die Ausdehnung des persönlichen Anwendungsbereichs eines allgemeinen Rechtsbehelfs gegen wucherische Kreditbedingungen.[595]

Beide Rechtssysteme fassen den Kreis der von den entsprechenden Regelungen erfaßten „Kredite" sehr weit, um Umgehungen zu verhindern. In der Gerichtspraxis beider Länder bestehen bei der konkreten Anwendung dieser Norm jedoch starke Unterschiede sowohl in Bezug auf die Berechnung als auch die Höhe der Zinssätze, die letztendlich als wucherisch angesehen werden. Während im deutschen Recht eine an die Marktverhältnisse angepaßte Regel verwandt wird, indem der Vertragszins mit dem Effektivzins verglichen wird, stellt das englische Rechtssystem ausweislich der vorliegenden Rechtsprechung nur auf die absolute Zinshöhe des Darlehens ab. Auch in der damit letztendlich entscheidenden Zinshöhe weichen demzufolge die beiden Rechtssysteme sehr stark voneinander ab. Wenn im englischen Recht ein Vertragszins von 48 % noch nicht als Wucher angesehen wird, dann müßte der deutsche Effektivzins bei 36 % liegen, damit ein Vertragszins von 46 % noch nicht als Wucher angesehen würde (36% + 12% ("erlaubtes Übersteigen")). Auch dieses starke Abweichen der zum Wucher führenden Zinssätze läßt sich wohl aus dem Fehlen des Grundsatzes von Treu und Glauben im englischen Recht erklären.

---

[592] so auch Kamlah, Insolvenzanfechtung, S. 138, 142.
[593] Goode, Commercial Law, S. 100; Powell [1956] 9 CLP 16, 25.
[594] Friedmann in Beatson, Good Faith, S. 400.
[595] Bruski, Konkursanfechtung, S. 60.

In subjektiver Hinsicht ist festzustellen, dass die Regelung des § 138 BGB bezüglich des Kreditwuchers durch Rechtsprechungsgrundsätze stark verobjektiviert wurde, während im englischen Recht das Vorliegen subjektiver Motive schon tatbestandlich nicht erforderlich ist. Folglich sind in beiden Rechtssystemen im Endergebnis diese Vorschriften, wenn überhaupt, dann nur mit einer minimalen subjektiven Barriere ausgestattet.

(d) Analyse

Die Regelung der sec. 244 IA 86 ist zumindest nach dem derzeitigen Stand der Rechtsprechung überflüssig, da sie angesichts der gerichtlich genehmigten hohen Zinssätze leerläuft. Für sec. 238 IA 86, die auch Kredite erfaßt, wird nämlich die Ansicht vertreten, dass eine Wertdifferenz zwischen Leistung und Gegenleistung, die mehr als 25 % beträgt, als „significantly" und damit als tatbestandserfüllend zu werten ist.[596] Damit bleibt eine Regelung, die de facto einen auf das Jahr berechneten Wertunterschied von 48 % nicht als „extortionate" und folglich als nicht tatbestandserfüllend ansieht, dahinter zurück. Da sich die Tatbestandsvoraussetzungen von ss. 238 und 244 IA 86 im übrigen ähneln, beide Regelungen sind insbesondere als rein objektive Tatbestände ausgestaltet, erscheint die Anfechtung eines Darlehens nach der allgemeinen Vorschrift der sec. 238 IA 86 erfolgversprechender als nach der Spezialvorschrift der sec. 244 IA 86.[597]

Zudem verfehlt sec. 244 IA 86 den vom *Cork Committee* ursprünglich vorgesehenen Zweck. Diese Norm sollte nämlich eine andere (komplexere) Regelung ersetzen, die eine Beschränkung der Zinsforderungen in der Insolvenz auf 5 % vorsah, um das Auflaufen hoher Insolvenzforderungen während des Insolvenzverfahrens durch die Vereinbarung von überhöhten Zinssätzen zu verhindern. Die Begrenzung des damaligen Zinssatzes auf 5 % wurde als zu gering eingestuft und das Komitee wollte dem Insolvenzverwalter eine Möglichkeit geben, bei grundsätzlicher Wirksamkeit auch hoher Zinssätze in Ausnahmefällen die diesbezüglichen Verträge anzufechten.[598] Zur Erreichung des Ziels ein Auflaufen von Zinsen im Insolvenzverfahren zu verhindern, hätte sich aber auch das Beispiel der deutschen Regelung des § 39 I Nr. 1 InsO angeboten, wonach derartige Zinsen nur nachrangige Insolvenzforderungen darstellen. Die derzeitige Auslegung der sec. 244 IA 86 läßt jedoch die Ausgangsüberlegungen und Empfehlungen des *Cork Committee* völlig außer Betracht.

Zusammenfassend läßt sich somit festhalten, dass die Norm schon von ihrer systematischen Stellung im Insolvenzrecht fragwürdig erscheint, da als wucherisch anzusehende Kredite eigentlich unabhängig von der Insolvenz des Schuldners

[596] so Rajak, Company Liquidations, Ziff. 1207, 4.
[597] so auch Snaith/Cownie, Corporate Insolvency, Rdn 20.65.
[598] vgl. die Ausführungen im Cork-Report, Rdn 1363 ff.

verhindert werden sollten.[599] Weiterhin führt die konkrete Auslegung dieser Norm aber auch zu ihrem Leerlaufen und sie erreicht nicht das mit ihr angestrebte Ziel.

2. Bestellung von Sicherheiten

Ein Gläubiger, der sich eine Sicherheit für eine Verbindlichkeit bestellen läßt, verfolgt das Ziel, im Insolvenzfall Priorität vor anderen Gläubigern zu genießen.[600] Folglich wird durch Sicherheiten das Prinzip der Gläubigergleichbehandlung in der Insolvenz ausgehebelt. In diesem Abschnitt wird untersucht, wie die beiden Rechtssysteme diesen Umstand anfechtungsrechtlich bewerten.

a. Deutsches Recht

i. Kongruente Deckung, § 130 InsO

Die Stellung von Sicherheiten jedweder Art kann, wie schon die Formulierung der Norm klarstellt, eine anfechtbare kongruente Deckung darstellen.[601] Insbesondere kann auch die in den AGB der Banken regelmäßig vorgesehene Bestellung von Pfandrechten an Guthaben auf einem Girokonto als kongruente Dekkung angefochten werden.[602] Jedoch reicht die darin häufig anzutreffende allgemeine Formulierung, wonach die Bank jederzeit die Bestellung bankmäßiger Sicherheiten verlangen kann, für die Annahme einer kongruenten Deckung selbst nicht aus,[603] da hier nur eine schuldrechtliche Verpflichtung, nicht jedoch eine dinglich wirksame Verfügung vorliegt.

ii. Inkongruente Deckung, § 131 InsO

Ebenso wie bei § 130 InsO, so ist auch bei § 131 InsO die Sicherheitenbestellung als zur inkongruenten Deckung führende Rechtshandlung schon tatbestandlich erfaßt. Da die Sicherung gegenüber der Befriedigung ein aliud ist, kann aus dem Leistungsanspruch insbesondere kein Anspruch auf Sicherung abgeleitet werden.[604] Ein in den Banken-AGB vorgesehenes und auch tatsächlich bestelltes Pfandrecht zur Kreditsicherung kann, wenn es nicht schon dem Tatbestand der kongruenten Deckung unterfällt, eine inkongruente Deckung darstellen.[605] Nach ständiger Rechtsprechung liegt eine inkongruente Sicherung auch dann vor, wenn aus einem erstrittenen Leistungsurteil in der Krise im Wege des einstweiligen Rechtsschutzes oder der Zwangsvollstreckung eine Siche-

---

[599] vgl. hierzu auch Kamlah, Insolvenzanfechtung, S. 142, der davon ausgeht, dass es sich bei dieser Norm nicht um einen Anfechtungstatbestand im eigentlichen Sinne handelt.

[600] Cork-Report, Rdn 1491.

[601] Zeuner, Insolvenzanfechtung, Rdn 93; Kuhn/Uhlenbruck, KO, § 30 Rdn 42a.

[602] BGH, Urt. v. 24.10.1996 - IX ZR 284/95, ZIP 1996, 2080; Ehricke, ZIP 1999, 1417; Feuerborn, ZIP 2002, 290.

[603] Kuhn/Uhlenbruck, KO, § 30 Rdn 42a, 52; Kübler/Prütting-Paulus, InsO, § 131 Rdn 9.

[604] Zeuner, Insolvenzanfechtung, Rdn 133; Kübler/Prütting-Paulus, InsO, § 131 Rdn 13.

[605] BGH, Urt. v. 3.12.1998 - IX ZR 313/97, ZIP 1999, 76; Eckardt, ZIP 1999, 1417; Zeuner, Insolvenzanfechtung, Rdn 135.

rung bestellt wird.[606] Hierbei ist dann auch § 88 InsO (sog. Rückschlagsperre) zu beachten, wonach eine innerhalb eines Monats vor dem Antrag auf Eröffnung des Insolvenzverfahrens im Wege der Zwangsvollstreckung erlangte Sicherung automatisch mit Eröffnung des Verfahrens unwirksam wird. Dagegen stellen gesetzliche Pfandrechte, wie z. B. das Werkunternehmerpfandrecht nach § 647 BGB keine inkongruente Deckung dar.[607] Weiterhin liegt eine inkongruente Deckung auch dann nicht vor, wenn ein Kredit von vornherein nur gegen gleichzeitige Stellung einer Sicherheit eingeräumt wurde, auf die der Gläubiger einen vertraglichen Anspruch hatte. Insoweit liegt ein Bardeckungsgeschäft vor, bei dem es an der Gläubigerbenachteiligung fehlt.[608]

iii. Unmittelbar nachteilige Rechtshandlungen, § 132 InsO

Zumindest unter § 132 I InsO lassen sich auch solche Rechtsgeschäfte, welche die Bestellung einer Sicherheit zum Gegenstand haben, subsumieren.[609] Hierbei ist zwar das Erfordernis der Unmittelbarkeit der Benachteiligung iSd. Norm zu beachten. Dieses Merkmal ist aber schon dann zu bejahen, wenn der Schuldner für einen Kredit in Höhe von Euro 8.000,- Maschinen im Wert von Euro 30.000,- (sicherungs-) übereignet, denn schon durch die Sicherheitenbestellung wird das Vermögen direkt und unmittelbar um den Differenzbetrag verkürzt .[610] Eine Tatbestandserfüllung des § 132 II InsO, der eher Unterlassungen abdecken soll, ist dagegen unwahrscheinlich, denn die (rechtsgeschäftliche) Bestellung einer Sicherheit erfordert ein aktives Tun.

iv. Vorsätzliche Benachteiligung, § 133 InsO

Da im Rahmen der Anfechtung nach § 133 I InsO sämtliche Rechtshandlungen des Schuldners erfaßt werden, also kongruente wie inkongruente Deckungen,[611] kann die Bestellung von Sicherheiten auch nach dieser Vorschrift angefochten werden, wenn die erforderlichen subjektiven Voraussetzungen vorliegen. Bezüglich des objektiven Tatbestandes kann deswegen auf die obige Darstellung zur kongruenten und inkongruenten Sicherung und bezüglich des subjektiven Tatbestandes auf die Darstellung unter Abschnitt V. verwiesen werden. Unter einen entgeltlichen Vertrag iSd. § 133 II InsO ist auch eine Pfandrechtsbestel-

[606] BGH, Urt. v. 15.12.1994 - IX ZR 24/94, ZIP 1995, 293; BGH, Urt. v. 20.3.1997 - IX ZR 71/96, ZIP 1997, 737, 739; Zeuner, Insolvenzanfechtung, Rdn 134; hierbei ist auch § 88 InsO zu beachten, s. sogleich unten.

[607] Zeuner, Insolvenzanfechtung, Rdn 136; FK-Dauernheim, InsO, § 131 Rdn 21; Hess/Weis, AnfR, § 131 Rdn 33.

[608] Kuhn/Uhlenbruck, KO, § 30 Rdn 52; FK-Dauernheim, InsO, § 131 Rdn 16.

[609] BGH, WM 1964, 1164; BGH, Urt. v. 4.12.1998 - IX ZR 47/97, ZIP 1998, 248, 251; Zeuner, Insolvenzanfechtung, Rdn 157.

[610] BGH, Urt. v. 4.12.1998 - IX ZR 47/97, ZIP 1998, 248, 251; HK-Kreft, InsO, § 129 Rdn 41.

[611] Zeuner, Insolvenzanfechtung, Rdn 178.

lung zu fassen.[612] Allerdings ist auch hier das Erfordernis der unmittelbaren Gläubigerbenachteiligung durch die Sicherheitenbestellung zu beachten.

v. Unentgeltliche Leistung, § 134 InsO

Die Anfechtung einer Sicherungsabrede im Rahmen des § 134 InsO kommt nur eingeschränkt in Betracht, denn die Sicherungsabrede und das zu sichernde Schuldverhältnis sind hier einheitlich zu betrachten. Eine Anfechtung ist demnach ausgeschlossen, wenn der Schuldner für eine bereits entstandene Verbindlichkeit eine Sicherung hingibt, da ja schon ein (entgeltliches) Schuldverhältnis besteht.[613] Nur insoweit das Schuldverhältnis selbst unentgeltlich begründet wurde, kommt eine Anfechtung auch der Sicherung in Betracht.[614]

Im Rahmen des § 134 InsO stellt die unentgeltliche Besicherung einer fremden Schuld einen Sonderfall dar. Obwohl eine derartige Leistung ohne Zufluß eines Gegenwertes grundsätzlich als unentgeltliche Leistung iSd. Regelung gewertet werden kann,[615] schränkt der *BGH* diese Regel ein. Hat der Sicherungsnehmer dem Dritten gegenüber seinerseits mit Einverständnis des sichernden Schuldners eine Gegenleistung, etwa ein Darlehen, erbracht, so soll nicht von einer unentgeltlichen Leistung iSd. § 134 InsO auszugehen sein.[616]

b. Englisches Recht

i. Transactions at an undervalue, sec. 238 IA 86

Fraglich ist, ob die Stellung von Sicherheiten von dieser Vorschrift erfaßt wird. Dieses wurde in *Re MC Bacon Ltd* verneint. Dort hatte die Bank erst nach Einräumung und Nutzung eines Kreditrahmens zur Sicherung des Debet-Saldos die Stellung einer floating charge verlangt: *Millet J* entschied, dass in einem derartigen Fall der Gewährung von Sicherheiten für schon bestehende Verbindlichkeiten sec. 238 IA 86 nicht greifen soll, da keine effektive Vermögensreduzierung der Gesellschaft stattfinde. Vielmehr werde nur eine schon existierende Verbindlichkeit an einen ebenso existierenden Vermögensbestandteil der Gesellschaft gekoppelt, was die Bilanz unbeeinflußt lasse.[617] Diese Entscheidung wird teilweise kritisiert, weil sie wirtschaftliche Realitäten nicht berücksichtige, denn eine Gesellschaft, die über ihr Vermögen Sicherungen bestellt hat, habe insge-

---

[612] Zeuner, Insolvenzanfechtung, Rdn 179; Kilger/K. Schmidt, KO, § 31 Rdn 10a.

[613] Zeuner, Insolvenzanfechtung, Rdn 220; Kübler/Prütting-Paulus, InsO, § 134 Rdn 21; hierbei ist jedoch zu beachten, dass in einem solchen Fall eine Anfechtung wegen inkongruenter Deckung möglich ist.

[614] Zeuner, Insolvenzanfechtung, Rdn 220 m.w.N.; FK-Dauernheim, InsO, § 134 Rdn 11.

[615] Zeuner, Insolvenzanfechtung, Rdn 216; Kübler/Prütting-Paulus, InsO, § 131 Rdn 9.

[616] BGH, Urt. v. 25.6.1992 - IX ZR 4/91, ZIP 1992, 1089.

[617] [1990] BCLC 324, 340.

samt einen geringeren Vermögenswert als eine Gesellschaft ohne derartige Sicherheiten.[618]

ii. Preferences, sec. 239 IA 86

Generell kann die Bestellung einer Sicherheit für einen Gläubiger, die zur Sicherung schon zuvor erfolgter Leistungen erfolgt, eine preference darstellen.[619] Eine solche Konstellation lag im Falle *Re MC Bacon Ltd* zu Grunde: Die Sicherheit wurde erst bestellt, nachdem der durch die Bank zur Verfügung gestellte Kreditrahmen genutzt worden war. Somit war der objektive Tatbestand von sec. 239 IA 86 erfüllt; die Anfechtung scheiterte jedoch am fehlenden subjektiven Tatbestand. In diesem Zusammenhang ist zudem zu beachten, dass die rein schuldrechtliche Verpflichtung, auf Verlangen des Gläubigers eine Sicherheit zu stellen, nicht selbst als Sicherheit, sondern nur als (schuldrechtlicher) Vertrag mit der daraus resultierenden Verpflichtung, eine Sicherheit zu stellen, zu werten ist. Wird auf Grund eines derartigen Vertrages dann eine Sicherheit ohne nachfolgende Gegenleistung bestellt, so wird diese als für zuvor erbrachte Leistungen bestellt gewertet und unterfällt der Anfechtung nach sec. 239 IA 86.[620]

iii. Avoidance of certain floating charges, sec. 245 IA 86

Auf Empfehlungen des *Cork Committee* hin wurde diese zuvor in sec. 617 CA 85 enthaltene Vorschrift in die Insolvency Act 1986 überführt und zum Teil reformiert. So wurde z. B. die Regel, dass nur Geld als „new value" im Sinne der Vorschrift in Betracht kommt, durch eine Regelung ersetzt, wonach auch andere Arten von Gegenleistung als „new value" gelten können. [621] Für die Insolvenz natürlicher Personen existiert keine Parallelvorschrift, da eine floating charge nur von Gesellschaften bestellt werden kann.[622] Dagegen sieht sec. 344 IA 86 für

---

[618] Milman/Parry, Avoidance Mechanisms, S. 12; Bailey/Groves/Smith, Corporate Insolvency, S. 364; Doyle, Insolvency Litigation, Rdn 9.16 ff.; Kamlah, Insolvenzanfechtung, S. 208 f.; positiv jedoch Totty/Moss, Insolvency, Rdn H4-08.

[619] Goode, Insolvency Law, S. 394; Bailey/Groves/Smith, Corporate Insolvency, S. 365; Doyle, Insolvency Litigation, Rdn 10.05; Rajak, Company Liquidations, Ziff 1214, 4; insbesondere kann auch eine floating charge als preference angefochten werden, vgl. ter Meulen, Floating Charge, S. 50.

[620] Re Jackson & Bassford Ltd [1906] 2 Ch 467; Goode, Insolvency Law, S. 394; anders hier Kamlah, Insolvenzanfechtung, S. 172, der davon ausgeht, dass die auf Grund eines solchen Versprechens bestellte Sicherheit nicht anfechtbar ist, dabei aber nicht auf den Aspekt der „past consideration" eingeht. Wird die Sicherheit nämlich vor Gewährung der Gegenleistung bestellt, so greift schon das Prinzip des „new value", so dass die Sicherheit bis zum Wert der erbrachten Gegenleistung der Anfechtung entzogen ist. Wird dagegen die Sicherheit erst nach Gewährung der Sicherheit bestellt („past consideration"), ist sie anfechtbar, unabhängig davon, ob sie auf einem schuldrechtlichen Versprechen beruht oder nicht.

[621] Cork Report, Rdn 1551 ff.; Doyle, Insolvency Litigation, Rdn 11.01; Sealy/Milman, S. 294; für eine Zusammenfassung der Neuerungen s. Goode, Insolvency Law, S. 410; Bailey/Groves/Smith, Corporate Insolvency, S. 376; Kamlah, Insolvenzanfechtung, S. 177.

[622] Cork/Graham, ZIP 1982, 1275, 1276; theoretisch besteht zwar die Möglichkeit, dass auch natürliche Personen eine floating charge bestellen, jedoch wurden diesbezüglich durch die

Insolvenzen natürlicher Personen die Möglichkeit der Anfechtung von Globalzessionen vor.[623]

Diese Norm stellt trotz ihrer systematischen Stellung innerhalb der Vorschriften zur Insolvenzanfechtung keinen Anfechtungs- sondern eher einen Nichtigkeitstatbestand dar.[624] Dieses wird einmal schon durch das Wort „nichtig" („void") anstelle z. B. der für die Anfechtungsvorschriften der ss. 238, 239 IA 86 verwandten Wendung, dass der Insolvenzverwalter „einen Gerichtsbeschluß beantragen könne", deutlich. Zum anderen ist dem Gericht im Gegensatz zu den anderen Anfechtungsvorschriften auch kein Ermessensspielraum bezüglich der zu treffenden Anordnung eingeräumt; es existiert nur die Nichtigkeitsfolge.[625] Für eine Einordnung dieses Tatbestandes in das Recht der Insolvenzanfechtung spricht aber die Tatsache, dass nur der Insolvenzverwalter befugt ist, die Nichtigkeit der Norm geltend zu machen.

Das *Cork Committee* lehnte es ausdrücklich ab, neben floating charges auch fixed charges in den Schutzbereich der Norm aufzunehmen.[626] Dieses wurde damit begründet, dass die Bestellung einer fixed charge unter Beachtung der Regeln über preferences und transactions at an undervalue anstelle der sofortigen Bezahlung der Forderung unter Umständen eher die Fortführung des Unternehmens ermögliche, da der Gesellschaft die Liquidität erhalten bleibe.[627] Die gleiche Argumentation wurde aber für die floating charge nicht zugelassen, da die floating charge, sich im Gegensatz zur fixed charge auch auf zukünftig erworbene Vermögensgegenstände der Gesellschaft erstreckt, also auch auf solche Vermögensgegenstände, für die der besicherte Gläubiger keine Leistung erbracht hat.[628] Zwar bleibt der Gesellschaft bei Stellung einer floating charge auch erst einmal die Liquidität erhalten, jedoch zu einem für die übrigen Gläubiger wesentlich höheren Preis: Denn während bei einer fixed charge im Insolvenzfall nur der konkrete Sicherungsgegenstand dem Zugriff der Gläubiger entzogen ist, ist bei einer floating charge das gesamte Schuldnervermögen gebunden. Deswegen scheint, wie einige Stimmen in der Literatur vermuten, die Tatsache, dass man nur die floating charge einem besonderen Anfechtungsregime unterworfen

---

Bill of Sales Act derartig hohe Anforderungen an die Person des Schuldners geknüpft, dass die Bestellung von floating charges in der Praxis nur durch Gesellschaften erfolgt, Schulz-Trieglaff, Grundschuld und Floating Charge, S. 19.

[623] näheres bei Fletcher, Insolvency Law, S. 231.

[624] wohl aus diesem Grund bezeichnet Vach, Insolvenzrechtsreform, S. 37, diese Regelung auch als „Rückschlagsperre", wobei diese Bezeichnung zumindest in der InsO für solche Sicherungsmaßnahmen vorbehalten ist, die durch Maßnahmen der Zwangsvollstreckung erlangt wurden, nicht jedoch, wie sec. 245 IA 86, durch vertragliche Abreden.

[625] s. auch Goode, Insolvency Law, S. 437 ff. zu den Konsequenzen hieraus.

[626] Cork-Report, Rdn 1495.

[627] Cork-Report, Rdn 1492 – 1494.

[628] Cork-Report, Rdn 1553.

hat, auch darin begründet zu liegen, dass die von Natur aus allumfassende floating charge als besonders gläubigergefährdend angesehen wurde.[629]

Schutzzweck der Norm ist es, zu verhindern, dass bestimmte Gläubiger durch die Bestellung einer floating charge zu einem Krisenzeitpunkt einen Vorteil über andere Gläubiger gewinnen.[630] Insbesondere soll verhindert werden, dass Gesellschafter zu ihren Gunsten oder zu Gunsten nahestehender Personen über das Vermögen einer schon insolventen Gesellschaft eine floating charge bestellen, um Ansprüche auf Rückzahlung von Darlehen dinglich abzusichern.[631]

Die – im kontinentaleuropäischen Bereich unbekannte – floating charge ist im englischen Rechtskreis das am weitesten verbreitete Kreditsicherungsmittel bei Unternehmen.[632] Ihre Funktionsweise soll deswegen kurz vorgestellt werden, bevor ihre Anfechtbarkeit in der Insolvenz des Unternehmens dargestellt wird.

(a) Einführung in das Recht der floating charge[633]

Eine floating charge ist nicht eine an bestimmtes Vermögenswerte gebundene Art der Sicherheit, sondern eine an Vermögensgegenständen, die ständig variieren. Obwohl die floating charge gewöhnlich über alle Vermögenswerte der Gesellschaft bestellt wird, ist dieses kein unbedingtes Wirksamkeitserfordernis. Vielmehr genügt schon die Belastung nur einiger Vermögenswerte in der Weise, dass alle gegenwärtigen und zukünftigen Werte der charge unterworfen werden, um eine Sicherheitenbestellung als floating charge iSd. Norm zu werten.[634] Die Besonderheit und der Vorteil dieser Art der Sicherheit besteht darin, dass die Gesellschaft im normalen Geschäftsverlauf grundsätzlich über die von der Sicherungsabrede erfaßten Gegenstände frei verfügen darf. Erst im Falle eines vertraglich vorbestimmten Ereignisses verfestigt sich die floating charge an den

---

[629] Goode, Insolvency Law, S. 409; gegen diese Entscheidung des Gesetzgebers in der Folge des Cork-Committee sind auch kritische Stimmen laut geworden, vgl. Milman, Priority rights on corporate insolvency, S. 76; Milman/Parry, Avoidance Mechanisms, S. 11; s. Entscheidung in Siebe Gorman v. Barclays' Bank [1979] 2 Lloyds Rep 142.

[630] Bailey/Groves/Smith, Corporate Insolvency, S. 376; Goode, Insolvency Law, S. 409; Kamlah, Insolvenzanfechtung, S. 130 ff.

[631] ter Meulen, Floating Charge, S. 50; Kamlah, Insolvenzanfechtung, S. 131; Finch, Corporate Insolvency, S. 405.

[632] vgl. hierzu die Ausführungen bei Goode, The exodus of the floating charge, S. 193 f.; Schulz-Triglaff, Floating Charge und Grundschuld, S. 17.

[633] Für eine deutschsprachige Einführung in das Recht der floating charge s. Cork/Graham, ZIP 1982, 1275, 1277; ter Meulen, Floating Charge, Diss., 1969; Schulz-Trieglaff, Grundschuld und Floating Charge, Diss, 1997; Gottwald, KTS 1981, 17, 35; Vach, Insolvenzrechtsreform, S. 33; Lange, WM 1990, 701; kritisch zum Konzept der floating charge: Goode, The exodus of the floating charge, S. 193 ff.

[634] Goode, Commercial Law, S. 735; Bailey/Groves/Smith, Corporate Insolvency, S. 376; Rajak, Company Liquidations, Ziff. 1214; s. auch Kamlah, Insolvenzanfechtung, S. 129 ff.; Schulz-Trieglaff, Floating Charge, S. 33.

zu diesem Zeitpunkt zu den Vermögenswerten der Gesellschaft gehörenden Gegenständen (sog. „crystallisation“).[635] Die Wirkung dieser Verfestigung ist, dass die floating charge von diesem Zeitpunkt an in ihren Rechtswirkungen wie eine fixed charge behandelt wird. Der Gläubiger kann dann die der verfestigten floating charge unterliegenden Vermögensgegenstände in Besitz nehmen, weiterverkaufen oder auf ähnliche Weise zu seinen Gunsten nutzen. Eine weitere Besonderheit dieses Sicherungsmittels ist schliesslich, dass die floating charge im Wege der privaten Zwangsvollstreckung im Verfahren des administrative receivership, ss. 28 ff. IA 86 verwertet werden kann.[636] Hierdurch ist es auch möglich, unter bestimmten Umständen die auf Durchsetzung des Gläubigergleichbehandlungsgrundsatzes gerichteten Insolvenzverfahren der administration oder liquidation zu unterlaufen.[637]

(b) Die Nichtigkeit der floating charge

(i) Objektiver Tatbestand

Eine innerhalb des Anfechtungszeitraumes bestellte floating charge ist nichtig, wenn keine (in etwa) gleichwertige Gegenleistung dafür erbracht wurde.[638] Damit ist die betreffende floating charge also bis zu dem Wert wirksam, bis zu dem zur selben Zeit oder nach der Gestellung der Sicherheit der Gesellschaft neue Vermögenswerte zugeflossen sind, sog. „new value.“

(ii) Das Konzept des „new value“[639]

Während das Konzept des „new value“ dem Tatbestand der sec. 239 IA 86 quasi inhärent ist und deswegen auch im Gesetz nicht näher erwähnt wird, ist es in sec. 245 (2) IA ausdrücklich geregelt. Demnach ist eine Anfechtung der floating charge ausgeschlossen, soweit der Gesellschaft im Gegenzug zur Bestellung der charge "new value" zufließt, sec. 245 (2) (a) IA 86, oder soweit ihre Verbindlichkeiten getilgt werden, 245 (2) (b) IA 86.[640] Um als „new value“ iSd. Norm anerkannt zu werden, müssen die fraglichen Vermögenswerte im normalen Geschäftsverlauf in das Vermögen der Gesellschaft gelangen und einen sofort

---

[635] Bailey/Groves/Smith, Corporate Insolvency, S. 376; Goode, Commercial Law, S. 736; Cork/Graham, ZIP 1982, 1275, 1277; Kamlah, Insolvenzanfechtung, S. 130; Schulz-Trieglaff, Floating Charge und Grundschuld, S. 45.

[636] Cork/Graham, ZIP 1982, 1275, 1277; Schulz-Trieglaff, Floating Charge und Grundschuld, S. 105; s. auch die Darstellung des receivership-Verfahrens bei Weiss, ZIP 1982, 1038, 1039 ff.; Starnecker, englische Insolvenzverfahren, S. 72; Lange, WM 1990, 701, 702.

[637] vgl. hierzu Kamlah, Insolvenzanfechtung, S. 131.

[638] Milman/Durant, Corporate Insolvency, S. 195; Fletcher, Insolvency Law, S. 648; Doyle, Insolvency Litigation, Rdn 11.01.

[639] s. hierzu auch Abschnitt IX. Limitierungen der Anfechtungstatbestände.

[640] 245 (2) (c) IA 86 erstreckt die Unanfechtbarkeit auf Zinsen aus Leistungen nach 245 (2) (a) (b) IA 86.

meßbaren Verkehrswert haben.[641] Die möglichen Vermögenswerte umfassen Geld, Waren oder Dienstleistungen,[642] oder die Erfüllung von Verbindlichkeiten der Gesellschaft.[643] Dagegen sind z. B. Grundstücke und Gebäude, geistiges Eigentum oder Forderungen und Verbindlichkeiten nicht als „new value" anerkannt.[644] Durch die Regelung der sec. 245 (6) IA 86 wird zudem verhindert, dass eine Überbewertung des in das Vermögen der Gesellschaft fließenden new value stattfindet, denn nach dieser Vorschrift ist der Wert der Gegenleistung objektiv und unabhängig vom subjektiven Willen der Parteien zu berechnen.[645]

Zumindest um den Ausnahmetatbestand der sec. 245 (2) (a) IA 86 zu erfüllen, muss die Gegenleistung auch der Gesellschaft selber zufließen.[646] Wird, wie in *Re Fairway Magazines Ltd*,[647] die Gegenleistung an die Bank der Gesellschaft erbracht, um den von der leistenden Partei gesicherten Überziehungskredit (teilweise) zu tilgen, wird dieses Geld niemals der Gesellschaft zur Verfügung gestellt und die floating charge ist zumindest bezüglich dieser Summe nichtig. Wie *Goode*[648] aufzeigt, scheint *Mummery J* in seiner Entscheidung aber übersehen zu haben, dass eine derartige Tilgungsleistung sehr wohl unter den Ausnahmetatbestand der sec. 245 (2) (b) IA 86 fallen kann, denn dazu ist nicht erforderlich, dass die erbrachte Leistung überhaupt an die Gesellschaft erbracht wird. Somit ist dann auch die Person des Leistenden nicht interessant.

Die Entscheidung in *Power v. Sharp Investments Ltd*[649] macht deutlich, dass eine Gegenleistung, die, obwohl explizit als Gegenleistung für die Stellung einer floating charge gewährt, nach sec. 245 IA 86 zur Nichtigkeit der floating charge führt, wenn sie vor Bestellung der Sicherheit erbracht wurde.

---

641 Kamlah, Insolvenzanfechtung, S. 255; Farrar, Company Law, S. 734; Rajak, Company Liquidations, Ziff. 1217, 1.

642 Das Cork Committee wollte die Erbringung von Diensten noch vom Konzept des new value ausnehmen, s. Cork-Report, Rdn 1564.

643 Farrar, Company Law, S. 734; Goode, Insolvency Law, S. 412; Rajak, Company Liquidations, Ziff. 1217, 1; hierbei ist allerdings zu beachten, dass die so durchgeführte Umschuldung der Gesellschaft (Ein Darlehen wird zur Erfüllung einer anderen Darlehensverbindlichkeit genutzt) nur dann nicht als Umgehungsgeschäft anfechtbar ist, wenn die Gewährung des zweiten Kredites der Gesellschaft Vorteile bringt und der Sicherungsnehmer in der gutgläubigen Absicht handelt, der Gesellschaft die Fortführung der Geschäftstätigkeit zu ermöglichen, vgl. Kamlah, Insolvenzanfechtung, S. 177 m.w.N.

644 Goode, Insolvency Law, S. 414; ders., Commercial Law, S. 860; a.A. Doyle, Insolvency Litigation, Rdn 11.04; kritisch auch Sealy/Milman, S. 295.

645 Doyle, Insolvency Litigation, Rdn 11.05; Bailey/Groves/Smith, Corporate Insolvency, S. 378; Sealy/Milman, S. 296.

646 ter Meulen, Floating Charge, S. 52; Kamlah, Insolvenzanfechtung, S. 177 ff.

647 [1992] BCC 925, 933.

648 Insolvency Law, S. 416; so auch Kamlah, Insolvenzanfechtung, S. 177.

649 auch bekannt als Re Shoe Lace Ltd, [1993] BCC 609.

In diesem Fall hatte die Geschäftsführung von *Shoe Lace Ltd* im März 1990 beschlossen, zugunsten der Muttergesellschaft, *Sharp Investments Ltd*, gegen Gewährung weiterer Kredite u. a. eine floating charge zu bestellen. *Sharp Investments Ltd* überwies dann sukzessive zuerst im April 1990 GBP 300.000, im selben Monat weitere GBP 50.000, im Juni 1990 GBP 75.000 und abschließend am 16. Juli 1990 noch einmal GBP 11.500. Die formale Bestellung der floating charge erfolgte jedoch erst am 24. Juli 1990. Auf Grund weiterer finanzieller Schwierigkeiten stellte *Shoe Lace Ltd* am 4. September 1990 Insolvenzantrag und der eingesetzte Insolvenzverwalter beantragte, die floating charge gemäß sec. 245 IA 86 für nichtig zu erklären. Der mit der Entscheidung befaßte *Court of Appeal* setzte sich auch mit der Frage auseinander, ob die durch *Sharp Investments Ltd* durchgeführten Zahlungen den Tatbestand der Ausnahmeregelung der sec. 245 (2) (a) erfüllen, die floating charge also wirksam sei. Das Gericht entschied, dass diese Regelung zwar noch insoweit ausgelegt werden kann als eine minimale Vorzeitigkeit der Leistungserbringung unerheblich ist. Um derartig unerheblich zu sein, dürfe jedoch nur „eine Kaffeepause“ zwischen der Leistungserbringung und der Gestellung der Sicherheit liegen, wie *Sir Christopher Slade* es plastisch formulierte.[650] Bei der Berechnung dieses Zwischenzeitraumes wird grundsätzlich gemäß sec. 245 (2) (c) IA 86 auf das Vorliegen einer bindenden Vereinbarung abgestellt, die einen equitable interest erzeugt, nicht aber erst auf den Zeitpunkt der formellen Registrierung der Sicherheit.[651] Die von der Geschäftsführung beschlossene Bestellung der floating charge wurde vom *Court of Appeal* nicht als derartige bindende Vereinbarung angesehen, so dass erst die Registrierung der charge die notwendige Bindungswirkung entfaltete. Folglich war der Ausnahmetatbestand der sec. 245 (2) (a) IA 86 in zeitlicher Hinsicht nicht erfüllt und der Klage des Insolvenzverwalters wurde stattgegeben. Gleichzeitig hob der *Court of Appeal* die *precedent*-Wirkung diverser vorhergehender Urteile auf, die floating charges für wirksam erklärt hatten, welche bis zu 67 Tage nach Gewährung der Gegenleistung bestellt wurden.[652]

---

650 Power v. Sharp Investments Ltd [1993] BCC 609, 619 Rdn H; s. auch Bailey/Groves/Smith, Corporate Insolvency, S. 378.

651 Goode, Insolvency Law, S. 414; Fletcher, Insolvency Law, S. 649; Bailey/Groves/Smith, Corporate Insolvency, S. 378; Sealy/Milman, S. 295.

652 Power v. Sharp Investments Ltd [1993] BCC 609, 619 C ff.; anders noch Kamlah, Insolvenzanfechtung, S. 181.

(iii) Verhinderung der Nichtigkeit durch „hardening“

Die vorgenannte Problematik der zeitlichen Abfolge von Leistung und Gegenleistung kann jedoch von Banken durch das sog. „hardening of a floating charge“ umgangen werden.[653] Nach der Regel in *Clayton's Case*[654] wird, mangels gegenteiliger Vereinbarung, vermutet, dass Zahlungen auf ein Kontokorrentkonto zur Tilgung zuerst der ältesten Verbindlichkeiten verwendet werden sollen, auch wenn diese Verbindlichkeiten älter als die floating charge und zudem nicht ausdrücklich von dieser gesichert sind. Damit ist dann jede neue Valutierung seitens der Gesellschaft als „new value“ anzusehen und die floating charge wird sukzessive wirksam.[655]

> So unterhielt in *Re Yeovil Glove Co Ltd*[656] die Gesellschaft mehrere Konten bei einer Bank, wobei in regelmäßigen Abständen Beträge für Löhne und Gehälter auf Weisung der Gesellschaft durch die Bank von einem Oberkonto auf ein Unterkonto überwiesen wurden. Dieses Unterkonto war, wie das Oberkonto auch, im Debet. Die Hausbank des Unternehmens drohte mit der Kündigung der Kreditlinien, wenn ihr nicht eine floating charge zur Sicherung für die eingeräumten und genutzten Überziehungskredite eingeräumt würde. In der Folge bestellte die Gesellschaft die verlangte floating charge. Danach überwies die Bank wie bisher in regelmäßigen Abständen bestimmte Summen vom Ober- auf das Unterkonto der Gesellschaft und führte Zahlungsanweisungen an Dritte von diesem Unterkonto aus. Gleichwohl fiel die Gesellschaft aber gleichwohl innerhalb der Nichtigkeitsfrist der sec. 245 IA 86 in die Insolvenz und der Insolvenzverwalter verlangte die Feststellung der Nichtigkeit der floating charge mit der Begründung, dass die floating charge für eine schon zuvor erbrachte Leistung in Form des genutzten Überziehungskredites bestellt worden sei. Der *Court of Appeal* wies die Klage unter Berufung auf die Regel in *Clayton's Case* ab und führte aus, dass sämtliche von der Bank ausgeführte Zahlungsanweisungen als „new value“ zu charaktierisieren seien, welche die floating charge nach und nach wirksam werden ließen.

Obwohl das *Cork Committee* eine gesetzliche Aufhebung dieser Regel forderte, da durch dieses Konstrukt die Schutzwirkung der Norm erheblich eingeschränkt würde,[657] gibt es Stimmen in der Literatur, die in dieser Regel kein Problem er-

---

[653] Milman/Durant, Corporate Insolvency, S. 199; Goode, Insolvency Law, S. 417; Rajak, Company Liquidations, Ziff. 1217 (3); Snaith/Cownie, Corporate Insolvency, Rdn 20.70; Kamlah, Insolvenzanfechtung, S. 179.

[654] so benannt nach einer Entscheidung in (1816) 1 Mer 572.

[655] Goode, Insolvency Law, S. 417.

[656] [1965] Ch 148.

[657] Cork-Report, Rdn 1562.

blicken.[658] Auch von Seiten des Gesetzgebers wurde anläßlich der Reform hier augenscheinlich kein Handlungsbedarf gesehen, da sich eine Aufhebung der Regel nicht ausdrücklich aus dem Gesetzestext entnehmen läßt. Somit ist davon auszugehen, dass die Regel nach wie vor Bestand hat, also ein sukzessives Wirksamwerden der floating charge möglich ist.

(iv) Subjektiver Tatbestand

Die Vorschrift über die Anfechtung von floating charges ist seit der Reform als rein objektive Vorschrift ausgestaltet, so dass sämtliche subjektiven Tatbestandsmerkmale weggefallen sind.[659]

c. Vergleich

Zwar werden in beiden Rechtssystemen Sicherheitenbestellungen in der Krise auch anfechtungsrechtlich erfaßt, jedoch ist die Ausprägung der jeweiligen Anfechtungssystematik unterschiedlich. Am deutlichsten wird das an der Spezialvorschrift der sec. 245 IA 86, die einzig der Feststellung der Nichtigkeit einer floating charge dient und damit trotz ihrer systematischen Stellung keine Anfechtungsvorschrift darstellt. Diese Vorschrift ist auch in anderer Hinsicht eine Besonderheit des englischen Rechts, denn sie läßt ausnahmsweise die „Anfechtung“ einer kongruenten Sicherung zu. Zur Erfüllung des Tatbestandes reicht grundsätzlich die Bestellung der floating charge innerhalb der Anfechtungsfrist aus, ohne dass es auf weitere subjektive oder objektive Merkmale ankommt. Damit verhält sich das englische Recht bei der Anfechtung von Sicherungen strikter als bei der Anfechtung von Leistungen.

In beiden Rechtssystemen werden die Sicherheitenbestellung und die durch diese Bestellung zu sichernde Forderung mehr oder minder einheitlich betrachtet. Fließt der Gesellschaft für die Sicherheitenbestellung eine Gegenleistung in engem zeitlichen Zusammenhang mit der Bestellung der Sicherheit zu, so kann die bestellte Sicherheit nach dem Prinzip des "new value" oder der Bargeschäftsausnahme nach § 142 InsO anfechtungsfest sein. Während im englischen Recht – bedingt durch die Regel in *Clayton's Case* – auch ein nachträgliches Wirksamwerden der floating charge möglich ist, gilt im deutschen Recht das Alles-oder-Nichts-Prinzip. Somit ist im Rahmen des § 142 InsO eine Sicherheit dann, aber auch nur dann, wirksam, wenn eine gleichwertige Gegenleistung geflossen ist, und dieses auch nur in den Fällen, in denen (zumindest) nicht eine Anfechtung nach § 133 InsO erfolgte. Weiterhin wird im englischen Recht sehr genau auf den Zeitpunkt der Sicherheitenbestellung geachtet, so dass eine Sicherheitenbestellung für eine schon erbrachte Leistung gemäß dem Grundsatz „past consideration is no consideration“ als anfechtbar angesehen wird.

---

[658] Goode, Insolvency Law, S. 418; ders. Is the Law too favourable to secured creditors?, S. 53, 61.

[659] Milman/Durant, Corporate Insolvency, S. 197; Kamlah, Insolvenzanfechtung, S. 182.

d. Analyse

Die Übernahme der Regelung der sec. 617 CA 85 in die Insolvency Act ohne die eigentlich notwendige Anpassung der technischen Wirkungsweise der Norm weg von der Nichtigkeit hin zu einer Anfechtbarkeit, belegt aufs Neue den Charakter des englischen Rechts der Insolvenzanfechtung als kodifiziertes Fallrecht. Im englischen Recht besteht darüber hinaus auch ein Widerspruch bezüglich der Erfassung von Sicherheiten in den verschiedenen Anfechtungstatbeständen. Während sec. 238 IA 86 die Sicherheitenbestellung, die für eine schon zuvor bestehende Verbindlichkeit erbracht wird, nach Ansicht von *Millet J* in *Re MC Bacon* tatbestandlich nicht erfaßt, sollen die Tatbestände der ss. 239 und 245 IA 86 genau für diese Fälle. Das englische Recht ist hier nicht sehr kohärent, wie Stimmen belegen, die eine kritische Überprüfung dieses Urteiles fordern.[660]

Auch in anderer Hinsicht wird der Fallrechtscharakter der englischen Regelung zur avoidance of floating charges unterstrichen: die floating charge könnte von anderen Anfechtungsvorschriften, also insbesondere ss. 238 und 239 IA 86 ebenfalls erfaßt werden. Die Subsumtion unter die erste Vorschrift ist jedoch von der Rechtsprechung blockiert worden und die Erfassung unter der zweiten dürfte zumeist an der hohen subjektiven Hürde scheitern. In diesem Fall läuft diese Sondervorschrift jedoch - im Unterschied zu sec. 244 IA 86 - nicht ins Leere, da die Schwelle zur Erfüllung ihrer Tatbestandsvoraussetzungen wesentlich niedriger ist, als bei den anderen Anfechtungsvorschriften.

3. Aufrechnungen

Die Aufrechnung in der Insolvenz stellt ein weiteres Beispiel für eine indirekte Masse-schmälerung dar. Im Normalfall müßte nämlich der Gläubiger die von ihm zu erbringende Leistung zur Masse tätigen und wäre bezüglich seiner Gegenforderung auf die Insolvenzquote beschränkt. Die Möglichkeit der Aufrechnung verhindert dieses Ergebnis und der Masse kommt somit weniger zu, als wenn die Aufrechnung nicht möglich wäre. In diesem Abschnitt wird nun untersucht, inwieweit die hier verglichenen Rechtssysteme eine indirekte Masseschmälerung durch Aufrechnung trotz dieser nachteiligen Auswirkung auf die Masse zulassen.

a. Deutsches Recht

Im deutschen Recht können die mit einer Aufrechnung zusammhängenden Rechtshandlungen von mehreren Anfechtungstatbeständen erfaßt werden. So kann die Befriedigung eines Gläubigers im Wege der Aufrechnung einen Fall der kongruenten Deckung darstellen.[661] Weiterhin kann es sich dabei aber auch um einen Fall der inkongruenten Deckung handeln, nämlich z. B. dann, wenn

---

[660] Bailey/Groves/Smith, Corporate Insolvency, S. 364.

[661] BGH, Urt. v. 4. Mai 1995 - IX ZR 256/93, ZIP 1995, 926, 928; Zeuner, Insolvenzanfechtung, Rdn 96; Kuhn/ Uhlenbruck, KO, § 30 Rdn 42g; Paulus, ZIP 1997, 569, 576.

eine Bank die Gutschrift auf einem kreditorischen Konto des Gemeinschuldners zur Verrechnung mit dem Negativsaldo auf einem anderen Konto nutzt.[662] Zudem kann die Herbeiführung einer Aufrechnungslage, beispielsweise durch die Kündigung eines Kredites, um die Aufrechnung mit Kontoguthaben zu ermöglichen, bei Vorliegen der übrigen Tatbestandsvoraussetzungen nach § 132 I InsO als unmittelbar nachteilige Rechtshandlung angefochten werden, da diese Norm seit der Reform des Insolvenzrechts auf jeden Fall auch einseitige Rechtsgeschäfte erfaßt.[663]

An den vorgenannten Beispielen wird deutlich, dass in der Praxis des deutschen Anfechtungsrechts die Frage der Anfechtbarkeit von Aufrechnungen häufig im Zusammenhang mit Bankkonten diskutiert wird. So soll nach *Paulus*[664] der Eingang von Gutschriften auf dem debitorisch geführten Bankkonto des Gemeinschuldners innerhalb der Krise des Unternehmens, z. B. in Folge einer Scheckeinreichung, den „Prototyp" der anfechtungsrechtlich relevanten Handlung darstellen.[665] Hierbei ist auch der im Zuge der Reform maßgeblich erweiterten Regelung des § 55 Nr. 3 KO, nunmehr § 96 Nr. 3 InsO, Beachtung zu schenken. Wird durch eine Einzahlung auf ein debitorisches Konto innerhalb von drei Monaten vor der Antragstellung auf Eröffnung des Insolvenzverfahrens (oder nach Antragstellung) eine Aufrechnungslage iSd. § 387 BGB herbeigeführt, so ist die Aufrechnung dann unwirksam, ohne dass es einer Anfechtung bedarf, wenn der Kontoinhaber zahlungsunfähig war und die Bank hiervon auch Kenntnis besaß, vgl. §§ 96 Nr. 3, 130 InsO.[666] Nach der Rechtsprechung zu den Regelungen der KO war die Anfechtung einer Aufrechnung selbst dann möglich, wenn die Aufrechnung nicht gegen § 55 KO verstieß, so dass die durch die Aufrechnung herbeigeführte Befriedigung angefochten werden konnte, wenn die Voraussetzungen für die Aufrechnung in anfechtbarer Weise geschaffen worden waren.[667] In der Regelung des § 96 Nr. 3 InsO wird nun diese Rechtsprechung kodifiziert und eine Aufrechnung dann für unzulässig erklärt, wenn ein Gläubiger die Möglichkeit der Aufrechnung durch eine anfechtbare Rechtshandlung erlangt hat. In diesem Fall ist eine Anfechtung der Aufrechnung nicht mehr erforderlich,

---

[662] Zu diesem Bereich existiert mittlerweile eine schier unüberschaubare Ansammlung von Rechtsprechung und Literatur, vgl. nur zuletzt BGH, Urt. v. 7.3.2002 – IX ZR 223/01, ZIP 2002 812; BGH, Urt. v. 5.4.2001 – IX ZR 216/98, ZIP 2001, 885; BGH, Urt. v. 2.2.1972 - VIII ZR 152/70, BGHZ 58, 108; Paulus, ZIP 1997, 569, 577; Canaris, FS KO, S. 77; de Bra, NZI 1999, 249; Leithaus, NZI 2002, 188; Feuerborn, ZIP 2002, 290.

[663] Zeuner, Insolvenzanfechtung, Rdn 157; HK-Kreft, InsO, § 132 Rdn 6; s. zum Recht der KO zuletzt auch BGH, Urt. v. 5.4.2001 – IX ZR 216/98, BB 2001, 1062.

[664] in ZIP 1997, 569.

[665] vgl. hierzu auch Kuhn/Uhlenbruck, KO, § 30 Rdn 42a ff.

[666] Paulus, ZIP 1997, 569; 576; Kübler/Prütting-Lüke, InsO, § 96 Rdn 49 ff.

[667] BGH, Urt. 2.2.1972 - VIII ZR 152/70, BGHZ 58, 108; BGH, Urt. v. 4.5.1995 - IX ZR 256/93, BGHZ 129, 336, 344, vgl. auch v. Usslar, BB 1980, 916; Mauer, Anfechtungsprozeß, Rdn 302.

auch wenn die Aufrechnung bereits vor Verfahrenseröffnung erklärt wurde.[668] Mit dieser Regelung wird das Anfechtungsrecht dem Recht der Aufrechnung inkorporiert,[669] während unter der Geltung der Konkursordnung § 55 KO nur neben den Anfechtungsregeln anwendbar war.[670] In diesem Fall gelten auch nicht die sich aus § 143 InsO ergebenden Rechtsfolgen, sondern solche Leistungspflichten, die sich aus dem materiellen Recht zur Forderungseinziehung ergeben.[671]

b. Englisches Recht

Im englischen Recht sind Aufrechungen (engl.: set-off) nicht nur privilegiert, sondern unterliegen sogar einem Automatismus. Bei im Gegenseitigkeitsverhältnis stehenden Forderungen, die vor der Abwicklung der Gesellschaft entstanden sind, legt r 4.90 IR 86 nämlich den Grundsatz fest, dass diese Verbindlichkeiten im Insolvenzverfahren automatisch gegeneinander aufgerechnet werden, ohne dass es einer Rechtshandlung bedarf.[672] Dabei kann eine „Forderung" iSd. Norm hier ausnahmsweise auch der Wert von Waren sein, so dass die Gleichartigkeit der Forderungen zumindest in diesem Zusammenhang sehr weit ausgelegt wird.[673] Im Fall *National Westminster Bank Ltd v. Halesowen Presswork & Assemblies Ltd*[674] entschied das *HoL* zudem (noch für die alte, gleichlautende Regelung der sec. 31 Bankruptcy Act), dass diese Regelung zwingendes Recht enthalte, welches das öffentliche Interesse an der ordnungsgemäßen Insolvenzabwicklung schützen solle und deswegen auch nicht vertraglich abbedungen werden könne. Obwohl das *Cork Committee* empfahl, diese Regel abzuschaffen oder den Vertragsparteien zumindest ihren vertraglichen Ausschluß zu erlauben, um die Möglichkeiten zur Sanierung von Unternehmen zu verbessern,[675] wurde auch diese Empfehlung vom Gesetzgeber nicht angenommen, wie die Beibehaltung der Regelung der r 4.90 IR 86 zeigt.

Eine grundsätzliche, vom Anfechtungsrecht unabhängige, Einschränkung der Aufrechnung von Gesetzes wegen ergibt sich jedoch aus r 4.90 (3) IR 86. Wußte der aufrechnungsbefugte Gläubiger nämlich entweder von der Anberaumung einer Mitgliederversammlung (im Falle eines creditors voluntary winding-up) oder der Antragstellung auf Abwicklung der Gesellschaft, so ist die Aufrech-

---

668 HK-Kreft, InsO, § 129 Rdn 16; FK-Dauernheim, InsO, § 129 Rdn 21; Mauer, Anfechtungsprozeß, Rdn 304.

669 Paulus, ZIP 1997, 569, 576; Kübler/Prütting-Lüke, InsO, § 96 Rdn 41.

670 Kuhn/Uhlenbruck, KO, § 30 Rdn 42g; Kilger/K. Schmidt, KO, § 30 Anm. 13.

671 Paulus, ZIP 1997, 569, 576; Bork, Insolvenzrecht, Rdn 265.

672 s. hierzu auch Kamlah, Insolvenzanfechtung, S. 136; Vach, Insolvenzrechtsreform, S. 56.

673 Rolls Razor Limited v. Cox [1967] 1 QB 552 CA.

674 [1972] AC 785, vgl. auch Gottwald, KTS 1981, 17, 32; Kamlah, Insolvenzanfechtung, S. 136.

675 Cork-Report, Rdn 1342.

nung ausgeschlossen.[676] Darüber hinaus existieren verschiedene weitere Einschränkungen der Regel im *Halesowen*-Fall: So stellt eine vertragliche Aufrechnungsabrede dann eine anfechtbare preference iSd. sec. 239 IA 86 dar, wenn sie über die gesetzlichen Regelungen für die Insolvenzaufrechnung hinausgeht.[677] Die Rechtsprechung hat zudem verschiedene Versuche vereitelt, die Regeln der Insolvenzaufrechnung auszunutzen, um die Insolvenzanfechtung zu umgehen. So wurde die Warenlieferung auf Kredit durch einen Schuldner an den Gläubiger zum Zwecke der Herbeiführung einer Aufrechnungslage als preference gewertet.[678] Schließlich kann die Rückführung eines Überziehungskredites durch Valutierung einer Zahlung auf ein überzogenes Bankkonto dann eine preference darstellen, wenn die Valutierung in Bevorzugungsabsicht geschah.[679] Nach Ansicht von *Goode* ist von dieser Grundregel jedoch dann eine Ausnahme zu machen, wenn die Bank nach dieser Valutierung eine erneute Belastung desselben Kontos zuläßt, da ansonsten den übrigen Insolvenzgläubigern ein ungerechtfertigter Vorteil erwachsen würde.[680]

c. Vergleich

In beiden Rechtssystemen wird den aufrechnungsbefugten Insolvenzgläubigern eine Sonderstellung eingeräumt, indem die Aufrechnung gegenüber einem Insolvenzschuldner erleichtert wird. Diese Sonderstellung wird im deutschen Recht damit begründet, dass das Vertrauen auf eine einmal erworbene Befriedigungsmöglichkeit nicht zerstört werden dürfe,[681] während das englische Recht eher formal argumentiert und den zwingenden Charakter des set-off mit dem öffentlichen Interesse begründet. Eine – wie auch immer begründete - Sonderstellung des Rechts zur Forderungsaufrechnung ist, obwohl weltweit verbreitet, nicht in allen Rechtssystemen gegeben.[682] Insbesondere in den meisten vom französischen Recht beeinflußten Rechtskreisen unterliegt die Aufrechnung in der Insolvenz maßgeblichen Einschränkungen.[683]

Entsprechend der Zielsetzung und Begründung sind die Regelungen über die Aufrechnung in der Insolvenz unterschiedlich ausgestaltet. Während im englischen Recht die Aufrechnung per Gesetz, unabhängig vom Willen der Parteien durchgeführt wird, sieht das deutsche Recht ein Wahlrecht des Gläubigers vor, ob er mit der Gegenforderung aufrechnen oder an den Gemeinschuldner leisten

---

676 Farrar, Company Law, S. 721; Vach, Insolvenzrechtsreform, S. 62.

677 Goode, Insolvency Law, S. 395; Snaith/Cownie, Corporate Insolvency, Rdn 20.41; kritisch Doyle, Insolvency Litigation, Rdn 10.20.

678 Re Clements [1931] 7 ABC 255, 268 f.; Derham, Set-Off, S. 162.

679 Doyle, Insolvency Litigation, Rdn 10.28; Goode, Insolvency Law, S. 397, 429.

680 Goode, Insolvency Law, S. 397.

681 Paulus, ZIP 1997, 569 mit kritischer Anmerkung zu dieser Begründung.

682 Wood, International Insolvency, Rdn 5-27.

683 Wood, aaO.; v. Campe, Insolvenzanfechtung, S. 234.

und dann seine Forderung zur Tabelle anmelden will. Wird die Aufrechnungslage jedoch künstlich herbeigeführt, um eine Besserstellung in der Insolvenz zu erreichen und also den Gleichbehandlungsgrundsatz auszuhebeln, so wird dieser Umgehungsversuch in beiden Rechtssystemen unterbunden. Seit der Reform des Insolvenzrechts in Deutschland wird hier jedoch einen anderen Weg beschritten als in England. Während im englischen Recht nach wie vor (ebenso wie unter Geltung der KO im deutschen Recht) eine Insolvenzanfechtung der betreffenden Rechtshandlung als preference erforderlich ist, ist im deutschen Recht die Aufrechnung mit einer durch eine anfechtbaren Rechtshandlung erlangten Forderung schon gemäß § 96 Nr. 3 InsO unwirksam, ohne dass es überhaupt einer Anfechtung bedarf.

Eine – nicht anfechtungsspezifische – Folge des zwingenden Charakters des Aufrechnungsautomatismus im englischen Recht war zumindest bis zur Entscheidung in *Re Maxwell Communications Corporations plc. (No.2)*,[684] dass Rangabreden grundsätzlich unwirksam waren. Erst in dieser Entscheidung wurde die *Halesowen*-Entscheidung insoweit relativiert, als ein vertraglicher Rangrücktritt, obwohl er eine Ungleichbehandlung der Gläubiger vorsah, als wirksam angesehen wurde. Begründet wurde diese Abkehr von der bisherigen Rechtsprechung damit, dass ein Gläubiger, der sogar auf die Geltendmachung seiner Forderung in der Insolvenz ganz verzichten könne, erst recht diese Forderung nachrangig stellen könne. Diese Entscheidung trägt somit nicht unwesentlich zur Verbesserung der Sanierungsmöglichkeiten bei, da derartige Bemühungen häufig auf der Vereinbarung von Rangrücktritten beruhen.[685]

VIII. Regelungen zur Kapitalerhaltung

Das Stammkapital einer Kapitalgesellschaft dient als Ausgleich für die auf eben dieses Stammkapital beschränkte Haftung der Gesellschafter und soll eine möglichst hohe Befriedigung der Gläubiger in der Insolvenz absichern.[686] Um der Gefahr entgegenzutreten, dass Gesellschafter dieses Eigenkapital der Gesellschaft wieder entziehen, müssen bestimmte Schutzmechanismen existieren, welche in der Folge aufgezeigt werden sollen.

1. Deutsches Recht

Ziel der Kapitalerhaltungsregeln des deutschen Rechts ist es, der häufig zu geringen Kapitalausstattung von Kapitalgesellschaften entgegenzuwirken und so letztendlich eine möglichst hohe Gläubigerbefriedigung in der Insolvenz zu ge-

---

[684] [1994] 1 All ER 737.

[685] s. auch Kamlah, Insolvenzanfechtung, S. 198 ff.

[686] Für Deutschland: Kübler/Prütting-Paulus, InsO, § 135 Rdn 1; Häsemeyer, Insolvenzrecht, S. 681; Für England: Farrar, Company Law, S. 182.

währleisten.[687] Dieses Ziel soll auf mehreren Wegen erreicht werden: Auch außerhalb jeglicher Krise hat ein Gesellschafter gemäß § 30 GmbHG keinen Rückzahlungsanspruch bezüglich seiner Kapitaleinlage, es sei denn, es verbleibt auch nach der Rückzahlung noch das notwendige Stammkapital in der Gesellschaft.[688] Wird gegen diesen Grundsatz verstoßen, also Eigenkapital an einen Gesellschafter ausgekehrt, so ist der zur Deckung des Stammkapitals erforderliche Betrag nach § 31 GmbHG zurückzufordern.[689] Zudem begründen in der Insolvenz der Gesellschaft die Einlagen der Gesellschafter keine Insolvenzforderung, da sie haftendes Eigenkapital darstellen.[690] Um eine Umgehung in der Krise durch die Hingabe von Scheindarlehen zu verhindern, hat der Gesetzgeber in der Folge obergerichtlicher Rechtsprechung Regelungen bezüglich solcher Darlehen von Gesellschaftern geschaffen, die an Stelle von Eigenkapital zugeführt werden, sog. eigenkapitalersetzende Darlehen.[691] Ersetzt ein vom Gesellschafter der Gesellschaft gewährtes Darlehen nun haftendes Eigenkapital oder dient es der Beseitigung einer darüber hinaus bestehenden Überschuldung, hat der Gesellschafter in der Insolvenz der Gesellschaft auch bezüglich dieser Forderungen nur eine nachrangige Stellung, § 39 I Nr. 5 InsO, wird also nach allen anderen Gläubigern befriedigt.[692]

a. Rechtsprechungsgrundsätze zu den Kapitalerhaltungsregeln

Schon bevor die heute in den §§ 135, 136 InsO enthaltenen Anfechtungsregelungen bezüglich des Erhaltes des Stammkapitals im Jahre 1980 geschaffen wurden, hatte die Rechtsprechung in Analogie zu §§ 30, 31 GmbHG ein komplexes Regelungssystem geschaffen, welches auch weiterhin neben den gesetzlichen Regelungen anwendbar bleibt und diese ergänzt.[693] Ein Gesellschafterdarlehen wird nach diesen Grundsätzen dann als eigenkapitalersetzend gewertet, wenn sich die Gesellschaft zum Zeitpunkt der Aufnahme des Darlehens kein Fremdkapital zu marktüblichen Bedingungen beschaffen konnte, das Darlehen entweder fehlendes Eigenkapital oder sogar eine Überschuldung abdeckte und eine anderweitige, insbesondere eine kurzfristige Überbrückungshilfe nicht vorlag.[694] Auch bezüglich dieser Rechtsprechungsregeln sollen jedoch die Ein-

[687] Zeuner, Insolvenzanfechtung, Rdn 230; Smid, Insolvenzrecht, S. 259; Kuhn/Uhlenbruck, KO, § 32a Rdn 1; Häsemeyer, Insolvenzrecht, S. 681.

[688] Häsemeyer, Insolvenzrecht, S. 677; FK-Dauernheim, InsO, § 135 Rdn 17; Mauer, Anfechtungsprozeß, Rdn 305.

[689] Baumbach/Hueck-Hueck, GmbHG, § 31 Rdn 1; Häsemeyer, Insolvenzrecht, S. 679; FK-Dauernheim, InsO, § 135 Rdn 17.

[690] Kuhn/Uhlenbruck, KO, § 3 Rdn 29.

[691] Baumbach/Hueck-Hueck, GmbHG, § 32a Rdn 4.

[692] Häsemeyer, Insolvenzrecht, S. 683; Kübler/Prütting-Paulus, InsO, § 135 Rdn 2; Zeuner, Insolvenzanfechtung, Rdn 230; Henckel, Kölner Schrift, Rdn 61.

[693] BGH, Urt. v. 26.3.1984 - II ZR 14/84, BGHZ 90, 371, 376; Zeuner, Insolvenzanfechtung, Rdn 229; Baumbach/Hueck-Hueck, GmbHG, § 32a Rdn 4; HK-Kreft, InsO, § 135 Rdn 6.

[694] Kuhn/Uhlenbruck, § 32a Rdn 1a; Mauer, Anfechtungsprozeß, Rdn 306.

schränkungen gelten, die der Gesetzgeber nunmehr in § 32a III GmbHG eingeführt hat.[695] Somit sind Kleingesellschafter mit einer Beteiligung am Stammkapital von zehn Prozent oder weniger, bzw. Kreditgeber, die sich zum Zwecke der Überwindung der Krise am Unternehmen beteiligen, von den Kapitalerhaltungsregeln ausgenommen.

b. Eigenkapitalersetzende Darlehen, § 135 InsO

Die Regelung des § 135 InsO knüpft an die Regelung des § 32a KO an,[696] wobei der Anwendungsbereich der Norm gegenüber der Vorgängerregelung modifiziert wurde. Diese Bestimmung stellt im Bereich der Anfechtungsvorschriften eine Sonderregelung der Deckungsanfechtung dar[697] und dient dem Schutz des Eigenkapitals von (Kapital-) Gesellschaften.[698]

Eine Rechtshandlung ist nach § 135 InsO anfechtbar, wenn für die Forderung eines Gesellschafters auf Rückgewähr eines kapitalersetzenden Darlehens oder für eine gleichgestellte Forderung Sicherung oder Befriedigung innerhalb der Anfechtungsfrist der Vorschrift gewährt wurde. Während der Tatbestand von § 32a KO noch ausdrücklich auf § 32a GmbHG verwies, spricht § 135 InsO nunmehr von „Forderungen eines Gesellschafters auf Rückgewähr eines kapitalersetzenden Darlehens“. Mit dieser Neuformulierung sind neben den §§ 32 a und b GmbHG auch die Eigenkapitalersatzregelungen in den §§ 129a, 172a HGB in den Anwendungsbereich des § 135 InsO einbezogen worden.[699] Dasselbe gilt insoweit auch für den Eigenkapitalersatz in der Aktiengesellschaft.[700] Hierbei ist jedoch zu beachten, dass ein Aktionär überhaupt nur dann den Kapitalersatzregeln unterworfen ist, wenn ihm aufgrund seiner Stellung und seines Einflusses in der AG Finanzverantwortung zukommt.[701] Diese soll nach Ansicht des *BGH* allerdings schon dann bestehen, wenn der Aktionär ein unternehmerisches Interesse an der Gesellschaft hat, was zumindest ab einer Kapitalbeteiligung von 25

---

695 Scholz-K.Schmidt, GmbHG, §§ 32a, 32b Rdn 189, 200.

696 Schmidt-Räntsch, InsO, § 135 Rdn 1; FK-Dauernheim, InsO, § 135 Rdn 1; zu den Änderungen s. sogleich unten.

697 a. A. Häsemeyer, Insolvenzrecht, S. 682, der hierin einen Fall der Vorsatzanfechtung erblickt, dabei jedoch übersieht, dass bei § 135 InsO keine subjektiven TBM erforderlich sind, vgl. auch Hess/Weis, AnfR, S. 436.

698 Zeuner, Insolvenzanfechtung, Rdn 230; Kuhn/Uhlenbruck, KO, § 32a Rdn 1; Smid, Insolvenzrecht, S. 259.

699 Zeuner, Insolvenzanfechtung, Rdn 229; Schmidt-Räntsch, InsO, § 135 Rdn 2; Haarmeyer/Wutzke/Förster, Insolvenzhandbuch, Rdn 237; Mauer, Anfechtungsprozeß, Rdn 358.

700 Zeuner, Insolvenzanfechtung, Rdn 252; Mauer, Anfechtungsprozeß, Rdn 358; s. hierzu auch den Fall der Philipp Holzmann AG, bei dem Darlehen, die dieser durch die Deutsche Bank AG gewährt wurden, u. U. als eigenkapitalersetzend zu werten sind, Lösler, NJW 2000, 564; kritisch zu Lösler: Obermüller, ZInsO 2000, 142.

701 Kübler/Prütting-Paulus, InsO, § 135 Rdn 6; Lösler, NJW 2000, 564.

% impliziert wird.[702] In einem solchen Fall unterliegen Kredite oder gleichgestellte Leistungen des Aktionärs an die AG ebenfalls den Eigenkapitalersatzregelungen.

Die Regelung des § 135 Nr. 2 InsO ist von praktischer Relevanz weiterhin insbesondere im Rahmen der §§ 32a, § 32b GmbHG,[703] denn § 32a I 1 GmbHG schließt zwar die Rückgewähr des von einem Gesellschafter in der Krise gewährten eigenkapitalersetzenden Darlehens aus, gibt jedoch keinen Erstattungsanspruch im Falle eines normwidrig rückgewährten Darlehens. Die Regelungen der § 32a II, III GmbHG gelten dagegen nur in Bezug auf die Kreditgewährung von dritter Seite. Ausschließlich § 135 InsO ermöglicht somit die Anfechtung von Leistungen an oder die Bestellung von Sicherheiten zugunsten des Gesellschafters.[704]

Der Tatbestand des § 135 InsO gliedert sich in zwei Alternativen. Gewährt die Gesellschaft ihrem Gesellschafter für ein eigenkapitalersetzendes Darlehen Sicherheiten, so hat der Insolvenzverwalter das Recht, diese Sicherung gemäß § 135 Nr. 1 InsO innerhalb eines Zeitraums von zehn Jahren anzufechten. Wird ein eigenkapitalersetzendes Darlehen innerhalb eines Jahres vor Eröffnung des Insolvenzverfahrens an den Gesellschafter zurückgezahlt, so kann der Insolvenzverwalter nach § 135 Nr. 2 InsO die Rückgewährung aller bis zu diesem Zeitpunkt auf das Darlehen geleisteten Zahlungen zur Masse verlangen, auch wenn sie über die zur Deckung des Stammkapitals erforderliche Summe hinausgehen.[705] Dasselbe gilt, wenn der Gesellschafter das der Gesellschaft gewährte Darlehen bis hin zur Krise beläßt (sog. „Stehenlassen“), so er die Möglichkeit besaß, diese Krise zu erkennen. Da es aber gerade Aufgabe des Gesellschafters ist, sich über die wirtschaftliche Lage der Gesellschaft zu informieren, sind an den Eintritt dieser Bedingung nicht allzu hohe Anforderungen zu stellen.[706]

---

[702] BGH, Urt. v. 26.3.1984 - II ZR 171/83, BGHZ 90, 381, 387; Kübler/Prütting-Paulus, InsO, § 135 Rdn 6; Kuhn/Uhlenbruck, KO, § 32a Rdn 1b.

[703] Smid, Insolvenzrecht, S. 260.

[704] Ein Rückforderungsanspruch außerhalb eines Insolvenzverfahrens für Leistungen, die direkt an den Gesellschafter fließen, ergibt sich – zumindest bis zur Auffüllung der Stammkapitalziffer – nur aus den Rechtsprechungsgrundsätzen, vlg. Baumbach/Hueck, GmbHG, § 32a Rdn 78.

[705] grundlegend BGH, Urt. v. 26.3.1984 - II ZR 14/84, BGHZ 90, 371, 376 ff. (GmbH); BGH, Urt. v. 26.3.1984 - II ZR 171/83, BGHZ, 90, 381, 383 ff. (AG); vertiefend hierzu s. Zeuner, Insolvenzanfechtung, Rdn 259 ff; Breuer, Insolvenzrecht, S. 93 ff; zu beachten ist, dass nach Ansicht des BGH kurzfristige Überbrückungskredite grundsätzlich nicht als eigenkapitalersetzend angesehen werden.

[706] Breuer, Insolvenzrecht, S. 93; Kübler/Prütting-Paulus, InsO, § 135 Rdn 9; HK-Kreft, InsO, § 135 Rdn 4; Mauer, Anfechtungsprozeß, Rdn 312 ff.

Nach der Legaldefinition des § 32 a I GmbHG versteht man unter einem eigenkapitalersetzenden Darlehen eines, welches ein Gesellschafter der Gesellschaft zu einem Zeitpunkt gewährt, in dem ihr die Gesellschafter als ordentliche Kaufleute Eigenkapital zugeführt hätten (Krise der Gesellschaft).[707] In diesem Zusammenhang wird für das ausfüllungsbedürftige Merkmal des „ordentlichen Kaufmanns" auf die Kreditwürdigkeit der Gesellschaft selbst abgestellt.[708] Die Gesellschaft ist nicht kreditwürdig, wenn ein vernünftig handelnder außenstehender Dritter der Gesellschaft das in Frage stehende Darlehen in Kenntnis der kreditrelevanten Umstände nicht zu marktüblichen Bedingungen ausgereicht hätte.[709]

Neben eigentlichen Darlehen iSv. § 607 BGB erfaßt § 135 InsO auch alle wirtschaftlich gleichwertigen Handlungen, wie aus der Formulierung „oder gleichgestellte Forderungen" deutlich wird und zielt damit insbesondere auf § 32a III GmbHG ab.[710] Wirtschaftlich gleichwertige Handlungen betreffen eine Kapitalüberlassung des Gesellschafters an die Gesellschaft zur zeitweisen Nutzung, wie etwa die Stundung eines schuldrechtlichen Anspruchs.[711] Schließlich können, wie sich schon aus dem Gesetzestext ergibt, auch Sicherheiten als eigenkapitalersetzend gewertet werden.

Seit einiger Zeit ist umstritten, inwieweit auch Nutzungsüberlassungen an die Gesellschaft (etwa Vermietung einer Lagerhalle an die Gesellschaft) mit den eigenkapitalersetzenden Darlehen gleichgestellt werden können. Der *BGH* bejaht zwar grundsätzlich den eigenkapitalersetzenden Charakter einer Nutzungsüberlassung. Dabei wird jedoch nicht der Gebrauchsgegenstand selber dem Eigenkapital zugerechnet, sondern nur das übertragene Nutzungsrecht und die tatsächliche Nutzungsmöglichkeit. Diese Nutzungsmöglichkeit muss der Gesellschaft in der Insolvenz bis zur vollständigen Liquidierung belassen werden.[712] Weiterhin kann der Insolvenzverwalter auch die innerhalb des relevanten Anfechtungszeitraums gezahlten Nutzungsentgelte im Rahmen einer Insolvenzanfechtung herausverlangen.[713]

---

[707] vgl. § 32a I GmbHG; Scholz-K. Schmidt, GmbHG, §§ 32a, 32b, Rdn 2; Kübler/Prütting-Paulus, InsO, § 135 Rdn 13.
[708] Scholz-K. Schmidt, GmbHG, §§ 32a, 32b, Rdn 35; Zeuner, Insolvenzanfechtung, Rdn 239.
[709] Häsemeyer, Insolvenzrecht, S. 683; Kuhn/Uhlenbruck, KO, § 32a Rdn 2a; Zeuner, Insolvenzanfechtung, Rdn 240.
[710] Smid, Insolvenzrecht, S. 260; Zeuner, Insolvenzanfechtung, Rdn 242.
[711] Zeuner, Insolvenzanfechtung, Rdn 243; Baumbach/Hueck, GmbHG, § 32a Rdn 28.
[712] BGH, Urt. v. 16.6.1997 - II ZR 154/96, ZIP 1997, 1375 („Lagergrundstück V"); Zeuner, Insolvenzanfechtung, Rdn 244; HK-Kreft, InsO, § 135 Rdn 4.
[713] Zeuner, Insolvenzanfechtung, Rdn 244; FK-Dauernheim, InsO, § 135 Rdn 96; Mauer, Anfechtungsprozeß, Rdn 310.

Im Zuge mehrerer Gesetzesänderungen[714] wurde der Tatbestand von § 32a III GmbHG zum Schutz von Kleingesellschaftern und zur Privilegierung von Sanierungskrediten ergänzt.[715] So gelten nach § 32a Abs. 3 Satz 2 GmbHG die Regelungen über den Eigenkapitalersatz nicht für den nicht geschäftsführenden Gesellschafter, der mit zehn von hundert oder weniger am Stammkapital beteiligt ist. Die Regeln des Eigenkapitalersatzrechts gelten ferner gemäß § 32a Abs. 3 Satz 3 GmbHG für bestehende oder neugewährte Kredite dann nicht, wenn ein Darlehensgeber in der Krise der Gesellschaft Geschäftsanteile zum Zweck der Überwindung der Krise erwirbt.

c. Stille Gesellschaft, § 136 InsO

Dieser zuvor in § 237 HGB geregelte Tatbestand ist durch Art. 40 Nr. 17 EGInsO in die Insolvenzordnung eingegliedert worden.[716] Nach dieser Vorschrift ist eine Rechtshandlung anfechtbar, durch die – innerhalb des letzten Jahres vor Antragstellung auf Eröffnung des Insolvenzverfahrens oder nach diesem Antrag – einem stillen Gesellschafter auf Grund einer Vereinbarung, auch nur teilweise, die Einlage zurückgewährt oder sein Anteil an dem entstandenen Verlust erlassen wird.[717] Sie findet ihre Begründung in der besonderen Nähe des stillen Gesellschafters zum Geschäftsinhaber, welche sich aus den Kontrollrechten des § 233 HGB ergibt.[718] Die Sonderregelung des § 236 InsO ist erforderlich, um Einlagen von stillen Gesellschaftern anfechtungsrechtlich überhaupt erfassen zu können. Denn wer sich am Geschäft z. B. einer GmbH als stiller Gesellschafter beteiligt, wird damit nicht zum Gesellschafter der GmbH, bleibt ihr gegenüber vielmehr gesellschaftsfremder Dritter.[719] Anders hingegen beurteilt sich die Sachlage, wenn es sich um einen atypischen stillen Gesellschafter handelt, denn dann steht der stille Gesellschafter einem GmbH- Gesellschafter gleich, mit der Folge, dass die Vorschriften der §§ 32a GmbHG, 135 InsO auf ihn anwendbar sind.[720] Erforderlich ist eine besondere Vereinbarung, die kausal ist für die anfechtbare Rechtshandlung. Nicht ausreichend ist es demnach, wenn sich die Einlagerückgewähr aus dem Gesellschaftsvertrag oder aus anderen vertraglichen

---

[714] Abs. 3, Satz 2 angefügt durch Art. 2 KapAEG v. 20.04.1998 (BGBl. I S. 2911); Abs. 3 Satz 3 eingefügt durch Art. 10 KonTraG v. 27.04.1998 (BGBl. I S. 786).

[715] Scholz-K. Schmidt, GmbHG, §§ 32a, 32b, Rdn 179, 192; zu den Auswirkungen dieser Änderungen auf die materielle Rechtslage s. auch Pentz, GmbHR 1999, 437.

[716] Schmidt-Räntsch, InsO, § 136 Rdn 1; Smid, Insolvenzrecht, S. 262; Zeuner, Insolvenzanfechtung, Rdn 266; Henckel, Kölner Schrift, Rdn 62; Weisemann/Smid-Steder, Unternehmensinsolvenz, S. 285.

[717] Smid, Insolvenzrecht, S. 261; Kübler/Prütting-Paulus, InsO, § 136 Rdn 2; HK-Kreft, InsO, § 136 Rdn 2.

[718] Zeuner, Insolvenzanfechtung, Rdn 266; Kübler/Prütting-Paulus, InsO, § 136 Rdn 1.

[719] Gerkan/Hommelhoff, Kapitalersatz, Rdn 2.34.

[720] Gerkan/Hommelhoff, Kapitalersatz, Rdn 2.35.

oder gesetzlichen Schuldverhältnissen ergibt.[721] Die Anfechtung ist zudem gemäß § 136 II InsO ausgeschlossen, wenn ein Eröffnungsgrund gemäß der §§ 16 ff. InsO, also z. B. die Zahlungsunfähigkeit, erst nach der Vereinbarung eingetreten ist.[722]

2. Englisches Recht

Ein Grundpfeiler des englischen Gesellschaftsrechts ist, dass das Stammkapital der Gesellschaft erhalten bleiben muss, sog. capital maintenance doctrine.[723] Zwar gibt es keine Garantie dafür, dass das Stammkapital nicht im ordentlichen Geschäftsverlauf aufgebraucht wird, jedoch darf dieses Stammkapital im übrigen nur in den vom Gesetz vorgesehenen Fällen ausgekehrt werden.[724] Die capital maintenance doctrine wird als Korrelat zur beschränkten Haftung von (Kapital-) Gesellschaften angesehen und soll die Befriedigung der Gläubiger in der Insolvenz sichern.[725] Diese geschützte Stellung wird auch daran deutlich, dass die Gesellschafter gemäß sec. 107 IA 86 im Fall der Insolvenz als nachrangige Gläubiger eingestuft werden.

a. Liability as contributories of present and past members, sec. 74 (2) (f) IA 86

Das *Cork Committee* empfahl, im Falle der Liquidierung der Gesellschaft solche Verbindlichkeiten nachrangig zu stellen, die gegenüber connected persons oder connected companies bestehen und welche nach Meinung des Gerichts einen Bestandteil der Kapitalstruktur der Gesellschaft („part of the long-term capital structure") darstellen.[726] In diesem Zusammenhang muss man sich ins Gedächtnis rufen, dass das *Cork Committee* als connected persons auch solche Gesellschafter ansah, die über einen entsprechend hohen („substantial") Anteil am Gesellschaftsvermögen verfügen.[727]

Diese Empfehlung des *Cork Committee* wurde in sec. 74 (2) (f) IA 86 umgesetzt. Die Regelung sieht vor, dass die Forderung eines Gesellschafters gegen die Gesellschaft, etwa wegen Dividendenausschüttungen, dann nicht beglichen werden darf, wenn das Vermögen der Gesellschaft nicht ausreicht, die Gläubiger der Gesellschaft zu befriedigen. Folglich gilt die oben dargestellte nachrangige Stellung der Gesellschafter gemäß sec. 107 IA 86 grundsätzlich nicht nur be-

---

[721] Zeuner, Insolvenzanfechtung, Rdn 271; Kübler/Prütting-Paulus, InsO, § 136 Rdn 4, 5; FK-Dauernheim, InsO, § 135 Rdn 8.

[722] Kübler/Prütting-Paulus, InsO, § 136 Rdn 8; HK-Kreft, InsO, § 136 Rdn 2; kritisch Smid, Insolvenzrecht, S. 262; Zeuner, Insolvenzanfechtung, Rdn 275.

[723] Trevor v. Whitworth [1887] 12 App Cas 409; Farrar, Company Law, S. 182; Wood, International Insolvency, Rdn 5-32.

[724] ein derartiger gesetzlich vorgesehener Fall ist z. B. die Reduzierung des Stammkapitals, Farrar, Company Law, S. 182 ff.

[725] Farrar, Company Law, S. 172.

[726] Cork-Report, Rdn 1963.

[727] Cork-Report, Rdn 1036; s. auch § 4 IV – Insider-Problematik.

züglich der Auskehrung der Stammeinlage, sondern auch bezüglich aller anderen Verbindlichkeiten der Gesellschaft gegenüber einem ihrer Gesellschafter in seiner Eigenschaft als Gesellschafter.

Im Fall *Soden v. British and Commonwealth Holdings plc*[728] beschäftigte sich das *HoL* mit der Auslegung des Begriffs „in seiner Eigenschaft als Gesellschafter" in sec. 74 (2) (f) IA 86.

> Der Alleingesellschafter von *British and Commonwealth Holdings plc.* hatte eine Klage gegen die (mittlerweile insolvente) Gesellschaft angestrengt, in der er behauptete, die Gesellschaft habe ihn durch arglistige Täuschung zum Kauf der Aktien der Gesellschaft verleitet. Im Hinblick auf die Regelung der sec. 74 (2) (f) IA 86 war nun fraglich, ob die als Schadenersatz geschuldeten Gelder nicht sowieso im Insolvenzverfahren als nachrangige Forderungen einzustufen waren. Das *HoL* entschied jedoch, dass nur solche Verbindlichkeiten unter dieses Tatbestandsmerkmal subsumiert werden können, deren Anspruchsgrundlage sich aus der durch sec. 14 CA 85 festgelegten gesetzlichen Wirkung des Gesellschaftsvertrages ergibt. Folglich war die Schadenersatzforderung des Gesellschafters nicht als nachrangig einzustufen.

Darüber hinaus stellen auch andere Verbindlichkeiten der Gesellschaft gegenüber Gesellschaftern, die sie in anderer Eigenschaft als der eines Gesellschafters innehaben, also z. B. als Darlehensgeber, nicht nachrangige Verbindlichkeiten iSd. sec. 74 (2) (f) IA 86 dar, sondern sind gleichrangig zu solchen Verbindlichkeiten der Gesellschaft gegenüber Nicht-Gesellschaftern.[729] Diese Auslegung der Vorschrift ermöglicht es den Gesellschaftern grundsätzlich, Darlehensforderungen nicht nur als einfache Insolvenzgläubiger anzumelden, sondern diese Forderungen auch noch besichern zu lassen, um so vorrangig befriedigt zu werden[730] oder dies Forderung gegen Einlageforderungen aufzurechnen.[731]

b. Schutz durch das Insolvenzrecht

Wood gibt ohne nähere Begründung oder Nachweise an, dass eine Rückgewähr des Stammkapitals bei Vorliegen der übrigen Tatbestandsvoraussetzungen eine preference darstellen kann.[732] Weitere Stellungnahmen zu dieser Fragestellung sind nicht ersichtlich, so dass man davon ausgehen muss, dass im englischen

---

[728] [1997] 4 All ER 353.
[729] vgl. Farrar, Company Law, S. 727; Finch, Coporate Insolvency, S. 446.
[730] Farrar, Company Law, S. 727 f.
[731] Finch, Coporate Insolvency, S. 446.
[732] Wood, International Insolvency, Rdn 5-32.

Rechtssystem die Möglichkeiten der Insolvenzanfechtung bisher nicht zum Schutz des Eigenkapitals eingesetzt wurde.[733]

Die Anfechtung eines von einem Gesellschafter gewährten Darlehens als preference erscheint aber zumindest dann aussichtsreich, wenn der Gesellschafter mehr als ein Drittel der Stimmrechte der Gesellschaft inne hat, da er dann als associate der Gesellschaft nach sec. 435 (10) (b) IA 86. Die Feststellung des Näheverhältnisses führt nämlich dazu, dass die Erfüllung des subjektiven Tatbestandes unterstellt wird, vgl. sec. 239 (6) IA 86.

c. Andere Möglichkeiten

Trotz der zuvor angesprochenen Lücken im Schutz des Eigenkapitals existieren verschiedene Möglichkeiten zu verhindern, dass sich die Gesellschafter über Ausweichkonstruktionen eine Vorrangstellung gegenüber anderen Gläubigern verschaffen. Hierbei wird jedoch häufig nicht direkt auf die Gesellschafterstellung der beteiligten Personen, sondern auf ihre Position als director der Gesellschaft abgestellt, so dass diese Regelungen bei Gesellschafterdarlehen nur dann Anwendung finden können, wenn es sich um einen Gesellschafter-Geschäftsführer handelt.

Wie aus dem Fall *Re Exchange Travel (Holdings) Ltd*[734] deutlich wird, kann die Rückzahlung des von einem Gesellschafter (und in diesem Fall director, bzw. Ehefrau des director und damit connected person gemäß ss 249, 435 IA 86) der Gesellschaft gewährten Darlehens innerhalb der Krise des Unternehmens eine preference darstellen. In einem anderen Fall, *West Mercia Safetywear Ltd v. Dodd Ltd,*[735] hatte ein director die Bezahlung einer Schuld der Gesellschaft verfügt, zu deren Sicherung er selber eine Bürgschaftserklärung abgegeben hatte. Das Gericht befand, dass diese Zahlungsanweisung gegen die im Common Law bestehende Pflicht des directors verstieß, redlich und im Interesse der Gesellschaft zu handeln,[736] da sie unter Nichtbeachtung der Gläubigerinteressen geschah.

Weitere auf den Rechtsprechungsregelungen des Common Law beruhende Möglichkeiten Umgehungsversuche bezüglich der Kapitalerhaltungsvorschriften

[733] so auch Kamlah, Insolvenzanfechtung, S. 142.
[734] [1996] 2 BCLC 524, [1996] BCC 112; s. auch die ausführliche Darstellung unter Kapitel V 2 a.
[735] [1988] BCLC 250.
[736] „Duty to act bona fide in the interest of the company and not for collateral purposes", begründet durch Re Fawcett & Smith [1942] Ch 304, 306; Snaith/Cownie, Corporate Insolvency, Rdn 20.40.

zu verhindern, stellen die Durchgriffshaftung, („lifting the corporate veil“)[737] oder der sog. „constructive trust“ dar.[738] Darüber hinaus besteht die Möglichkeit, über die Regelungen der ss. 213, 214 IA 86, Fraudulent / Wrongful Trading die Rückzahlung eines Darlehens in der Krise rückgängig zu machen, bzw. eine derartige Verbindlichkeit nach sec. 215 (4) IA 86 als nachrangige Forderung zu werten.[739]

Die Möglichkeit, die Kapitalerhaltungsregeln durch eine entgeltliche Nutzungsüberlassung von Gegenständen oder Immobilien zu umgehen, ist dagegen im englischen Recht nur bedingt anfechtbar. So kann etwa die Vermietung eines Gegenstandes nur unter dem Aspekt des Ungleichgewichts der Leistungen gemäß sec. 238 IA 86 angefochten werden.[740]

3. Vergleich

In beiden Rechtssystemen existieren etablierte Regelungen, sei es richterrechtlicher, sei gesetzlicher Art, die der Erhaltung des Stammkapitals dienen. Auch räumen beide Rechtssysteme den Gesellschaftern in der Insolvenz der Gesellschaft nur eine nachrangige Stellung bezüglich der Rückgewährforderung ihrer Kapitaleinlage ein.

Weiterhin wird auch in beiden Rechtssystemen versucht, eine Umgehung der Regelungen zur Erhaltung des Stammkapitals zu verhindern. Diese Schutzmechanismen sind in jedoch dogmatisch unterschiedlich aufgebaut. Zum einen existieren im englischen Recht keine eigenständigen anfechtungsspezifischen Regelungen bezüglich eigenkapitalersetzender Darlehen an die Gesellschaft. Weiterhin wird die Regelung der sec. 74 (2) (f) IA 86 auch von der Rechtsprechung so restriktiv ausgelegt, dass gerade Darlehen der Gesellschafter hiervon nicht erfaßt werden. Andere Regelungen und Rechtsprechungsgrundsätze erfassen häufig nur solche Rechtshandlungen, die von directors vorgenommen werden. Somit können Darlehen, die von Nur-Gesellschaftern an die Gesellschaft vergeben werden, im englischen Recht nur eingeschränkt unter die Regelungen zur Eigenkapitalerhaltung subsumiert werden, erst recht gilt dies für die Regelungen zur Insolvenzanfechtung. Auch die (entgeltliche) Nutzungsüberlassung

---

[737] Ogowewo, [1999] Insolv. Law., 106, 108; s. auch Doyle, Insolvency Litigation, Rdn 12.20.

[738] Milman/Parry, Avoidance Mechanisms, S. 7; Milman/Durant, Corporate Insolvency, S. 200; Re Clasper Group Services [1989] BCLC 143; Re Horsley & Weight [1982] Ch 442; s. auch Farrar, Company Law, S. 729, Fn 16 m.w.N; Snaith/Cownie, Corporate Insolvency, Rdn 20.40.

[739] Farrar, Company Law, S. 728; Snaith/Cownie, Corporate Insolvency, Rdn 20.40; Kamlah, Insolvenzanfechtung, S. 142 f.

[740] s. hierzu Abschnitt IV; vgl. auch Goode, Insolvency Law, S. 356.

ist im englischen Recht nur bedingt und schon gar nicht unter dem Gesichtspunkt des Eigenkapitalersatzes anfechtbar.

4. Analyse

Durch das Zusammenspiel zwischen den Normen des Anfechtungsrechts und der jeweiligen Regelungen betreffend die einzelnen Gesellschaftsformen wird das Eigenkapital in Deutschland vor dem Zugriff der Gesellschafter geschützt. Dabei ist jedoch zu beachten, dass an § 135 InsO gerade die gegenüber § 32a GmbHG nur eingeschränkte Wirksamkeit kritisiert wird.[741] Dagegen ist im englischen Recht ein ausreichender Schutz des Stammkapitals der Gesellschaft aus allgemeiner als auch aus insolvenzrechtlicher Sicht nur sehr eingeschränkt zu bejahen. Durch die restriktive Auslegung der sec. 74 (2) (f) IA 86 in *Soden v. British and Commonwealth Holdings plc* wird nämlich der Schutz des Eigenkapitals an entscheidender Stelle geschwächt. Auch liegt hier wieder ein Beispiel dafür vor, wie konkrete Vorschläge des *Cork Committee* zumindest von der Rechtsprechung nicht beachtet wurden.

IX. Limitierungen der Anfechtungstatbestände

Im Laufe dieser Darstellung ist schon mehrfach auf die Kollision des Anfechtungsrechts mit anderen Rechtsprinzipien, wie z. B. dem des Vertrauensschutzes, eingegangen worden. Wie schon aus der Darstellung der einzelnen Anfechtungstatbeständen ersichtlich wurde, gilt der Grundsatz der Gläubigergleichbehandlung in der Insolvenz nicht uneingeschränkt. Vielmehr wird versucht, diesen Grundsatz mit anderen als berechtigt angesehenen Interessen zum Ausgleich zu bringen. Für einen derartigen Interessenausgleich stehen innerhalb der Anfechtungstatbestände insbesondere Tatbestandseinschränkungen und subjektive Merkmale zur Verfügung. Darüber hinaus erlaubt die Bestimmung des Anwendungsbereiches der Tatbestände durch Regelung der Konkurrenzverhältnisse ebenfalls die Limitierung der Anfechtungstatbestände und soll deswegen an dieser Stelle ebenfalls besprochen werden.

1. Konkurrenzen

a. Deutsches Recht

Alle Anfechtungstatbestände der §§ 130 ff InsO sind grundsätzlich kumulativ nebeneinander anwendbar, jedoch sind die Tatbestände des § 132 InsO, da als Auffangtatbestände konzipiert, gegenüber den §§ 130, 131 InsO subsidiär.[742] Dagegen ist die Anfechtung nach dem AnfG schon gemäß § 1 AnfG nur außerhalb des Insolvenzverfahrens möglich, so dass die Anfechtungsregeln des AnfG und der InsO in einem Ausschließlichkeitsverhältnis stehen. Wird während einer laufenden Einzelanfechtung das Insolvenzverfahren eröffnet, so ist der Insol-

---

[741] Kilger/K. Schmidt, KO, § 32a, Anm. 5b; K. Schmidt, GesR, S. 1162 ff.

[742] Zeuner, Insolvenzanfechtung, Rdn 6; Kübler/Prütting-Paulus, InsO, § 129 Rdn 42; Jaeger/Henckel, KO, § 29 Rdn 198.

venzverwalter befugt, die geltend gemachten Ansprüche im Rahmen des Insolvenzverfahrens weiterzuverfolgen, § 16 AnfG.[743]

Das Verhältnis zwischen § 138 BGB und den Regelungen der Insolvenzanfechtung stellt sich dagegen nicht so einfach dar. So ist es grundsätzlich möglich, dass die Tatbestände des Anfechtungsrechts und des § 138 BGB gleichzeitig erfüllt sind. Insbesondere Rechtshandlungen, die dem Anfechtungstatbestand des § 133 InsO unterliegen, können unter Umständen auch die Voraussetzungen des § 138 BGB erfüllen.[744] Nach ständiger Rechtsprechung des *BGH* ist § 138 BGB aber nur bei Hinzutreten besonderer Umstände anwendbar. Ansonsten könnten die besonderen Voraussetzungen der einzelnen Anfechtungstatbestände unterlaufen werden.[745] Umgekehrt unterliegen Rechtshandlungen, die schon nach § 138 BGB nichtig sind, nur eingeschränkt der Anfechtung. Dieses liegt zum einen darin begründet, dass nichtige Rechtsgeschäfte keine wirksame Rechtshandlung iSd. Anfechtungsvorschriften darstellen, zum anderen darin, dass nichtige Rechtsgeschäfte grundsätzlich keine gläubigerbenachteiligende Wirkung entfalten.[746] Die Rechtsprechung läßt jedoch insoweit Ausnahmen zu, als es durch das nichtige Rechtsgeschäft, etwa durch Änderung der formalen Rechtslage, zu einer Erschwerung oder Gefährdung des Gläubigerzugriffs kommt.[747]

b. Englisches Recht

Zumindest die Vorschriften der ss. 238, 239, 423 IA 86 sind bei bestimmten Verträgen, die der Schuldner mit einem anerkannten investment exchange oder einem anerkannten clearing house schließt oder bei denen er in Erfüllung eines derartigen Vertrages Verfügungen vornimmt, nicht anwendbar, sec. 165 CA 89.[748]

Daneben kann es durchaus zu Überschneidungen im Anwendungsbereich der verschiedenen Anfechtungsnormen kommen. So werden einige Rechtshandlungen, die der Anfechtung nach sec. 238 IA 86 unterliegen, ebenfalls von sec. 239 IA 86 erfaßt.[749] Einer der Kernunterschiede zwischen sec. 238 und sec. 239 IA

---

743 HK-Kreft, InsO, § 129 Rdn 86; Hess/Weis, AnfR, AnfG, § 16 Rdn 3.

744 Smid, Insolvenzrecht, S. 250; Zeuner, Insolvenzanfechtung, Rdn 172 ff; vertiefend Jaeger/Henckel, KO, § 29 Rdn 201.

745 zuletzt BGH, Urt. v. 23.4.2002 – IX ZR 136/01, ZIP 2002, 1155; vgl. auch BGH, Urt. v. 9.7.1987 - IX ZR 89/86, ZIP 1987, 1062; Zeuner, Insolvenzanfechtung, Rdn 173; Kübler/Prütting-Paulus, InsO, § 129 Rdn 39.

746 BGH, Urt. 11.7.1996 - IX ZB 226/94, ZIP 1996, 1516, 1518 m.w.N.; Zeuner, Insolvenzanfechtung, Rdn 19, 129; Kübler/Prütting-Paulus, InsO, § 129 Rdn 40.

747 BGH, Urt. v. 11.7.1996 - IX ZB 226/94, ZIP 1996, 1516, 1518 m.w.N.; HK-Kreft, InsO, § 129 Rdn 22.

748 Goode, Insolvency Law, S. 440; Kamlah, Insolvenzanfechtung, S. 175.

749 etwa wenn die Gesellschaft eine Zahlung leistet, die die betreffende Schuld überschreitet.

86 ist aber, dass erstere Regelung normalerweise gegen Rechtshandlungen zielt, die das Vermögen der Gesellschaft auf Grund eines Ungleichgewichtes zwischen Leistung und Gegenleistung vermindern, während letztere auf die Bevorzugung eines Gläubigers gegenüber der restlichen Gläubigergemeinschaft abzielt.[750] Im Fall der gleichzeitigen Anwendbarkeit von ss. 238 und 239 IA 86 wird sich der Insolvenzverwalter nun vorrangig auf die erstgenannte Vorschrift stützen, da diese in ihrem Anwendungs- und Wirkungsbereich weiter ist, als sec. 239 IA 86.[751] Gleichwohl sind beide Vorschriften nebeneinander anwendbar.[752]

Die für extortionate credit transactions in sec. 244 (4) IA 86 vorgesehenen Rechtsfolgen stehen in Konkurrenz zu denen der sec. 238 (3) IA 86, wenn es sich bei dem anfechtbaren Darlehen auch um eine transaction at an undervalue handelt, sec. 244 (5) IA 86.[753] Die Regelung der avoidance of floating charges nach sec. 245 IA 86 steht auf Grund ihres Charakters und ihres tatbestandlichen Eingreifens schon im Bereich der Deckungsleistung zumindest im Verhältnis der Spezialität zu den übrigen Anfechtungstatbeständen. Weiterhin ist sec. 423 IA 86, transactions defrauding creditors, neben ss. 238, 239 IA 86 anwendbar.[754]

c. Vergleich

Die Privilegierung bestimmter Gläubiger durch den Ausschluß der Anfechtungsvorschriften für bestimmte Institutionen, wie sie das englische Recht für investment exchanges und clearing houses vornimmt, ist im deutschen Recht so nicht bekannt. Dagegen kennt das deutsche Recht mit § 132 InsO einen subsidiären Auffangtatbestand, eine Konstruktion, die im englischen Recht wiederum nicht bekannt ist. Vielmehr sind im englischen Recht alle Tatbestände grundsätzlich nebeneinander anwendbar, wobei die Tatbestände der ss. 244, 245 IA 86 als Spezialvorschriften jedoch nur einen eingeschränkten Anwendungsbereich beanspruchen.

2. Tatbestandseinschränkungen

Schon bei der Darstellung der einzelnen Tatbestände wurde deutlich, dass bestimmte Rechtshandlungen, obwohl sie eigentlich die Tatbestandsmerkmale des jeweiligen Anfechtungstatbestandes erfüllen, von Ausnahmeregelungen erfaßt werden, die diese Rechtshandlungen dann der Anfechtung entziehen. In diesem

---

[750] Goode, Insolvency Law, S. 406; Doyle, Insolvency Litigation, Rdn 10.12.

[751] Goode, Insolvency Law, S. 354; Doyle, Insolvency Litigation, Rdn 10.12; Snaith/Cownie, Corporate Insolvency, Rdn 20.48.

[752] Bailey/Groves/Smith, Corporate Insolvency, S. 372; Doyle, Insolvency Litigation, Rdn 10.12.

[753] Bailey/Groves/Smith, Corporate Insolvency, S. 372; Fletcher, Insolvency Law, S. 230; Snaith/Cownie, Corporate Insolvency, Rdn 20.65.

[754] Bailey/Groves/Smith, Corporate Insolvency, S. 404.

Abschnitt soll untersucht werden, mit welcher Begründung derartige Ausnahmetatbestände geschaffen werden, und wie sie wirken.

a. Deutsches Recht

Im deutschen Recht kommen hier vor allen Dingen zwei Vorschriften in Betracht, die bestimmte Rechtshandlungen von einer Anfechtung ausnehmen, nämlich die §§ 137 und 142 InsO.

Die Regelung des § 137 InsO schränkt bei Wechsel- und Scheckzahlungen den Anwendungsbereich von § 130 InsO ein und trägt den speziellen Umständen der Begleichung von Forderungen durch Hingabe eines Wechsels oder Schecks Rechnung.[755] Zwar kann bei Vorliegen der Tatbestandsvoraussetzungen des § 137 auch weiterhin das Kausalgeschäft oder die Eingehung der Wechselschuld angefochten werden, jedoch ist die Anfechtung des Erfüllungsgeschäftes ausgeschlossen.[756] Dieses liegt darin begründet, dass der Wechsel- oder Scheckgläubiger, der die Zahlung des Schuldners nicht annimmt, seine Regreßansprüche verlieren würde.[757] Statt dessen erfolgt die Anfechtung gegenüber dem letzten Regreßschuldner oder gegenüber demjenigen, für dessen Rechnung der Regreßschuldner den Wechsel oder Scheck begeben hat, wenn der Regreßschuldner oder der Dritte Kenntnis von der Zahlungsunfähigkeit oder dem Regreßantrag besaß, § 137 II InsO.

Eine weitere wichtige Einschränkung der Anfechtungsregelungen enthält § 142 InsO. Diese im Zuge der Reform eingefügte Vorschrift entspricht dem zuvor schon unter Geltung der KO von Literatur und Rechtsprechung entwickelten Grundsatz, dass Bargeschäfte nicht anfechtbar sein sollen, soweit sie nur zu einer Vermögensumschichtung und nicht zu Vermögensverschiebung führen,[758] da in einem solchen Fall schon das Tatbestandsmerkmal der Gläubigerbenachteiligung nicht erfüllt ist. Durch diese Regelung soll dem in der Krise befindlichen Schuldner die weitere Teilnahme am Wirtschaftsleben ermöglicht werden.[759]

Der *BGH* hat diese Ausnahmeregelung in einer vor Inkrafttreten der Reform verkündeten Entscheidung jedoch restriktiv interpretiert. Wird das ursprüngliche Verpflichtungsgeschäft durch einen Abänderungsvertrag nachträglich modifi-

---

[755] Zeuner, Insolvenzanfechtung, Rdn 110; Kübler/Prütting-Paulus, InsO, § 137 Rdn 1; kritisch Häsemeyer, Insolvenzrecht, S. 445.

[756] Zeuner, Insolvenzanfechtung, Rdn 107; HK-Kreft, InsO, § 137 Rdn 8; Kilger/K. Schmidt, KO, § 34 Anm. 1.

[757] Henckel, Kölner Schrift, Rdn 63; Häsemeyer, Insolvenzrecht, S. 445; FK-Dauernheim; InsO, § 137 Rdn 2.

[758] Schmidt-Räntsch, InsO, § 142; Zeuner, Insolvenzanfechtung, Rdn 50; Kübler/Prütting-Paulus, InsO, § 142 Rdn 1.

[759] Schmidt-Räntsch, InsO, § 142; Zeuner, Insolvenzanfechtung, Rdn 50; Kübler/Prütting-Paulus, InsO, § 142 Rdn 1.

ziert, so dass eine der Art nach inkongruente, weil nicht der originären Parteivereinbarung entsprechende, Deckungsleistung vorliegt, so sei schon der Tatbestand der Bardeckung nicht mehr erfüllt.[760] Diese Entscheidung steht zwar in einem gewissen Spannungsverhältnis zur amtlichen Begründung zu § 142 InsO, wonach bei Bargeschäften auch eine Anfechtung wegen inkongruenter Deckung ausscheiden soll.[761] Sie ist jedoch in der Literatur auf Zustimmung gestoßen,[762] und auch deswegen ist davon auszugehen, dass der *BGH* diese Rechtsprechung nach der Reform weiter aufrechterhalten wird.

Obwohl der Terminus „Bargeschäft" an eine restriktive Auslegung der Art des der Gesellschaft zufließenden Gegenwertes denken läßt, ist gerade dieser Begriff weit auszulegen und umfaßt auch Überweisungen, Scheckzahlungen und sogar die Bestellung dinglicher Sicherheiten gegen Gewährung eines Kredites.[763] Selbst die Erbringung von Dienstleistungen soll von dieser Regelung abgedeckt sein.[764] Durch die Wendung „gleichwertig" wird verdeutlicht, dass die befreiende Regelung des § 142 InsO nicht zur Anwendung kommt, wenn die Gegenleistung hinter der Leistung des Schuldners zurückbleibt. Die Gleichwertigkeit der Leistungen ist dabei nach objektiven Maßstäben zu beurteilen.[765]

b. Englisches Recht

Im englischen Recht existieren zwei Regelungen, welche die Anfechtung bestimmter Rechtshandlungen einschränken, nämlich die statutory defence in sec. 238 (5) IA 86, und das Konzept des new value.

Die Regelung der statutory defence dient dazu, Rechtshandlungen, welche gutgläubige Rettungsbemühungen darstellen, von den Anfechtungsregelungen auszunehmen.[766] Ist das Gericht davon überzeugt, dass die Gesellschaft die Rechtshandlung in gutem Glauben und zum Zwecke der Geschäftsfortführung vorgenommen hat, und zum Zeitpunkt der Vornahme der Rechtshandlung vernünftige Gründe für die Annahme vorlagen, dass die Rechtshandlung der Gesellschaft dienen würde, so hat es grundsätzlich vom Erlaß einer Rückgewähranordnung abzusehen. Obwohl die Vorschrift als Muß-Vorschrift ausgestaltet ist („shall"),

---

[760] BGH, Urt. v. 30.9.1993 - IX ZR 227/92, NJW 1993, 3267, 3269; HK-Kreft, InsO, § 129 Rdn 47.

[761] Begr. zu § 161 RegEInsO entspr. § 142 InsO, BT-Drucks. 12/2443.

[762] Henckel, Kölner Schrift, Rdn 47; Zeuner, Insolvenzanfechtung, Rdn 51; HK-Kreft, InsO, § 142 Rdn 8, 9.

[763] BGH, Urt. v. 26.1. 1977 – VIII ZR 122/75, WM 1977, 254; Zeuner, Insolvenzanfechtung, Rdn 51; weitere Bsp bei Kübler/Prütting-Paulus, InsO, § 142 Rdn 12.

[764] Zeuner, Insolvenzanfechtung, Rdn 54; Kübler/Prütting-Paulus, InsO, § 142 Rdn 10.

[765] Schmidt-Räntsch, InsO, § 142; Zeuner, Insolvenzanfechtung, Rdn 53; Kuhn/Uhlenbruck, KO, § 30 Rdn 23 b.

[766] Doyle, Insolvency Litigation, S. 208; Goode, Insolvency Law, S. 371.

ist dem Gericht wohl ein weiter gehender Ermessensspielraum zuzugestehen,[767] dass es selbst bei Vorliegen der Tatbestandsvoraussetzungen der statutory defence eine Rückgewähranordnung treffen kann. Bei der Prüfung der Tatbestandsvoraussetzungen dieser Einrede wird bezüglich der ersten Bedingung - Vornahme der Rechtshandlung in gutem Glauben - nur auf den guten Glauben der Gesellschaft, nicht auch auf den der anderen Partei abgestellt.[768] Weiterhin wird aus der Formulierung des Gesetzestextes deutlich, dass alle Arten von Geschäften erfaßt werden sollen, und nicht nur die des ordnungsgemäßen Geschäftsverlaufes, obwohl sich diese Geschäfte innerhalb des Gesellschaftszwecks bewegen müssen (also nicht „ultra vires“ sein dürfen).[769] Der zweite Teil des Tests, also ob vernünftige Gründe für die Annahme vorlagen, dass die transaction der Gesellschaft dienen würde, ist ein objektiver Test, bei dem die subjektive Einstellung des Gläubigers oder Schuldners keine Rolle spielt.[770]

Das Konzept des „new value“ wird in zwei Vorschriften, nämlich in sec. 239 IA 86, preferences, und sec. 245 IA 86, avoidance of certain floating charges, angewandt, wobei es ausdrücklich nur in sec. 245 (2) IA 86 genannt ist. Während sich im Schrifttum zumindest eine mehr oder minder pragmatische Begründung für das Konzept des new value bei sec. 239 IA 86 findet, wird es für sec. 245 IA 86 ohne den Versuch einer dogmatischen Begründung hingenommen. Für sec. 239 IA 86 wird das Konzept des new value damit begründet, dass die durch die Rechtshandlung eingetretene Vermögensminderung (direkt) durch die Zuführung anderer Vermögenswerte ausgeglichen werde. Somit verbessert sich die Position des jeweiligen Gläubigers im Endeffekt nicht.[771] Man wird die gleiche Begründung für sec. 245 IA 86 übernehmen können, da in beiden Fällen das Konzept des new value die gleiche Funktion erfüllt, nämlich das Element der Gläubigerbenachteiligung zu beseitigen. Im Rahmen der sec. 245 IA 86 scheinen[772] als new value nur solche Vermögenswerte anerkannt zu sein, die im Tagesgeschäft sofort verwertbar sind, also z. B. nicht Immobilien, Urheberrechte oder Forderungsabtretungen.[773] Weiterhin ist es erforderlich, dass die Gegenleistung der Gesellschaft selbst zeitnah zur Leistungserbringung zufließt.[774]

---

[767] Doyle, Insolvency Litigation, Rdn 9.29; Re Paramount Airways [1993] Ch 223, 239.

[768] Goode, Insolvency Law, S. 371; Doyle, Insolvency Litigation, Rdn 9.30; Snaith/Cownie, Corporate Insolvency, Rdn 20.07.

[769] Bailey/Groves/Smith, Corporate Insolvency, S. 369; Snaith/Cownie, Corporate Insolvency, Rdn 20.07.

[770] Wood, International Insolvency, Rdn 4-9; Doyle, Insolvency Litigation, Rdn 9.30; Snaith/Cownie, Corporate Insolvency, Rdn 20.07; Kamlah, S. 215.

[771] Goode, Insolvency Law, S. 392.

[772] Urteile, die diese Frage behandeln, sind nicht ersichtlich.

[773] Goode, Commercial Law, S. 860; ders., Insolvency Law, s. 414; a. A. Doyle, Insolvency Litigation Rdn 11.04.

[774] s. hierzu auch die Ausführungen in Abschnitt VII. 2. b. ii.

c. Vergleich

Während das englische Recht kein Pendant zur Spezialregelung des § 137 InsO kennt, beruhen die Regelung des § 142 InsO und das Konzept des new value auf demselben Grundprinzip. Beide Konstruktionen bilden im Endeffekt eine Ausprägung des Merkmales der Gläubigerbenachteiligung, die in dem Moment entfällt, in dem der Gesellschaft für den von ihr hingegebenen Vermögenswert zeitnah ein Ausgleich zufließt.[775] Auch gerade das in beiden Rechtssystemen existierende Problem, den zeitlichen Bereich abzugrenzen, in dem die jeweilige Gegenleistung noch als zeitnah im Verhältnis zur Rechtshandlung des Schuldners gilt, damit also ein Bargeschäft bzw. new value ist, belegt, dass beide Rechtsfiguren sehr ähnlich sind. Dagegen ist die Rechtsfigur der statutory defence, wie sie das englische Recht zumindest für die Anfechtung von transactions at an undervalue kennt, im deutschen Recht völlig unbekannt.

d. Analyse

An dieser Stelle ist auf die uneinheitliche Bewertungsmethode der Gegenleistung („consideration") im Konzept des new value und bei der Prüfung des Tatbestandes der sec. 238 IA 86 hinzuweisen. Während nämlich bei dem Konzept des new value die der Gesellschaft zugeflossene Gegenleistung objektiv berechnet wird, geschieht dieses bei einer transaction at an undervalue auf Grundlage der subjektiven Sicht der Parteien.[776] Diese Uneinheitlichkeit läßt sich zwar wahrscheinlich aus der historischen Entwicklung der Konstruktionen erklären. Sie führt aber zu einer Ungleichbehandlung gleicher Tatbestände und ist auch der Handhabbarkeit des Anfechtungsrechts nicht gerade förderlich.

3. Erfordernis eines subjektiven Tatbestandes

a. Deutsches Recht

Als Konsequenz aus der Kritik gegen die Anfechtungsregeln der KO sind in der InsO gegenüber dem bisherigen Recht subjektive Tatbestandsmerkmale zum Teil beseitigt worden.[777] Das deutsche Recht geht diesbezüglich nun einen abgestuften Weg. Quasi die Basis bildet der Begriff der „Kenntnis": Besaß der andere Teil bei Vornahme der Rechtshandlung Kenntnis von der (drohenden) Zahlungsunfähigkeit oder dem Eröffnungsantrag des Gemeinschuldner, so genießt er grundsätzlich keinen Vertrauensschutz im Hinblick auf die Erfüllung dieser Rechtshandlung.[778] Die Bedingung der „Kenntnis" ist in jeder Norm außer in den §§ 134 - 136 InsO enthalten, welche als rein objektive Tatbestände ausgestaltet sind.[779]

---

[775] vgl. Zeuner, Insolvenzanfechtung, Rdn 50; Kübler/Prütting-Paulus, InsO, § 142 Rdn 1

[776] vgl. hierzu die Ausführungen zu Abschnitt IV. 2. a. ii.

[777] Zeuner, Insolvenzanfechtung, Rdn 2; HK-Kreft, InsO, § 129 Rdn 2; Kirchhof, ZInsO, 98, 3 f.; Paulus, WM 2000, 2225.

[778] Smid, Insolvenzrecht, S. 244; Zeuner, Insolvenzanfechtung, Rdn 114.

[779] Smid, Insolvenzrecht, S. 263 (Schema).

Weiterhin wird teilweise die Kenntnis des anderen Teils von der Zahlungsunfähigkeit oder dem Eröffnungsantrag des Insolvenzschuldners mit der Kenntnis von Umständen gleichgesetzt, die zwingend auf die Zahlungsunfähigkeit oder den Eröffnungsantrag schließen lassen, so z. B. in § 130 II InsO. Jedoch ist die Auslegung dieser Vermutungsregel bis heute nicht ganz klar. Fest steht eigentlich nur, dass jedenfalls eine Änderung der bisherigen Rechtslage gewollt ist.[780] Nach Ansicht von *Zeuner* handelt es sich hier um einen neuen Haftungsmaßstab, bei dem es sich jedenfalls nicht um grob fahrlässige Unkenntnis handeln könne, da ansonsten diese erst im Gesetzgebungsverfahren eingefügte Änderung des Regierungsentwurfes, welcher noch von eben dieser grob fahrlässigen Unkenntnis ausging, keinen Sinn ergeben würde.[781] Dagegen vertreten sowohl *Smid* als auch *Breutigam/Tanz* genau die Auslegung, dass es sich hier um einen Maßstab der groben Fahrlässigkeit handele.[782] Teilweise wird in dieser Regelung auch eine Art Schutz des Gleichbehandlungsgrundsatzes gegen „Rechtsblindheit" vermutet.[783] *Henckel* definiert dieses Tatbestandsmerkmal so, dass sich ein redlich und vernünftig Denkender angesichts der Tatsachen der Einsicht nicht verschließen kann, dass der Schuldner zahlungsunfähig war oder den Eröffnungsantrag gestellt hat.[784]

Der BGH hat in einer neueren Entscheidung[785] die Kenntnis von der Zahlungsunfähigkeit des Schuldners schon bei Nichtbeachtung von nichtamtlichen Presseberichten angenommen und damit in der Praxis das Tatbestandsmerkmal der Kenntnis von Umständen, die zwingend auf die Zahlungsunfähigkeit oder den Eröffnungsantrag schließen lassen, sehr weit gezogen. Somit dürfte in der Praxis dieses Tatbestandsmerkmal ähnlich wie die grobe Fahrlässigkeit ausgelegt werden.

In diesem Zusammenhang stellt die Ausgestaltung des § 133 einen Sonderfall dar, denn bei diesem Tatbestand ist nach wie vor ein subjektiver Tatbestand zu erfüllen. § 133 InsO entspricht im wesentlichen der Absichtsanfechtung nach § 31 KO und § 10 GesO, wobei jedoch in der Neufassung der Begriff der Absicht durch den des Vorsatzes ersetzt wurde.[786] Nach h.M. ist der Begriff des Vorsatzes weit auszulegen, so dass es nicht erforderlich ist, dass die Gläubigerbenachteiligung Beweggrund oder überwiegender Zweck der Rechtshandlung war. Ent-

[780] Henckel, Kölner Schrift, Rdn 29; FK-Dauernheim, InsO, § 130 Rdn 34; Paulus, ZInsO 1999, 242, 247.
[781] Zeuner, Insolvenzanfechtung, Rdn 119; a. A. Kübler/Prütting-Paulus, InsO, § 130 Rdn 33; s. auch Henckel, Kölner Schrift, Rdn 29.
[782] Smid, Insolvenzrecht, S. 245, Breutigam/Tanz, ZIP 1998, 720.
[783] Häsemeyer, Insolvenzrecht, S. 443; Paulus, WM 2000, 2225, 2228.
[784] Henckel, Kölner Schrift, Rdn 29; so auch HK-Kreft, InsO, § 130 Rdn 25.
[785] BGH, Urt.v. 19.7.2001 – IX ZR 36/99, ZIP 2001, 1641.
[786] Schmidt-Räntsch, InsO, § 133 Rdn 1; Zeuner, Insolvenzanfechtung, Rdn 191.

scheidend sind vielmehr das Bewußtsein und der Wille, die Gläubiger zu benachteiligen.[787] Problematisch ist in dabei die Beurteilung von gescheiterten Sanierungsversuchen. Zwar unterliegen auch Sanierungsmaßnahmen grundsätzlich der Anfechtung.[788] Kann der Schuldner jedoch an Hand konkreter Tatsachen vom Erfolg des Sanierungsversuches und von der daraus resultierenden Gläubigerbefriedigung ausgehen, so soll eine Benachteiligungsabsicht zu verneinen sein.[789]

Zusammenfassend läßt sich sagen, dass nach der Reform des Insolvenzrechts die Anfechtungstatbestände zwar immer noch subjektive Tatbestandsmerkmale aufweisen, deren Notwendigkeit sich aber aus der erforderlichen Ausbalancierung von Interessengegensätzen, wie etwa dem des Grundsatzes des Vertrauensschutzes mit dem des Gläubigergleichbehandlungsgrundsatz, ergibt und die nur ausnahmsweise noch auf der Unredlichkeitstheorie beruhen.

b. Englisches Recht

Im Zuge der Reform des englischen Insolvenzrechts setzte sich das *Cork Committee* auch intensiv mit den subjektiven Tatbestandsmerkmalen der Anfechtungsregeln auseinander. Insbesondere die heutige Regelung der Anfechtung von preferences, sec. 239 IA 86, war Gegenstand eingehender Diskussionen.[790]

Während im Zuge der nachfolgenden Reform die Vorschriften der ss. 238, 244, 245 IA 86 als rein objektive Tatbestände ausgestaltet wurden, hängt die Erfüllung des Tatbestandes der preference, sec. 239 IA 86, nach wie vor stark von subjektiven Erfordernissen ab, was durch das Urteil in *Re MC Bacon Ltd*[791] erneut verdeutlicht wurde. Die Auslegung des Tatbestandsmerkmales „influenced by a desire“ im vorgenannten Fall führt dazu, dass die Gesellschaft bei Vornahme der in Frage stehenden Rechtshandlung mit dem (zielgerichteten) Willen gehandelt haben muss, den Gläubiger gegenüber der Gläubigergesamtheit zu bevorzugen. Damit reicht ein bedingter Vorsatz zur Erfüllung des Tatbestandes nicht aus, vielmehr ist ein dolus directus erforderlich. Zwar ist auch die Anfechtung einer transaction defrauding creditors, sec. 423 IA 86, durch die Erfüllung eines subjektiven Tatbestandes bedingt, allerdings sind die Anforderungen an die subjektive Tatbestandsseite nicht so hoch einzustufen wie bei preferences, sec. 239 IA 86. Zur Tatbestandserfüllung soll schon der Wille ausreichen, die Vermögenswerte dem Zugriff der Gläubiger zu entziehen. Jedoch ist eine zielgerichtete Bevorzugungsabsicht bezüglich eines bestimmten Gläubiger nicht er-

---

787 Schmidt-Räntsch, InsO, § 133 Rdn 1; Zeuner, Insolvenzanfechtung, Rdn 191.

788 BGH, Urt. v. 12.11.1992 - IX ZR 236/91, ZIP 1993, 276.

789 BGH, Urt. v. 12.11.1992 - IX ZR 236/91, ZIP 1993, 276; ablehnend hierzu Smid, Insolvenzrecht, S. 250; s. auch Zeuner, Insolvenzanfechtung, Rdn 197.

790 Cork-Report, Rdn 1247 ff und auch unten.

791 zur Darstellung des Sachverhaltes zu diesem Fall s. Abschnitt V.2. a. iii.

forderlich, so dass zur Erfüllung des subjektiven Tatbestandes der sec. 423 IA 86 ein bedingter Vorsatz als ausreichend zu erachten ist.

c. Vergleich
Beide Rechtssysteme weisen sowohl Anfechtungstatbestände mit subjektiven Tatbestandsmerkmalen auf als auch solche, die rein objektive Vorschriften darstellen. Dabei existiert im deutschen Recht eine gewisse Abstufung zwischen den subjektiven Erfordernissen einzelner Normen.

Wie schon in § 2 und in diesem Paragraphen herausgearbeitet, besteht zwischen den beiden Rechtssystemen eine unterschiedlicher dogmatischer Ansatz zur Verwendung subjektiver Tatbestandsmerkmale: Die deutsche Insolvenzordnung hat die Bedeutung subjektiver Tatbestandsmerkmale generell zurückgeführt, so dass im Gegensatz zum Recht der Konkursordnung in den meisten Fällen[792] ein Nachweis der Unredlichkeit oder eines wie auch immer gearteten Vorsatzes nicht erforderlich ist. Das deutsche Recht versucht grundsätzlich mit der Verwendung subjektiver Tatbestandsmerkmale einen Ausgleich zwischen dem Gläubigergleichbehandlungsgrundsatz und dem Grundsatz des Vertrauensschutzes herzustellen. Dagegen werden im englischen Recht subjektive Tatbestandsmerkmale – trotz gegenteiliger Behauptungen – offensichtlich in Verfolgung der Unredlichkeitstheorie eingesetzt. Dieses trifft vor allen Dingen für sec. 239 IA 86 in Verbindung mit der hierzu ergangenen Entscheidung in *Re MC Bacon,* aber auch für sec. 423 IA 86 zu.

Dementsprechend sind die Anforderungen an die Erfüllung des subjektiven Tatbestandes in beiden Rechtssystemen auch unterschiedlich hoch. Während im deutschen Recht grundsätzlich schon die Kenntnis von Umständen, die zwingend auf die Zahlungsunfähigkeit schließen lassen, ausreicht, um den subjektiven Tatbestand zu erfüllen, stellt das englische Recht wesentlich höhere Anforderungen, so dass dort vielfach ein zielgerichteter Wille zur Bevorzugung / Benachteiligung erforderlich ist. Aber selbst die Anforderungen an die Erfüllung der subjektiven Tatbestandsmerkmale des § 133 InsO, der als einziger Tatbestand des deutschen Rechts noch der Unredlichkeitstheorie nahesteht, sind als – wenn auch nur geringfügig - geringer anzusehen, als die an die Erfüllung des Tatbestandes der sec. 239 IA 86.

d. Analyse
Goode kritisiert generell den Ansatz des englischen Rechts, subjektive Tatbestandsmerkmale in das System aufzunehmen, da eine solche Vorgehensweise nicht der Durchsetzung des Prinzips der Gleichbehandlung der Gläubiger diene, sondern der Anfechtung von Rechtshandlungen, die nicht in gutem Glauben er-

792 § 133 InsO erfordert weiterhin eine Benachteiligungsabsicht.

folgt seien.[793] Das vom *Cork Committee* vorgeschlagene und vom Gesetzgeber übernommene Tatbestandsmerkmal der Bevorzugungsabsicht in sec. 239 IA 86, preferences, wird in der Literatur genauso kritisiert[794] wie die Einstellung des *Cork Committee*, eine begrenzte Druckausübung im Hinblick auf eine Zahlung als tolerierbar hinzunehmen.[795] Auf der anderen Seite wird der Urteilsspruch in *Re MC Bacon* aber auch als die Sanierungsmöglichkeiten für Unternehmen fördernd angesehen, da durch hohe Anforderungen an die subjektive Tatbestandsseite verhindert werde, dass Banken, die Sanierungskredite zur Verfügung stellen, allzuleicht in eine anfechtbare Rechtslage geraten.[796]

Teilweise wird nun vorgeschlagen, die subjektiven Tatbestandsmerkmale generell durch einen rein objektiven Test mit der Möglichkeit einer Ausnahme für Rechtshandlungen, die im ordentlichen Geschäftsverlauf erfolgt sind, zu ersetzen.[797] So ist schon im *Cork-Report* selbst das Beispiel Australiens enthalten, dessen Recht der Insolvenzanfechtung in Bezug auf preferences nicht mehr die Erfüllung eines subjektiven Tatbestandes erfordert. So wird nur auf den beim Gläubiger eingetretenen Bevorzugungs*effekt* abgestellt, wobei eine Ausnahmeregelung für bestimmte Rechtshandlungen im ordnungsgemäßen Geschäftsablauf vorgesehen ist. Dagegen spielt eine etwaige Bevorzugungs*absicht* keine Rolle mehr.[798] Ähnlich verhält es sich für den us-amerikanischen Bankruptcy Code, wonach alle Rechtshandlungen, die einen Bevorzugungs*effekt* zur Folge haben, ausnahmslos anfechtbar sind.[799] Die Übernahme dieser Konstruktion würde zur Anfechtbarkeit von Deckungsleistungen im englischen Recht führen.

Die Vorschläge zur Ersetzung von subjektiven Tatbestandsmerkmalen sind nicht uninteressant, gerade wegen der damit verbundenen Beweiserleichterung. Jedoch ist in diesem Zusammenhang zu beachten, dass subjektive Tatbestandsmerkmale auch einem Ausgleich widerstreitender Interessen, wie etwa dem Vertrauensschutz, dienen. Gesteht man den Regelungen der Insolvenzanfechtung darüber hinaus auch eine abschreckende Funktion zu,[800] so stellt dieses ein weiteres Argument für die Notwendigkeit von subjektiven Tatbestandsmerkmalen dar. Denn Schuldner und Gläubiger können nur dann von der Vornahme einer anfechtbaren Rechtshandlung abgeschreckt werden, wenn sie subjektiv um

---

[793] Goode, Insolvency Law, S. 441; Auch Prentice, Preferences, S. 459, schließt sich dieser Ansicht an.
[794] Goode, Insolvency Law, S. 386 f.; Fletcher in Ziegel, S. 308; Kamlah, Insolvenzanfechtung, S. 161.
[795] Milman/Parry, Avoidance Mechanisms, S. 14; Prentice, Preferences, S. 449.
[796] Doyle, Insolvency Litigation, Rdn 10.24; so auch Farrar [1991] JBL 71, 74.
[797] Prentice, Preferences, S. 459; Milman/Parry, Avoidance Mechanisms, S. 36.
[798] Cork-Report, Rdn 1250; vertiefend hierzu Prentice, S.447 f.; Kamlah, Insolvenzanfechtung, S. 164, 276.
[799] Prentice, Preferences, S. 450; Kamlah, Insolvenzanfechtung, S. 165 f.
[800] so Prentice, Preferences, S. 443; v. Campe, Insolvenzanfechtung, S. 26.

den anfechtbaren Charakter der jeweiligen Rechtshandlung wissen. Ansonsten liefe zumindest diese Zielsetzung der Anfechtungsregeln leer.[801] Trotz der grundsätzlichen Lockerung der Anforderungen an die subjektive Tatbestandsseite im deutschen Recht der Insolvenzanfechtung wird denn auch die Ansicht vertreten, dass die InsO nur das inkorporiert hat, was zuvor schon der Ansatz der Rechtsprechung war.[802] Deswegen erscheint es unwahrscheinlich, dass sich unter der Geltung der Insolvenzordnung eine andere Sichtweise in Bezug auf subjektive Tatbestandsmerkmale in Rechtsprechung und Literatur entwikkeln wird, als noch unter Geltung der Konkursordnung.

X. Zusammenfassung

Ein struktureller und systematischer Vergleich an Hand der jeweiligen Schutzzwecke der Anfechtungstatbestände zeigt, dass das deutsche und das englische Rechtssystem bei der Einordnung der Anfechtungstatbestände unterschiedliche Wege gegangen sind. Das deutsche Recht folgt grundsätzlich einem abgestuften Wertesystem, bei dem die kongruente Deckung die unterste und die vorsätzliche Benachteiligung die oberste Schwelle darstellt. Die Regeln bezüglich unentgeltlicher Leistungen und zur Kapitalerhaltung nehmen dabei eine Sonderstellung ein. Das englische Recht dagegen geht eher nach kodifizierten Fallgruppen vor. Daran hat sich auch nach der Reform des englischen Insolvenzrechts nichts geändert. In der Folge der Reform wurde aber zum ersten Mal ein selbstständiger Regelungskomplex der Insolvenzanfechtung geschaffen, indem Normen aus verschiedenen anderen Bereichen, insbesondere auch aus der Companies Act 1985, in der Insolvency Act 1986 zusammengefaßt und zumindest andeutungsweise systematisiert wurden.

Auf Grund dieser strukturellen Unterschiede war ein direkter Vergleich von Tatbestände nicht möglich. An Hand der diskutierten Einzelbeispiele und unter Berücksichtigung von Regelungen, die zum Teil nicht dem Recht der Insolvenzanfechtung zuzuordnen sind, läßt sich jedoch feststellen, dass beide Rechtssysteme typische Rechtshandlungen, die zur Vermögensverschiebung in der Insolvenz führen und also dem Grundsatz der Gläubigergleichbehandlung zuwiderlaufen, erkennen und erfassen, wenn auch teilweise durch unterschiedliche Konstruktionen und mit unterschiedlichen Ergebnissen.

Interessant ist die Entwicklung von parallelen Rechtsinstituten in den verglichenen Rechtssystemen. Auch wenn streitig ist, ob die „actio pauliana", welche die Grundlage für das deutsche Anfechtungsgesetz darstellt, als solche in das englische Rechtssystem eingeführt wurde, oder sich die Anfechtung außerhalb der

[801] im Ergebnis so auch Kamlah, Insolvenzanfechtung, S. 272, 277.

[802] Breutigam/Tanz, ZIP 1998, 720; Kirchhof, ZInsO 1998, 3, 4 mit Hinweis auf BGH, Urt. v. 27.4.1995 - IX ZR 147/94, ZIP 1995, 929.

Insolvenz aus anderen Rechtsinstituten entwickelt hat,[803] so existiert dennoch auch im englischen Recht ein dem deutschen Anfechtungsgesetz vergleichbares, wenn auch regelungsmäßig nicht so ausdifferenziertes, Rechtsinstitut in Form von sec. 423 IA 86, transactions defrauding creditors.

Daneben existieren aber auch Regelungen ohne Entsprechung im jeweils anderen Recht: da eine floating charge im deutschen Recht unbekannt ist, findet sich natürlich auch keine der sec. 245 IA 86 entsprechende Regelung. Eine Regelung, die dieser Norm am nächsten kommt, ist § 88 InsO, die sog. Rückschlagsperre, die sich allerdings nur auf durch Zwangsvollstreckung erlangte Sicherungen im allgemeinen bezieht. Im deutschen Recht ist es nur möglich, eine (vertraglich gestaltete) Annäherung an die Sicherheitenstruktur der floating charge durch die Kombination von mehreren Sicherungsinstrumenten herbeizuführen. So müßte man einen Raumsicherungsvertrag mit einer Globalzession verknüpfen, um eine derartige Sicherungskonstruktion zu erreichen. Eine solche Sicherheitenkonstruktion an sich könnte dann aber schon zu einer Knebelung des Schuldners führen, ohne dass es auf die insolvenzrechtliche Anfechtbarkeit ankäme.[804] Dagegen ist im englischen Recht die Anfechtung einer Deckungsleistung unbekannt und die „Anfechtung" einer Sicherheitsleistung als Deckungshandlung nur im Rahmen der Nichtigkeitserklärung nach sec. 245 IA 86 möglich.

Auffallend am englischen Recht ist, dass es mit insgesamt weniger Anfechtungstatbeständen auskommt, als das deutsche Recht, obwohl beide Rechtssysteme insgesamt ähnliche Regelungsbereiche abdecken. Somit stellt sich die Frage, ob die dogmatisch begründete Ausdifferenzierung der Anfechtungstatbestände, wie sie das deutsche Recht betreibt, in der Praxis sinnvoll ist. Zweifelhaft ist in diesem Zusammenhang jedoch, ob eine Generalklausel, wie *Jackson* sie anführt,[805] zu einer Entwirrung der Normenvielfalt und damit einer einfacheren Handhabbarkeit des Anfechtungsrechts führen kann. Vielmehr muss die abgestufte Regelung des deutschen Rechts dem vom Fallrechtscharakter geprägten englischen Recht gegenüber als vorzugswürdig, weil flexibler, eingestuft werden.[806]

---

[803] Wood, International Insolvency, Rdn 4-19 geht ohne nähere Begründung davon aus, dass sec. 423 IA 86 eine actio pauliana darstellt; so auch Kamlah, Insolvenzanfechtung, S. 121; Cork-Report, Rdn 1200 dagegen unterstellt, dass die actio pauliana niemals in das englische Rechtssystem eingeführt wurde.

[804] vgl. K. Schmidt/Uhlenbruck, GmbHR, Rdn 139 ff.; Kamlah, Insolvenzanfechtung, S. 252, zeigt eine Parallele zu der mittlerweile ersatzlos gestrichenen Regelung des § 419 BGB – Vermögensübernahme – auf.

[805] Jackson, Bankruptcy Law, S. 130.

[806] Niehus, Insolvenzanfechtung, S. 200 kommt bei einem Vergleich des deutschen und des amerikanischen Anfechtungsrechts zu dem selben Ergebnis. Dieses Ergebnis ist auf die vorliegende Arbeit insoweit übertragbar, als das amerikanische und das englische Anfechtungsrecht strukturell sehr ähnlich sind, s. die Untersuchung von Bruski, Konkursanfechtung.

Das englische Recht geht auch bezüglich der Sicherung des Stammkapitals der Gesellschaft vor Aushöhlung durch Umgehungskonstruktionen einen anderen Weg als das deutsche Recht, da es diesbezügliche Rechtshandlungen nicht, wie das deutsche Recht in § 135 InsO, zusätzlich der Anfechtung unterwirft. Angesichts der Auslegung der entsprechenden Normen des englischen Rechts darf allerdings bezweifelt werden, ob diese Regelung einen ähnlich wirksamen Schutz bietet, wie die des deutschen Rechts.

Auch um den Grundsätzen des Gläubigerschutzes und der Rechtssicherheit genüge zu tun, haben beide Rechtssysteme schon im objektiven Tatbestand greifende Tatbestandseinschränkungen geschaffen. Hierbei entsprechen sich die Regelungen des Bargeschäftes im deutschen und die des new value im englischen Recht, während die englische Regelung der statutory defence im deutschen Recht völlig unbekannt ist.

Im Hinblick auf die subjektiven Tatbestandsmerkmale läßt sich sagen, dass die Unterschiede zwischen den beiden Rechtssystemen relativ hoch sind, da das deutsche Recht, welches der Theorie der Gläubigergleichbehandlung folgt, mittlerweile die Erfordernisse an die subjektiven Tatbestandsmerkmale in den einzelnen Normen zurückgeführt hat. Im englischen Recht, welches eher der Unredlichkeitstheorie verhaftet ist, sind die Anforderungen an die subjektive Tatbestandsseite der Normen der sec. 239 IA 86 und sec. 423 IA 86 dagegen als sehr hoch zu bewerten. Die übrigen Anfechtungstatbestände des englischen Rechts sind allerdings rein objektiv ausgestaltet. Auch in Anbetracht der Notwendigkeit, das Anfechtungsrecht mit den Grundsätzen der Rechtssicherheit und des Vertrauensschutzes auszugleichen, erscheint eine völlige Aufgabe subjektiver Tatbestandsmerkmale in beiden Rechtssystemen nicht angeraten.

Abschließend läßt sich feststellen, dass die in § 2 dieser Untersuchung vorgenommene Beurteilung, dass das deutsche Anfechtungsrecht der Gläubigergleichbehandlungstheorie folgt, während das englische Recht nach wie vor stark von der Unredlichkeitstheorie beeinflußt ist, durch die konkrete Ausgestaltung und Auslegung der Anfechtungstatbestände untermauert wird.

§ 6 Beweislast

In der Praxis des Anfechtungsprozesses dürfte die Beweislast bezüglich der jeweiligen Tatbestandsmerkmale neben der Finanzierung das größte Problem für den Insolvenzverwalter darstellen. Die Auswirkungen der vom Insolvenzverwalter zu tragenden Beweislast zeigt eine schon in den siebziger Jahren in Deutschland durchgeführte Untersuchung, nach der 57 % der befragten Insolvenzverwalter Probleme mit der Beweislage als Grund für die das Absehen von einem Anfechtungsprozessen angaben.[807] Wie die Untersuchungen von *Milman/Parry* deutlich machen, stellen auch im englischen Recht selbst nach der Reform Beweisschwierigkeiten erhebliche Stolpersteine auf dem Weg zu einem erfolgreichen Anfechtungsprozeß dar.[808] So wurden z. B. für den negativen Ausgang eines Anfechtungsprozesses nach sec. 423 IA 86 in 37,3 % der Fälle Beweisschwierigkeiten als Ursache genannt.[809] In diesem Abschnitt soll nun untersucht werden, wie die Beweislast bezüglich der einzelnen Merkmale der verschiedenen Anfechtungstatbestände verteilt ist.

1. Deutsches Recht

Einer der maßgeblichen Kritikpunkte gegen die Regelungen zur Konkursanfechtung war die für den Insolvenzverwalter ungünstige Beweislastverteilung.[810] Um die Effektivität des Anfechtungsrechts zu verbessern, wurden im Zuge der Reform subjektive Tatbestandselemente zum Teil beseitigt oder ihr Nachweis durch eine Neuregelung der Beweislastregelungen, wie z. B. die Einführung einer Beweislastumkehr zu Lasten des Anfechtungsgegners, erleichtert.[811] Grundsätzlich liegt aber auch nach der Reform die Beweislast für das Vorliegen aller objektiven und subjektiven Tatbestandsmerkmale nach wie vor beim Insolvenzverwalter.[812] So hat der Insolvenzverwalter den gläubigerbenachteiligenden Charakter der Rechtshandlung nachzuweisen.[813] Er genügt dieser Obliegenheit allerdings schon dann, wenn er vorträgt und beweist, dass es an einer Gegenleistung des Anfechtungsgegners überhaupt fehlt[814] oder diese hinter dem Wert des vom späteren Insolvenzschuldner weggegebenen Gegenstandes zurückbleibt.[815] Ist, wie in den Fällen der §§ 130 I Nr. 1, 131 I Nr. 2, 132 I Nr. 1 InsO zur Tatbestandserfüllung auch die Zahlungsunfähigkeit des Schuldners zum Zeitpunkt der Vornahme der Rechtshandlung erforderlich, so trägt auch hierfür der Insolvenzverwalter die Beweislast. Diese Aufgabe wird ihm aber durch die Gleichstellung

---

[807] Gessner/Rhode/Strate/Ziegert, Praxis Konkursabwicklung, S. 78.

[808] Milman/Parry, Avoidance Mechanisms, S. 24.

[809] Milman/Parry, Avoidance Mechanisms, S. 30.

[810] Zeuner, Insolvenzanfechtung, Rdn 2; Killinger, Insolvenzanfechtung, S. 25; Kuhn/Uhlenbruck, KO, § 29 Rdn 1.

[811] Gerhardt/Kreft, Insolvenzanfechtung, S. 180; Zeuner, Insolvenzanfechtung, Rdn 2; HK-Kreft, InsO, § 129 Rdn 2; Paulus, WM 2000, 2225.

[812] Interessant ist in diesem Zusammenhang auch das BGH, Urt. v. 20.6.2002 – IX ZR 177/99, ZIP 2002, 1408, in dem der BGH die Behauptung einer nur vermuteten Tatsache durch den Konkursverwalter im Anfechtungsprozess für zulässig erklärt, wenn greifbare Anhaltspunkte für das Vorliegen eines bestimmten Sachverhaltes bestehen. Damit wird dem Insolvenzverwalter die Nachweisführung unzweifelhaft erleichtert; vgl. im übrigen Haarmeyer/Wutzke/Förster, Insolvenzordnung, S. 430; Zeuner, Insolvenzanfechtung, Rdn 149, 171, 194, 228, 263; Schmidt-Räntsch, InsO, § 130 Rdn 7; HK-Kreft, InsO, § 129 Rdn 61.

[813] Haarmeyer/Wutzke/Förster, Insolvenzordnung, S. 430; HK-Kreft, InsO, § 129, Rdn 61.

[814] BGH WM 1962, 1318; HK-Kreft, InsO, § 129 Rdn 61.

[815] BGH, Urt. v. 11.7.1991 - IX ZR 230/90, ZIP 1991, 1014, 1018; BGH, Urt. v. 11. 5.2000 - IX ZR 262/98, BB 2000, 1318; Jaeger/Henckel, KO, § 29 Rdn 180.

der Kenntnis der Zahlungsunfähigkeit mit der Kenntnis von Umständen, die zwingend auf die Zahlungsunfähigkeit oder den Eröffnungsantrag schließen lassen, z. B. in § 130 II InsO, erleichtert.[816] Eine weitere Erleichterung der Beweislast wird bei Anfechtungen gegenüber nahestehenden Personen auch durch die Beweislastumkehr bei allen insolvenzspezifischen Anfechtungstatbeständen bezüglich der Kenntnis von der Zahlungsunfähigkeit oder dem Eröffnungsantrag, etwa in § 130 III InsO erreicht.[817]

Mit Ausnahme der oben angesprochenen Sonderregelungen liegt auf dem Insolvenzverwalter im Fall der kongruenten wie der inkongruenten Deckung die Beweislast bezüglich aller tatbestandserfüllenden Merkmale.[818] Dasselbe gilt für § 132, unmittelbar nachteilige Rechtsgeschäfte.[819] Auch im Fall einer vorsätzlichen Benachteiligung nach § 133 InsO muss der Insolvenzverwalter grundsätzlich alle Tatbestandsvoraussetzungen darlegen.[820] Nach § 133 I 2 InsO wird die Kenntnis des Anfechtungsgegners vom Benachteiligungsvorsatz des Gemeinschuldners vermutet, wenn der Anfechtungsgegner von der drohenden Zahlungsunfähigkeit und der objektiven Gläubigerbenachteiligung durch die Rechtshandlung wußte.[821] Zusätzlich gilt im Falle einer nahestehenden Person die widerlegliche Vermutung, dass der andere Teil die Benachteiligungsabsicht des Gemeinschuldner kannte.[822] Auch die Beweislast bei der Anfechtung unentgeltlicher Leistungen, § 134 InsO, wurde neu geregelt. Um betrügerischen Rückdatierungen vorzubeugen, wurde in der Regelung eine Beweislastumkehr dahingehend statuiert, dass der Anfechtungsgegner nachweisen muss, dass die Leistungserbringung außerhalb des Anfechtungszeitraums von vier Jahren erfolgte.[823] Bei den Regelungen zur Kapitalerhaltung, §§ 135, 136 InsO trifft den Insolvenzverwalter zwar grundsätzlich die Beweislast bezüglich der Tatbestandsvoraussetzungen und es findet insbesondere keine Beweislastverteilung nach Gefahrenbereichen statt.[824] Im Rahmen des § 135 InsO gilt jedoch der Verlust der Hälfte des Stammkapitals als Indiz für die Kreditunwürdigkeit der Gesellschaft.[825] Darüber hinaus hat nach Ansicht des *BGH* der Insolvenzverwalter bezüglich des Beweises der Kreditunwürdigkeit nur solche Behauptungen

---

816 Gerhardt/Kreft, Insolvenzanfechtung, S. 180; Paulus, WM 2000, 2225, 2228.

817 Hess/Weis, Rdn 161 ff.; Kübler/Prütting-Paulus, InsO, § 130 Rdn 34; Paulus, WM 2000, 2225.

818 Zeuner, Insolvenzanfechtung, Rdn 149; Kübler/Prütting-Paulus, InsO, § 131 Rdn 24.

819 Zeuner, Insolvenzanfechtung, Rdn 171; Kübler/Prütting-Paulus, InsO, § 132 Rdn 21.

820 Zeuner, Insolvenzanfechtung, Rdn 195; Kübler/Prütting-Paulus, InsO, § 133 Rdn 22.

821 Zeuner, Insolvenzanfechtung, Rdn 195; Kübler/Prütting-Paulus, InsO, § 133 Rdn 22.

822 Haarmeyer/Wutzke/Förster, Insolvenzordnung, S. 434; Zeuner, Insolvenzanfechtung, Rdn 195; Kübler/Prütting-Paulus, InsO, § 133 Rdn 23.

823 Häsemeyer, Insolvenzrecht, S. 468; Zeuner, Insolvenzanfechtung, Rdn 208; Kübler/Prütting-Paulus, InsO, § 134 Rdn 36.

824 Zeuner, Insolvenzanfechtung, Rdn 263, 276; Kübler/Prütting-Paulus, InsO, § 135 Rdn 39.

825 BGH, Urt. v. 4.12.1995 - II ZR 281/94, ZIP 1996, 275.

zu widerlegen, die substantiiert vorgetragen wurden.[826] Schließlich ist der Anfechtungsgegner im Falle des Ausschlußgrundes des § 136 II InsO, also bezüglich des Eintretens eines Eröffnungsgrundes erst nach Abschluss der anfechtungsrelevanten Vereinbarung, beweispflichtig.[827]

2. Englisches Recht

In der Frage der Beweislast beschäftigte sich das *Cork Committee* mit dem Nachweis des subjektiven Tatbestandes in der heutigen Regelung der sec. 239 IA 86. Dabei beschränkte es sich dann aber auf einen Vorschlag zur Umkehr der Beweislast zumindest im Falle einer connected person.[828] Bei Leistungen an nahestehende Personen sollte nämlich der bevorzugende Charakter der Zuwendung widerleglich vermutet werden.[829]

Grundsätzlich muss der Insolvenzverwalter somit auch nach der Reform weiterhin beweisen, dass die Gesellschaft zum Zeitpunkt der fraglichen Rechtshandlung insolvent war.[830] Im Falle einer Rechtshandlung zugunsten einer connected person im Sinne von sec. 249, 435 IA 86 gilt jedoch, außer bei preferences, sec. 239 IA 86,[831] diesbezüglich eine Beweislastumkehr.[832] Es ist nicht klar, warum sec. 239 IA 86 von dieser Regel zur Beweislastumkehr ausgenommen wurde, zumal das *Cork Committee* gerade in diesem Fall, wie oben beschrieben, eine noch weitergehende Beweislastumkehr vorschlug.

Im Falle einer transaction at an undervalue, sec. 238 IA 86 muss der Insolvenzverwalter nachweisen, dass die Gegenleistung wesentlich geringwertiger als die vom Schuldner erbrachte Leistung war.[833] Aber selbst wenn ihm dies gelingen sollte, so besteht die Möglichkeit, die Einrede der statutory defence zu erheben. Die Beweislast für die Voraussetzungen dieser Einrede liegt bei dem, der die Rechtsfolgen des § 238 (3) IA 86 abwenden will,[834] was im Normalfall der jeweilige Anfechtungsgegner sein dürfte.

---

[826] BGH, Urt. v. 2.6.1997 - II ZR 211/95, ZIP 1997, 1648, 1650.
[827] Zeuner, Insolvenzanfechtung, Rdn 276; Kübler/Prütting-Paulus, InsO, § 136 Rdn 10.
[828] Cork-Report, Rdn 1257.
[829] Cork-Report, Rdn 1258.
[830] Fletcher in Ziegel, S. 304; Doyle, Insolvency Litigation, Rdn 9.27, 10.32; Milman/Parry, Avoidance Mechanisms, S. 12.
[831] Prentice, Preferences, S. 451; Fletcher, Insolvency Law, S. 229; Milman/Parry, Avoidance Mechanisms, S. 15.
[832] Milman/Durant, Corporate Insolvency, S. 197; Fletcher in Ziegel, S. 304; Goode, Insolvency Law, S. 351; Tomlie, Insolvency Law, S. 344.
[833] Dieses ergibt sich schon daraus, dass der Insolvenzverwalter alle objektiven Tatbestandsmerkmale nachzuweisen hat.
[834] Fletcher in Ziegel, S. 304; Milman/Parry, Avoidance Mechanisms, S. 12; Snaith/Cownie, Corporate Insolvency, Rdn 20.08.

Bei preferences, sec. 239 IA 86, liegt die Beweislast für den bevorzugenden Charakter der Verfügung sowie für das der Verfügung zugrundeliegende Motiv beim Insolvenzverwalter.[835] Bezüglich des subjektiven Tatbestandes kehrt sich die Beweislast jedoch, wie schon das *Cork Committee* vorschlug, dann um, wenn es sich bei der bevorzugten Person um eine connected person iSd. sec. 249, 435 IA 86 handelt, sec. 239 (6) IA 86.[836] Wie die Entscheidung in *Re Fairway Magazines Ltd*[837] zeigt, handelt es sich hierbei um eine widerlegbare Vermutung.

> In *Re Fairway Magazines Ltd* geriet die Gesellschaft, welche eine Zeitschrift vertrieb, in wirtschaftliche Schwierigkeiten und erhielt gegen Bestellung einer floating charge zugunsten eines der directors von diesem ein Darlehen, welches in Raten auf das debitorische Bankkonto der Gesellschaft überwiesen wurde. Nachdem die Gesellschaft gleichwohl in die Insolvenz gefallen war, focht der Insolvenzverwalter die Bestellung der floating charge u. a. als preference an und berief sich dabei auf die Vermutung der sec. 239 (6) IA 86. *Mummery J* ließ die Widerlegung dieser Vermutung durch die directors zu, weil sie nachweisen konnten, dass die Stellung der floating charge nur von der wirtschaftlichen Überlegung geleitet war, den Geschäftsbetrieb der Gesellschaft aufrechtzuerhalten, um laufende Verhandlungen über den Verkauf des werthaltigen Zeitschriften-Titels nicht zu gefährden. Das Darlehen konnte auch nur von einer anderen Person als einer Bank gewährt werden, da die bis dahin kreditgewährenden Banken eine Begrenzung des Kreditrahmens festgelegt hatten, die zum Zeitpunkt der Sicherheitenbestellung und Darlehensgewährung schon überschritten war.[838]
>
> Dagegen gelang es den directors in *Re Corfe Joinery Ltd*[839] nicht, die Vermutung der sec. 239 (6) IA 86 zu widerlegen, als die von den directors der Gesellschaft gewährten Darlehen kurz vor der Insolvenz der Gesellschaft an diese zurückgezahlt wurden. Der mit der Entscheidung des Falles betraute *Lloyd J* stellte hierzu fest, dass die Gesellschafter nicht hinreichend belegt hätten, warum angesichts des Drucks von Arbeitnehmern und außenstehenden Gläubigern gerade

---

[835] Goode, Insolvency Law, S. 402; Wheeler, JBL [1993] 256, 261; Totty/Moss, Insolvency, Rdn H4-02.
[836] Milman/Parry, Avoidance Mechanisms, S. 14; Sealy/Milman, S. 282; Snaith/Cownie, Corporate Insolvency, Rdn 20.46; Tomlie, Insolvency Law, S. 347; Totty/Moss, Insolvency, Rdn H4-02.
[837] [1992] BCC 924.
[838] [1992] BCC 924, 930 Rdn A-E.
[839] [1997] BCC 511.

die Zahlung an diesen Gesellschafter wirtschaftlich sinnvoll gewesen sei. Er führte dazu insbesondere aus, dass nur ein Nachweis bezüglich wirtschaftlicher Erwägungen, welche der Bevorzugung des Gläubigers zugrundegelegen haben und von denen die Anfechtungsgegner bei Vornahme der Rechtshandlung geleitet wurden, die Vermutung der sec. 239 (6) IA 86 widerlegen kann. Derartige Erwägungen waren von den Gesellschaftern aber gerade nicht vorgetragen worden.

Es wird bis zum Beweis des Gegenteils widerleglich vermutet, dass eine Kreditvergabe unter den Wuchertatbestand der sec. 244 IA 86, extortionate credit transaction, fällt,[840] so dass dem Anfechtungsgegner die Aufgabe zufällt, diese Vermutung zu entkräften. Weiterhin ist im Falle einer nahestehenden Person die Erhebung der Einrede, dass die Gesellschaft zur Zeit der Kreditvergabe zahlungsfähig war, nicht zulässig,[841] so dass dem Insolvenzverwalter hier die Beweislast erleichtert wird. Wie schon oben ausgeführt, ist sec. 245 IA 86, avoidance of certain floating charges, als rein objektive Vorschrift ausgestaltet, so dass sich bezüglich der Beweislast bei dieser Norm keine Besonderheiten ergeben.

Um eine erfolgreiche Anfechtung wegen einer transaction defrauding creditors gemäß sec. 423 IA 86 durchzuführen, muss der Insolvenzverwalter beweisen, dass hinter der Verfügung der „dominierende" oder „hauptsächliche" Zweck stand, die Gläubiger zu benachteiligen.[842] Im Gegensatz zu der Regelung der preference in sec. 239 IA 86 ist hier auch keine Beweislastumkehr für den Fall einer Rechtshandlung mit einer nahestehenden Person vorgesehen.[843] Zudem hat der Gesetzgeber den Vorschlag des *Cork Committee* nicht umgesetzt, dem Gericht einen Ermessensspielraum zur Ableitung des subjektiven Tatbestandes aus den objektiven Gegebenheiten des Falles zuzugestehen.[844] Da jedoch unter der Geltung des bisherigen Rechts die Gerichte durchaus zu einem solchen Verhalten neigten und keine Gründe ersichtlich sind, warum von der bisherigen Praxis abgewichen werden sollte, kann davon ausgegangen werden, dass auch in Zukunft aus dem Vorliegen der objektiven Tatbestandsvoraussetzungen auf den subjektiven Tatbestand geschlossen wird.[845]

---

840 sec. 244 (3); Goode, Insolvency Law, S. 408; Milman/Sealy, S. 293; Snaith/Cownie, Corporate Insolvency, Rdn 20.61.

841 Goode, Insolvency Law, S. 343; Snaith/Cownie, Corporate Insolvency, Rdn 20.61.

842 Chohan v. Saggar [1992] BCC 306; Milman/Parry, Avoidance Mechanisms, S. 16.

843 Fletcher, Insolvency Law, S. 232; Kamlah, Insolvenzanfechtung, S. 219.

844 Cork-Report, Rdn 1283 (b); Fletcher, Insolvency Law, S. 233.

845 Bailey/Groves/Smith, Corporate Insolvency, S. 407; Doyle, Insolvency Litigation, Rdn 12.13.

3. Vergleich

Sowohl im deutschen als auch im englischen Recht gilt grundsätzlich die Beweislastregel aus dem allgemeinen Prozeßrecht, nach der jede Partei die Beweislast dafür trägt, dass der Tatbestand der ihr günstigen Rechtsnorm erfüllt ist.846 Damit hat der Insolvenzverwalter im englischen und im deutschen Recht gleichermaßen das Vorliegen der objektiven und subjektiven Tatbestandsmerkmale der jeweiligen Anfechtungsnormen nachzuweisen.

Die Reformen in beiden Rechtssystemen haben nun parallele Wege beschritten, um dem Insolvenzverwalter diese Arbeit zu erleichtern, indem sie in verschiedenen Fällen die Verteilung der Beweislast geändert haben. Das herausragende Beispiel hierzu ist die Umkehrung der Beweislast bezüglich verschiedener Tatbestandsmerkmale im Falle der Anfechtung von Rechtshandlungen von dem Insolvenzschuldner nahestehenden Personen. Hier wurde sowohl im englischen (bis auf den kritisierten Ausnahmefall in sec. 239 IA 86) als auch im deutschen Recht die Beweislast zumindest für die Frage des Insolvenzstatus zu Lasten des Anfechtungsgegners verschoben. Das deutsche Recht geht jedoch einen Schritt weiter, indem es einen neuen, zumindest in der Nähe der groben Fahrlässigkeit angesiedelten, Haftungsmaßstab[847] für alle Anfechtungsgegner unabhängig von einem Näheverhältnis zum Insolvenzschuldner einführt, um dem Insolvenzverwalter die Arbeit zu erleichtern. Im Rahmen der Vorsatzanfechtung, also bei den Tatbeständen der §§ 131 I Nr. 3, 133 InsO bzw. sec. 239 IA 86, haben beide Rechtssysteme zudem bei nahestehenden Personen die Beweislast bezüglich der Benachteiligungsabsicht (bzw. intention to prefer) umgekehrt. Diese für den Insolvenzverwalter günstige Beweislastverteilung gilt jedoch nicht für sec. 423 IA 86.

4. Analyse

Es wird die Ansicht vertreten, dass, obwohl die Reformen des englischen Rechts auch dazu dienen sollten, die vom Insolvenzverwalter zu tragende Beweislast zu erleichtern und so das Anfechtungsrecht effektiver zu gestalten,[848] genau diese Reformen eigentlich nur eine Beweislast durch eine andere ersetzt haben.[849] Diese Ansicht wird durch den strikten Ansatz der Rechtsprechung im Fall *Re MC Bacon* gestützt, denn durch die Vorgaben in der Entscheidung von *Millet J* wird für die Erfüllung des subjektiven Tatbestandes der Norm eine hohe Schwelle errichtet, was sich zwangsläufig auch auf die Anforderungen an die Beweisführung auswirkt.

---

[846] vgl. für das deutsche Recht Thomas/Putzo, ZPO, Vorbem. § 284 Rdn 23.
[847] zur Diskussion s. oben.
[848] Milman/Parry, Avoidance Mechanisms, S. 14.
[849] Milman/Durant, Corporate Insolvency, S. 202.

Im Zuge einer Beweiserleichterung erscheint es zumindest diskussionswürdig, ob und inwieweit es erforderlich ist, dass der Gemeinschuldner im Rahmen einiger Anfechtungstatbestände bei der Vornahme der Rechtshandlung insolvent sein muss, bzw. durch diese insolvent werden muss. Eine Möglichkeit der Erleichterung der Beweislast des Insolvenzverwalters wäre, das Erfordernis der (materiellen) Insolvenz zum Zeitpunkt der Vornahme der fraglichen Rechtshandlung komplett entfallen zu lassen. Ausreichend könnte es danach sein, wenn die Gesellschaft nach der Rechtshandlung innerhalb der jeweiligen Anfechtungsfrist insolvent würde.[850] Eine derartige Konstellation ist aber zumindest für die Anfechtung von Deckungshandlungen problematisch. Diese Gruppe von Anfechtungstatbeständen wird nämlich gerade damit begründet, dass der Schuldner eine Handlung zu einem Zeitpunkt vornimmt, zu dem er eigentlich schon in den Gläubigergleichbehandlungsgrundsatz eingreift. Gerade an diese „materielle“ Insolvenz knüpft die Deckungsanfechtung an.[851] Damit bleibt zumindest für diese Gruppe der Anfechtungsvorschriften die Notwendigkeit der Insolvenz durch oder zum Zeitpunkt der Vornahme der Rechtshandlung bestehen.

§ 7 Rechtsfolgen der Anfechtung

In diesem Kapitel geht es unter anderem um die Frage, wem genau die zur Masse gezogenen Vermögenswerte aus einem erfolgreichen Anfechtungsprozeß zustehen. Ziel der Insolvenzanfechtung ist es unter anderem, den Gleichbehandlungsgrundsatz der Gläubiger durchsetzen zu helfen. Fraglich ist, ob die mit einer erfolgreichen Insolvenzanfechtung verknüpften Rechtsfolgen ebenfalls auf die Durchsetzung dieses Prinzips gerichtet sind. Weiterhin soll an dieser Stelle aber auch geklärt werden, welche Ansprüche dem Anfechtungsgegner zustehen und welche weiteren Folgen die Insolvenzanfechtung sowohl in zivil- als auch in strafrechtlicher Hinsicht zeitigen kann. Daneben soll an dieser Stelle auch die Anfechtung gegenüber dem Rechtsnachfolger des Anfechtungsgegners besprochen werden.

1. Deutsches Recht

a. Ansprüche des Anfechtungsberechtigten

i. Ansprüche gegen den Anfechtungsgegner

Rechtsfolge einer erfolgreichen Insolvenzanfechtung nach den §§ 129 ff. InsO ist der gesetzliche Rückgewähranspruch gemäß § 143 InsO. Streitig ist seit jeher die Rechtsnatur dieses Rückgewähranspruches[852] und auch der Gesetzgeber der

[850] vgl. dazu auch Milman/Parry, Avoidance Mechanisms, S. 38.

[851] Bruski, Konkursanfechtung, S. 49.

[852] Smid, Insolvenzrecht, S.257; Häsemeyer, Insolvenzrecht, S. 418; HK-Kreft, InsO, § 129 Rdn 64; FK-Dauernheim, InsO, § 129 Rdn 3; s. auch die neuere vertiefte Darstellung und Auswertung dieses Theorienstreites bei Allgayer, Rechtsfolgen und Wirkungen der Gläubigeranfechtung.

Insolvenzordnung hat die Beantwortung dieser Frage ausdrücklich offengelassen.[853]

Nach herrschender Meinung in Literatur und Rechtsprechung gilt die schuldrechtliche Theorie, die davon ausgeht, dass eine erfolgreiche Insolvenzanfechtung einen schuldrechtlichen Anspruch auf Rückgewähr dessen gibt, was durch die angefochtene Rechtshandlung der Masse entzogen wurde.[854] Die im Vordringen befindliche Lehre von der haftungsrechtlichen Unwirksamkeit geht dagegen davon aus, dass die anfechtbar weggegebenen Vermögensgegenstände dinglich dem Anfechtungsgegner zuzuordnen sind. Im Gegensatz zur schuldrechtlichen Theorie weist diese Theorie die der Insolvenzanfechtung unterliegenden Gegenstände haftungsrechtlich der Insolvenzmasse zu.[855] Dem gegenüber nehmen die Vertreter der Dinglichkeitstheorie an, dass das Vollzugsgeschäft im Verhältnis zu den Insolvenzgläubigern unwirksam ist und der Anfechtungsgegner insoweit kein Recht erworben hat.[856] Diese Theorie kann jedoch als überholt angesehen werden, zumal ihr eine Stütze im Gesetz fehlt.[857]

Eine Anfechtung nach der Insolvenzordnung läßt somit gemäß der Schuldtheorie die Wirksamkeit des zugrundeliegenden Rechtsgeschäftes unberührt.[858] Dieses wird auch schon im Rückschluß aus der Regelung des § 144 InsO indiziert, wonach der Gegenanspruch des Anfechtungsgegners wieder auflebt.

Auch nach der Insolvenzrechtsreform bleibt darüber hinaus streitig, wer Träger des Rückgewähranspruches ist.[859] Zum Teil wird vertreten, dass entweder der Gemeinschuldner, der auch nach Verfahrenseröffnung Träger der Insolvenzmasse bleibt, § 35 InsO, oder die Gläubigergesamtheit, zu deren Nutzen die Anfechtung ja erfolgen soll, auch Träger des Anspruchs seien.[860] Dagegen sieht die

---

[853] Zeuner, Insolvenzanfechtung, Rdn 5 ; HK-Kreft, InsO, § 129 Rdn 7; FK-Dauernheim, InsO, § 129 Rdn 9.

[854] HK-Kreft, InsO § 129 Rdn 7; Zeuner, Rdn. 5; Eichberger, Konkursanfechtung, S. 20; Kuhn/Uhlenbruck, KO, § 29 Rdn 1c; Häsemeyer, Insolvenzrecht, S. 420.

[855] Paulus, AcP 155 [1956], 277; Eckardt, Anfechtungsklage, S. 37 ff.; Häsemeyer, Insolvenzrecht, S. 451 ff.; Biehl, KTS 1999, 213, 317; Jauernig, Zwangsvollstreckung, S. 238.

[856] Marotzke, KTS 1987, 1; Eichberger, Konkursanfechtung, S. 21; HK-Kreft, InsO, § 129 Rdn 65; Paulus, AcP 155 [1956], 277, 279.

[857] Eichberger, Konkursanfechtung, S. 25; Zeuner, Rdn. 5; s. auch Bork, Insolvenzrecht, Rdn 224 m.w.N.; Kuhn/Uhlenbruck, KO, § 37 Rdn 1 ff.; Biehl, KTS 1999, 313, 315; Allgayer, Gläubigeranfechtung, Rdn 196.

[858] Smid, Insolvenzrecht, S. 238; Eichberger, Konkursanfechtung, S. 20; FK-Dauernheim, InsO, § 129 Rdn 6

[859] Zeuner, Insolvenzanfechtung, Rdn 326; Kuhn/Uhlenbruck, KO, § 37 Rdn 7; Baur/Stürner, Insolvenzrecht, S. 283; Jauernig, Zwangsvollstreckung, S. 239.

[860] vgl. zu den verschiedenen Theorien die instruktive Darstellung bei Zeuner, Insolvenzanfechtung, Rdn 326; Häsemeyer, Insolvenzrecht, S. 418 ff.

h. M. den Insolvenzverwalter, dem die alleinige Ausübungsbefugnis des Anfechtungsrechts zusteht, § 129 InsO, auch als alleinigen Träger des Anfechtungsrechts an.[861]

Gemäß § 143 I InsO hat der Anfechtungsgegner nach erfolgreicher Anfechtungsklage dasjenige zurückzugewähren, was durch die anfechtbare Rechtshandlung aus dem Vermögen des Gemeinschuldners veräußert, weggegeben oder aufgegeben worden ist.[862] Damit übernimmt die Vorschrift auch weitestgehend die schon in § 37 I KO statuierte Regelung,[863] und es ist grundsätzlich derjenige Gegenstand herauszugeben, der aus dem Vermögen des Gemeinschuldners herausgelangt ist. Dagegen kommt es nicht auf das an, was dem Anfechtungsgegner tatsächlich zugeflossen ist.[864] Ist eine Herausgabe in natura nicht möglich, so ist Wertersatz nach Maßgabe des § 143 I 2 InsO zu leisten. Der Rückgewährschuldner haftet demnach nur wie ein Bereicherungsschuldner, der den Mangel des rechtlichen Grundes kennt, folglich nur für verschuldete Unmöglichkeit, vgl. §§ 819 I, 818 IV, 292 I, 989, 990 BGB.[865] Diese Rechtsfolgenregelung stellt gegenüber der herrschenden Meinung zum Konkursrecht, die von einer Haftung des Rückgewährschuldners selbst bei zufälligem Untergang ausging, eine wesentliche Neuerung dar.[866] Die Rückgewährpflicht umfaßt damit aber auch die Herausgabe etwaiger Surrogate gemäß § 281 BGB,[867] sowie die Herausgabe von Nutzungen bzw. schuldhaft nicht gezogenen Nutzungen.[868] Bezüglich der Rückgewährverpflichtung bei unentgeltlichen Leistungen übernimmt § 143 II InsO grundsätzlich die Regelung des § 37 II KO, wonach der Empfänger in diesem Fall nur wie ein gutgläubiger Bereicherungsschuldner haftet.[869]

---

861 Kuhn/Uhlenbruck, KO, § 37 Rdn 7; Häsemeyer, Insolvenzrecht, S. 475 ohne nähere Begründung.

862 BGH, Urt. v. 9.7.1987 - IX ZR 167/86, BGHZ, 101, 286; NJW 1990, 990; Breutigam/Tanz, ZIP 1998, 723; Kuhn/Uhlenbruck, KO, § 37 Rdn 1.

863 Schmidt-Räntsch, InsO, § 143 Rdn 1; Henckel, Kölner Schrift, Rdn 76; Mauer, Anfechtungsprozeß, Rdn 383

864 Kuhn/Uhlenbruck, KO, § 37 Rdn 10; Zeuner, Insolvenzanfechtung, Rdn 312; Smid, Insolvenzrecht, S. 255; Jauernig, Zwangsvollstreckung, S. 241.

865 Henckel, Kölner Schrift, Rdn 83; Zeuner, Insolvenzanfechtung, Rdn 318; Schmidt-Räntsch, InsO, § 143 Rdn 2; Mauer, Anfechtungsprozeß, Rdn 383; Jauernig, Zwangsvollstreckung, S. 241 f.

866 Henckel, Kölner Schrift, Rdn 83; Zeuner, Insolvenzanfechtung, Rdn 318; Schmidt-Räntsch, InsO, § 143 Rdn 2.

867 Breutigam/Tanz, ZIP 1998, 724; anderer Ansicht Mauer, Anfechtungsprozeß, Rdn 372; differenzierend Kuhn/Uhlenbruck, KO, § 37 Rdn 22.

868 Henckel, Kölner Schrift, Rdn 83; Kübler/Prütting-Paulus, InsO, § 143 Rdn 37; Zeuner, Insolvenzanfechtung, Rdn 318.

869 Schmidt-Räntsch, InsO, § 143 Rdn 3; Zeuner, Insolvenzanfechtung, Rdn 321; Henckel, Kölner Schrift, Rdn 84.

Gegenüber der Regelung des § 37 II KO ist es aber zu einer Auferlegung der Beweislast für die Bösgläubigkeit auf den Insolvenzverwalter gekommen.[870]

Streitig ist auch der Entstehungszeitpunkt der Rückgewährforderung. Der *BGH* entschied noch für das Recht der KO, dass der Rückgewähranspruch frühestens mit der Eröffnung des Konkursverfahrens entstehen kann.[871] Dagegen geht eine andere Ansicht in der Literatur davon aus, dass der Anspruch bereits mit Vornahme der anfechtbaren Rechtshandlung entstehe, aber aufschiebend bedingt durch die Eröffnung des Insolvenzverfahrens sei.[872] Eine praktische Relevanz besitzt diese Unterscheidung nicht, so dass sich eine Entscheidung des Streits an dieser Stelle erübrigt.

Da nach herrschender Meinung bei einer erfolgreichen Anfechtung nicht nur gemäß § 144 InsO die Gegenforderung des Anfechtungsgegners wieder auflebt (s. dazu unten), sondern auch die an ihr bestehenden Sicherungen,[873] stehen die zur Masse gezogenen Vermögenswerte u.U. nicht der Gesamtheit der Gläubiger zur Verfügung, sondern nur dem Sicherungsnehmer.

ii. Ansprüche gegen den Rechtsnachfolger

Bei einer Gesamtrechtsnachfolge, etwa aufgrund Erbschaft, § 1922 BGB, oder bei einer Betriebsübernahme, § 25 HGB, kann die Anfechtung gegenüber dem Rechtsnachfolger nach der Vorschrift des § 145 I InsO geltend gemacht werden.[874] Wird der der Anfechtung unterliegende Gegenstand an einen Dritten übereignet, tritt also Einzelrechtsnachfolge ein, so kann die Anfechtung gegen diesen Rechtsnachfolger nach den Vorschriften des § 145 II InsO geltend gemacht werden.[875] Eine Einzelrechtsnachfolge im anfechtungsrechtlichen Sinne kann z.B. vorliegen, wenn aus dem anfechtbar erworbenen Gegenstand selbst ein neues Recht geschaffen und abgeleitet oder abgespalten wird, also etwa, wenn der Empfänger eine in anfechtbarer Weise begebenen Schecks diesen über das Konto einer anderen Person zu seinen Gunsten einziehen lässt.[876] Eine Anfechtung nach § 145 II InsO ist aber nur dann zulässig, wenn dem Rechtsnachfolger zur Zeit seines Erwerbes die Umstände bekannt waren, welche die An-

---

[870] Zeuner, Insolvenzanfechtung, Rdn 324; Schmidt-Räntsch, InsO, § 143 Rdn 3; Kübler/Prütting-Paulus, InsO, § 143 Rdn 62.
[871] BGH, Urt. v. 18.5.1995 - IX ZR 189/94, ZIP 1995, 1204, 1205; ebenso HK-Kreft, InsO, § 129 Rdn 79; Zeuner, Insolvenzanfechtung, Rdn 311.
[872] Kübler/Prütting-Paulus, InsO, § 143 Rdn 6; Jaeger/Henckel, KO, § 37 Rdn 84.
[873] Schmidt-Räntsch, InsO, § 144 Anm.; Zeuner, Insolvenzanfechtung, Rdn 331; Kübler/Prütting-Paulus, InsO, § 144 Rdn 3; Kuhn/Uhlenbruck, KO, § 39 Rdn 2.
[874] Häsemeyer, Insolvenzrecht, S. 471; Hess/Weis, AnfR, § 145 Rdn 5 ff; FK-Dauernheim, InsO, § 145 Rdn 3.
[875] Smid, Insolvenzrecht, S. 238; s. zum bisherigen Recht Häsemeyer, Insolvenzrecht, S. 423; Baur/Stürner, Insolvenzrecht, S. 285.
[876] BGH, Urt. v. 10.1.2002 – IX ZR 61/99, InVo 2002, 170.

fechtbarkeit des Erwerbs seines Rechtsvorgängers begründen oder wenn dem Rechtsnachfolger das Erlangte unentgeltlich zugewendet worden ist.[877] Bezüglich der Kenntnis der die Anfechtung begründenden Umstände ist positive Kenntnis erforderlich, eine grob fahrlässige Unkenntnis ist nicht ausreichend.[878] Bei nahestehenden Personen iSd. § 138 InsO schließlich kehrt sich die Beweislast bezüglich der die Anfechtbarkeit begründenden Umständen um.[879]

b. Ansprüche des Anfechtungsgegners

Eine weitere Rechtsfolge der Insolvenzanfechtung ist, dass die ursprünglich durch die anfechtbare Rechtshandlung erfüllte Gegenforderung des Anfechtungsgegners wieder auflebt, § 144 InsO.[880] Die Regelung des § 144 InsO entspricht weitestgehend der bisherigen Regelung in den §§ 38, 39 KO, ist jedoch etwas unglücklich formuliert, da Absatz zwei den Grundtatbestand der Norm darstellt, dem der Absatz eins als Sonderregelung vorangestellt ist.[881]

Wird ein gegenseitiger Vertrag angefochten, so kann der Anfechtungsgegner seine Gegenleistung als Massegläubiger nach § 55 I Nr. 3 InsO zurückverlangen, wenn sie noch unterscheidbar in der Masse vorhanden ist oder soweit die Masse noch um ihren Wert bereichert ist. Darüber hinaus ist sein Rückgabeanspruch eine Insolvenzforderung, muss also zur Tabelle angemeldet werden.[882]

Die Rechtsprechung gewährt dem Anfechtungsgegner ein Zurückbehaltungsrecht gegenüber dem Rückgewähranspruch des Anfechtungsberechtigten gemäß § 273 BGB, da eine Verwirklichung des einen Anspruchs ohne gleichzeitige Erfüllung des anderen einen Verstoß gegen den Grundsatz von Treu und Glauben, § 242 BGB darstellen würde.[883] Aus diesem Grund ist bei auf Geld gerichteten Ansprüchen auch ohne Aufrechnungserklärung auf eine Verrechnung der Differenz der gegenseitigen Ansprüche zu erkennen, wenn der Anspruch auf Wertersatz geht, da der Verwalter sonst nach § 242 BGB den im Zuge der erfolgreichen Anfechtung erhaltenen Betrag in Höhe des Erstattungsanspruchs wieder zurückgeben müßte.[884]

---

[877] Henckel, Kölner Schrift, Rdn 90; Häsemeyer, Insolvenzrecht, S. 472.

[878] Zeuner, Insolvenzanfechtung, Rdn 300 m.w.N.; Kübler/Prütting-Paulus, InsO, § 145 Rdn 11.

[879] Henckel, Kölner Schrift, Rdn 89; Zeuner, Insolvenzanfechtung, Rdn 301; Häsemeyer, Insolvenzrecht, S. 472.

[880] Haarmeyer/Wutzke/Förster, Insolvenzhandbuch, Rdn 240; Smid, Insolvenzrecht, S.258; Henckel, Kölner Schrift, Rdn 85.

[881] Schmidt-Räntsch, InsO, § 144 Anm.; Zeuner, Insolvenzanfechtung, Rdn 329, 330.

[882] Henckel, Kölner Schrift, Rdn 86; Kuhn/Uhlenbruck, KO, § 38 Rdn 2; Kübler/Prütting-Paulus, InsO, § 144 Rdn 6, 9; Jauernig, Zwangsvollstreckung, S. 242.

[883] BGH, Urt. v. 29.04.1986 - IX ZR 145/85, ZIP 1986, 787, 789; Zeuner, Insolvenzanfechtung, Rdn 334; Hess/Weis, AnfR, § 144 Rdn 9; FK-Dauernheim, InsO, § 144 Rdn 24.

[884] Kuhn/Uhlenbruck, § 38 Rdn 4; Hess/Weis, AnfR, § 144 Rdn 9; FK-Dauernheim, InsO, § 144 Rdn 24.

c. Nebenfolgen

Eine erfolgreiche Anfechtung kann in bestimmten Fällen sowohl für den Gemeinschuldner als auch für den Anfechtungsgegner weitere strafrechtliche Sanktionen zur Folge haben. So kann sich der Gemeinschuldner z. B. wegen Bankrotts nach § 283 I Nr. 1, 8 StGB durch die Veräußerung eines Vermögensgegenstandes ohne entsprechende, alsbald greifbare Gegenleistung oder nach 283c StGB wegen Gläubigerbegünstigung durch Gewährung einer inkongruenten Deckung strafbar machen.[885] Ein „Beiseiteschaffen“ iSd. § 283 I Nr. 1 StGB liegt auch dann vor, wenn der Gesellschafter-Geschäftsführer ein seiner GmbH gewährtes eigenkapitalersetzendes Darlehen an sich selbst zurückzahlt.[886] Der Anfechtungsgegner kann sich wegen Schuldnerbegünstigung nach § 283d StGB strafbar machen. Obwohl der Wortlaut dieser Vorschrift sich an denjenigen von § 131 InsO anlehnt, ist hier der Erhalt lediglich einer inkongruenten Deckung nicht ausreichend, um den objektiven Tatbestand zu erfüllen.[887] Bei der Prüfung der Strafbarkeit sind jedoch auch die gegenüber dem zivilrechtlich orientierten Anfechtungsrecht höheren subjektiven Anforderungen der Strafrechtsnormen zu beachten.

Selbst bei einer Verurteilung wegen Begehens eines der vorgenannten Insolvenzdelikte ist ein über die Verurteilung hinausgehendes Berufsverbot nach § 70 StGB nur dann möglich, wenn der Täter die Delikte unter Mißbrauch zumindest seines Gewerbes begeht. Jedoch sind § 6 GmbHG und § 76 III AktG zu beachten, wonach Geschäftsführer/Vorstand nur werden kann, wer nicht innerhalb eines Zeitraums von fünf Jahren vor Bestellung wegen eines der vorgenannten Insolvenzdelikte verurteilt wurde.

Eine zivilrechtliche Haftung des Schuldners nach §§ 823, 826 BGB ist möglich, wenn noch besonders erschwerende Umstände zur Erfüllung des reinen Anfechtungstatbestandes hinzutreten, z. B. weil der Schuldner planmäßig mit eingeweihten Helfern zusammenwirkt, um sein wesentliches Vermögen dem Zugriff von Gläubigern zu entziehen.[888]

---

[885] vgl. Schönke/Schröder-Stree, StGB, § 283 Rdn 4, § 283c Rdn 2; vgl. Weisemann/Smid-Arens, Unternehmensinsolvenz, S. 739.

[886] Schönke/Schröder-Stree, StGB, § 283 Rdn 4a; Weisemann/Smid-Arens, Unternehmensinsolvenz, S. 738 f., 758.

[887] Schönke/Schröder-Stree, StGB, § 283d Rdn 2.

[888] vgl. hierzu BGH, Urt. v. 13.7.1995 - IX ZR 81/94, BGHZ, 130, 314, 330; BGH, Urt. v. 09.05.1996 - IX ZR 50/95, NJW 1996, 2231; HK-Kreft, § 129 Rdn 74.

2. Englisches Recht

a. Ansprüche des Anfechtungsberechtigten

i. Ansprüche gegen den Anfechtungsgegner

Im englischen Recht wird das Recht zur Geltendmachung des Rückgewähranspruches als im Insolvenzverwalter angelegt angesehen, der als Treuhänder („Trustee") für die Gesellschaft fungiert.[889] Die Regelung der Rechtsfolgen einer erfolgreichen Insolvenzanfechtung erfolgt nicht zentral, sondern jeweils gesondert bei den einzelnen Anfechtungstatbeständen:

Im Falle einer transaction at an undervalue, sec. 238 IA 86, und einer preference, sec. 239 IA 86, bleibt die zugrundeliegende Rechtshandlung wirksam, jedoch kann das Gericht grundsätzlich nach pflichtgemäßem Ermessen geeignete Maßnahmen („as it thinks fit") nach den ss. 238 (3), 239 (3) IA 86 anordnen, um die Wirkungen der Rechtshandlungen zu modifizieren.[890] Hierbei stellt sec. 241 IA 86 dem entscheidenden Gericht einen Katalog möglicher Anordnungen zur Verfügung. So kann das Gericht z. B. die Rückgabe von durch die Rechtshandlung aus dem Gesellschaftsvermögen entfernten Vermögensgegenständen anordnen, die Unwirksamkeit von der Gesellschaft eingegangener Sicherungsabreden feststellen oder zur Zahlung an die Gesellschaft zum Ausgleich erlangter Vorteile verurteilen.[891] Beispielsweise wurden im vorgenannten Fall *Re Exchange Travel (Holdings) Ltd*[892] der director der Gesellschaft und seine Ehefrau zur Rückzahlung des durch die als preference, sec. 239 IA 86, anfechtbare Darlehenstilgung erlangten Betrages verurteilt.

Die in sec. 241 IA 86 aufgezählten Rechtsfolgen stellen keine Einschränkung des in ss. 238 (3), 239 (3) IA 86 aufgestellten Ermessensspielraumes, sondern nur eine nicht abschließende Auflistung von Anordnungsbeispielen dar, vgl. sec. 241 (1) IA 86.[893] Es erscheint sogar möglich, dass das Gericht den Erlaß jeglicher Anordnung verweigern kann,[894] insbesondere hat der Insolvenzverwalter auch keinen Anspruch auf den Erlaß einer bestimmten Anordnung.[895] Das Gericht hat auf Grund dieses Ermessensspielraums die Möglichkeit, auf die Gege-

---

[889] Re Yagerphone Ltd [1935] Ch 392; Re Oasis Merchandising, [1997] WLR 764, 773 C.A; Tomlie, Insolvency Law, S. 349.

[890] Goode, Insolvency Law, S. 374; Bailey/Groves/Smith, Corporate Insolvency, S. 370; Snaith/Cownie, Corporate Insolvency, Rdn 20.49.

[891] Farrar, Company Law, S. 730; Bailey/Groves/Smith, Corporate Insolvency, S. 370 ff.; Vach, Insolvenzrechtsreform, S. 76.

[892] [1996] BCC 933.

[893] Milman/Durant, Corporate Insolvency, S. 203; Fletcher in Ziegel, S. 305; Doyle, Insolvency Litigation, Rdn 9.40; Bailey/ Groves/Smith, S. 370; Snaith/Cownie, Corporate Insolvency, Rdn 20.58 a.E.

[894] Re Paramount Airways [1993] Ch 223, 239; Prentice, Preferences, S. 456; Doyle, Insolvency Litigation, Rdn 9.46; Sealy/Milman, S. 279.

[895] Goode, Insolvency Law, S. 373.

benheiten des Einzelfalles Rücksicht zu nehmen: Hat der Anfechtungsgegner z. B. Aufwendungen zugunsten des Gegenstandes gemacht, den er aus der anfechtbaren Rechtshandlung erhalten hat, so kann das Gericht dem Anfechtungsgegner in Anrechnung dieser Aufwendungen einen Nachlaß gewähren. So wurde in *Weisgard v. Pilkington*[896] den Anfechtungsgegnern gestattet, die Aufwendungen für den Ausbau und den Verkauf von Wohnungen, deren Verkaufspreis als preference nach sec. 239 IA 86 gewertet wurde, vom an den Insolvenzverwalter auszukehrenden Betrag abzuziehen. Umgekehrt kann das Gericht auch im Falle der wertmindernden übermäßigen Abnutzung des zurückzugewährenden Gegenstandes diese übermäßige Wertminderung in Ansatz bringen, wobei sich die Wertberechnung nach dem Wert des Gegenstandes zum Zeitpunkt der Vornahme der anfechtbaren Rechtshandlung richtet.[897] Schlußendlich kann das Gericht auch Verzugs- und / oder Prozeßzinsen verhängen und gegebenenfalls die Herausgabe von Nutzungen anordnen.[898]

Im Falle der Anfechtung einer extortionate credit transaction, sec. 244 IA 86, stehen dem Gericht gemäß sec. 244 (2) IA 86 diverse Anordnungsmöglichkeiten offen, um die Wirkung der erfolgreich angefochtenen Rechtshandlung zurückzunehmen. So kann das Gericht nach sec. 244 (4) IA 86 z. B. die Verpflichtungen aus dem anfechtbaren Darlehensvertrag aufheben, dessen Vertragsbedingungen abändern oder die Rückzahlung von schon auf Grund des Vertrages gezahlter Summen anordnen. Insbesondere ist es auch möglich, dass das Gericht lediglich den vertraglich vereinbarten (wucherischen) Zinssatz auf ein nichtwucherisches Maß reduziert.[899]

Dagegen wird eine floating charge, sec. 245 IA 86, auf jeden Fall bis zu dem Wert unwirksam, bis zu dem der Gesellschaft nicht (gleichzeitig oder später)[900] ein Gegenwert zugeflossen ist.[901] Dabei ist zu beachten, dass in der Folge dieser Unwirksamkeit der Gesellschaft selbst keine neuen Werte zufließen, sondern

---

[896] [1995] BCC 1108, 1114.

[897] Prentice, Preferences, S. 457; Prentice kommt zu diesem Ergebnis durch den Umkehrschluß aus Weisgard v. Pilkington [1995] BCC 1108; Rechtsprechung hierzu ist nicht ersichtlich.

[898] Prentice, Preferences, S. 457.

[899] s. Bailey/Groves/Smith, Corporate Insolvency, S. 375; Sealy/Milman, S. 293; Snaith/Cownie, Corporate Insolvency, Rdn 20.63 f.; bezüglich dieser Anordnungsmöglichkeiten ist keine Rechtsprechung ersichtlich (was wohl auch auf der Tatsache beruht, dass eine erfolgreiche Anfechtung nach dieser Vorschrift bisher noch nicht bekannt geworden ist, so dass hier lediglich auf Ausführungen in der Literatur zurückgegriffen werden kann).

[900] zu der Diskussion, wann dieses Tatbestandsmerkmal erfüllt ist, s. oben.

[901] Doyle, Insolvency Litigation, Rdn 11.02; Bailey/Groves/Smith, Corporate Insolvency, S. 377.

dass nur die Wirkungen der fraglichen Sicherung neutralisiert werden,[902] während die durch die floating charge gesicherte Verbindlichkeit wirksam bleibt.[903] Wird diese Verbindlichkeit vor der Eröffnung des Insolvenzverfahrens, etwa in Folge eines receivership-Verfahrens, erfüllt, so berührt die Unwirksamkeit der Sicherheit die Wirksamkeit der Erfüllung grundsätzlich nicht,[904] sie kann unter Umständen jedoch eine preference iSd. sec. 239 IA 86 darstellen.[905]

Bei transactions defrauding creditors, sec. 423 IA 86, richten sich die Rechtsfolgen einer erfolgreichen Anfechtung nach sec. 423 (2) und sec. 425 IA 86, wobei die dort aufgelisteten Rechtsfolgen im großen und ganzen denen in sec. 241 IA 86 entsprechen und also auch die Regeln zum Schutz Dritter greifen.[906]

Allgemein entsteht der Anspruch auf Rückgewähr der durch die anfechtbare Rechtshandlung erlangten Bereicherung erst mit Beginn des Insolvenzverfahrens.[907]

Ordnet das Gericht nun die Herausgabe von Vermögenswerten an, so ist im englischen Recht umstritten, an wen diese im Endeffekt fließen sollen und ob sie im von einer etwaigen Sicherungsabrede erfaßt werden.[908] Dazu entschied *Knox J* in *Re Produce Marketing Consortium Ltd*[909] für die im wesentlichen gleichlaufende Problematik des wrongful trading,[910] dass die auf ein entsprechendes Urteil hin geleisteten Zahlungen von einer bestehenden und anfechtungsfesten floating charge erfaßt würden, weil der Rechtsanspruch als Vermögenswert der Gesellschaft anzusehen sei. *Milman* macht in einem anschaulichen Beispiel klar,

---

902 Milman/Parry, Avoidance Mechanisms, S. 11, hierzu s. auch Mace Builders (Glasgow) Ltd v. Lunn [1986] 3 WLR 921.

903 Doyle, Insolvency Litigation, Rdn 11.03; Bailey/Groves/Smith, Corporate Insolvency, S. 377.

904 Mace Builders (Glasgow) Ltd v Lunn [1987] Ch 191; Bailey/Groves/Smith, Corporate Insolvency, S. 377; Kamlah, Insolvenzanfechtung, S. 147.

905 Farrar, Company Law, S. 734.

906 Goode, Insolvency Law, S. 437; Sealy/Milman, S. 468.

907 Re Oasis Merchandising, [1997] WLR 764, 773 C.A.; Derham, Set-Off, S. 161; Prentice, Preferences, S. 456.

908 Das *Cork Committee* (Rdn 1269) schlug vor, dass das Geld, welches in einem Anfechtungsprozeß zur Masse zurückgewonnen werden konnte, zuerst in ein Anderkonto eingezahlt und dann nach Anweisung des Gerichts verteilt werden sollte. Dieser Vorschlag betraf allerdings den Sonderfall des Anfechtungsprozesses eines receivers und administrators, wobei in diesen Verfahren nach den Vorstellungen des *Cork Committee* von der förmlichen Feststellung der Insolvenz abgesehen werden konnte; s. hierzu auch die kritischen Anmerkungen von Wheeler, JBL [1993] 256.

909 [1989] BCLC 520, 554A.

910 Rechtsprechung zum Anfechtungsrecht ist diesbezüglich nicht ersichtlich; zum Gleichlauf der Prinzipien des wrongful trading und des Anfechtungsrechts s. Walters, Wrongful Trading, S. 155 FN 3.

dass eine Konsequenz dieser Entscheidung sein kann, dass ein Gläubiger, etwa eine Bank, die als shadow director erfolgreich nach den Vorschriften über wrongful trading, sec. 214 IA 86 verfolgt wird, die so eigentlich zur Masse gezogenen Vermögenswerte wieder zurückerhält, wenn sie gleichzeitig eine (wirksame) floating charge an dem Betriebsvermögen des Insolvenzschuldners hält.[911] Die Entscheidung in *Re Produce Marketing Consortium Ltd* steht auch im Gegensatz zu einer anderen Gerichtsentscheidung. So wurde im Fall *Re MC Bacon Ltd (No. 2)*[912] festgesetzt, dass der geltend gemachte Rechtsanspruch nicht als Vermögensbestandteil der Gesellschaft angesehen und folglich auch nicht von einer floating charge erfaßt werden könne.[913]

Goode[914] bemüht sich um eine Systematisierung dieses Problemfeldes. Dabei unterscheidet er zwischen Nichtigkeitstatbeständen[915] einerseits und den eigentlichen Anfechtungstatbeständen andererseits. Bei den Tatbeständen, die zur Nichtigkeit der Rechtshandlung führen, wird festgestellt, dass die hiervon erfaßten Vermögenswerte niemals aus dem Eigentum der Gesellschaft weggekommen sind. Deswegen werden diese, so die Rechtshandlung z. B. wegen der (partiellen) Unwirksamkeit einer floating charge gemäß sec. 245 IA 86 nichtig ist, auch von einer zuvor wirksam getroffenen Sicherungsabrede erfaßt.[916] Dagegen führt die Anfechtbarkeit einer Rechtshandlung nicht zu ihrer Nichtigkeit, sondern nur zu der Möglichkeit, ihre Rechtsfolgen umzukehren. Damit wird im englischen Recht das Ziel verfolgt, die Stellung der Gläubigergemeinschaft zu verbessern,[917] Vermögenswerte, die im Rahmen einer anfechtbaren Rechtshandlung verschoben werden, sollen somit nicht von einer etwaigen Sicherungsabrede erfaßt werden.[918] Diese Argumentation stützt sich auch darauf, dass die Rechtsfolgen der Anfechtung eben nicht automatisch von Rechts wegen eintreten, sondern vom Insolvenzverwalter geltend gemacht werden müssen.[919]

bb) Ansprüche gegen den Rechtsnachfolger

Eine Anfechtung gegen den Rechtsnachfolger des ursprünglichen Anfechtungsgegners ist auch im englischen Recht unter bestimmten Voraussetzungen mög-

---

911 Milman, Priority rights on corporate insolvency, S. 77; auch andere Stimmen in der Literatur haben sich kritisch über den Standpunkt des Gerichts in diesem Fall geäußert, so Farrar, Company Law, S. 740 m.w.N.; Doyle, Insolvency Litigation, Rdn 9.49.

912 [1990] BCC 430; [1991] Ch 127; [1990] BCLC 607, 613G, 615D.

913 s. auch Re Yagerphone Ltd [1935] Ch 392; Wheeler, JBL [1993] 256, 260, 261.

914 Goode, Insolvency Law, S. 437 ff.; vgl. auch Milman/Parry, Avoidance Mechanisms, S. 37.

915 z. B. die hier nicht besprochene Regelung der sec. 127 IA 86 oder der sec. 395 CA 85.

916 Goode, Insolvency Law, S. 438; Tolmie, Insolvency Law, S. 349.

917 Re Yagerphone Ltd [1935] Ch 392; Pugh [1997] Ins. L&P, 184.

918 s. zu dieser Argumentation zustimmend auch Doyle, Insolvency Litigation, Rdn 9.49; Rajak, Company Liquidations, Rdn 1203.

919 Goode, Insolvency Law, S. 439; Pugh [1997] Ins. L&P, 184, 185.

lich. Da sec. 241 IA 86, wie oben gezeigt, grundsätzlich keine Einschränkung des den Gerichten durch sec. 238 (5) IA 86 eingeräumten Ermessensspielraum darstellt, sind auch Anordnungen gegen Dritte grundsätzlich möglich. Jedoch ergibt sich eine Ermessensbeschränkung aus sec. 241 (2) IA 86, insoweit als durch eine Anordnung des Gerichts nicht in geschützte Rechte Dritter eingegriffen werden darf, die einen vermögenswerten Vorteil in gutem Glauben und für eine Gegenleistung vom (potentiellen) Anfechtungsgegner erworben haben.[920] Da in einem derartigen Fall das Gericht an jeglicher Anordnung gehindert ist, wird somit die Anfechtung gegenüber einem gutgläubigen Dritterwerber ausgeschlossen, auch wenn damit im Endeffekt die Gläubigergesamtheit benachteiligt wird.

Ein gutgläubiger Erwerb ist aber gemäß der Vermutung[921] der sec. 241 (2A) IA 86 nur dann möglich, wenn der Dritte in Unkenntnis der relevanten Umstände der Rechtshandlung und des laufenden Insolvenzverfahren handelte und weder der die Rechtshandlung vornehmenden Gesellschaft noch dem Anfechtungsgegner iSd. sec. 249 IA 86 nahestand. Kenntnis der relevanten Umstände wird dem Dritten dann unterstellt, wenn er den Charakter der Rechtshandlung als objektiv den Tatbeständen der ss. 238, 239 IA 86 unterfallend erkannte, vgl. sec. 241 (3) IA 86. Die Kenntnis vom laufenden Verfahren wird unterstellt, wenn der Dritte vom Antrag auf bzw. vom Erlaß der administration oder der liquidation order selbst Kenntnis hatte, sec. 241 (3) (A-C) IA 86.[922]

Die vorstehenden Ausführungen gelten sinngemäß auch bezüglich der Anfechtung von transactions defrauding creditors, sec. 423 IA 86, vgl. insbesondere sec. 425 (2) IA 86. Im Rahmen der Anfechtung von floating charges ist zu beachten, dass das Sicherungsrecht erlischt, wenn der Sicherungsnehmer die floating charge verwertet und sich aus dem Erlös befriedigt. Damit kann die Unwirksamkeit der Sicherung nicht mehr geltend gemacht werden und es ist folglich auch nicht mehr möglich, den Erwerber des Sicherungsgutes als Rechtsnachfolger in Anspruch zu nehmen.[923]

---

[920] s. zu diesem Komplex, Goode, Insolvency Law, S. 382 ff.; Doyle, Insolvency Litigation, Rdn 9.44 f.; Bailey/Groves/Smith, Corporate Insolvency, S. 371; Snaith/Cownie, Corporate Insolvency, Rdn 20.49.

[921] so Goode, Insolvency Law, S. 382, der auch den kompliziert gefaßten Wortlaut dieser Vorschrift kritisiert.

[922] Diese Regelung wurde erst durch die Insolvency (No. 2) Act 1994 mit Wirkung ab dem 26. Juli 1994 in die Insolvency Act 1986 eingefügt; Rechtsprechung zu diesem Bereich ist derzeit nicht ersichtlich; anders hier noch Kamlah, Insolvenzanfechtung, S. 223 ff.

[923] Mace Builders (Glasgow) Ltd v Lunn [1987] Ch 191; Kamlah, Insolvenzanfechtung, S. 225.

b. Ansprüche des Anfechtungsgegners

Im Falle der Rückgewähr der auf Grund einer nach sec. 238, 239 IA 86 anfechtbaren Rechtshandlung erworbenen Vermögenswerte lebt die Gegenforderung des Anfechtungsgegners wieder auf und der Anfechtungsgegner hat grundsätzlich das Recht, diese als Insolvenzforderung nach sec. 241 (1) (g) IA 86 anzumelden.[924] Das Gericht kann aber z. B. die zur Insolvenzmasse anzumeldende Gegenforderung der Höhe nach beschränken.[925] Dagegen vertritt *Goode* die Ansicht, dass zumindest bei einer transaction at an undervalue der Anfechtungsgegner normalerweise die Herausgabe des durch die Rechtshandlung nur Zug um Zug gegen Herausgabe der Gegenleistung schulde. Andernfalls werde die Gruppe der Insolvenzgläubiger unrechtmäßig bereichert.[926] Der zur Rückgewähr des aus einer anfechtbaren Rechtshandlung erlangten Vorteile verurteilte Insolvenzgläubiger ist aber nicht befugt, gegen diese Rückgewährforderung mit der der anfechtbaren Rechtshandlung zugrundeliegenden Forderung aufzurechnen. Weiterhin darf er ebenfalls nicht mit irgendeiner anderen Forderung aufrechnen, die ihm gegen den Insolvenzschuldner zusteht.[927]

c. Nebenfolgen

Eine erfolgreiche Insolvenzanfechtung kann zu einem Berufsverbot für directors nach der Company Directors Disqualification Act 1986 (CDDA 86) führen.[928] Die Kodifikation der CDDA 86 beruht ebenfalls auf Empfehlungen des *Cork Committee*[929] und soll verhindern, dass directors, geschützt durch den Haftungsschirm der Kapitalgesellschaft, nach der Insolvenz der von ihnen geleiteten Gesellschaft sofort eine neue Gesellschaft gründen, um ihre Geschäfte fortsetzen zu können.[930] Ein director soll u. a. dann vom Gericht mit einem Berufsverbot belegt werden, wenn er maßgeblich an einer Rechtshandlung beteiligt war, die der Anfechtung nach ss. 238, 239 IA 86 unterlag.[931] So wurde z. B. in *Re Living Images Ltd*[932] einem director ein Berufsverbot auferlegt, nachdem er seinem Freund ein der Gesellschaft gewährtes Darlehen iHv. GBP 11.000 innerhalb von vier Monaten vor Eröffnung des Insolvenzverfahrens zurückgezahlt hatte und die Anfechtung wegen Gewährung einer preference, sec. 239 IA 86, erfolgreich war.

---

924 Prentice, Preferences, S. 456; Bailey/Groves/Smith, Corporate Insolvency, S. 373; Snaith/Cownie, Corporate Insolvency, Rdn 20.58.

925 Snaith/Cownie, Corporate Insolvency, Rdn 20.58.

926 Goode, Insolvency Law, S. 382.

927 Derham, Set-Off, S. 160 f.

928 Prentice, Preferences, S. 443; Milman/Parry, Avoidance Mechanisms, S. 41; Doyle, Insolvency Litigation, Rdn 10.02 FN 4; van Hüllen, InVo 1999, 97, 103; Vach, Insolvenzrechtsreform, S. 184.

929 Cork-Report, Rdn 1813.

930 Farrar, Company Law, S. 344.

931 CDDA 86, Sched 1, Part II, Nr. 8.

932 [1996] 1 BCLC 348.

Darüber hinaus kann eine anfechtbare Rechtshandlung für die directors auch eine Verletzung ihrer durch Common Law festgelegten Pflichten darstellen, die sie persönlich zum Schadensersatz, etwa wegen wrongful trading nach sec. 212 IA 86 verpflichten.[933] So wurde in *West Mercia Safetywear Ltd v. Dodd Ltd*[934] ein director, der sowohl die Geschäfte von *West Mercia Safetywear Ltd* als auch von *Dodd Ltd* leitete, zum persönlichen Ausgleich einer Zahlung verurteilt, die *Dodd Ltd* zugunsten von *West Mercia Safetywear Ltd* auf Grund seiner Anweisung geleistet hatte und die eine preference iSv. sec. 239 IA 86 darstellte. Zwar war die preference der Gesellschaft zuzurechnen, da die Gewährung der preference aber auf einer Anweisung des directors beruhte, die seinen Geschäftsführungspflichten zuwiderlief, wurde er persönlich haftbar gemacht.

Allerdings sind strafrechtliche Folgen bei der Begehung einer anfechtbaren Rechtshandlung derzeit für die jeweils Handelnden nicht zu befürchten. So ist z. B. die Bevorzugung eines Gläubigers, sec. 239 IA 86, zwar möglicherweise als wrongful trading, aber nicht als fraudulent trading, sec. 213 IA 86, anzusehen, so dass die hierauf aufbauende Strafvorschrift der sec. 458 CA 85, welche eine Bestrafung wegen fraudulent trading vorsieht, ebenfalls nicht greift.[935] Eine preference stellt auch nur im Ausnahmefall, bei Hinzutreten besonderer Umstände, einen Betrug im strafrechtlichen Sinne dar.[936]

3. Vergleich

Ein Vergleich der Rechtsfolgen einer wirksam angefochtenen Rechtshandlung macht deutlich, dass diesbezüglich zwischen beiden Rechtssystem deutliche Übereinstimmungen bestehen. So bleiben die angefochtenen Rechtshandlungen an sich - bis auf die Ausnahme der sec. 245 IA 86 - wirksam, nur ihre Wirkungen werden zurückgenommen. Hierbei ist aber die voneinander abweichende Rechtsfolgenregelung in den miteinander korrespondierenden Vorschriften der § 138 BGB und sec. 244 IA 86 zu beachten. Während nämlich im deutschen Recht das Rechtsgeschäft bei Erfüllung des Tatbestandes des § 138 BGB insgesamt nichtig ist und somit eine geltungserhaltende Reduktion nicht möglich ist,[937] besteht im englischen Recht die Möglichkeit, das angefochtene Rechtsgeschäft mit einem angemessenen Zinssatz aufrechtzuerhalten.

Hervorzuheben ist, dass den englischen Gerichten, was die Wahl der konkreten Rechtsfolgen betrifft, ein wesentlich größerer Ermessensspielraum eingeräumt wird, als den deutschen, die an gesetzlich vorgegebene Rechtsfolgen gebunden

---

933 Doyle, Insolvency Litigation, Rdn 10.05; Milman/Durant, Corporate Insolvency, S. 200; Goode, Insolvency Law, S. 343.
934 [1988] BCLC 250.
935 Re Sarflex Ltd [1979] Ch 592; Milman/Parry, Avoidance Mechanisms, S. 41.
936 Wood, International Insolvency, Rdn 6-23 m.w.N.
937 Palandt-Heinrichs, BGB, § 138 Rdn 19.

sind. Hierbei ist allerdings anzumerken, dass das deutsche Recht normenmäßig wesentlich ausdifferenzierter ist, als das englische und dass es darüber hinaus im englischen Recht nur dann üblich ist, Ermessensspielräume einzuräumen, wenn schon precedents vorliegen, die diesen Rahmen wiederum ausfüllen.[938] Damit ist das Ermessen der englischen Gerichte zumindest eingeschränkt. Dass im Endeffekt die konkreten Rechtsfolgen für den Anfechtungsgegner in den hier verglichenen Rechtssystemen denn auch wirklich nicht so unterschiedlich ausfallen, mag das Beispiel des Verwendungsersatzes deutlich machen. Wie oben festgestellt, kann das entscheidende englische Gericht im Falle von Verwendungen auf den in Folge der Anfechtung zurückzugewährenden Gegenstand dem Anfechtungsgegner im Rahmen seiner order z. B. einen Nachlaß auf den zur Masse zu zahlenden Betrag gewähren. Das deutsche Gericht kann, nach einer Entscheidung des *BGH*, dem Anfechtungsgegner bezüglich des Wertes der Verwendung einen Masseanspruch wegen ungerechtfertigter Bereicherung nach § 55 I Nr. 3 InsO zusprechen.[939] In beiden Rechtssystemen besteht damit die Möglichkeit, den Betrag der Verwendung von dem Wert des rückzugewährenden Vermögensgegenstandes abzuziehen.

In beiden Rechtssystemen ist nach h.M. der Insolvenzverwalter als alleiniger Träger des Rückgewähranspruches anerkannt. Dagegen erscheint im englischen Recht unklar, wem die in einem erfolgreichen Anfechtungsprozeß gewonnen Vermögenswerte zustehen, genauer, ob sie von einer wirksam bestellten Sicherheit, insbesondere einer floating charge erfaßt werden. Dagegen werden im deutschen Recht die zur Masse gezogenen Vermögenswerte auf jeden Fall wieder von einer schon bestehenden Sicherungsabrede erfaßt. Der Rückgewähranspruch entsteht (zumindest nach h. M. in der Rechtsprechung) sowohl im englischen als auch im deutschen Recht frühestens mit dem Beginn des Insolvenzverfahrens.

Die Einschränkungen der Anfechtungsmöglichkeit gegen den Rechtsnachfolger des Anfechtungsgegners sind in beiden Rechtssystemen im Grundsatz identisch. Eine derartige Anfechtung ist nämlich nur dann zulässig, wenn der Rechtsnachfolger aus bestimmten Gründen nicht als gutgläubig angesehen wird, bzw. wenn ihm das Erlangte unentgeltlich zugewandt wurde. Jedoch sind in der dogmatischen Stellung und im Detail Abweichungen festzustellen. So scheint eine Anfechtung gegen den Rechtsnachfolger, wie sie im deutschen Recht besteht, im englischen Recht so nicht zu existieren, da das Vorgehen gegen den Rechtsnachfolger dogmatisch nicht als Anfechtung, sondern als Einschränkung der im Ermessen des Gerichts liegenden Rechtsfolgen der Anfechtung ausgestaltet ist.

---

[938] s. dazu unten.

[939] BGH, Urt. v. 27.02.1992 - IX ZR 79/91, WM 1992, 833; Smid, Insolvenzrecht, S. 255; Kübler/Prütting-Paulus, InsO, § 143 Rdn 34; Kuhn/Uhlenbruck, § 37 Rdn 5a.

Die beiden Rechtsordnungen stimmen auch grundsätzlich bezüglich des Wiederauflebens der Gegenforderung des Anfechtungsgegners im Falle der erfolgreichen Anfechtungsklage überein. Jedoch differieren die Rechtssysteme dann in der Berücksichtigung dieser wiederaufgelebten Forderung in der Insolvenz: Während im englischen Recht zumindest nach dem Gesetzeswortlaut der Anfechtungsgegner nur das Recht erhält, seine wiederaufgelebte Forderung zur Tabelle anzumelden, kann der Anfechtungsgegner in Deutschland diese Forderung als Masseforderung nach § 55 InsO geltend machen, wenn die Masse noch bereichert ist, bzw. der Gegenstand noch unterscheidbar in der Masse vorhanden ist. Ansonsten stellt auch diese Forderung nur eine Insolvenzforderung dar. Damit erfährt der Anfechtungsgegner im deutschen Recht eine bessere Behandlung als im englischen.

Diese Unterschiede in der Abwicklung der wiederaufgelebten Gegenforderung setzen sich dann auch im Bereich der Verrechnung / Aufrechnung fort. Während das englische Recht ein Aufrechnungsverbot bezüglich aller Forderungen des rückgewährpflichtigen Gläubigers gegen den Gemeinschuldner konstituiert, wird für das deutsche Recht eine mehr oder minder automatische Verrechnung von Forderung und Gegenforderung festgelegt, wenn es sich um eine Masseforderung handelt.

Bezüglich der über das Insolvenzanfechtungsrecht hinausgehenden Rechtsfolgen haben sowohl das deutsche als auch das englische Recht grundsätzlich die Möglichkeit, den für die anfechtbare Vermögensverschiebung Verantwortlichen bestimmten zusätzlichen Sanktionen zu unterwerfen. So können im deutschen Recht strafrechtliche Sanktionen sowohl gegen den verantwortlichen Gemeinschuldner als auch gegen den Anfechtungsgegner verhängt und diese Personen unter bestimmten Voraussetzungen auch einem Berufsverbot unterworfen werden. Dagegen besteht im englischen Recht die Möglichkeit die company directors von der Ausübung der Geschäftsführertätigkeit zumindest zeitweise auszuschließen, während eine strafrechtliche Sanktionierung nicht sehr realistisch erscheint. Im englischen Rechts können die für die Vornahme einer anfechtbaren Rechtshandlung Verantwortlichen darüber hinaus auch noch Schadensersatzansprüchen wegen Verletzung ihrer Pflichten als directors ausgesetzt sein, wohingegen sich im deutschen Recht eine derartige zivilrechtliche Verpflichtung aus Deliktsrecht ergeben kann.

4. Analyse

Das englische Recht bietet im Hinblick auf die Rechtsfolgen der anfechtbaren Rechtshandlung Licht und Schatten. Einerseits ist die konkrete Ausgestaltung der Rechtsfolgenregelung kompliziert und unübersichtlich ausgestaltet, was der

Anwendbarkeit nicht gerade förderlich ist.[940] Andererseits ist die Lösung des englischen Rechts, die den Gerichten einen (wenn auch schon durch precedents eingeschränkten) Ermessensspielraum zu gewähren unter Umständen auch für das deutsche Recht interessant, da hierdurch Probleme der Anfechtbarkeit von Sanierungskrediten relativiert werden könnten.

In Anbetracht der Zielrichtung der Anfechtungsvorschriften in beiden Rechtssystemen, nämlich die Gleichbehandlung der Gläubiger zu sichern, aber auch um den weiter fortschreitenden „Konkurs des Konkurses"[941] zu verhindern, könnte man darüber nachdenken, die durch einen erfolgreichen Anfechtungsprozeß zur Masse gezogenen Vermögenswerte generell dem Zugriff gesicherter Gläubiger zu entziehen und zur Befriedigung der ungesicherten Gläubiger einzusetzen.[942] Diese Frage wird im englischen Recht ausgiebig diskutiert, scheint aber im deutschen Recht noch gar nicht in das Bewußtsein der Autoren oder Gerichte gerückt zu sein. Wie die Auswirkungen im französischen Recht zeigen, wo Sicherheiten eben keinen uneingeschränkten Prioritätsstatus genießen,[943] birgt eine derartige Vorgehensweise jedoch auch Gefahren. So ist es in einem französischen Insolvenzverfahren möglich, Sicherheitenbestellungen relativ einfach zu durchbrechen, um ein Sanierungsverfahren zu ermöglichen. In der Praxis hat das aber zu einer zurückgehenden Bereitschaft geführt, Kredite an Unternehmen zu vergeben.

Würde man (wirksam und unanfechtbar begründete) Sicherungsrechte nicht wieder aufleben lassen, so würden die betroffenen Sicherungsnehmer schlechter stehen, als sie ohne die anfechtbare Rechtshandlung stehen würden und das, obwohl die Vornahme der Rechtshandlung häufig nicht ihrem Einfluss unterliegen dürfte.

Gegen die konkrete Ausgestaltung des vollen Wiederauflebens der Gegenforderung im deutschen Recht läßt sich auch die Argumentation von *Jackson* stellen, der als ein Ziel der Anfechtungsvorschriften auch den Abschreckungseffekt gegen krisenbedingte Vermögensverschiebungen anführt.[944] Nach der von ihm vertretenen Ansicht kann ein nur auf die Herausgabe der verschobenen Vermögensmasse gerichteter Anspruch, bei dem der Nutzen bei dem Anfechtungsgegner verbleibt, zu der Kalkulation führen, dass der Anfechtungsgegner trotz

---

[940] s. hierzu auch die ironischen Anmerkungen von Goode, Insolvency Law, S. 383 und seinen gelungenen Vorschlag zur Vereinfachung des Gesetzestextes, ibid, S. 385.
[941] Interessanterweise existiert dieser Begriff auch im englischen Recht, s. Justice, Rdn 5.3.
[942] so Milman/Parry, Avoidance Mechanisms, S. 37; Goode, Insolvency Law, S. 437 ff.; Doyle, Insolvency Litigation, Rdn 9.49.
[943] s. hierzu die Ausführungen bei Omar [1997] 4 ICCLR 129; Watt [1996] 7 ICCLR 266, 267.
[944] Jackson, Bankruptcy Law, S.137.

Durchführung einer offensichtlich anfechtbaren Rechtshandlung ein Gewinn verbleibt, oder er sogar den verschobenen Vermögensbestandteil auf Grund der Nichtdurchführung eines Anfechtungsprozesses[945] behalten kann. Diese Argumentation gilt erst Recht dann, wenn der Anfechtungsgegner seinen Anspruch als Masseanspruch, d.h. vor den Insolvenzgläubigern geltend machen kann.

Über die Möglichkeiten der Verbesserung des Anfechtungsrechts hinaus sollten also auch Möglichkeiten ins Auge gefaßt werden, die Schuldner vor der Vornahme von anfechtbaren Rechtshandlungen abschrecken, wie etwa die Einführung hoher Verzugs- oder Prozeßzinsen im Falle einer anfechtbaren Rechtshandlung, oder die Rückstufung von Gläubigern einer anfechtbaren Rechtshandlung als nachrangige Insolvenzgläubiger.[946] Darüber hinaus sollte im englischen Recht auch über die strafrechtliche Sanktionierung von Vermögensverschiebungen in der Insolvenz nachgedacht werden. Durch diese Sanktionsmöglichkeiten wird der präventive Effekt des Insolvenzanfechtungsrechts zumindest verstärkt, wenn nicht gar erst ermöglicht.[947]

§ 8 Insolvenzanfechtungen mit Auslandsbezug

1. Einführung

Wie sich schon aus dem am Beginn dieser Untersuchung geschilderten Beispielsfall ergibt, ist das Insolvenzgeschehen längst dem allgemeinen Trend der Globalisierung gefolgt und erfaßt auch multinationale Konzerne.[948] Damit einher geht natürlich auch eine Ausweitung der Vornahme anfechtbarer Rechtshandlungen auf internationaler Ebene. Da in diesem Bereich rechtliche Lösungen nicht mehr nur auf nationaler, sondern auch auf internationaler Ebene erarbeitet werden, sollen in diesem Kapitel auch die einschlägigen internationalen Regelungen der Europäischen Union und der Vereinten Nationen beleuchtet werden.

Die Insolvenzanfechtung mit Auslandsbezug ist dem internationalen Insolvenzrecht (IIR) zuzuordnen. Generell soll das IIR Lösungen zur Regelung insolvenzrechtlicher Sachverhalte mit grenzüberschreitenden Bezügen unter dem Gesichtspunkt der effektiven Insolvenzbereinigung und dem Grundsatz der Gläubigergleichbehandlung erarbeiten.[949] Bei Anfechtungen mit Auslandsbezug stehen in der Praxis die Fragen nach der internationalen Zuständigkeit der jeweils ange-

---

945 etwa auf Grund fehlender Finanzierungsmöglichkeiten, s. oben.

946 Milman/Parry, Avoidance Mechanisms, S. 41; zur Frage der Abschreckungswirkung der Anfechtungsvorschriften an sich, s. Prentice, Preferences, S. 443.

947 Jackson, Bankruptcy Law, S. 138; v. Campe, Insolvenzanfechtung, S. 18.

948 s. auch die Aufzählung von Insolvenzfällen mit internationalem Bezug bei Gottwald, grenzüberschreitende Insolvenzen, S. 8 ff.

949 FK-Wimmer, InsO, Anhang I, Rdn 1; s. auch Kuhn/Uhlenbruck, KO, §§ 237, 238 Rdn 1; s. auch die differenzierte Darstellung bei Herchen, EuInsÜ 1995, S. 26 ff.

rufenen Gerichte, nach der Handlungsbefugnis eines ausländischen Insolvenzverwalters sowie nach dem auf die Insolvenzanfechtung mit Auslandsbezug anwendbaren Sachrecht im Vordergrund.

Grundsätzlich hängt die Beantwortung dieser Fragen sehr stark von der Ausrichtung des jeweiligen nationalen Internationalen Insolvenzrechts ab. Denn das IIR steht unter dem Einfluss von vier, teilweise widerstreitenden Grundprinzipien, nämlich dem der „Einheitlichkeit" oder „Pluralität" des Verfahrens und dessen „Universalität" oder „Territorialität", wobei diese Termini teilweise unterschiedlich ausgelegt werden.[950] Die Prinzipien der Einheitlichkeit oder der Pluralität des Verfahrens betreffen die Frage der internationalen Zuständigkeit, während Universalität bzw. Territorialität sich mit der Wirkung (inländischer) Insolvenzverfahren im Ausland beschäftigen.[951] Einheitlichkeit des Verfahrens meint, dass ein Insolvenzverfahren nur in dem Staat eröffnet werden kann, in dem der Insolvenzschuldner seinen wirtschaftlichen Interessenschwerpunkt hat. Im Gegensatz hierzu steht das Prinzip der Pluralität der Verfahren, dass die Eröffnung mehrerer (gleichzeitiger und gleichwertiger) Insolvenzverfahren vorsieht. Unter dem Territorialitätsprinzip versteht man die Beschränkung der Wirkungen insolvenzrechtlicher Entscheidungen auf das Staatsgebiet des entscheidenden Insolvenzorgans.[952] Dagegen sieht das Prinzip der Universalität vor, dass die in einem Insolvenzverfahren ergangenen Entscheidungen internationale Wirkung zeitigen und auch in anderen Staaten anerkannt und vollstreckt werden.[953] Die Prinzipien der Einheitlichkeit und der Universalität, bzw. der Pluralität und der Territorialität werden häufig als jeweils miteinander korrespondierend angesehen.[954]

2. Deutsches Recht

Allgemein hatte das IIR sowohl in der KO als auch in der GesO nur eine jeweils rudimentäre Regelung erfahren. Ein Problem insbesondere der Regelungen der KO war, dass sie keine Kollisionsnormen darstellten, sondern den Bestand von Kollisionsregeln voraussetzten. Folglich waren Literatur und Rechtsprechung jahrzehntelang damit beschäftigt, ein System insolvenzrechtlicher Kollisionsnormen zu entwickeln, wobei zuerst lediglich rechtspolitische Diskussionen im Vordergrund standen, die sich auf die oben angesprochenen Prinzipien bezo-

---

[950] Kayser, Int. Insolv. Rev. [1998] 95, 99; Herchen, EuInsÜ 1995, S. 44.
[951] Kayser, Int. Insolv. Rev. [1998] 95, 100.
[952] Kuhn/Uhlenbruck, KO, §§ 237, 238 Rdn 5; Kilger/K. Schmidt, KO, § 237 Anm. 2b.
[953] Kayser, Int. Insolv. Rev. [1998] 95, 98; Kuhn/Uhlenbruck, KO, §§ 237, 238 Rdn 6; Kilger/K. Schmidt, KO, § 237 Anm. 2d.
[954] Kayser, Int. Insolv. Rev. [1998] 95, 98; Fletcher, Insolvency Law, S. 684.

gen.[955] Dabei galt die Regelung des § 237 I KO bis zum Urteil des *BGH* vom 11.7.1985[956] als Beleg für die Geltung des Territorialitätsprinzips.[957]

Im Zuge der ursprünglichen Reform des Insolvenzrechts sollte das IIR ebenfalls eine umfassende Regelung erfahren,[958] wobei für den Fall der Insolvenzanfechtung nach der als allseitiger Kollisionsnorm ausgestalteten Regelung des § 382 RegEInsO eine kumulative Anknüpfung der Anfechtung sowohl an die lex fori concursus als auch an die lex causae erfolgen sollte.[959] Wegen des für die nahe Zukunft erwarteten Inkrafttretens des Europäischen Übereinkommens über Insolvenzverfahren (EuInsÜ) wurde dann der Regierungsentwurf des IIR durch den Rechtsausschuss des Deutschen Bundestages zugunsten der europäischen Lösung aufgegeben. Deswegen erfuhr das IIR mit Art. 102 EGInsO zuerst erneut eine nur rudimentäre Regelung.[960]

Recht schnell nach Inkrafttreten der Insolvenzordnung wurde allerdings die Notwendigkeit erkannt, im Rahmen der Umsetzung der EG-Verordnung Nr. 1346/2000 über Insolvenzverfahren (EuInsVO) auch ein umfassendes deutsches Internationales Insolvenzrecht zu schaffen.[961] Sowohl die EuInsVO als auch die EuGVVO beruhen nämlich auf dem Vertrauen, dass innerhalb der EU die Rechtsstaatlichkeit und Funktionalität der Justiz garantiert sind, ein Umstand der im Verhältnis zu Drittstaaten nicht ausnahmslos bejaht werden kann.[962] Neben der Umsetzung der EuInsVO in nationales Recht in Art. 102 EGInsO (neu) wird deswegen ein neuer elfter Teil (§§ 335 – 358 InsO (neu) in die Insolvenzordnung eingefügt, der sich ausdrücklich an den damaligen Regierungsentwurf[963] anlehnen und das Internationale Insolvenzrecht im Verhältnis zu Drittstaaten außerhalb der EU regeln soll.[964] Nachfolgend werden diese am 20. März 2003 in Kraft getretenen Neuregelungen in die Untersuchung einbezogen.

a. Internationale Zuständigkeit deutscher Gerichte

Für die Feststellung der internationalen Zuständigkeit deutscher Gerichte für Anfechtungsprozesse ist die allgemeine Regel des IPR zu beachten, wonach Staatsverträge Vorrang vor nationalen Regelungen haben. Folglich müßte vor

---

955 Kuhn/Uhlenbruck, KO, §§ 237, 238 Rdn 3,4.
956 s. dazu sogleich unten.
957 Kuhn/Uhlenbruck, KO, §§ 237, 238 Rdn 5; Kilger/K. Schmidt, KO, § 237 Anm. 2d.
958 s. zum Ablauf und Ende dieses Teils der Reform Leipold in FS Henckel, S. 533 ff.; Gottwald, grenzüberschreitende Insolvenzen, S. 13; Lüer, Kölner Schrift, Rdn 1.
959 Leipold in FS Henckel, S. 542; s. näher bei Art. 102 EGInsO.
960 Haarmeyer/Wutzke/Förster, Insolvenzhandbuch, Rdn 121 f.; Gottwald, grenzüberschreitende Insolvenzen, S. 13.
961 Gesetzentwurf der Bundesregierung vom 6. September 2002, BR-Drs. 715/02.
962 Gesetzentwurf der Bundesregierung vom 6. September 2002, BR-Drs. 715/02, S. 14.
963 Gesetzentwurf der Bundesregierung vom 15. April 1992, BT-Drs. 12/2443.
964 s. Gesetzentwurf der Bundesregierung vom 6. September 2002, BR-Drs. 715/02, S. 2.

dem Rückgriff auf nationales IPR geprüft werden, ob Staatsverträge oder Rechtsakte der Europäischen Union im Bereich der Insolvenzanfechtung eingreifen, die das autonome staatliche Recht verdrängen würden.[965] Auf außereuropäischer Ebene käme in Bezug auf Deutschland hier nur das UNCITRAL Modellgesetz in Betracht. Diese Modellbestimmungen enthalten jedoch keine Regelungen bezüglich der internationalen Zuständigkeit im Rahmen von Anfechtungsprozessen. Im Bereich der Europäischen Union wäre zum einen an die neue Europäische Verordnung über die gerichtliche Zuständigkeit und die Anerkennung und Vollstreckung von Entscheidungen in Zivil- und Handelssachen (EuGVVO)[966] zu denken. Diese Verordnung ist aber im Rahmen von Insolvenzverfahren gemäß Art. 1 II Nr. 2 EuGVVO nicht anwendbar, wobei die Rechtsprechung auch Anfechtungsprozesse im Rahmen des Insolvenzverfahrens vom Anwendungsbereich des EuGVVO ausdrücklich ausschließt.[967] Zum anderen greift zwar im Rahmen von Insolvenzverfahren grundsätzlich die Europäische Verordnung über Insolvenzverfahren (EuInsVO), die allerdings auch keine ausdrückliche Regelungen bezüglich der internationalen Zuständigkeit für Anfechtungsprozesse vorsieht (s. zur diesbezüglichen Diskussion aber unten Abschnitt 4 a).[968] Aus anderen, insbesondere rein bilateralen, Staatsverträgen läßt sich ebenfalls keine internationale Zuständigkeit deutscher Gerichte für Insolvenzanfechtungsprozesse entnehmen.[969]

Damit sind zumindest für die Frage der internationalen Zuständigkeit deutscher Gerichte in Bezug auf Anfechtungsprozesse mit Auslandsberührung außerhalb der Europäischen Union nach wie vor die allgemeinen Regeln des deutschen IPR anzuwenden.[970] Die internationale Zuständigkeit richtet sich demnach nach der lex fori, mithin nach deutschem Verfahrensrecht. Da in diesem Bereich kein kodifiziertes Recht besteht, ist auf den vom *BGH* aufgestellten Grundsatz zurückzugreifen, wonach die örtliche Zuständigkeit die internationale Zuständigkeit indiziert.[971] Somit ist die internationale Zuständigkeit deutscher Gerichte für Anfechtungsprozesse gegeben, wenn der Anfechtungsgegner einen Gerichtsstand in Deutschland hat, unabhängig davon, ob das Insolvenzverfahren, in des-

---

965 vgl. Hüßtege, Internationales Privatrecht, S. 34.

966 Verordnung (EG) Nr. 44/2001 des Rates vom 22. Dezember 2000; diese ersetzte mit Wirkung vom 1. März 2002 das Europäische Übereinkommen gleichen Namens.

967 EuGH, Entsch. V. 22.2.1979 – 133/1978, Slg. 1979, 733 [Gourdain/Nadler]; BGH, Urt. v. 11.01.1991 - IX ZR 27/89, ZIP 1990, 246; v. Campe, Insolvenzanfechtung, S. 349; FK-Wimmer, InsO, Anh. I, Rdn 365.

968 FK-Wimmer, InsO, Anh. I Rdn 365 f..

969 s. näher hierzu v. Campe, Insolvenzanfechtung, S. 350; HK-Kreft, InsO, § 129 Rdn 93.

970 Hüßtege, Internationales Privatrecht, S. 44; FK-Wimmer, InsO, Anhang I, Rdn 366.

971 BGH, Urt. v. 11.1.1990 – IX ZR 27/89, ZIP 1990, 246, 247; BGH, Beschl. v. 14.6.1965 - GSZ 1/65, BGHZ 44, 46; Haarmeyer/Wutzke/Förster, Insolvenzordnung, S. 744; Hüßtege, Internationales Privatrecht, S. 44; v. Campe, Insolvenzanfechtung, S. 350.

sen Rahmen die Anfechtung erfolgt, in Deutschland oder im Ausland eröffnet wurde.[972]

Auf Grund der Universalität des deutschen Insolvenzverfahrens kann der Insolvenzverwalter eines im Inland eröffneten Insolvenzverfahrens auch vor deutschen Gerichten Ansprüche geltend machen, die sich auf das im Ausland belegene Vermögen des Gemeinschuldners beziehen, wenn der Anfechtungsgegner einen inländischen Gerichtsstand hat.[973]

b. Anfechtung durch einen ausländischen Insolvenzverwalter

Nach dem bisher geltenden Recht konnte ein ausländischer Insolvenzverwalter nur dann innerhalb Deutschlands einen Anfechtungsprozess führen, wenn das ausländische Insolvenzverfahren als solches in Deutschland anerkannt wurde[974] und die internationale Zuständigkeit der deutschen Gerichte gegeben war.[975]

Die Neureglung des deutschen Internationalen Insolvenzrechts hat sachlich an diesen Prinzipien nichts geändert. Die Anfechtung durch einen ausländischen Insolvenzverwalter richtet sich nunmehr nach den Regelungen der §§ 343, 335, 339 InsO (neu). Dabei schreibt § 343 I InsO (neu) den Grundsatz der automatischen Anerkennung der Eröffnung eines ausländischen Insolvenzverfahrens – ohne besonderes Anerkennungsverfahren – fest.[976] Soll allerdings die Eröffnungsentscheidung selbst schon vollstreckt werden, so muss gemäß § 353 InsO (neu) diesbezüglich ein Vollstreckungsurteil ergehen.[977] Der vorgenannte Grundsatz der automatischen Anerkennung gilt ausnahmsweise auch dann nicht, wenn die Gerichte des Staates der Verfahrenseröffnung örtlich oder sachlich nicht für die Eröffnung des Insolvenzverfahrens zuständig waren (§ 343 I Nr. 1 InsO (neu)) oder der ordre public - Vorbehalt eingreift (§ 343 I Nr. 2 InsO (neu)).[978] Es ist davon auszugehen, dass die bisher zu diesem Themenkomplex ergangenen Entscheidungen sowie die Stellungnahmen zum Entwurf der Insolvenzordnung von 1992 grundsätzlich Bestand haben, da die Begründung zum Gesetzentwurf keine anderweitige Stellungnahme trifft und sich die Neurege-

---

972 BGH, Urt. v. 11.7.1985 - IX ZR 178/84, ZIP 1985, 944; v. Campe, Insolvenzanfechtung, S. 350.

973 BGH, Urt. v. 10.12.1976 - V ZR 145/74, BGHZ 68, 16.

974 BGH, Urt. v. 11.7.1985 - IX ZR 178/84, ZIP 1985, 944, 947; BGH, Urt. v. 21.11.1996 - IX ZR 148/95, ZIP 1997, 150 (=NJW 1997, 657) („Knäbäck"); v. Campe, Insolvenzanfechtung, S. 392 f. m.w.N.

975 s. BGH, Urt. v. 21.11.1996 - IX ZR 148/95, ZIP 1997, 150.

976 s. auch Gesetzentwurf der Bundesregierung vom 6. September 2002, BR-Drs. 715/02, S. 25.

977 vgl. Begr. Gesetzentwurf der Bundesregierung vom 6. September 2002, BR-Drs. 715/02, S. 29 f.

978 Haarmeyer/Wutzke/Förster, Insolvenzordnung, S. 741; differenzierend FK-Wimmer, InsO, Anhang I, Rdn 367 ff.; Lüer, Kölner Schrift, Rdn 10.

lung ausdrücklich an den Entwurf von 1992 anlehnen soll. Davon ausgehend ist die Zuständigkeit der Gerichte des Eröffnungsstaates durch die spiegelbildliche Anwendung des § 3 I InsO festzustellen.[979] Das Insolvenzverfahren muss also entweder am allgemeinen Gerichtsstand des Schuldners oder am Wohnsitz des Schuldners eröffnet worden sein. Außerdem ist davon auszugehen, auch wenn dieses im Gesetz nicht erwähnt ist, dass das ausländische Insolvenzverfahren seinen Geltungsanspruch auch auf Sachverhalte mit Auslandsberührung erstreckt, also seinerseits dem Universalitätsprinzip verpflichtet ist.[980] Dagegen ist die Verbürgung der Gegenseitigkeit nicht Voraussetzung der Anerkennung.[981]

Ist das ausländische Insolvenzverfahren anerkannt, so unterliegt nach § 335 InsO (neu) das Insolvenzverfahren und seine Wirkungen in Deutschland grundsätzlich dem Recht des Eröffnungsstaates (lex fori concursus). Ist nach diesem Recht der ausländische Insolvenzverwalter zur Anfechtung befugt, so ist seine Befugnis auch in Deutschland anzuerkennen. Die Anfechtung selber richtet sich dann nach § 339 InsO (neu), der die Verweisung zum auf die Anfechtung anwendbaren (Sach-) Recht regelt.

c. Anwendbares Sachrecht

Vor der Entscheidung über das für die Insolvenzanfechtung maßgebliche Sachrecht muss der der Entscheidung zugrundeliegende Sachverhalt erst einmal als Insolvenzanfechtung qualifiziert werden. Hierbei ist, wie generell im IPR, zu beachten, dass sich die Qualifikation eines bestimmten Sachverhaltes als zum Recht der Insolvenzanfechtung gehörend nach einer über den Kategorien des materiellen Rechts stehenden funktionalen Betrachtungsweise richtet.[982] Als der Insolvenzanfechtung unterliegend sind im internationalen Privatrecht demnach nicht nur solche massebeeinträchtigenden Rechtshandlungen zu qualifizieren, bei denen nur die Rechtswirkungen ausgeglichen werden, sondern auch solche, die relativ oder absolut unwirksam sind.[983] Dabei kommt es nicht darauf an, ob die Rechtswirkungen von Gesetzes wegen oder erst durch eine Gestaltungserklärung eintreten.[984]

Ist die Qualifikation des Sachverhalts als Insolvenzanfechtung erfolgt, so wird das für die Anfechtung maßgebliche Sachrecht bestimmt. Bisher erfolgte diese Bestimmung an Hand des Art. 102 II EGInsO (alt). Mit der in Art. 102 II EGIn-

---

[979] HK-Kirchhof, EGInsO, Art. 102 Rdn 6 ff.; kritisch hierzu Leipold in FS Nagel, S. 537; a. A. auch Weinbörner, Insolvenzrecht, S. 205; Lüer, Kölner Schrift, Rdn 13 ff.
[980] Leipold in FS Henckel, S. 536 a. E.; v. Campe, Insolvenzanfechtung, S. 392; Lüer, Kölner Schrift, Rdn 18.
[981] Smid, Insolvenzrecht, S. 405; Leipold in FS Henckel, S. 537; Trunk, KTS 1994, 33, 39.
[982] v. Campe, Insolvenzanfechtung, S. 360.
[983] Trunk, Internationales Insolvenzrecht, S. 184.
[984] Trunk, Internationales Insolvenzrecht, S. 184.

sO (alt) getroffenen Regelung wurde der unter der Regelung der §§ 237, 238 KO bestehende Streit, welches Sachrecht für die Insolvenzanfechtung maßgeblich sei, entschieden.[985] Es wurde sowohl die Ansicht, dass für sämtliche Rechtsfolgen einer Insolvenz ausschließlich das Recht des Eröffnungsstaates (lex fori concursus) maßgeblich sei,[986] als auch die, dass sich die Insolvenzanfechtung nur nach dem Wirkungsstatut (lex causae) richte,[987] im Sinne einer Kumulationslösung kombiniert.[988] Folglich konnte eine Rechtshandlung, für deren Wirkung inländisches Recht maßgebend ist (Wirkungsstatut), von einem ausländischen Insolvenzverwalter nur dann angefochten werden, wenn die Rechtshandlung auch (also neben einer Anfechtung nach ausländischem Recht) nach inländischem Recht entweder angefochten werden konnte oder aus anderen Gründen keinen Bestand hat.[989] Sinn dieser Kumulationslösung sollte es sein, das Vertrauen des Rechtsverkehrs dahingehend zu schützen, dass ein Rechtsgeschäft, welches nach der für seine Wirksamkeit maßgeblichen Rechtsordnung rechtmäßig zustande gekommen ist, nicht durch Vorschriften einer anderen Rechtsordnung rückgängig gemacht werden kann.[990]

Im Vorgriff auf das Inkrafttreten der Insolvenzordnung hatte sich der *BGH* schon 1996 in der sog. *„Knäbäck“* - Entscheidung mit dieser Kumulationslösung auseinandergesetzt.[991] In diesem Fall wurde die Anfechtung eines schwedischen Insolvenzverwalters im Rahmen eines schwedischen Insolvenzverfahrens in Deutschland abgelehnt, weil die fragliche Rechtshandlung auf jeden Fall nicht nach deutschem Recht anfechtbar war. Damit konnte die Frage, ob eine Anfechtung nach schwedischem Recht möglich gewesen wäre, dahingestellt bleiben.

Durch die erneute Reform der Insolvenzordnung wird die Insolvenzanfechtung mit Auslandsbezug nunmehr im Rahmen des § 339 InsO geregelt. Diese Norm weicht vom vormaligen Regierungsentwurf (§ 382 RegEInsO) und der bisher gültigen Regelung des Art. 102 EGInsO (alt) ab, in denen eine strikte Kumulation des Insolvenz- und Wirkungsstatutes angeordnet wurde, und lehnt sich –

---

985 Zeuner, Insolvenzanfechtung, Rdn 352; s. zum Territorialitätsprinzip BGH, Urt. v. 11.7.1985 - IX ZR 178/84, ZIP 1985, 944, 944 m. Anm. Hanisch, ZIP 1985, 1233.

986 Hanisch, ZIP 1985, 1233, 1238; FK-Wimmer, InsO, Anhang I, Rdn 355.

987 Henckel, in FS Nagel, S. 93; ders. in Stoll, Stellungnahmen und Gutachten zur Reform des deutschen internationalen Insolvenzrechts, S. 167.

988 Habscheid, Internationales Insolvenzrecht, S. 498; HK-Kreft, InsO, § 129 Rdn 91; Lüer, Kölner Schrift, Rdn 43.

989 Habscheid, Internationales Insolvenzrecht, S. 498; HK-Kreft, InsO, § 129 Rdn 91; FK-Wimmer, InsO, Anhang I Rdn 353, 358.

990 Zeuner, Insolvenzanfechtung, Rdn 352; s. auch BGH, Urt. v. 21.11.1996 - IX ZR148/95, ZIP 1997, 150.

991 BGH, Urt. v. 21.11.1996 - IX ZR148/95, ZIP 1997, 150; s. die kritischen Anmerkungen zu diesem Urteil bei Sonnentag, IPRax 1998, 330, 334; Gottwald/Pfaller, IPRax 1998, 170, 172.

auch sprachlich – an die Vorschriften der Art. 4 II m, 13 EuInsVO an. Begründet wird dies damit, dass es zu erheblichen Wertungswidersprüchen führen würde, wenn in einem Insolvenzverfahren der EU, also in einem stark harmonisierten Rechtsraum, ein Insolvenzverwalter sich bei einer Anfechtung höheren Barrieren gegenüber sehen würde, als bei einem Insolvenzverfahren, das in einem Drittstaat eröffnet wurde.[992]

Der sachliche Unterschied zwischen § 339 InsO (neu) und Art. 102 II EGInsO (alt) besteht darin, dass die Insolvenzanfechtung nun prinzipiell dem Recht der lex fori concursus unterliegt, dem Anfechtungsgegner jedoch die Möglichkeit eingeräumt wird, nachzuweisen, dass für die in Frage stehende Rechtshandlung das Recht eines anderen Staates maßgebend und die Rechtshandlung nach diesem Recht in keiner Weise angreifbar sei. Während also im Rahmen von Art. 102 II EGInsO (alt) die Anfechtbarkeit der Rechtshandlung sowohl nach der lex fori concursus als auch nach der lex causae vom Insolvenzverwalter nachgewiesen werden musste, beschränkt sich die Beweislast des Insolvenzverwalters nunmehr auf die Anfechtbarkeit der Rechtshandlung nach der lex fori concursus. Diese sog. eingeschränkte Kumulationslösung stellt somit eine Erleichterung der Insolvenzanfechtung gegenüber dem bisher geltenden Recht dar. Weiterhin ist § 339 InsO (neu) nunmehr als allseitige Kollisionsnorm konzipiert, so dass sich der diesbezügliche Streit unter Art. 102 II EGInsO (alt) ebenfalls erledigt hat.[993]

Auf Grund der Neuregelung ist ebenfalls davon auszugehen, dass die vorgenannte Entscheidung des *BGH* im "Knäbäck-Fall" nicht mehr aktuell ist, denn nunmehr müsste der Anfechtungsgegner konkret die Anwendbarkeit des deutschen Rechts und die Nichtanfechtbarkeit der Rechtshandlung unter deutschem Recht darlegen und beweisen.

d. Anerkennung eines im Ausland erfolgten Anfechtungsprozesses

Für Anfechtungsprozesse, die innerhalb der Europäischen Union durchgeführt werden, gilt Art. 25 Abs. 1 Unterabsatz 2 EuInsVO, der festlegt, dass auch Entscheidungen, die unmittelbar auf Grund des Insolvenzverfahrens ergehen und in engem Zusammenhang damit stehen, ohne weitere Förmlichkeiten anzuerkennen und nach den diesbezüglichen Regelungen im EuGVÜ (jetzt EuGVVO) vollstreckt werden. Bei Insolvenzanfechtungen, die außerhalb der europäischen Union durchgeführt werden, so wurde unter der Geltung von Art 102 I EGInsO (alt) noch teilweise auf die Anforderungen an die Anerkennung eines im Ausland erfolgten Anfechtungsprozesses abgestellt. War das ausländische Insolvenzverfahren im Einzelfall anzuerkennen, so sollten sich die Rechtsfolgen die-

[992] Begr. Gesetzentwurf der Bundesregierung vom 6. September 2002, BR-Drs. 715/02, S. 22.
[993] s. zum damaligen Streit: v. Campe, Insolvenzanfechtung, S. 361; Lüer, Kölner Schrift, Rdn 43; Zeuner, Insolvenzanfechtung, Rdn 350; HK-Kreft, InsO, § 129 Rdn 91; FK-Wimmer, InsO, Anhang I Rdn 360.

ses Verfahrens, also u.a. auch die einer erfolgten Insolvenzanfechtung, nach dem Recht des ausländischen Staates richten.[994] Nach anderer Ansicht sollte sich die Anerkennung solcher Entscheidungen nach § 328 ZPO richten.[995]

Nunmehr stellt § 353 InsO (neu) klar, dass – zumindest im Falle der Zwangsvollstreckung – eine Anerkennung der Entscheidung in einem ausländischen Insolvenzverfahren nur durch den Erlass eines Vollstreckungsurteils erreicht werden kann. Zwar wird in der Begründung zum Regierungsentwurf[996] nicht ausdrücklich die Insolvenzanfechtung als dieser Vorschrift unterfallende Entscheidung genannt, jedoch ist bei der Bandbreite der genannten Verfahrensentscheidungen,[997] davon auszugehen, dass auch Entscheidungen in Anfechtungsprozessen von dieser Regelung erfasst werden.

3. Englisches Recht

Das *Cork Committee* nannte als eines der Reformziele die Sicherstellung der Anerkennung englischer Insolvenzverfahren im Ausland.[998] Aber umgekehrt sollte auch die Anerkennung ausländischer Insolvenzverfahren durch englische Gerichte gewährleistet werden.[999] Abgesehen von diesen mehr generellen Stellungnahmen setzte sich das Komitee detailliert dann aber nur mit der heute in sec. 426 IA 86 enthaltenen Regelung zur Rechtshilfe innerhalb des Commonwealth und dem damaligen Entwurf des EuInsÜ auseinander.[1000] Seither fanden jedoch weitere Entwicklungen statt, die auch auf das englische Internationale Insolvenzrecht nicht ohne Einfluss blieben. So ermächtigt die Insolvency Act 2000 den Secretary of State, Verordnungen zu erlassen, um die (nachfolgend besprochenen) UNCITRAL - Modellbestimmungen im englischen Recht umzusetzen, vgl. sec. 14 Insolvency Act 2000. Schließlich gilt auch in England die schon genannte EuInsVO.

a. Internationale Zuständigkeit englischer Gerichte

Auf Grund der Geltung der vis attractiva concursus, bei der die Zuständigkeit des Gerichts für Anfechtungsklagen aus seiner Befassung mit dem Insolvenzverfahren folgt, ist zwar die internationale Zuständigkeit englischer Gerichte für eine Anfechtungsklage auf jeden Fall dann gegeben, wenn es auch für die Eröff-

---

[994] Haarmeyer/Wutzke/Förster, Insolvenzordnung, S. 742; HK-Kirchhof, EGInsO, Art. 102 Rdn 10

[995] FK-Wimmer, InsO, Anhang I, Rdn 369.

[996] Begr. Gesetzentwurf der Bundesregierung vom 6. September 2002, BR-Drs. 715/02, S. 29 f.

[997] die Aufzählung soll nicht abschließend sein, wie sich aus der Verwendung des Wortes "insbesondere" ergibt, vgl. Begr. Gesetzentwurf der Bundesregierung vom 6. September 2002, BR-Drs. 715/02, S. 29 f.

[998] Cork-Report, Rdn 198 (l).

[999] Cork-Report, Rdn 1902 (c).

[1000] Cork-Report, Chapter 49, 50.

nung des Insolvenzverfahrens (international) zuständig ist. Hierbei ist allerdings zu beachten, dass die Jurisdiktion englischer Gerichte gemäß sec. 251 IA 86 und ss. 675, 735 CA 85 grundsätzlich auf inländische Gesellschaften beschränkt ist.[1001] Das ist nur konsequent, bedenkt man, dass das englische IPR bei gesellschaftsrechtlichen Fragen das Gesellschaftsstatut zu Grunde legt, also sich nach dem Recht des Sitzes der Gesellschaft richtet.[1002]

Dem gegenüber scheint die Frage der internationalen Zuständigkeit englischer Gerichte ohne Begründung eines sekundären Insolvenzverfahrens nur im Zusammenhang mit der Anerkennung des ausländischen Insolvenzverfahrens diskutiert zu werden.[1003] Wird das ausländische Verfahren anerkannt, so stehe dem ausländischen Insolvenzverwalter auch das Recht zu, vor "Englischen Gerichten" Klage zu erheben.[1004] Welches "Englische Gericht" nun zuständig ist, wird dabei allerdings nicht genauer herausgearbeitet.

Trotz des schon oben unter Abschnitt 1 a beschriebenen Nichteingreifens internationaler Übereinkommen (zumindest im Bereich außerhalb der Europäischen Union) auf dem Gebiet des Insolvenzrechts und der Fixierung auf das Gesellschaftsstatut existieren verschiedene Möglichkeiten, die Zuständigkeit englischer Gerichte für Anfechtungsprozesse ausländischer Insolvenzverwalter über in England belegene Vermögenswerte zu begründen. Englische Gerichte tendieren häufig dahin, ein (sekundäres) Insolvenzverfahren in England zu eröffnen, in dessen Folge wiederum auf Grund der vis attractiva concursus bestimmte Maßnahmen ergriffen werden können.[1005] Dementsprechend weit werden auch die Vorschriften über die Zuständigkeiten zur Eröffnung eines Insolvenzverfahrens interpretiert. So wird im Falle des winding-up by the court gemäß sec. 117 IA 86 die internationale Zuständigkeit zur Eröffnung eines Insolvenzverfahrens zumindest durch die Registrierung der Gesellschaft in England begründet.[1006] Gemäß ss. 220, 221 IA 86 kann aber auch eine in England nicht registrierte, also nach ausländischem Recht gegründete, Gesellschaft in England einem Liquidationsverfahren unterworfen werden, wenn dort Vermögen vorhanden ist.[1007] Diese engen Voraussetzungen wurden von der englischen Rechtsprechung im Laufe der Zeit zunehmend ausgeweitet. Also kann ein Liquidationsverfahren demnach selbst über eine solche Gesellschaft eröffnet werden, die weder eine Niederlas-

---

[1001] Fletcher, Cross-Border Insolvency, S. 225; Doyle, Insolvency Litigation, Rdn 9.47.
[1002] Florian, Englisches IIR, S. 62; Fletcher, Insolvency Law, S. 763; Reinhart, Sanierungsverfahren, S. 97; s. zu den Auswirkungen sogleich unten b).
[1003] s. Fletcher, Insolvency Law, S. 765; Fletcher, Cross-Border Insolvency, S. 234.
[1004] Fletcher, Insolvency Law, S. 761; Fletcher, Cross-Border Insolvency, S. 235.
[1005] Re Eloc Electro-Optieck and Communicatie BV [1981] 2 All ER 1111, Farrar [1982] JBL 225, s. auch Florian, Englisches IIR, S. 29; Fletcher, Cross-Border Insolvency, S. 235.
[1006] Dicey/Morris, Conflict of Laws, Rdn 30R-033; Florian, Englisches IIR, S. 23.
[1007] Fletcher, Cross-Border Insolvency, S. 226; Florian, Englisches IIR, S. 24; Fletcher, Insolvency Law, S. 733; Dicey/Morris, Conflict of Laws, Rdn 30R-033.

sung noch Vermögen in England besitzt, wenn dieses in irgendeiner Weise dem Vorteil der antragstellenden Gläubiger dient oder wenn eine „ausreichend enge Beziehung“ zwischen dem Unternehmen und England besteht.[1008] Schließlich kann sich die Zuständigkeit englischer Gerichte auch aus sec. 221 (5) (c) IA 86 ergeben, wonach eine (unregistrierte) Gesellschaft liquidiert werden kann, wenn das Gericht dieses für „recht und billig“ („just and equitable“) hält.[1009]

In allen vorgenannten Fällen kann das englische Gericht die Eröffnung eines Insolvenzverfahrens nach der Doktrin des forum non conveniens aber auch ablehnen, wenn keine hinreichende Beziehung des Klägers zum Gerichtsstand besteht, also z. B. auch wenn der Verdacht des sog. forum shoppings vorliegt.[1010] Darüber hinaus ist auf Grund fehlender gesetzlichen Regelungen eine internationale Zuständigkeit für andere Arten von Insolvenzverfahren, wie z.B. einer administration für eine ausländische Gesellschaft, nicht gegeben.[1011]

Eröffnet das englische Gericht nun aber ein (sekundäres) Insolvenzverfahren, so greift die vis attractiva concursus und der *High Court*, *Chancery Division*,[1012] ist auch für einen Anfechtungsprozess durch einen ausländischen Insolvenzverwalter über in England belegenes Vermögen international zuständig.

In diesem Zusammenhang nimmt sec. 423 IA 86 eine Sonderstellung ein, da zur Anwendbarkeit dieser Vorschrift noch nicht einmal die Eröffnung eines Insolvenzverfahren erforderlich ist. Für Anfechtungsklagen nach dieser Vorschrift ist der High Court, bzw. jedes andere für Liquidationen einer Gesellschaft zuständige Gericht zur Entscheidung befugt, vgl. sec. 423 (4) IA 86.[1013] Durch eine Anfechtung nach dieser Vorschrift wird dann auch (unter den oben geäußerten Vorbehalten z. B. des forum non conveniens) die internationale Zuständigkeit englischer Gerichte begründet.

Schließlich beansprucht das englische Insolvenzverfahren universelle Geltung, so dass sich z. B. eine englische winding-up order auch auf im Ausland belegene Vermögenswerte der Gesellschaft bezieht.[1014] Damit beanspruchen englische Gerichte die Zuständigkeit auch für Anfechtungsprozesse über im Ausland belegenes Vermögen, wenn ein Insolvenzverfahren in England eröffnet wurde und

[1008] Re A Company (00359/1987) [1987] BCLC 450; Fletcher, Insolvency Law, S. 736; Florian, Englisches IIR, S. 25; Fletcher, Cross-Border Insolvency, S. 226, 227.
[1009] Fletcher, Insolvency Law, S. 731; Kayser, Int. Insolv. Rev. [1998] 95, 98.
[1010] Florian, Englisches IIR, S. 34; s. auch Fletcher, Insolvency Law, S. 737.
[1011] Fletcher, Cross-Border Insolvency, S. 225; Kayser, Int. Insolv. Rev. [1998] 95, 98.
[1012] zu den Ausnahmen, s. oben § 3 III 2.
[1013] Bailey/Groves/Smith, Corporate Insolvency, S. 410.
[1014] Fletcher, Insolvency Law, S. 751; Fletcher, Cross-Border Insolvency, S. 229.

zwar unabhängig von der Frage, welchen Gerichtsstand der Anfechtungsgegner hat.

b. Anfechtung durch einen ausländischen Insolvenzverwalter

Die Anfechtung durch einen ausländischen Insolvenzverwalter wird grundsätzlich nur dann zugelassen, wenn das ausländische Insolvenzverfahren in England anerkannt ist.[1015] Weiterhin muss nach dem ausländischen Gesellschaftsstatut der Insolvenzverwalter als handlungsbefugt angesehen werden. Wird er das, so ist seine Befugnis anzuerkennen,[1016] so dass er dann auch grundsätzlich zur Insolvenzanfechtung befugt ist.

Bei der Anerkennung ausländischer Insolvenzerfahren gilt das englische Recht grundsätzlich als anerkennungsfreundlich, da die Anerkennung des ausländischen Verfahrens kein besonderes Anerkennungsverfahren voraussetzt.[1017] Das englische Internationale Insolvenzrecht weist jedoch zwischen den jeweiligen Anerkennungsvoraussetzungen für Individualinsolvenzen und Insolvenzen von Gesellschaften eine gewisse Diskrepanz auf: Während bei der Insolvenz einer natürliche Person die Anerkennung ausländischer Verfahren nicht mehr vom Personalstatut, sondern vom Insolvenzstatut abhängig gemacht wird, ist bei Gesellschaften das dem Personalstatut entsprechende Gesellschaftsstatut das entscheidende Anerkennungsmerkmal.[1018]

Das Grundprinzip für die Anerkennung ausländischer Insolvenzverfahren über das Vermögen einer Gesellschaft im englischen Internationalen Privatrecht ist demnach, dass das Recht des Sitzes der Gesellschaft in erster Linie für die Durchführung des Insolvenzverfahrens maßgeblich ist.[1019] Eine Konsequenz aus diesem Prinzip ist, dass aus englischer Sicht nur die Gerichte des Inkorporationsstaates international zuständig sind, ein (Haupt-) Insolvenzverfahren gegen eine Gesellschaft einzuleiten.[1020] Eine weitere Konsequenz ist, dass ein Insolvenzverfahren, welches in einem anderen Staat als dem der Inkorporation der Gesellschaft eröffnet wurde, zwar möglicherweise auch in England anerkannt wird, aber dann in seinen Wirkungen beschränkt bleiben kann.[1021] Weiterhin ist für die Anerkennung ausländischer Verfahren aus englischer Sicht erforderlich,

---

[1015] Fletcher, Cross-Border Insolvency, S. 235; Fletcher, Insolvency Law, S. 761.

[1016] Dicey/Morris, Conflict of Laws, Rdn 30R-091; Florian, Englisches IIR, S. 61; Fletcher, Insolvency Law, S. 760.

[1017] Florian, Englisches IIR, S. 55 f., 66.

[1018] Florian, Englisches IIR, S. 62; Fletcher, Insolvency Law, S. 763; Reinhart, Sanierungsverfahren, S. 97.

[1019] Fletcher, Cross-Border Insolvency, S. 234; Florian, Englisches IIR, S. 61; Fletcher, Insolvency Law, S. 759.

[1020] Florian, Englisches IIR, S. 64; Fletcher, Insolvency Law, S. 759.

[1021] Dicey/Morris, Conflict of Laws, Rdn 30-093; Fletcher, Cross-Border-Insolvency, S. 234.

dass das ausländische Verfahren keine Mängel aufweist.[1022] Zudem muss sich das ausländische Verfahren für universal zuständig erklären.[1023] Sind alle vorgenannten Voraussetzungen erfüllt, so erkennt das englische Recht die Anfechtungsbefugnis des ausländischen Insolvenzverwalters an.

Allerdings muss sich der ausländische Insolvenzverwalter den englischen Verfahrensregeln unterwerfen, also z. B. auch die zuständigen englischen Gerichte anrufen, um Vermögenswerte des Insolvenzschuldners zur Masse ziehen zu können.[1024] Schließlich werden die englischen Gerichte bei der Prüfung der Anfechtung auch untersuchen, ob die Anfechtung möglicherweise nachteilige Folgen bezüglich der nationalen Anfechtungsgegner zeitigt. Sollte das der Fall sein, so muss ein (sekundäres) Insolvenzverfahren in England beantragt werden, um die in Frage stehenden Vermögenswerte nach englischem Insolvenzrecht zu verwalten und zu verteilen.[1025]

c. Verfahrensrechtlicher Exkurs: Co-operation between courts exercising jurisdiction in relation to insolvency, sec. 426 IA 86

Zumindest für Länder innerhalb des United Kingdom sowie für bestimmte Länder des Commonwealth besteht die Möglichkeit, nach den Regelungen der sec. 426 IA 86 über ein vereinfachtes Verfahren Rechtshilfe der zuständigen englischen Gerichte zu erlangen.[1026] Die ursprüngliche Regelung in der Bankruptcy Act 1914 war in ihrem Anwendungsbereich auf Individualinsolvenzen beschränkt und erst durch die Reform im Jahre 1986 wurde ihr Anwendungsbereich auch auf Gesellschaften ausgedehnt.[1027]

Der jeweilige Rechtshilfeantrag kann nur durch ein ausländisches Gericht gestellt werden, nicht jedoch von anderen Personen, wie z. B. dem Insolvenzverwalter.[1028] Auch ist das angerufene englische Gericht trotz der Fassung von sec. 426 (4) IA 86 nicht verpflichtet, dem Antrag auf Amtshilfe nachzukommen, obwohl es dieses wenn möglich tun sollte.[1029]

Die genaue Ausgestaltung der zu gewährenden Amtshilfe ist weitgehend in das Ermessen des entscheidenden Gerichts gestellt. In sec. 426 (5) IA 86 gibt das Gesetz zwar vor, dass das Gericht bei seiner Entscheidung die Regelungen des

---

[1022] Re Davidsons Trust [1873] L.R. 15 Eq. 383, 386; Florian, Englisches IIR, S. 56.

[1023] Dicey/Morris, Conflict of Laws, Rdn 30-095; Florian, Englisches IIR, S. 56.

[1024] Fletcher, Insolvency Law, S. 764.

[1025] Fletcher, Cross-Border Insolvency, S. 235; Fletcher, Insolvency Law, S. 765.

[1026] Fletcher, Cross-Border Insolvency, S. 239, für die territoriale Beschränkung s. sec. 426 (4) (11) IA 86; Reinhart, Sanierungsverfahren, S. 107.

[1027] Moss [1999] Insolv. Law., 146.

[1028] Dawson, [1999] Int. Insolv. Rev., 109, 114; Fletcher, Cross-Border Insolvency, S. 240.

[1029] Hughes v. Hannover [1997] 1 BCLC 497, 517, 518; Dawson, [1999] Int. Insolv. Rev., 109, 123.

internationalen Privatrechts beachten soll, jedoch scheint diese Regelung eine Abweichung von den Regeln des internationalen Privatrechts auch nicht völlig auszuschließen.[1030] Auf jeden Fall kann das angerufene englische Gericht entscheiden, ob es das ausländische oder das englische Sachrecht anwenden will und so dem Anfechtungsanspruch stattgeben.[1031]

d. Anwendbares Sachrecht

Grundsätzlich bestimmt sich das anwendbare Sachrecht nach der lex fori concursus, also bei einem vor englischen Gerichten initiierten Insolvenzverfahren nach englischem (Sach-) Recht, bei einem ausländischen Insolvenzverfahren nach dessen Sachrecht.[1032] Jedoch wird das anwendbare Sachrecht in bestimmten Rechtsgebieten abweichend von dieser Regel bestimmt. So werden z.B. Rechtsangelegenheiten bezüglich Immobilien immer der lex rei sitae unterstellt, so dass insoweit die Regeln des internationalen Insolvenzrechts überwunden werden.[1033] Verträge, die englischem Recht unterworfen sind, richten sich unabhängig von der lex fori concursus auch in der Insolvenz ebenfalls immer nach englischem Recht,[1034] während sich die Wirksamkeit von nach ausländischem Recht geschlossenen Verträgen nach diesem Recht richtet.[1035]

Für den Fall, dass eine ausländische Gesellschaft in England liquidiert wird, kann der Insolvenzverwalter sich auch grundsätzlich auf die Regelungen der Insolvency Act 1986 berufen.[1036] Jedoch hat das Gericht z. B. im Fall einer Anfechtung nach sec. 238 IA 86 auf Grund der Weite des in sec. 238 (3) festgelegten Ermessensspielraumes die Möglichkeit, den Erlaß einer order vollständig abzulehnen, wenn keine ausreichende Beziehung des Klägers zum Gerichtsstand besteht.[1037]

Bei Rechtshilfeersuchen nach sec. 426 IA 86 ist es ebenfalls möglich, dass der ausländische Insolvenzverwalter sich auf die Regelungen der Insolvenzanfechtung in der Insolvency Act 1986 beruft, also das englische Sachrecht, z. B. in Form der sec. 238 IA 86, zur Anwendung gelangt. Es ist aber auch möglich, dass das entscheidende englische Gericht ausländisches Sachrecht anwendet.[1038]

1030 Dawson, [1999] Int. Insolv. Rev., 109, 116; Reinhart, Sanierungsverfahren, S. 108.
1031 Fletcher, Cross-Border Insolvency, S. 241; Dawson, [1999] Int. Insolv. Rev., 109, 125.
1032 Dicey/Morris, Conflict of Laws, Rdn 30R-071; Florian, Englisches IIR, S. 76.
1033 Kayser, Int. Insolv. Rev. [1998] 95, 98.
1034 Kayser, Int. Insolv. Rev. [1998] 95, 98.
1035 Fletcher, Insolvency Law, S. 758.
1036 Dicey/Morris, Conflict of Laws, Rdn 30-077; Doyle, Insolvency Litigation, Rdn 9.49.
1037 Dicey/Morris, Conflict of Laws, Rdn 30-081; Doyle, Insolvency Litigation, Rdn 9.47; Sealy/Milman, S. 278.
1038 Fletcher, Cross-Border Insolvency, S. 241.

Festzuhalten ist, dass die Festlegung des anwendbaren Sachrechts bei der Insolvenzanfechtung mit Auslandsbezug sich zwar grundsätzlich nach dem Insolvenzstatut richtet, dass es aber durchaus zu Durchbrechungen dieses Grundsatzes kommen kann.

e. Anerkennung eines im Ausland erfolgten Anfechtungsprozesses
richtet sich die Anerkennung eines Innerhalb der Europäischen Union durchgeführten Anfechtungsprozesses auch in England nach Art 25 Abs. 1 Unterabsatz 2 EuInsVO. Im übrigen ist ein im Ausland erfolgter Anfechtungsprozess auch vor englischen Gerichten anzuerkennen, wenn das Insolvenzverfahren nach den oben unter b) und c) aufgestellten Kriterien anzuerkennen ist.

4. Internationales Recht

a. Die Verordnung über Insolvenzverfahren des Rates der Europäischen Union
Die Europäischen Gemeinschaft (heute: Europäische Union) hat sich in Art. 220 EGV unter anderem das Ziel gesetzt, eine Vereinfachung der Förmlichkeiten für die gegenseitige Anerkennung und Vollstreckung gerichtlicher Entscheidungen sicherzustellen. In Verfolgung dieses Zieles wurde nach mehreren Vorentwürfen[1039] zunächst das „Übereinkommen über Insolvenzverfahren der Europäischen Union" (EuInsÜ) von den Justizministern der Mitgliedsstaaten verabschiedet und zur Ratifizierung freigegeben.[1040] Die Ratifizierungsfrist für das EuInsÜ war jedoch am 23. Mai 1996 abgelaufen, ohne dass das Vereinigte Königreich als letzter Mitgliedsstaat der EU das Abkommen ratifiziert hatte. Somit ist das Übereinkommen nicht in Kraft getreten.[1041]

Nunmehr hat der Rat der Europäischen Union auf Initiative Deutschlands und Finnlands eine Verordnung über Insolvenzverfahren ("EuInsVO") verabschiedet.[1042] Sie übernimmt mit unwesentlichen Änderungen[1043] den nicht ratifizierten

---

[1039] s. hierzu die eingehende Darstellung bei v. Campe, Insolvenzanfechtung, S. 355 ff.; Trunk, Internationales Insolvenzrecht, S. 357 ff.; Farrar [1977] JBL 320.

[1040] Balz, ZIP 1996, 948; für eine generelle Einführung in das EuInsÜ, s. Woodland in Leonard/Besant, S. 1; Kayser, Int. Insolv. Rev. [1998] 95; Fletcher, Insolvency Law, S. 769; Weinbörner, Insolvenzrecht, S. 201 ff.

[1041] Zeuner, Insolvenzanfechtung, Rdn 351; Balz, ZIP 1996, 948; Weinbörner, Insolvenzrecht, S. 209.

[1042] VO 1346/2000 vom 29.05.2000, Amtsblatt der EU, L 160/1 vom 30.06.2000; für einen ersten Überblick über die Verordnung und seine Auswirkungen s. Eidenmüller, IPRax 2001, 2; Kemper, ZIP 2001, 1609; Wimmer, NJW 2002, 2427; Omar [2002] Ins. Law. 122.

[1043] Es wurde das Kapitel V – Auslegung durch den Gerichtshof ersatzlos gestrichen, wohl weil der EuGH bei dieser in der Rechtsform einer Verordnung ergangenen Regelung sowieso schon nach Art. 177 EGV zur Auslegung berufen ist, so auch Eidenmüller, IPRax 2001, 2, 7; Leible/Staudinger, KTS 2000, 533, 570; Wimmer, ZInsO 2001, 97. Aus diesem Grund bleiben auch die bisher zum EuInsÜ ergangenen Äußerungen wirksam, vgl. Eidenmüller, IPRax 2001, 2.

Entwurf des EuInsÜ, trat am 31. Mai 2002 in Kraft und verfolgt mehrere Ziele: Die Schaffung einer einheitlichen internationalen Zuständigkeit für Insolvenzen, Vergleiche oder ähnliche Verfahren.[1044] Weitere Ziele sind die gemeinschaftsweite Durchsetzung des Universalitätsprinzips[1045] sowie des Gleichbehandlungsgrundsatzes.[1046] Schließlich soll durch die Vereinheitlichung des europäischen Rechtsrahmens auch das sog. "Forum Shopping" von Schuldnern verhindert werden, welches sich häufig zum Nachteil der Gläubiger auswirkt.[1047] Dabei enthält die Verordnung selbst kein eigenes Sachrecht zum Insolvenzverfahren, sondern bestimmt nur die zum anwendbaren Sachrecht führenden Verweisungsregeln.

Zur Eröffnung des Insolvenzverfahrens sind international die Gerichte des Mitgliedstaates zuständig, in dessen Gebiet der Schuldner den Mittelpunkt seiner hauptsächlichen Interessen hat, wobei bei Gesellschaften und anderen juristischen Personen widerleglich vermutet wird, dass dieses der Ort des satzungsmäßigen Sitzes ist, vgl. Art. 3 EuInsVO.[1048] In Verfolgung des Universalitätsprinzips werden aber auch Verfahren, die von den jeweils zuständigen Gerichten eröffnet wurden, automatisch in den anderen Signatarstaaten anerkannt, Art. 16 I, 17 I EuInsVO.[1049] Diese automatische Anerkennung hat zur Folge, dass der jeweilige Insolvenzverwalter in anderen Signatarstaaten ebenfalls Anfechtungsklagen erheben darf, vgl. Art. 18 III EuInsVO.[1050]

Eine ausdrückliche Regelung der internationalen Zuständigkeit der Gerichte für Anfechtungsklagen ist in der Verordnung nicht enthalten. Fraglich ist also, wie im Rahmen der EuInsVO die internationale Zuständigkeit für Insolvenzanfechtungsprozesse zu bestimmen ist.[1051] Zum Teil wird vertreten, dass sich aus Art. 4 II S. 2 litt. f und h EuInsVO, wonach das Insolvenzrecht des Verfahrenseröffnungsstaates über die Rechtsverfolgungsmaßnahmen und über die Feststellung von Forderungen entscheidet, auch die Zuständigkeitsregelung für Anfechtungs-

---

1044 Balz, ZIP 1996, 952; Herchen, EuInsÜ 1995, S. 17.

1045 Kayser, Int. Insolv. Rev. [1998] 95, 98; Weinbörner, Insolvenzrecht, S. 212; Herchen, EuInsÜ 1995, S. 49.

1046 Herchen, EuInsÜ 1995, S. 46, 94; Leible/Staudinger, KTS 2000, 533, 563.

1047 Kemper, ZIP 2001, 1609; Paulus, ZIP 2002, 729.

1048 Leible/Staudinger, KTS 2000, 533, 543; Lehr, KTS 2000, 577, 578; kritisch Omar [2002] Ins. Law. 122, 124.

1049 Balz, ZIP 1996, 948, 951; Weinbörner, Insolvenzrecht, S. 219; Eidenmüller, IPRax 2001, 2, 7; Gottwald, grenzüberschreitende Insolvenzen, S. 25; Lehr, KTS 2000, 577, 582; Wunderer, WM 1998, 793, 795; Wimmer, ZInsO 2001, 97, 99.

1050 Balz, ZIP 1996, 948, 951.

1051 s. eingehend zum diesbezüglichen Meinungsstreit Duursma-Kepplinger/Duursma/ Chalupsky, EuInsVO, Art. 25 Rdn 22 ff.; Leipold in FS Ishikawa, S. 224 ff.

prozesse entnehmen ließe.[1052] Damit aber würde, falls das Recht des Eröffnungsstaates dem Prinzip der vis attractiva concursus folgt, dieses Prinzip auch dem Staat, in dem die Anfechtungsklage geführt werden soll, aufgezwungen. In eine ähnliche Richtungen gehen auch Lösungsansätze, die die angeblich bestehende Regelungslücke mit einer analogen Anwendung von Art. 3 EuInsVO schließen wollen, und so zur Anwendung des Prinzips der vis attractiva concursus gelangen.[1053] Im Verhältnis England – Deutschland könnte bei konsequenter Anwendung dieser Ansicht ein englischer Insolvenzverwalter in einem englischen Insolvenzverfahren also auch eine Anfechtungsklage beim *High Court – Chancery Division* – gegen einen Anfechtungsgegner mit Sitz in Deutschland erheben, auch wenn an sich kein Gerichtsstand in England bestehen würde. Auch wenn man grundsätzlich das Prinzip der vis attractiva concursus als vorzugswürdig ansieht, so würde doch die zwangsweise Durchsetzung dieses Prinzips erheblichen Bedenken im Hinblick auf die Rechtshoheit der EU Staaten begegnen, zumal schon dem EuInsÜ nicht das Konzept der vis attractiva concursus zu Grunde lag, woran die EuInsVO nichts geändert haben dürfte.[1054]

Unabhängig von der Frage, ob eine Anwendung der vis attractiva concursus im Rahmen der EuInsVO sinnvoll ist oder nicht, ist aber auch zweifelhaft, ob hier überhaupt eine eine Analogie gebietende Regelungslücke besteht. Im Falle des Nichteingreifens einer EU – Regelung greifen auf Grund des auf Ebene der EU geltenden Subsidiaritätsprinzips automatisch die nationalen Regelungen der jeweiligen Vertragsstaaten. Schon deswegen sollte der Ansicht gefolgt werden, die die internationale Zuständigkeit für Anfechtungsprozesse auch unter Geltung der EuInsVO nach dem internationalen Zivilprozessrecht des angerufenen Vertragsstaates bestimmen will.[1055]

Die Verordnung qualifiziert die Insolvenzanfechtung grundsätzlich als Materie des Insolvenzrechts, unterwirft die Anfechtung also prinzipiell allein der lex fori concursus (Art. 4 II m EuInsVO). Dieser Grundsatz gilt aber dann nicht, wenn die bevorzugte Person nachweist, dass für die in Frage stehende Rechtshandlung das Recht eines anderen Vertragsstaates als des Staates der Verfahrenseröffnung maßgeblich ist und dass in diesem Fall die in Frage stehende Rechtshandlung in keiner Weise nach diesem Recht des anderen Vertragsstaates anfechtbar ist, Art. 13 EuInsVO. Die Insolvenzanfechtung ist nach dieser eingeschränkten Kumula-

---

1052 Leipold in Stoll, Vorschläge und Gutachten zur Umsetzung des EU-Übereinkommens über Insolvenz-verfahren im deutschen Recht, S. 200; s. eingehend zur Diskussion Kolmann, Kooperationsmodelle, S. 279.

1053 Duursma-Kepplinger/Duursma/Chalupsky, EuInsVO, Art. 25 Rdn 37 ff.; Leipold in FS Ishikawa, S. 234 ff.

1054 so auch Kolmann, Kooperationsmodelle, S. 280.

1055 FK-Wimmer, InsO, Anhang I, Rdn 366; wohl auch Leible/Staudinger, KTS 2000, 566; Herchen, EuInsÜ 1995, S. 228 f.

tionslösung folglich dann ausgeschlossen, wenn die Rechtshandlung nach dem auf sie anwendbaren Recht in jeder Hinsicht rechtlich unangreifbar ist. Dabei kommt es nicht darauf an, ob die Verweisung nach der lex causae oder nach der lex fori concursus im Ergebnis zum selben Recht führt. Weiterhin sind in diesem Fall nicht nur die Regeln der Insolvenzanfechtung der lex causae anzuwenden, sondern auch andere Regeln, die zur Unwirksamkeit der Rechtshandlung führen können.[1056] Der Insolvenzverwalter muss nun nicht nachweisen, dass die angefochtene Rechtshandlung auch nach dem Wirkungsstatut insolvenzrechtlich angefochten werden kann. Vielmehr obliegt der Beweis der Unangreifbarkeit dem Anfechtungsgegner.[1057]

b. Das UNCITRAL-Modellgesetz

Mit dem Ziel, eine Anerkennung ausländischer Insolvenzverfahren zu ermöglichen, die Zusammenarbeit der nationalen Justizbehörden zu verbessern und den Gerichtszugang für ausländische Insolvenzverwalter zu erleichtern, hat die Arbeitsgruppe „Insolvenzrecht" in der United Nations Commission on International Trade Law (UNCITRAL) zwischen 1995 und 1997 Modellbestimmungen für grenzüberschreitende Insolvenzen erarbeitet. Diese Modellbestimmungen wurden von der UN-Vollversammlung im Dezember 1997 gebilligt.[1058]

Das Modellgesetz selbst regelt nicht die internationale Zuständigkeit der Gerichte zur Eröffnung eines Insolvenzverfahrens. In Art. 11 und 12 gibt das Modellgesetz einem ausländischen Insolvenzverwalter jedoch die Möglichkeit, die Eröffnung eines Insolvenzverfahrens zu beantragen oder nach der Anerkennung „seines" ausländischen Verfahrens an inländischen Insolvenzverfahren teilzunehmen.[1059] Im Gegensatz zu Art. 16 EuInsVO machen die Modellbestimmungen eine Anerkennung des ausländischen Insolvenzverfahrens von einem Anerkennungsverfahren abhängig, welches auf Antrag des ausländischen Insolvenzverwalters eingeleitet wird, vgl. Art. 15 ff. des Modellgesetzes.[1060]

Genau wie die EuInsVO, so enthält auch das UNCITRAL-Modellgesetz kein eigenes Sachrecht zum Insolvenzverfahren. Allerdings enthält Art. 23 der Modellbestimmungen Hinweise zur Behandlung von Insolvenzanfechtungen. Danach soll der ausländische Insolvenzverwalter nach der formellen Anerkennung

[1056] Balz, ZIP 1996, 948, 951; Gottwald, grenzüberschreitende Insolvenzen, S. 543; Herchen, EuInsÜ 1995, S. 174; Leible/Staudinger, KTS 2000, 533, 557; Wunderer, WM 1998, 793, 799; Kemper, ZIP 2001, 1609, 1618.

[1057] Leible/Staudinger, KTS 2000, 533, 556 FN 176; Wunderer, WM 1998, 793, 799; FK-Wimmer, InsO, Anhang I, Rdn 364; Gottwald/Pfaller, IPRax 1998, 170, 172; Paulus, ZIP 2002, 729, 735.

[1058] Wimmer, ZIP 1997, 2220 f.

[1059] Wimmer, ZIP 1997, 2220, 2221.

[1060] Wimmer, ZIP 1997, 2220, 2222.

des Verfahrens im Inland die Befugnis besitzen, Anfechtungsprozesse zu führen.[1061] Handelt es sich bei dem ausländischen Verfahren um ein Territorialverfahren, so muss sichergestellt sein, dass es sich um Massebestandteile handelt, die an sich zu diesem ausländischen Verfahren gehören.[1062] Somit treffen die Modellbestimmungen selber keine Aussage über das auf die Anfechtung anwendbare Sachrecht, sondern überlassen die Ermittlung dieses Rechts dem anerkennenden Staat.

5. Vergleich

Bei der Lösung von Problemen internationaler Insolvenzanfechtungsprozesse werden die Konsequenzen von national beschrittenen Wegen deutlich, wie etwa bei der Zuständigkeitszuweisung, auch wenn sich die Rechtssysteme zumindest von ihren Grundprinzipien her annähern. Ausgehend von den eingangs beschriebenen, dem IIR zugrundeliegenden, Prinzipien ist seit einiger Zeit eine Annäherung sowohl der nationalen als auch der internationalen Standards zu beobachten. So folgen mittlerweile sowohl das deutsche als auch das englische IIR und nun auch die Verordnung der EU zum Insolvenzrecht dem Universalitätsprinzip. In Bezug auf die EuInsVO ist jedoch *Paulus* darin zuzustimmen, dass das außereuropäische Ausland im Rahmen der Verordnung keine Berücksichtigung findet, die Verordnung also dem Territorialitätsprinzip innerhalb der EU huldigt.[1063] Auf noch höherer internationaler Ebene konnte sich das Universalitätsprinzip dagegen nicht durchsetzen, wie das UNCITRAL-Modellgesetz beweist.

Bei der Begründung der internationalen Zuständigkeit nationaler Gerichte für Anfechtungsklagen differieren die Regelungen der hier verglichenen Rechtssysteme auf Grund der schon zuvor erläuterten nationalen Zuständigkeitszuweisung. Auch im internationalen Bereich weist das deutsche Recht nämlich Anfechtungsklagen in der Insolvenz nicht dem Insolvenzgericht zu, wohingegen das englische Recht genau diesen Weg der vis attractiva concursus verfolgt. Deswegen kann in Deutschland eine Anfechtungsklage erhoben werden, ohne dass das eigentliche Insolvenzverfahren in Deutschland eröffnet wurde. In England ist dieses nur eingeschränkt möglich.

Erfolgt die Anfechtung im Rahmen eines im Ausland eröffneten Insolvenzverfahrens, also durch einen ausländischen Insolvenzverwalter, so muss in Deutschland und England das ausländische Verfahren als solches anerkannt werden, bevor eine Anfechtung möglich ist. Zur Anerkennung ist in keinem der beiden verglichenen Rechtssysteme und innerhalb des EU-Rechtsraumes ein gesondertes Anerkennungsverfahren (Exequatur) erforderlich. Weiterhin stimmen

[1061] s. hierzu auch die Anm. von Wimmer, ZIP 1997, 2220, 2223.
[1062] FK-Wimmer, InsO, Anhang I Rdn 361.
[1063] Paulus, ZIP 2002, 729.

beide Rechtssysteme auch dahingehend überein, dass die Anerkennung ausländischer Verfahren jeweils die internationale Zuständigkeit des ausländischen Gerichts für die anzuerkennende Entscheidung erfordert, und dass sich das ausländische Verfahren für universal zuständig erklärt haben muss. Allerdings behält sich das englische Recht vor, die Eröffnung eines sekundären Insolvenzverfahrens trotz grundsätzlicher Anerkennung des ausländischen Verfahrens zu verlangen, wenn Nachteile für englische Gläubiger zu erwarten sind, eine Ausweichmöglichkeit, die in Deutschland nur über den Einwand des ordre public zu erreichen ist.

Die Handlungsbefugnis eines ausländischen Insolvenzverwalters im Inland wird von beiden Rechtssystemen (mittlerweile) sehr unterschiedlich festgelegt. Während das deutsche Recht seit der Entscheidung des *BGH* aus dem Jahre 1985[1064] die Anerkennung eines ausländischen Insolvenzverwalters nicht mehr an Hand des Gesellschaftsstatuts, sondern an Hand des Insolvenzstatuts prüft, verfolgt das englische Rechtssystem nach wie vor genau diesen Weg.[1065] Damit trägt das englische Insolvenzrecht allerdings nicht den Besonderheiten der Insolvenz Rechnung, denn hier steht im Vordergrund nicht die Führung der Gesellschaft, sondern die Verteilung des Vermögens an die Gläubiger im Vordergrund. Dagegen richtet sich die Anfechtungsbefugnis eines Insolvenzverwalters sowohl nach der EU-Verordnung als auch nach dem UNCITRAL-Modellgesetz nach dem Insolvenzstatut.

Die Möglichkeit der Rechtshilfe nach sec. 426 IA 86 ist im deutschen Recht, insbesondere auch in ihrer Beschränkung auf designierte Länder des Commonwealth, nicht bekannt.

Das deutsche und das englische Recht gehen bei der Frage nach dem für Insolvenzanfechtungen mit Auslandsbezug anzuwendenden Sachrechts grundsätzlich nach der lex fori concursus vor. Diese Grundregel ist in beiden Rechtssystemen aber modifiziert worden. Das englische Recht hat sich dabei für eine Konkurrenzlösung entschieden, während das deutsche Recht seit der Einführung des Art. 102 II EGInsO (alt) der Kumulationslösung den Vorzug gibt und auch die Regelung des § 339 InsO (neu) folgt zumindest einer eingeschränkten Kumulation. Im englischen Recht wird z. B. die Anfechtbarkeit eines schuldrechtlichen Vertrages ausschließlich nach der lex causae beurteilt, die Regelungen des IIR also verdrängt, während sich die Anfechtung aus deutscher Sicht kumulativ nach dem Recht des Vertragsschlusses und dem Recht des Insolvenzverfahrens bestimmt. Auch die besprochenen internationalen Regelungen umfassen letztlich nur Verweisungsnormen, jedoch keine Normen des materiellen Rechts. Die EuInsVO folgt wie das deutsche Recht ebenfalls der eingeschränkten Kumulati-

[1064] BGH, Urt. v. 11.7.1985 - IX ZR 178/84, ZIP 1985, 944, 948.
[1065] so auch Florian, Englisches IIR, S. 62 f.

onslösung, während die UNCITRAL-Modellbestimmungen keinerlei Verweisung bezüglich des auf die Anfechtung anwendbaren Rechts enthalten.

Bei der Anerkennung im Ausland erfolgter Anfechtungsprozesse ist zwar in keinem der beiden verglichenen Rechtssysteme und innerhalb des EU-Rechtsraumes ein gesondertes Anerkennungsverfahren (Exequatur) erforderlich. Jedoch muss in Deutschland zumindest ein Vollstreckungsurteil erwirkt werden.

6. Analyse

Am Beispiel der Begründung der internationalen Zuständigkeit für Anfechtungsprozesse zeigt sich, dass eine national sehr vorteilhafte Lösung, nämlich die Zuweisung von Anfechtungsprozessen zum Insolvenzgericht im Zuge der vis attractiva concursus, international eine Behinderung darstellen kann, zumindest wenn sie in Reinkultur vertreten wird. Denn der ausländische Insolvenzverwalter kann zwar auch vor englischen Gerichten einen Anfechtungsprozeß führen, allerdings auf Grund der Anknüpfungsregeln im englischen Recht nicht so einfach und effektiv, wie im deutschen Recht. An dieser Stelle sollte daran gedacht werden, das Prinzip der vis attractiva concursus mit einer Öffnungsklausel zugunsten der Durchführung von Anfechtungsprozessen im Rahmen eines ausländischen Insolvenzverfahrens zu versehen.

Bezüglich der Anerkennung ausländischer Verfahren stellen sich beide Rechtssysteme als eher anerkennungsfreundlich dar, da ein sog. Exequaturverfahren nicht erforderlich ist. Derartige formelle Verfahren führen zu einer Verlangsamung des Verfahrensablaufs. Eine solche Haltung ist selbst innerhalb Europas nicht selbstverständlich, wie ein Vergleich mit dem französischen Recht zeigt. Dort ist gemäß Art. 509 NCPC i.V.m. Art. 2123 CC ein Anerkennungsverfahren vorgeschrieben.[1066] Offensichtlich ist auch, dass die UNCITRAL-Modellbestimmungen diesbezüglich hinter den Möglichkeiten der EU-Verordnung zurückbleiben, weil die Verordnung eine automatische Anerkennung vorsieht, während bei den Modellbestimmungen ein relativ aufwendiges Anerkennungsverfahren erforderlich wird.[1067]

Die Regelung der sec. 426 IA 86 ist in ihrem Anwendungsbereich auf Länder innerhalb des United Kingdom und des Commonwealth beschränkt,[1068] was die praktische Anwendbarkeit dieser Norm doch sehr einschränkt.[1069] Auch bleibt der auf Gerichte beschränkte Kreis der Antragsberechtigten hinter verschiedenen

---

[1066] v. Campe, Insolvenzanfechtung, S. 409.

[1067] Wimmer, ZIP 1997, 2220, 2224.

[1068] s. sec. 426 (4) (11) IA 86.

[1069] Dawson [1999] Int. Insolv. Rev., 109, 117, die in diesem Zusammenhang auch darauf hinweist (S. 110), dass es nur sechs berichtete Fälle gibt, in denen sec. 426 IA 86 überhaupt zur Anwendung gekommen ist.

nationalen und internationalen Regelungen zurück, die auch dem ausländischen Insolvenzverwalter die Befugnis verleihen, direkt Amtshilfe bei den zuständigen englischen Gerichten zu beantragen. So erlaubt z. B. die entsprechende Vorschrift im US-Recht, sec. 304 BC 78, dem Insolvenzverwalter, das ausländische Gericht selbst und direkt anzurufen.[1070] Das für eine Beschränkung der Antragsbefugten auf Gerichte häufig angeführte Argument des Mißbrauchs[1071] ist nicht stichhaltig, da ein derartiger Mißbrauch durch andere Maßnahmen verhindert werden kann und die Hemmnisse durch die bestehende Regelung die schnelle Durchführung eines Insolvenzverfahrens behindern.

In der Frage des auf die internationale Insolvenzanfechtung anwendbaren Sachrechts hatte die ursprüngliche strenge deutsche Kumulationslösung des Art. 102 II EGInsO (alt) vielfach Kritik erfahren.[1072] Obwohl angeblich im Vorgriff auf die Regelungen des EuInsÜ geschaffen, ging die deutsche Regelung sogar noch weiter geht als die jetzige Regelung der Art. 4, 13 EuInsVO. Denn während die EU-Verordnung einer beschränkten Kumulation folgt, galt im deutschen IIR eine unbeschränkte Kumulation von Insolvenz- und Vertragsstatut. Nach der Neuregelung des deutschen Internationalen Insolvenzrechts, die der Vorgabe der europäischen Verordnung folgt, hat sich diese Kritik erledigt. Hervorzuheben ist in diesem Zusammenhang allerdings, dass jedwede Kumulation zur Durchsetzung des anfechtungsfeindlichsten Rechts führt.[1073]

Wie schon aus der Tatsache deutlich wird, dass die hier besprochenen internationalen Verträge zum Insolvenzrecht kein eigenes Sachrecht enthalten, dürfte es noch ein weiter Weg bis zu einer Harmonisierung des Insolvenzrecht und insbesondere auch des Anfechtungsrechts sein. Fraglich ist insbesondere, ob die auch von der EU-Verordnung verfolgte Kumulationslösung zu einer Effizienzverbesserung bei internationalen Anfechtungsprozessen führen wird. Man könnte hier, zumindest für eine Übergangszeit, eine Regelung in Anlehnung an die schon zuvor angesprochene sec. 304 United States Bankruptcy Code 1978 schaffen. Nach dieser Vorschrift kann ein Sekundärinsolvenzverfahren von z. B. einem Insolvenzverwalter in den USA mit dem Ziel eröffnet werden, die durch eine anfechtbare Rechtshandlung aus dem Vermögen des Gemeinschuldners verschobenen Vermögenswerte zurück zur Masse zu ziehen.[1074] Hierbei wird es

---

[1070] Dawson [1999] Int. Insolv. Rev., 109, 115.
[1071] Dawson [1999] Int. Insolv. Rev., 109, 114.
[1072] v. Campe, Insolvenzanfechtung, S. 382 ff; Leipold in FS Henckel, S. 543; FK-Wimmer, InsO, Anhang I, Rdn 362; Sonnentag, IPRax 1998, 330, 334; Gottwald/Pfaller, IPRax 1998, S. 170, 172.
[1073] Gottwald, grenzüberschreitende Insolvenzen, S. 40; Herchen, EuInsÜ 1995, S. 174; Leipold in FS Henckel, S. 543; Leible/Staudinger, KTS 2000, 533, 557; Paulus, ZIP 2002, 729, 735.
[1074] Fletcher, Insolvency Law, S. 783.

teilweise als nachteilig angesehen, dass sec. 304 BC 78 den US-Gerichten nicht die Anwendung us-amerikanischen Sachrechts erlaubt, um z. B. über eine Insolvenzanfechtung zu entscheiden.[1075] Dieser Umstand wird jedoch durch einen dem entscheidenden Gericht eingeräumten sehr großen Ermessensspielraum wieder relativiert.[1076] Würde man eine solche Regelung schaffen, könnte eine fehlende Harmonisierung des Sachrechts durch eine prozessrechtliche Lösung umgangen werden.

Abschließend ist in Bezug auf den eingangs dieser Untersuchung dargestellten Beispielsfall festzustellen, dass die Abweisung der Anfechtungsklage im *Maxwell*-Verfahren weder in Deutschland noch in England, noch unter Geltung der EU-Verordnung mit der Geltung des Territorialitätsprinzips hätte begründet werden können, da die drei vorgenannten Rechtssysteme dem Universalitätsprinzip folgen. Bei aller Kritik an den noch bestehenden Mängeln des jeweiligen nationalen IIR und den internationalen Abkommen ist somit ein Fortschritt hin zu einem "globalisierten" Anfechtungsrecht zu verzeichnen, da die Staaten mehr und mehr das Universalitätsprinzip der Insolvenz anerkennen. Auf Grund der fehlenden Harmonisierung auf Ebene des Sachrechts kann aber nicht ausgeschlossen werden, dass im Ergebnis gleichwohl Entscheidungen wie im *Maxwell*-Verfahren auch auf europäischer Ebene möglich wären.

§ 9 Bewertung der Reformen

Wie schon in der Einleitung erläutert, wurde sowohl das englische als auch das deutsche Insolvenzrecht vor relativ kurzer Zeit reformiert, wodurch sich auch im Recht der Insolvenzanfechtung Änderungen zur bisherigen Rechtslage ergeben. In diesem Kapitel sollen nun diese Reformen ausgewertet werden. Dazu werden zuerst die Reformziele in das Gesamtkonzept des Insolvenzrechts eingeordnet, um einen Überblick über die zukünftige Zielrichtung des Insolvenzrechts zu gewinnen. Danach folgt eine kritische Einschätzung der Erreichbarkeit der innerhalb des Rechts der Insolvenzanfechtung angestrebten Ziele mit den diesem zur Verfügung stehenden Mitteln. Schließlich soll versucht werden, den erkannten Fehlentwicklungen eigene Lösungsvorschläge entgegenzusetzen, die sich aus den Ergebnissen der vergleichenden Untersuchung der beiden Rechtssysteme ergeben.

I. Einordnung der Reformziele in das Gesamtkonzept des Insolvenzrechts

Über die ganze Arbeit verstreut wurden einzelne Reformziele des Rechts der Insolvenzanfechtung im deutschen und englischen Recht aufgezeigt und untersucht: Die Arbeit der Insolvenzverwalter durch Verminderung subjektiver An-

[1075] Moss [1999] Insolv. Law. 146, 149.
[1076] Moss [1999] Insolv. Law. 146, 149.

forderungen zu erleichtern, die augenfälligen Probleme in Bezug auf Anfechtungsfristen zu verbessern und die Gruppe der nahestehenden Personen umfassend zu definieren. Die Reform des englischen Rechts wurde weiterhin auch dazu genutzt, das System der Insolvenzanfechtung zu konsolidieren und seinen Anwendungsbereich zu erweitern.[1077]

Der Blick auf die Reformziele des Rechts der Insolvenzanfechtung darf jedoch nicht den Blick auf das Gesamtkonzept der Insolvenzrechtsreform in den hier verglichenen Rechtssystemen verstellen. So war eines der Hauptziele der Reformen in beiden Ländern, die Sanierung von Unternehmen durch Instrumente des Insolvenzrechts zu erleichtern oder gar erst zu ermöglichen.[1078] Gleichwohl ist oberstes Ziel des deutschen Insolvenzrechts weiterhin die gleichmäßige Befriedigung der Gläubiger, § 1 InsO.[1079] Die Sanierung hat damit im Hinblick auf eine gleichmäßige Befriedigung der Gläubiger zu erfolgen. Auch im englischen Recht bleibt als ein Ziel des Insolvenzverfahrens die gleichmäßige Befriedigung der Gläubiger bestehen.[1080] Im Unterschied zum deutschen Recht stehen die Ziele der Sanierung und der gleichmäßigen Gläubigerbefriedigung hier aber grundsätzlich nicht in einem Über- und Unterordnungsverhältnis, sondern gleichberechtigt nebeneinander. Allerdings werden bereits durch die Wahl des jeweiligen Insolvenzverfahrens die konkreten Verfahrensziele festgelegt, denn im Verfahren der liquidation ist nur noch die gleichmäßige Gläubigerbefriedigung das Ziel, während das Verfahren der administration die Sanierung der Gesellschaft als Verfahrensziel verfolgt.[1081]

Die vorgenannten Verfahrensziele stehen jedoch in einem gewissen Widerspruch zu bestimmten Ergebnissen, zu denen die Insolvenzanfechtung führt: So steht der Umstand, dass in bestimmten Fällen die durch eine erfolgreiche Anfechtung zurückgewonnen Vermögenswerte in das gemeinschuldnerische Unternehmen zurückfließen, in einem Spannungsverhältnis zu den Zielen der Insolvenzanfechtung, eine gleichmäßige Befriedigung der Gläubiger und – nunmehr – eine Sanierung des Unternehmens zu erreichen.[1082] Ein weiteres Span-

---

[1077] Milman/Durant, Corporate Insolvency, S. 200; so wurde z. B. sec. 239 IA 86 auf Grund der Empfehlungen des Cork Committee in die IA 86 aufgenommen; Im deutschen Recht beschränkte sich die Reform auf die Verbesserung einzelner Regelungen, während die Struktur der Anfechtungsregeln nur konsolidiert wurde, vgl. Eichberger, Konkursanfechtung, S. 7.

[1078] für das englische Recht s. Cork-Report, Rdn 198 (j); Farrar, Company Law, S. 625; Goode, Insolvency Law, S. 36 ff.

[1079] v. Campe, Insolvenzanfechtung, S. 21 m.w.N.; Häsemeyer, Insolvenzrecht, S. 16.

[1080] Cork-Report, Rdn 198 (f); vgl. hierzu auch Finch [1997] Oxford Legal Studies, 227, 229.

[1081] Hierbei ist weiter anzumerken, dass in sec. 8 (3) (d) IA 86 als eines der möglichen Ziele, für die eine administration angeordnet werden kann, eine höhere Befriedigungsquote als in der Liquidation genannt wird.

[1082] s. hierzu Zeuner, Insolvenzanfechtung, Rdn 4; vgl. auch Henckel, Kölner Schrift, Rdn 1 ff.; Paulus, ZInsO 1999, 242, 243; Biehl, KTS 1999, 313, 314 geht – ohne vertiefte Begrünnungsverhältnis in beiden Rechtssystemen ergibt sich daraus, dass der Insolvenzverwalter im Fall der Abwicklung der Gesellschaft und damit der endgültigen und abschließenden Verteilung des Vermögens des Gemeinschuldners die durch den Anfechtungsprozeß zur Masse gezogenen Werte nicht immer an die einfachen, ungesicherten Gläubiger auskehren kann, sondern diese sofort wieder von anfechtungsfesten Sicherungsabreden ergriffen werden. Folglich dient die Anfechtung in derartigen Fällen eigentlich nicht der gleichmäßigen Befriedigung aller Gläubiger, sondern der vorrangigen Befriedigung bestimmter Gruppen von Gläubigern, nämlich den gesicherten.

Bei der Bewertung der Auswirkungen der Anfechtung ist allerdings zu beachten, dass die Massearmut der Insolvenzen nicht in erster Linie durch anfechtbare Vermögensverschiebungen des Gemeinschuldners verursacht wird, sondern durch eine Belastung des Schuldnervermögens mit einer Vielzahl von Sicherheiten.[1083] Folglich liegen die Ursachen der Massearmut nicht vorrangig in der (möglichen) Ineffektivität des Anfechtungsrechts, sondern in der ausufernden Zulässigkeit von Kreditsicherungen. Das Anfechtungsrecht kann deshalb bei der Masseanreicherung nur eine sekundäre Rolle spielen und allzu extreme Vorschläge zur Reform des Anfechtungsrechts sind an diesem Maßstab zu bewerten.[1084]

II. Kritische Einschätzung

Im der Folge soll versucht werden, die Effizienz und Effektivität des Anfechtungsrechts nach den Reformen unter Berücksichtigung der gerade dargestellten Spannungsfelder zu bewerten, wobei die Kritik sich in konzeptionelle Schwächen, strukturelle Mängel und Einzelprobleme unterteilen läßt.

Eine konzeptionelle Schwäche des deutschen und englischen Rechts der Insolvenzanfechtung ist, dass in beiden Rechtssystemen die Sanierung des gemeinschuldnerischen Unternehmens in den Zielkanon des Insolvenzverfahrens aufgenommen, aber nicht mit den Wirkungen, die durch eine Insolvenzanfechtung entstehen können, abgestimmt wurde. Diese Wirkungen können zum einen darin bestehen, dass Sanierungskredite, welche vor Beginn des Insolvenzverfahrens vergeben wurden, der Anfechtung unterliegen.[1085] Zum anderen besteht die Möglichkeit, dass im Rahmen eines Anfechtungsverfahrens zur Masse gezogene Werte im Rahmen der Sanierung innerhalb eines Insolvenzverfahrens erneut an den Insolvenzschuldner ausgekehrt werden. Zwar wird gerade in der deutschen Literatur versucht, zu begründen, warum eine Anfechtung, die dem Grundsatz

---

dung – davon aus, dass eine Anfechtungsklage, die nur auf Herausgabe an den Insolvenzschuldner gerichtet sei, als unbegründet abgewiesen werden müsse.

[1083] Bruski, Konkursanfechtung, S. 139.

[1084] s. hierzu (weitergehend) auch Bruski, Konkursanfechtung, S. 139.

[1085] s. hierzu auch die instruktive Darstellung bei Paulus, BB 2001, 425, 426.

des *pari passu* verhaftet ist, dem Schuldner Vermögenswerte wiederbeschafft, die er selber weggegeben hat.[1086] Diese Argumentationen können aber nicht darüber hinwegtäuschen, dass hier ein Spannungsverhältnis besteht, welches während der Reform nicht genügend beachtet wurde. Eine weitere konzeptionelle Schwäche stellt das vor allem in England erkannte und diskutierte Problem dar, dass die Anfechtung de facto nicht mehr der Anreicherung der Masse, sondern der vorrangigen Befriedigung gesicherter Gläubiger dient, weil die durch Anfechtung zur Masse gezogenen Vermögenswerte sofort wieder von einer Sicherungsabrede ergriffen werden.[1087] Angesichts der schon aufgezeigten Massearmut von Insolvenzen auf Grund getroffener Sicherungsabreden stellt sich das Anfechtungsrecht somit eher als Durchsetzungshilfe für gesicherte Gläubiger denn als Mittel zur Durchsetzung des Gläubigergleichbehandlungsgrundsatzes dar.

In struktureller Hinsicht ist festzustellen, dass die jeweiligen Reformkonzepte nicht als Einzelmaßnahmen, sondern als aufeinander abgestimmtes Komplettpaket vorgebracht, aber nicht als solches umgesetzt wurden. Dieses wird besonders deutlich an der Arbeit des *Cork Committee*: Viele der dort gemachten Vorschläge wurden entweder vom Gesetzgeber nicht aufgenommen oder in der Folgezeit von den Gerichten bei der Entscheidung konkreter Fälle nicht beachtet oder verwässert. Ein anschauliches Beispiel hierfür ist das Schicksal der Regelung der preference in sec. 239 IA 86. Aus den Vorschlägen des *Cork Committee* ist abzulesen, dass eine erleichterte Anfechtung von Rechtshandlungen zugunsten gerade nahestehender Personen gewollt war.[1088] Dieses wurde vom Gesetzgeber nicht aufgenommen. In der schon mehrfach genannten Entscheidung *Re MC Bacon* dann wurde dem Insolvenzverwalter zudem eine derartig hohe Beweislast aufgebürdet, dass die Vorschrift zu einem Tatbestand ohne wirkliche praktische Relevanz zu verkümmern droht. In Bezug auf strukturelle Schwächen ist zudem hervorzuheben, dass das englische Recht der Insolvenzanfechtung nach wie vor durch seinen Einzelfallcharakter geprägt ist, während das deutsche Recht mit einem sehr hohen Grad an Abstraktion aufwartet. Dieser auch nach der Zusammenführung von einzelnen Tatbeständen in der Insolvency Act 1986 bestehende Fallrechtscharakter des englischen Rechts wird schon daran deutlich, dass mit den Vorschriften der ss. 244, 245 IA 86 nur ganz spezielle Rechtshandlungen erfaßt werden. Er läßt sich ferner daran verdeutlichen, dass zentrale Tatbestandsmerkmale des Anfechtungsrechts, wie transaction oder consideration (auch im Rahmen des new value) nicht einheitlich, sondern entweder für die ge-

[1086] s. vor allen Dingen die Ausführungen bei Henckel, Kölner Schrift, Rdn 1 ff, insbesondere Rdn 4.
[1087] s. hierzu auch § 7, Rechtsfolgen der Anfechtung; im deutschen Recht haben sich diesbezüglich durch die Reform des Rechts der absonderungsberechtigten Gläubiger, insbesondere die Erhebung eines Kostenbeitrages, § 171 InsO, einige Änderungen ergeben.
[1088] Cork-Report, Rdn 1257 f.

samte Insolvency Act oder für jede Einzelnorm gesondert und vor allen Dingen unterschiedlich definiert werden. Schließlich offenbart sich die strukturelle Schwäche des englischen Insolvenzanfechtungsrechts auch darin, dass die gleichen Vorschriften zweimal, nämlich einmal für Individualinsolvenzen und einmal für Insolvenzen von Gesellschaften aufgeführt werden. Diese fehlende Systematik des englischen Rechts führt dazu, dass sich Anwendungsbereiche verschiedener Normen überschneiden oder bestimmte Rechtshandlungen in anfechtungsrechtlicher Hinsicht überhaupt nicht erfaßt werden. Ferner wird hierdurch das Recht unnötig verkompliziert, was in der Folge natürlich auch die praktische Durchsetzbarkeit des Rechts erschwert.

Die verschiedenen Einzelprobleme, welche die Effizienz und Effektivität des Anfechtungsrechts in beiden Rechtssystemen schmälern, wurden herausgearbeitet. Dieses betrifft auch gerade Bereiche, die außerhalb des eigentlichen Rechts der Insolvenzanfechtung liegen, nämlich Probleme der Gerichtszuständigkeit oder Finanzierung eines Anfechtungsprozesses. Daneben stellen sich nach wie vor Fragen innerhalb der eigentlichen Anfechtungsregeln. Hier ist an erster Stelle wieder die Beweisproblematik anzuführen.

Im Hinblick auf die vorangegangene Präsentation der beiden Rechtssysteme, ihren Reformen sowie der Kritik hieran ist es leicht vorhersehbar, dass die zukünftigen Probleme im Anfechtungsrecht zumindest teilweise dieselben sein werden wie die alten. Deutlich geworden ist aber auch, dass selbst eine Optimierung der bestehenden Regelungen alleine nicht zu einer Lösung des Problems der gleichmäßigen Befriedigung aller Gläubiger bei masselosen Insolvenzen ausreichen wird. Dazu ist die Insolvenzanfechtung als Gestaltungsmittel alleine nicht in der Lage.

III. Lösungsvorschläge

Eingedenk der zuvor dargestellten Probleme der Insolvenzanfechtung soll nun versucht werden, auch mit Hilfe der durch den Rechtsvergleich hervorgebrachten Erkenntnisse Denkanstöße für eine Optimierung des Anfechtungsrechts zu geben.

In konzeptioneller Hinsicht ist die Integration des Zieles der Unternehmenssanierung in die Anfechtungsdogmatik erforderlich, um das oben beschriebene Spannungsverhältnis in Bezug auf die Anfechtbarkeit von Sanierungskrediten und auf die Auskehrung von zur Masse gezogenen Vermögenswerten an den Insolvenzschuldner zu lösen. Berücksichtigt man, dass im deutschen Recht die Gläubigergleichbehandlung immer noch oberstes Verfahrensziel ist, so erscheint die Erstreckung der Anfechtungsregeln auch auf (vor Beginn des Insolvenzverfahrens durchgeführte, aber fehlgeschlagene) Sanierungsmaßnahmen in allen

Verfahrensarten logisch.[1089] Folglich unterliegen Rechtshandlungen, die im Rahmen eines vorkonkurslichen Sanierungsplans vorgenommen wurden, denn auch grundsätzlich der Anfechtung.[1090] Es ist allerdings zweifelhaft, ob das Damoklesschwert einer möglichen Insolvenzanfechtung die Motivation für Sanierungsmaßnahmen erhöht. Diese Ausführungen gelten prinzipiell natürlich gleichfalls für das englische Recht, wobei aber zu berücksichtigen ist, dass hier die Ziele der gleichmäßigen Befriedigung aller Gläubiger und der Unternehmenssanierung gleichwertig nebeneinander stehen.

Als eine Möglichkeit, dieses Spannungsverhältnis zu lösen, käme die Ausweisung spezieller „Sanierungsverfahren" in Betracht, in denen die Anfechtung vorkonkurslicher Sanierungsmaßnahmen nicht zulässig wäre.[1091] Das würde dazu führen, dass z. B. vor Beginn des Insolvenzverfahrens vergebene und zurückgezahlte Sanierungskredite von der Anfechtung ausgenommen wären, aber auch dazu, dass diese Werte nicht zurück an den Schuldner fließen können. Diese Idee ist indes nicht neu und wurde auch in beiden Rechtssystemen schon angewandt: So war etwa im deutschen Recht eine Anfechtung bei Verfahren nach der VglO nicht statthaft, wobei diese Verfahren ja ausdrücklich der Sanierung des Gemeinschuldners dienen sollten.[1092] Dieser Ausschluß der Anfechtungsmöglichkeit sollte allerdings nicht verhindern, dass sich die dem Schutz der Gläubiger dienende Anfechtung zugunsten des Schuldners auswirkt. Vielmehr sollte einer Verzögerung des Verfahrens durch Anfechtungsprozesses entgegengewirkt werden.[1093]

Lehnt man nun die Schaffung spezieller Sanierungsverfahren ohne Anfechtungsmöglichkeit ab, so könnten zumindest Sanierungskredite als solche definiert und von der Anfechtung ausgenommen werden. Gegen eine derartige Privilegierung könnte sprechen, dass sie sich auch negativ auf die Sanierung innerhalb eines Insolvenzverfahrens auswirken könnte, da dem Insolvenzverwalter so ein entscheidendes Mittel aus der Hand genommen würde, die Vermögenswerte

---

1089 so auch Henckel, Kölner Schrift, Rdn 4 ff, mit Einschränkungen für den Bereich der Vorsatzanfechtung; hierbei nimmt allerdings die Honorarzahlung an einen Sanierer eine Sonderstellung ein, denn diese unterliegt grundsätzlich nicht der Anfechtung, da sich ansonsten keine geeignete Person bereitfinden würde, die ein solches Sanierungsvorhaben realisieren könnte, vgl. OLG Köln, Urt. v. 30.11.2000 – 18 U 147/00, ZIP 2001, 251; das Urteil des BGH wurde allerdings vom BGH (Urt. v. 18.7.2002 – IX ZR 480/00, NJW 2002, 3252) aufgehoben, da die Voraussetzungen der Bargeschäftsausnahme nicht vorlagen.

1090 BGH, Urt. v. 26.3.1984 – II ZR 171/83, NJW 1984, 1893, 1899; BGH, Urt. v. 12.11.1992 - IX ZR 236/91, ZIP 1993, 276 m. Anm. Onusseit, EwiR 1993, § 31 KO, 1/93, 161; Smid, Insolvenzrecht, S. 251; Zeuner, Insolvenzanfechtung, Rdn 241; Paulus, BB 2001, 425, 426.

1091 s. zu Sanierungsverfahren allgemein Flessner, Sanierung und Reorganisation, Diss., 1982; Hohloch, ZGR 1982, 145; Uhlenbruck, KTS 1981, 513.

1092 Henckel, Kölner Schrift, Rdn 3; Kilger/K. Schmidt, VglO, Anm. I 1.

1093 Henckel, Kölner Schrift, Rdn 3; Biehl, KTS 1999, 313, 314.

zurück in das Schuldnerunternehmen zu ziehen, die ein Überleben der Gesellschaft ermöglichen können. Die Konsequenz wäre, dass auch Sanierungskredite immer der Anfechtung unterliegen müssten. Ein solches Ergebnis erscheint nicht sachgerecht, da so (wiederum unter dem Gesichtspunkt der negativen Erfahrungen im französichen Recht) eine Sanierung ausserhalb des Insolvenzverfahrens völlig ausgeschlossen würde. Deswegen wird an dieser Stelle eine grundsätzliche Privilegierung von Sanierungskrediten, die vor der Insolvenz vergeben werden, vorgeschlagen.

Die Frage der Priveligierung von Sanierungskrediten ist schon mehrfach in der Literatur diskutiert worden. So schlagen *Götz/Hegerl* vor, die ihrer Ansicht nach sanierungsfeindlichen Regelungen des Eigenkapitalersatzrechtes durch die Schaffung einer Sanierungsobjektgesellschaft zu verbessern.[1094] *Uhlenbruck* dagegen schlägt eine Privilegierung von Sanierungskrediten nach dem Vorbild des § 106 VglO vor.[1095] Auch die derzeitige Regelung des § 264 InsO geht in diese Richtung. Die letztere Regelung greift aber erst dann, wenn das eigentliche Insolvenzverfahren schon läuft, kann also nicht die Anfechtbarkeit von vor der Insolvenz vergebener Kredite verhindern. Die von *Götz/Hegerl* verfolgte Lösung beschränkt sich nur auf die Anfechtung der Rückzahlung von eigenkapitalersetzenden Darlehen, ermöglicht also keine einheitliche Lösung von Fällen mit Sanierungskrediten.

Auch die Rechtsprechung ist sich trotz der grundsätzlichen Zulässigkeit der Anfechtung von Sanierungsmaßnahmen der Problematik bewußt. Nach neuerer Rechtsprechung kann nämlich eine Gläubigerbenachteiligung bei einem letztendlich gescheiterten Sanierungsversuch ausgeschlossen sein, wenn diesem ein schlüssiges Konzept zugrunde lag, so dass in einem solchen Fall eine Anfechtung ausscheidet.[1096] Aus Gründen der Rechtssicherheit und auch der Prärogative des Gesetzgebers erübrigt sich damit aber nicht eine gesetzliche Fixierung der Privilegierung vorkonkurslicher Sanierungsmaßnahmen.

Um eine einheitliche Priveligierung von Sanierungskrediten zu erreichen, wird deswegen vorgeschlagen, eine Definition der Sanierungskredite in die Insolvenzordnung (z. B. im Rahmen von § 142 InsO) einzufügen. Wird ein Sanierungskredit unter Beachtung der gesetzlichen Definition vergeben, so würde eine Anfechtung ausscheiden. Um die Interessengegensätze zwischen der gleichmäßigen Gläubigerbefriedigung und dem Bedürfnis nach einer Sanierung außerhalb eines Insolvenzverfahrens mit gesetzgeberischen Mitteln auszugleichen, wird an dieser Stelle weiterhin die Einführung einer an die statutory defence in

---

[1094] Götz/Hegerl, DB 1997, 2365.

[1095] Uhlenbruck, GmbHR 82, 141.

[1096] BGH, Urt. v. 4.12.1998 - IX ZR 47/97, ZIP 1998, 248, 251; HK-Kreft, InsO, § 129 Rdn 44; s. auch oben und Paulus, BB 2001, 425, 429 ff.

sec. 238 (5) IA 86 angelehnten business judgement rule für alle Anfechtungstatbestände – auch im Rahmen von § 142 InsO – vorgeschlagen. Die business judgement rule kann Sanierungsmaßnahmen ermöglichen, verringert aber durch die mit ihrer Einführung verbundene Beweislastumkehr die Gefahr von Scheinsanierungsmaßnahmen, die zum Zwecke der Vermögensverschiebungen begangen wurden. Denn diejenigen, die sich auf diese Regel berufen wollen, werden gezwungen sein, ihre Sanierungsschritte genau darzulegen und zu beweisen. Eine derartige Regelung würde sich auch in das deutsche Konzept der eigenkapitalersetzenden Darlehen sowie der zuvor angesprochenen Rechtsprechung zu Sanierungskrediten einfügen.

Bezüglich des konzeptionellen Problems, dass wirksam getroffene Sicherungsabreden die durch Anfechtung zur Masse gezogenen Vermögenswerte ergreifen, bieten sich mehrere Lösungen an. Hier scheint die von *Goode* für das englische Recht vorgenommene Unterscheidung in Nichtigkeitstatbestände einerseits und Anfechtungstatbestände, die das zugrundeliegende Rechtsgeschäft wirksam bestehen lassen, andererseits sowie die hieraus gezogene Folgerung, dass durch Anfechtung zur Masse gezogene Vermögenswerte nicht wieder von Sicherungsabreden ergriffen werden sollen, bedenkenswert. Nicht unerwähnt bleiben soll auch, dass eines der Ziele des vom *Cork Committee* vorgeschlagenen „Ten Per Cent Fund" auch die Befriedigung ungesicherter Gläubiger aus der Verwertung einer floating charge sein sollte.[1097] Dieses kommt der mittlerweile für das deutsche Recht in § 170 InsO getroffenen Kostenbeitragsregelung bei der Verwertung eines Absonderungsrecht nahe. Würde man derartige Lösungen auf das Anfechtungsrecht übertragen, so wäre es möglich, dass zumindest immer bestimmte Anteile der zur Masse gezogenen Vermögenswerte für die Verteilung an einfache, ungesicherte Gläubiger zur Verfügung stehen würden. Dadurch würden die praktischen Konsequenzen der Anfechtung wieder ihren Zielen angenähert.

In struktureller Hinsicht bedarf es vor allen Dingen im englischen Recht verschiedener Verbesserungen. So sollten die Anfechtungsvorschriften an einer Stelle in der Insolvency Act 1986 zusammengefaßt und einheitlich für alle Arten von Insolvenzen ausgestaltet werden. Hierzu würde sich die dritte Teilgruppe der Insolvency Act[1098] anbieten, da dieser Teil sowieso schon entsprechend einem Allgemeinen Teil ausgestaltet ist. Zudem sollte über eine weitere Abstrahierung der jeweiligen Tatbestände nachgedacht werden, wobei dann auch die Integration der Spezialvorschriften der ss. 244, 245 IA 86 in die mehr allgemeine Vorschrift der sec. 239 IA 86 möglich wäre.

[1097] Cork-Report, Rdn 1538.
[1098] ab sec. 386 ff. IA 86.

Am einfachsten erreichbar erscheint eine Lösung bezüglich der verschiedenen in dieser Arbeit herausgearbeiteten Einzelprobleme des Insolvenzanfechtungsrechts. So sollte im deutschen Recht bezüglich der Zuständigkeitsregelung für Anfechtungsklagen ein Schwenk hin zur vis attractiva concursus erfolgen, der jedoch angesichts der sich hieraus im internationalrechtlichen Bereich ergebenden Schwierigkeiten eine Öffnungsklausel für Anfechtungen von ausländischen Insolvenzverwaltern enthalten sollte. Im englischen Recht sollte eine Verbesserung der Finanzierungssituation von Anfechtungsprozessen angestrebt werden, um ein Leerlaufen der Anfechtungsvorschriften zu verhindern. Hierzu bietet sich die im deutschen Recht vertretene Lösung an, Prozeßkostenhilfe zu gewähren. Aber auch die Möglichkeit, den dem Anfechtungsprozeß zugrundeliegenden Anspruch abzutreten, sollte in beiden Rechtssystemen Berücksichtigung finden. Im Hinblick auf die schwierige Beweissituation hinsichtlich subjektiver Tatbestandsmerkmale soll an dieser Stelle noch einmal auf die Konstruktion der statutory defence hingewiesen werden.

Eine andere und abschließende Frage betrifft in beiden Rechtssystemen die Tatsachengrundlage, auf deren Basis Reformentscheidungen getroffen werden. So wie generell statistische Auswertungen im Bereich des Insolvenzrechts fehlen,[1099] ist es nämlich auch im Falle der Insolvenzanfechtung sehr schwierig, den Erfolg der Anfechtungsregelungen festzustellen, da in beiden Rechtssystemen keine Statistiken über die Anfechtungsprozesse geführt werden.[1100] Daher sollte generell eine Institution geschaffen (bzw. eine bestehende so ausgebaut) werden, die empirische Untersuchungen, wie die von *Milman/Parry* für das englische Recht, auf einer dauerhaften Basis durchführt, um so die Grundlage für etwaig durchzuführende Reformen zu schaffen und den Erfolg einer Reform messen zu können.[1101] Zwar hat der deutsche Gesetzgeber mit der Einführung des § 39 – "Insolenzstatistik" – in das Einführungsgesetz zum Gerichtsverfassungsgesetz (EGGVG) einen Grundstein für die statistische Auswertung der Entwicklung im Insolvenzrecht gelegt, allerdings werden auch im Rahmen der nach dieser Regelung notwendigen Erhebungen keine Angaben über Anfechtungsprozesse gesammelt.[1102]

[1099] s. hierzu Ford/Wilson, Personal Debt and Insolvency, S. 97, die die vorliegenden Daten als „suggestive rather than conclusive“ bezeichnen; Flynn, Are the institutions of insolvency achieving their purpose?, S. 109; Trunk [2000] Int. Ins. Rev. 37,45.
[1100] Milman/Parry, Avoidance Mechanisms, S. 41.
[1101] s. zu diesem Vorschlag auch Justice, Rdn 7.13.
[1102] Zweites Gesetz zur Änderung des EGGVG vom 15.12.1999, BGBl I, 2398.

§ 10 Schlußbetrachtung

I. Unterschiede der verglichenen Systeme und ihre Begründung

Innerhalb dieser Arbeit konnten immer wieder Unterschiede im Recht der Insolvenzanfechtung, der flankierenden Regelungen und der Rahmenbedingungen hierzu aufgezeigt werden. An dieser Stelle soll nun untersucht werden, ob diese Unterschiede „typisch" sind oder ob das Anfechtungsrecht eine Ausnahme in den jeweiligen Rechtssystemen darstellt.

Wie schon eingangs dieser Arbeit erwähnt, gehören das deutsche und das englische Recht verschiedenen Rechts- "kreisen" oder „-familien" an.[1103] Während das deutsche Recht seinen Ursprung im römischen Recht hat und sich durch die Kodifikation des Rechts auszeichnet,[1104] ist das Common Law von der *Curia Regis* in Westminster aus der Entscheidung einzelner Rechtsstreitigkeiten entwickelt worden.[1105] Allerdings hat das englische Insolvenzrecht schon sehr früh eine (wenn auch rudimentäre) Kodifizierung erfahren hat, die bis auf ein Statut von 1542 zurückreicht.[1106] Gleichwohl lassen sich diese historischen Unterschiede grundsätzlich bis zum heutigen Stand des Rechts der Insolvenzanfechtung weiterverfolgen. Bei unbefangener Betrachtung allein der Gesetzestexte zum Insolvenzanfechtungsrecht der beiden Rechtssysteme fallen nämlich mehrere Unterschiede ins Auge. Zum einen sieht das im englischen Recht nach wie vor eine Aufspaltung in Anfechtungen von Rechtshandlungen von natürlichen und juristischen Personen vor. Weiterhin sind die gesetzlichen Regelungen im englischen Recht auch wesentlich detaillierter verfaßt, als im deutschen Recht. Beispielhaft hierfür stehen man die Regelungen bezüglich der Anfechtung gegen den Rechtsnachfolger. Dieses führt zu einer – zumindest für einen deutschen Juristen – Kompliziertheit und Unzugänglichkeit des Gesetzestextes. Der Hang des Gesetzgebers zu solch detaillierter Regelung liegt in der Historie des Common Law begründet, in der Gesetzesrecht die Ausnahme, Richterrecht die Regel darstellte. Deswegen werden Gesetze auch heute noch mehr oder minder kasuistisch verfaßt und nicht in dem dem Kontinentaleuropäer vertrauten abstrakten Stil.[1107]

[1103] vgl. die ausführliche Darstellung bei David/Grasmann-Neumayer, Rechtssysteme, Rdn 22 ff.

[1104] David/Grasmann-Müller-Gugenberger, Rechtssysteme, Rdn 34 ff; Zweigert/Kötz, Rechtsvergleichung, S. 69.

[1105] David/Grasmann-Neumayer, Rechtssysteme, Rdn 25; Zweigert/Kötz, Rechtsvergleichung, S. 69.

[1106] Eckstein, englisches Konkursrecht, S. 2; Bunge, Konkursanfechtung, S. 1 ff; s. hierfür auch die umfassende Darstellung der historischen Entwicklung des englischen Insolvenzrechts bei Graham [2002] Int. Ins. Rev. 97.

[1107] David/Grasmann-Will, Rdn 330 ff.; Zweigert/Kötz, Rechtsvergleichung, S. 177, 262.

Als scheinbarer Kontrast zum vorgenannten fällt auf, dass das englische Recht zumindest im Insolvenzanfechtungsrecht den Gerichten häufiger einen Ermessensspielraum zugesteht als das deutsche.[1108] Der dem englischen Richter eingeräumte Ermessensspielraum unterscheidet sich jedoch grundlegend von dem eines deutschen Richters, denn eine gesetzliche Ermessensvorschrift steht immer unter der Beschränkung von precedents (Grundsatzurteilen).[1109] In der Praxis bedeutet dies, dass der zur Entscheidung berufene Richter sich bei der z. B. nach sec. 241 (1) IA 86 auszuwählenden Rechtsfolge der Insolvenzanfechtung strikt an schon zu der jeweils möglichen Rechtsfolge entschiedenen Fällen orientieren wird.

Schließlich läßt sich auch aus der geschichtlichen Entwicklung der relativ geringe dogmatische Unterbau des englischen Rechts erklären. Während im deutschen Recht die Dogmatik eine überragende Stellung einnimmt,[1110] spielt die theoretische Begründung des Rechts auch im englischen Insolvenzanfechtungsrecht keine große Rolle.[1111] So beruht das deutsche Recht auf von Universitäten und Gesetzgebern ausgeformten Grundlagen und geht vom materiellen Recht aus, während das englische Recht sich aus der Praxis entwickelt hat und ganz und gar in den engen, vom Prozeßrecht diktierten, Rahmenbedingungen eingezwängt ist.[1112]

Ausgehend von einem Vergleich der Historie, Dogmatik und legislatorischen wie judikativen Aspekten gelangt man zu dem Ergebnis, dass das deutsche und das englische Recht der Insolvenzanfechtung beispielhaft für ihre jeweilige Rechtsordnung stehen.

II. Zusammenfassung

In einer abschließenden Betrachtung dieser rechtsvergleichenden Untersuchung läßt sich feststellen, dass auch das Recht der Insolvenzanfechtung einen „typischen" Vertreter des jeweiligen Rechtssystems mit all seinen Vor- und Nachteilen darstellt. So steht das deutsche Anfechtungsrecht auf starken dogmatischen Säulen, während das englische Gegenüber sich bis heute eher pragmatisch und fallorientiert entwickelt und eine gewisse Diskrepanz zwischen Begründung und Wirklichkeit der Anfechtungsregeln aufweist.

[1108] so z. B. bei der Zustimmung zu Rechtshandlungen nach Verfahrenseröffnung, sec. 127 IA 86.

[1109] David/Grasmann-Will, Rechtssysteme, Rdn 339; Zweigert/Kötz, Rechtsvergleichung, S. 253.

[1110] so werden ganze Abhandlungen zur Theorie der Anfechtung verfaßt, s. nur Mesch, Die Rechtsnatur der Gläubigeranfechtung inner- und außerhalb des Konkurses, Diss. 1993.

[1111] Goode, Insolvency Law, S. 346 f.

[1112] David/Grasmann-Will, Rechtssysteme, Rdn 313; Zweigert/Kötz, Rechtsvergleichung, S. 177 f.

Die Regelungen des deutschen Anfechtungsrechts decken einen größeren Bereich anfechtungsrelevanter Tatbestände ab als die englischen, was sich insbesondere im Bereich der Anfechtung von Deckungsleistungen zeigt. Gleichwohl sind die Kernproblematiken des jeweiligen Anfechtungsrechts, nämlich der Streit um die Notwendigkeit und Ausgestaltung subjektiver Tatbestandsmerkmale und Probleme der Beweislast identisch. Dagegen unterscheiden sich die beiden Rechtssysteme bezüglich der Rahmenbedingungen der Insolvenzanfechtung teilweise sehr voneinander. Zu denken ist hier insbesondere auch an die Finanzierungssituation von Anfechtungsprozessen, die den Praktiker naturgemäß sehr beschäftigt.

In beiden Rechtssystemen ist das Anfechtungsrecht nur bedingt zur Absicherung des Grundsatzes der Gleichbehandlung der Gläubiger tauglich, da im Wege der Insolvenzanfechtung zur Masse gezogene Vermögenswerte sofort wieder von (anfechtungsfesten) Sicherungsabreden erfaßt werden können.

Weiterhin wird gerade an der Problematik der Unternehmenssanierung deutlich, dass die systematische Einordnung der Regelungen der Insolvenzanfechtung in das Gesamtkonzept des Insolvenzrechts sowohl im deutschen als auch im englischen Recht noch einiger Nachbesserungen bedarf.
Beide Rechtssysteme haben sich zumindest im Rahmen der Europäischen Union zwar schon dem Problem der Insolvenzanfechtung im internationalen Bereich gestellt, jedoch sind sowohl die nationalen als auch die internationalen Lösungen noch eher rudimentär und wenig systematisiert, da insbesondere keine Harmonisierung des Sachrechts erfolgt. Damit besteht die Gefahr, dass auch im Verhältnis England – Deutschland unbefriedigende Ergebnisse wie im Ausgangsfall der *Maxwell Communications Corporation plc.* eintreten.

Auszüge englischer Gesetze

Insolvency Act 1986 (Auszüge)

CONTRIBUTORIES
74 Liability as contributories of present and past members
(1) [Liability to contribute] When a company is wound up, every present and past member is liable to contribute to its assets to any amount sufficient for payment of its debts and liabilities, and the expenses of the winding up, and for the adjustment of the rights of the contributories among themselves.

(2) [Qualifications to liability] This is subject as follows–
(a) a past member is not liable to contribute if he has ceased to be a member for one year or more before the commencement of the winding up;
(b) a past member is not liable to contribute in respect of any debt or liability of the company contracted after he ceased to be a member;
(c) a past member is not liable to contribute, unless it appears to the court that the existing members are unable to satisfy the contributions required to be made by them in pursuance of the Companies Act and this Act;
(d) in the case of a company limited by shares, no contribution is required from any member exceeding the amount (if any) unpaid on the shares in respect of which he is liable as a present or past member;
(e) nothing in the Companies Act or this Act invalidates any provision contained in a policy of insurance or other contract whereby the liability of individual members on the policy or contract is restricted, or whereby the funds of the company are alone made liable in respect of the policy or contract;
(f) a sum due to any member of the company (in his character of a member) by way of dividends, profits or otherwise is not deemed to be a debt of the company, payable to that member in a case of competition between himself and any other creditor not a member of the company, but any such sum may be taken into account for the purpose of the final adjustment of the rights of the contributories among themselves.

(3) [Company limited by guarantee] In the case of a company limited by guarantee, no contribution is required from any member exceeding the amount undertaken to be contributed by him to the company's assets in the event of its being wound up; but if it is a company with a share capital, every member of it is liable (in addition to the amount so undertaken to be contributed to the assets), to contribute to the extent of any sums unpaid on shares held by him.

107 Distribution of company's property
Subject to the provisions of this Act as to preferential payments, the company's property in a voluntary winding up shall on the winding up be applied in satisfaction of the company's liabilities pari passu and, subject to that application, shall (unless the articles otherwise provide) be distributed among the members according to their rights and interests in the company.

Chapter VI – Winding Up by the Court
JURISDICTION (ENGLAND AND WALES)
117 High Court and county court jurisdiction
(1) [High Court] The High Court has jurisdiction to wind up any company registered in England and Wales.

(2) [County court] Where the amount of a company's share capital paid up or credited as paid up does not exceed £120,000, then (subject to this section) the county court of the district in which the company's registered office is situated has concurrent jurisdiction with the High Court to wind up the company.

(3) [Increase, reduction of s. 117(2) sum] The money sum for the time being specified in subsection (2) is subject to increase or reduction by order under section 416 in Part XV.

(4) [Exclusion of jurisdiction for county court] The Lord Chancellor may by order in a statutory instrument exclude a county court from having winding-up jurisdiction, and for the purposes of that jurisdiction may attach its district, or any part thereof, to any other county court, and may by statutory instrument revoke or vary any such order.

In exercising the powers of this section, the Lord Chancellor shall provide that a county court is not to have winding-up jurisdiction unless it has for the time being jurisdiction for the purposes of Parts VIII to XI of this Act (individual insolvency).

(5) [Extent of winding-up jurisdiction] Every court in England and Wales having winding-up jurisdiction has for the purposes of that jurisdiction all the powers of the High Court; and every prescribed officer of the court shall perform any duties which an officer of the High Court may discharge by order of a judge of that court or otherwise in relation to winding up.

(6) ["Registered office"] For the purposes of this section, a company's "registered office" is the place which has longest been its registered office during the 6 months immediately preceding the presentation of the petition for winding up.

GROUNDS AND EFFECT OF WINDING-UP PETITION

122 Circumstances in which company may be wound up by the court

(1) [Circumstances] A company may be wound up by the court if–

(a) the company has by special resolution resolved that the company be wound up by the court,

(b) being a public company which was registered as such on its original incorporation, the company has not been issued with a certificate under section 117 of the Companies Act (public company share capital requirements) and more than a year has expired since it was so registered,

(c) it is an old public company, within the meaning of the Consequential Provisions Act,

(d) the company does not commence its business within a year from its incorporation or suspends its business for a whole year,

(e) except in the case of a private company limited by shares or by guarantee, the number of members is reduced below 2,

(f) the company is unable to pay its debts,

(g) the court is of the opinion that it is just and equitable that the company should be wound up.

123 Definition of inability to pay debts

(1) [Inability to pay debts] A company is deemed unable to pay its debts–

(a) if a creditor (by assignment or otherwise) to whom the company is indebted in a sum exceeding £750 then due has served on the company, by leaving it at the company's registered office, a written demand (in the prescribed form) requiring the company to pay the sum so due and the company has for 3 weeks thereafter neglected to pay the sum or to secure or compound for it to the reasonable satisfaction of the creditor, or

(b) if, in England and Wales, execution or other process issued on a judgment, decree or order of any court in favour of a creditor of the company is returned unsatisfied in whole or in part, or

(c) if, in Scotland, the induciae of a charge for payment on an extract decree, or an extract registered bond, or an extract registered protest, have expired without payment being made, or

(d) if, in Northern Ireland, a certificate of unenforceability has been granted in respect of a judgment against the company, or

(e) if it is proved to the satisfaction of the court that the company is unable to pay its debts as they fall due.

(2) [Proof that assets less than liabilities] A company is also deemed unable to pay its debts if it is proved to the satisfaction of the court that the value of the company's assets is less than the amount of its liabilities, taking into account its contingent and prospective liabilities.

(3) [Increase, reduction of sum in s. 123(1)(a)] The money sum for the time being specified in subsection (1)(a) is subject to increase or reduction by order under section 416 in Part XV.

PENALISATION OF DIRECTORS AND OFFICERS

212 Summary remedy against delinquent directors, liquidators, etc.

(1) [Application] This section applies if in the course of the winding up of a company it appears that a person who–

(a) is or has been an officer of the company,

(b) has acted as liquidator, administrator or administrative receiver of the company, or

(c) not being a person falling within paragraph (a) or (b), is or has been concerned, or has taken part, in the promotion, formation or management of the company,

has misapplied or retained, or become accountable for, any money or other property of the company, or been guilty of any misfeasance or breach of any fiduciary or other duty in relation to the company.

(2) [Interpretation] The reference in subsection (1) to any misfeasance or breach of any fiduciary or other duty in relation to the company includes, in the case of a person who has acted as liquidator or administrator of the company, any misfeasance or breach of any fiduciary or other duty in connection with the carrying out of his functions as liquidator or administrator of the company.

(3) [Examination, orders] The court may, on the application of the official receiver or the liquidator, or of any creditor or contributory, examine into the conduct of the person falling within subsection (1) and compel him–

(a) to repay, restore or account for the money or property or any part of it, with interest at such rate as the court thinks just, or

(b) to contribute such sum to the company's assets by way of compensation in respect of the misfeasance or breach of fiduciary or other duty as the court thinks just.

(4) [Limit on s. 212(3) application] The power to make an application under subsection (3) in relation to a person who has acted as liquidator or administrator of the company is not exercisable, except with the leave of the court, after that person has had his release.

(5) [Exercise of s. 212(3) power] The power of a contributory to make an application under subsection (3) is not exercisable except with the leave of the court, but is exercisable notwithstanding that he will not benefit from any order the court may make on the application.

213 Fraudulent trading

(1) [Application] If in the course of the winding up of a company it appears that any business of the company has been carried on with intent to defraud creditors of the company or creditors of any other person, or for any fraudulent purpose, the following has effect.

(2) [Court may hold persons liable] The court, on the application of the liquidator may declare that any persons who were knowingly parties to the carrying on of the business in the manner above-mentioned are to be liable to make such contributions (if any) to the company's assets as the court thinks proper.

214 Wrongful trading

(1) [Declaration by court, on application] Subject to subsection (3) below, if in the course of the winding up of a company it appears that subsection (2) of this section applies in relation to a person who is or has been a director of the company, the court, on the application of the liquidator, may declare that that person is to be liable to make such contribution (if any) to the company's assets as the court thinks proper.

(2) [Application] This subsection applies in relation to a person if–

(a) the company has gone into insolvent liquidation,

(b) at some time before the commencement of the winding up of the company, that person knew or ought to have concluded that there was no reasonable prospect that the company would avoid going into insolvent liquidation, and

(c) that person was a director of the company at that time;

but the court shall not make a declaration under this section in any case where the time mentioned in paragraph (b) above was before 28th April 1986.

(3) [Limit on declaration] The court shall not make a declaration under this section with respect to any person if it is satisfied that after the condition specified in subsection (2)(b) was first satisfied in relation to him that person took every step with a view to minimising the potential loss to the company's creditors as (assuming him to have known that there was no reasonable prospect that the company would avoid going into insolvent liquidation) he ought to have taken.

(4) [Interpretation of s. 214(2), (3)] For the purposes of subsections (2) and (3), the facts which a director of a company ought to know or ascertain, the conclusions which he ought to reach and the steps which he ought to take are those which would be known or ascertained, or reached or taken, by a reasonably diligent person having both–

(a) the general knowledge, skill and experience that may reasonably be expected of a person carrying out the same functions as are carried out by that director in relation to the company, and

(b) the general knowledge, skill and experience that that director has.

(5) [Interpretation of s. 214(4)] The reference in subsection (4) to the functions carried out in relation to a company by a director of the company includes any functions which he does not carry out but which have been entrusted to him.

(6) [Interpretation re insolvent liquidation] For the purposes of this section a company goes into insolvent liquidation if it goes into liquidation at a time when its assets are insufficient for the payment of its debts and other liabilities and the expenses of the winding up.

(7) ["Director"] In this section "director" includes a shadow director.

(8) [S. 213] This section is without prejudice to section 213.

ADJUSTMENT OF PRIOR TRANSACTIONS (ADMINISTRATION AND LIQUIDATION)

238 Transactions at an undervalue (England and Wales)
(1) [Application] This section applies in the case of a company where–
(a) an administration order is made in relation to the company, or
(b) the company goes into liquidation;
and "the office-holder" means the administrator or the liquidator, as the case may be.

(2) [Application to court by office-holder] Where the company has at a relevant time (defined in section 240) entered into a transaction with any person at an undervalue, the office-holder may apply to the court for an order under this section.

(3) [Court order] Subject as follows, the court shall, on such an application, make such order as it thinks fit for restoring the position to what it would have been if the company had not entered into that transaction.

(4) [Interpretation] For the purposes of this section and section 241, a company enters into a transaction with a person at an undervalue if–
(a) the company makes a gift to that person or otherwise enters into a transaction with that person on terms that provide for the company to receive no consideration, or
(b) the company enters into a transaction with that person for a consideration the value of which, in money or money's worth, is significantly less than the value, in money or money's worth, of the consideration provided by the company.

(5) [Restriction on court order] The court shall not make an order under this section in respect of a transaction at an undervalue if it is satisfied–
(a) that the company which entered into the transaction did so in good faith and for the purpose of carrying on its business, and
(b) that at the time it did so there were reasonable grounds for believing that the transaction would benefit the company.

239 Preferences (England and Wales)
(1) [Application] This section applies as does section 238.

(2) [Application to court by office-holder] Where the company has at a relevant time (defined in the next section) given a preference to any person, the office-holder may apply to the court for an order under this section.

(3) [Court order] Subject as follows, the court shall, on such an application, make such order as it thinks fit for restoring the position to what it would have been if the company had not given that preference.

(4) [Interpretation] For the purposes of this section and section 241, a company gives a preference to a person if–
(a) that person is one of the company's creditors or a surety or guarantor for any of the company's debts or other liabilities, and
(b) the company does anything or suffers anything to be done which (in either case) has the effect of putting that person into a position which, in the event of the company going into insolvent liquidation, will be better than the position he would have been in if that thing had not been done.

(5) [Restriction on court order] The court shall not make an order under this section in respect of a preference given to any person unless the company which gave the preference was influenced in deciding to give it by a desire to produce in relation to that person the effect mentioned in subsection (4)(b).

(6) [Presumption] A company which has given a preference to a person connected with the company (otherwise than by reason only of being its employee) at the time the preference was given is presumed, unless the contrary is shown, to have been influenced in deciding to give it by such a desire as is mentioned in subsection (5).

(7) [Interpretation re preference] The fact that something has been done in pursuance of the order of a court does not, without more, prevent the doing or suffering of that thing from constituting the giving of a preference.

240 "Relevant time" under s. 238, 239
(1) [Relevant time] Subject to the next subsection, the time at which a company enters into a transaction at an undervalue or gives a preference is a relevant time if the transaction is entered into, or the preference given–
(a) in the case of a transaction at an undervalue or of a preference which is given to a person who is connected with the company (otherwise than by reason only of being its employee), at a time in the period of 2 years ending with the onset of insolvency (which expression is defined below),
(b) in the case of a preference which is not such a transaction and is not so given, at a time in the period of 6 months ending with the onset of insolvency, and
(c) in either case, at a time between the presentation of a petition for the making of an administration order in relation to the company and the making of such an order on that petition.

(2) [Where not relevant time] Where a company enters into a transaction at an undervalue or gives a preference at a time mentioned in subsection (1)(a) or (b), that time is not a relevant time for the purposes of section 238 or 239 unless the company–
(a) is at that time unable to pay its debts within the meaning of section 123 in Chapter VI of Part IV, or
(b) becomes unable to pay its debts within the meaning of that section in consequence of the transaction or preference;

but the requirements of this subsection are presumed to be satisfied, unless the contrary is shown, in relation to any transaction at an undervalue which is entered into by a company with a person who is connected with the company.

(3) [Onset of insolvency] For the purposes of subsection (1), the onset of insolvency is–
(a) in a case where section 238 or 239 applies by reason of the making of an administration order or of a company going into liquidation immediately upon the discharge of an administration order, the date of the presentation of the petition on which the administration order was made, and
(b) in a case where the section applies by reason of a company going into liquidation at any other time, the date of the commencement of the winding up.

241 Orders under s. 238, 239
(1) [Extent of orders] Without prejudice to the generality of sections 238(3) and 239(3), an order under either of those sections with respect to a transaction or preference entered into or given by a company may (subject to the next subsection)–
(a) require any property transferred as part of the transaction, or in connection with the giving of the preference, to be vested in the company,
(b) require any property to be so vested if it represents in any person's hands the application either of the proceeds of sale of property so transferred or of money so transferred,
(c) release or discharge (in whole or in part) any security given by the company,
(d) require any person to pay, in respect of benefits received by him from the company, such sums to the office-holder as the court may direct,
(e) provide for any surety or guarantor whose obligations to any person were released or discharged (in whole or in part) under the transaction, or by the giving of the preference, to be under such new or revived obligations to that person as the court thinks appropriate,
(f) provide for security to be provided for the discharge of any obligation imposed by or arising under the order, for such an obligation to be charged on any property and for the security or charge to have the same priority as a security or charge released or discharged (in whole or in part) under the transaction or by the giving of the preference, and
(g) provide for the extent to which any person whose property is vested by the order in the company, or on whom obligations are imposed by the order, is to be able to prove in the winding up of the company for debts or other liabilities which arose from, or were released or discharged (in whole or in part) under or by, the transaction or the giving of the preference.

(2) [Restriction on orders] An order under section 238 or 239 may affect the property of, or impose any obligation on, any person whether or not he is the person with whom the company in question entered into the transaction or (as the case may be) the person to whom the preference was given; but such an order–
(a) shall not prejudice any interest in property which was acquired from a person other than the company and was acquired in good faith and for value, or prejudice any interest deriving from such an interest, and
(b) shall not require a person who received a benefit from the transaction or preference in good faith and for value to pay a sum to the office-holder, except where that person was a party to the transaction or the payment is to be in respect of a preference given to that person at a time when he was a creditor of the company.

(2A) [Presumption re good faith in s. 241(2)] Where a person has acquired an interest in property from a person other than the company in question, or has received a benefit from the transaction or preference, and at the time of that acquisition or receipt–
(a) he had notice of the relevant surrounding circumstances and of the relevant proceedings, or

(b) he was connected with, or was an associate of, either the company in question or the person with whom that company entered into the transaction or to whom that company gave the preference,
then, unless the contrary is shown, it shall be presumed for the purposes of paragraph (a) or (as the case may be) paragraph (b) of subsection (2) that the interest was acquired or the benefit was received otherwise than in good faith.

(3) [Relevant surrounding circumstances in s. 241(2A)(a)] For the purposes of subsection (2A)(a), the relevant surrounding circumstances are (as the case may require)–
(a) the fact that the company in question entered into the transaction at an undervalue; or
(b) the circumstances which amounted to the giving of the preference by the company in question;
and subsections (3A) to (3C) have effect to determine whether, for those purposes, a person has notice of the relevant proceedings.

(3A) [Notice where administration order made] In a case where section 238 or 239 applies by reason of the making of an administration order, a person has notice of the relevant proceedings if he has notice–
(a) of the fact that the petition on which the administration order is made has been presented; or
(b) of the fact that the administration order has been made.

(3B) [Notice where liquidation on discharge of administration order] In a case where section 238 or 239 applies by reason of the company in question going into liquidation immediately upon the discharge of an administration order, a person has notice of the relevant proceedings if he has notice–
(a) of the fact that the petition on which the administration order is made has been presented;
(b) of the fact that the administration order has been made; or
(c) of the fact that the company has gone into liquidation.

(3C) [Notice where liquidation at other times] In a case where section 238 or 239 applies by reason of the company in question going into liquidation at any other time, a person has notice of the relevant proceedings if he has notice–
(a) where the company goes into liqudation on the making of a winding-up order, of the fact that the petition on which the winding-up order is made has been presented or of the fact that the company has gone into liquidation;
(b) in any other case, of the fact that the company has gone into liquidation.

(4) [Application of s. 238–241] The provisions of sections 238 to 241 apply without prejudice to the availability of any other remedy, even in relation to a transaction or preference which the company had no power to enter into or give.

244 Extortionate credit transactions
(1) [Application] This section applies as does section 238, and where the company is, or has been, a party to a transaction for, or involving, the provision of credit to the company.

(2) [Court order re extortionate transaction] The court may, on the application of the office-holder, make an order with respect to the transaction if the transaction is or was extortionate

and was entered into in the period of 3 years ending with the day on which the administration order was made or (as the case may be) the company went into liquidation.

(3) [Extortionate transaction – interpretation] For the purposes of this section a transaction is extortionate if, having regard to the risk accepted by the person providing the credit–
the terms of it are or were such as to require grossly exorbitant payments to be made (whether unconditionally or in certain contingencies) in respect of the provision of the credit, or
(b) it otherwise grossly contravened ordinary principles of fair dealing;
and it shall be presumed, unless the contrary is proved, that a transaction with respect to which an application is made under this section is or, as the case may be, was extortionate.

(4) [Extent of court order] An order under this section with respect to any transaction may contain such one or more of the following as the court thinks fit, that is to say–
(a) provision setting aside the whole or part of any obligation created by the transaction,
(b) provision otherwise varying the terms of the transaction or varying the terms on which any security for the purposes of the transaction is held,
(c) provision requiring any person who is or was a party to the transaction to pay to the office-holder any sums paid to that person, by virtue of the transaction, by the company,
(d) provision requiring any person to surrender to the office-holder any property held by him as security for the purposes of the transaction,
(e) provision directing accounts to be taken between any persons.

(5) [Exercise of powers] The powers conferred by this section are exercisable in relation to any transaction concurrently with any powers exercisable in relation to that transaction as a transaction at an undervalue or under section 242 (gratuitous alienations in Scotland).

245 Avoidance of certain floating charges
(1) [Application] This section applies as does section 238, but applies to Scotland as well as to England and Wales.

(2) [Invalidity of floating charge] Subject as follows, a floating charge on the company's undertaking or property created at a relevant time is invalid except to the extent of the aggregate of–
(a) the value of so much of the consideration for the creation of the charge as consists of money paid, or goods or services supplied, to the company at the same time as, or after, the creation of the charge,
(b) the value of so much of that consideration as consists of the discharge or reduction, at the same time as, or after, the creation of the charge, of any debt of the company, and
(c) the amount of such interest (if any) as is payable on the amount falling within paragraph (a) or (b) in pursuance of any agreement under which the money was so paid, the goods or services were so supplied or the debt was so discharged or reduced.

(3) [Relevant time] Subject to the next subsection, the time at which a floating charge is created by a company is a relevant time for the purposes of this section if the charge is created–
(a) in the case of a charge which is created in favour of a person who is connected with the company, at a time in the period of 2 years ending with the onset of insolvency,
(b) in the case of a charge which is created in favour of any other person, at a time in the period of 12 months ending with the onset of insolvency, or

(c) in either case, at a time between the presentation of a petition for the making of an administration order in relation to the company and the making of such an order on that petition.

(4) [Qualification to s. 245(3)(b)] Where a company creates a floating charge at a time mentioned in subsection (3)(b) and the person in favour of whom the charge is created is not connected with the company, that time is not a relevant time for the purposes of this section unless the company–
(a) is at that time unable to pay its debts within the meaning of section 123 in Chapter VI of Part IV, or
(b) becomes unable to pay its debts within the meaning of that section in consequence of the transaction under which the charge is created.

(5) [Onset of insolvency in s. 245(3)] For the purposes of subsection (3), the onset of insolvency is–
(a) in a case where this section applies by reason of the making of an administration order, the date of the presentation of the petition on which the order was made, and
(b) in a case where this section applies by reason of a company going into liquidation, the date of the commencement of the winding up.

(6) [Value of goods, services etc. in s. 245(2)(a)] For the purposes of subsection (2)(a) the value of any goods or services supplied by way of consideration for a floating charge is the amount in money which at the time they were supplied could reasonably have been expected to be obtained for supplying the goods or services in the ordinary course of business and on the same terms (apart from the consideration) as those on which they were supplied to the company.

PART VII – INTERPRETATION FOR FIRST GROUP OF PARTS
249 "Connected" with a company
For the purposes of any provision in this Group of Parts, a person is connected with a company if–
(a) he is a director or shadow director of the company or an associate of such a director or shadow director, or
(b) he is an associate of the company;
and "associate" has the meaning given by section 435 in Part XVIII of this Act.

250 "Member" of a company
For the purposes of any provision in this Group of Parts, a person who is not a member of a company but to whom shares in the company have been transferred, or transmitted by operation of law, is to be regarded as a member of the company, and references to a member or members are to be read accordingly.

251 Expressions used generally
In this Group of Parts, except in so far as the context otherwise requires–
[...]
"director" includes any person occupying the position of director, by whatever name called;
"floating charge" means a charge which, as created, was a floating charge and includes a floating charge within section 462 of the Companies Act (Scottish floating charges);
[...]

"shadow director", in relation to a company, means a person in accordance with whose directions or instructions the directors of the company are accustomed to act (but so that a person is not deemed a shadow director by reason only that the directors act on advice given by him in a professional capacity);
[...]

PART XVI – PROVISIONS AGAINST DEBT AVOIDANCE (ENGLAND AND WALES ONLY)
423 Transactions defrauding creditors
(1) [Transaction at undervalue] This section relates to transactions entered into at an undervalue; and a person enters into such a transaction with another person if–
(a) he makes a gift to the other person or he otherwise enters into a transaction with the other on terms that provide for him to receive no consideration;
(b) he enters into a transaction with the other in consideration of marriage; or
(c) he enters into a transaction with the other for a consideration the value of which, in money or money's worth, is significantly less than the value, in money or money's worth, of the consideration provided by himself.

(2) [Order by court] Where a person has entered into such a transaction, the court may, if satisfied under the next subsection, make such order as it thinks fit for–
(a) restoring the position to what it would have been if the transaction had not been entered into, and
(b) protecting the interests of persons who are victims of the transaction.

(3) [Conditions for court order] In the case of a person entering into such a transaction, an order shall only be made if the court is satisfied that it was entered into by him for the purpose–
(a) of putting assets beyond the reach of a person who is making, or may at some time make, a claim against him, or
(b) of otherwise prejudicing the interests of such a person in relation to the claim which he is making or may make.

(4) ["The court"] In this section "the court" means the High Court or–
(a) if the person entering into the transaction is an individual, any other court which would have jurisdiction in relation to a bankruptcy petition relating to him;
(b) if that person is a body capable of being wound up under Part IV or V of this Act, any other court having jurisdiction to wind it up.

(5) [Interpretation] In relation to a transaction at an undervalue, references here and below to a victim of the transaction are to a person who is, or is capable of being, prejudiced by it; and in the following two sections the person entering into the transaction is referred to as "the debtor".

424 Those who may apply for an order under s. 423
(1) [Conditions for s. 423 application] An application for an order under section 423 shall not be made in relation to a transaction except–
(a) in a case where the debtor has been adjudged bankrupt or is a body corporate which is being wound up or in relation to which an administration order is in force, by the official receiver, by the trustee of the bankrupt's estate or the liquidator or administrator of the body corporate or (with the leave of the court) by a victim of the transaction;

(b) in a case where a victim of the transaction is bound by a voluntary arrangement approved under Part I or Part VIII of this Act, by the supervisor of the voluntary arrangement or by any person who (whether or not so bound) is such a victim; or
(c) in any other case, by a victim of the transaction.

(2) [Treatment of application] An application made under any of the paragraphs of subsection (1) is to be treated as made on behalf of every victim of the transaction.

425 Provision which may be made by order under s. 423
(1) [Scope of order] Without prejudice to the generality of section 423, an order made under that section with respect to a transaction may (subject as follows)–
(a) require any property transferred as part of the transaction to be vested in any person, either absolutely or for the benefit of all the persons on whose behalf the application for the order is treated as made;
(b) require any property to be so vested if it represents, in any person's hands, the application either of the proceeds of sale of property so transferred or of money so transferred;
(c) release or discharge (in whole or in part) any security given by the debtor;
(d) require any person to pay to any other person in respect of benefits received from the debtor such sums as the court may direct;
(e) provide for any surety or guarantor whose obligations to any person were released or discharged (in whole or in part) under the transaction to be under such new or revived obligations as the court thinks appropriate;
(f) provide for security to be provided for the discharge of any obligation imposed by or arising under the order, for such an obligation to be charged on any property and for such security or charge to have the same priority as a security or charge released or discharged (in whole or in part) under the transaction.

(2) [Limit to order] An order under section 423 may affect the property of, or impose any obligation on, any person whether or not he is the person with whom the debtor entered into the transaction; but such an order–
(a) shall not prejudice any interest in property which was acquired from a person other than the debtor and was acquired in good faith, for value and without notice of the relevant circumstances, or prejudice any interest deriving from such an interest, and
(b) shall not require a person who received a benefit from the transaction in good faith, for value and without notice of the relevant circumstances to pay any sum unless he was a party to the transaction.

(3) [Relevant circumstances] For the purposes of this section the relevant circumstances in relation to a transaction are the circumstances by virtue of which an order under section 423 may be made in respect of the transaction.

(4) ["Security"] In this section "security" means any mortgage, charge, lien or other security.

426 Co-operation between courts exercising jurisdiction in relation to insolvency
(1) [Enforcement in other parts of UK] An order made by a court in any part of the United Kingdom in the exercise of jurisdiction in relation to insolvency law shall be enforced in any other part of the United Kingdom as if it were made by a court exercising the corresponding jurisdiction in that other part.

(2) [Limit to s. 426(1)] However, without prejudice to the following provisions of this section, nothing in subsection (1) requires a court in any part of the United Kingdom to enforce, in relation to property situated in that part, any order made by a court in any other part of the United Kingdom.

(3) [Order by Secretary of State] The Secretary of State, with the concurrence in relation to property situated in England and Wales of the Lord Chancellor, may by order make provision for securing that a trustee or assignee under the insolvency law of any part of the United Kingdom has, with such modifications as may be specified in the order, the same rights in relation to any property situated in another part of the United Kingdom as he would have in the corresponding circumstances if he were a trustee or assignee under the insolvency law of that other part.

(4) [Assistance between courts] The courts having jurisdiction in relation to insolvency law in any part of the United Kingdom shall assist the courts having the corresponding jurisdiction in any other part of the United Kingdom or any relevant country or territory.

(5) [Request under s. 426(4)] For the purposes of subsection (4) a request made to a court in any part of the United Kingdom by a court in any other part of the United Kingdom or in a relevant country or territory is authority for the court to which the request is made to apply, in relation to any matters specified in the request, the insolvency law which is applicable by either court in relation to comparable matters falling within its jurisdiction.
In exercising its discretion under this subsection, a court shall have regard in particular to the rules of private international law.

(6) [Claim by trustee or assignee] Where a person who is a trustee or assignee under the insolvency law of any part of the United Kingdom claims property situated in any other part of the United Kingdom (whether by virtue of an order under subsection (3) or otherwise), the submission of that claim to the court exercising jurisdiction in relation to insolvency law in that other part shall be treated in the same manner as a request made by a court for the purpose of subsection (4).

(7) [Application of Criminal Law Act] Section 38 of the Criminal Law Act 1977 (execution of warrant of arrest throughout the United Kingdom) applies to a warrant which, in exercise of any jurisdiction in relation to insolvency law, is issued in any part of the United Kingdom for the arrest of a person as it applies to a warrant issued in that part of the United Kingdom for the arrest of a person charged with an offence.

(8) [Powers in subordinate legislation] Without prejudice to any power to make rules of court, any power to make provision by subordinate legislation for the purpose of giving effect in relation to companies or individuals to the insolvency law of any part of the United Kingdom includes power to make provision for the purpose of giving effect in that part to any provision made by or under the preceding provisions of this section.

(9) [S. 426(3) order by statutory instrument etc.] An order under subsection (3) shall be made by statutory instrument subject to annulment in pursuance of a resolution of either House of Parliament.

10) ["Insolvency law"] In this section "insolvency law" means–
(a) in relation to England and Wales, provision made by or under this Act or sections 6 to 10, 12, 15, 19(c) and 20 (with Schedule 1) of the Company Directors Disqualification Act 1986 and extending to England and Wales;
(b) in relation to Scotland, provision extending to Scotland and made by or under this Act, sections 6 to 10, 12, 15, 19(c) and 20 (with Schedule 1) of the Company Directors Disqualification Act 1986, Part XVIII of the Companies Act or the Bankrupty (Scotland) Act 1985;
(c) in relation to Northern Ireland, provision made by or under the Insolvency (Northern Ireland) Order 1989;
(d) in relation to any relevant country or territory, so much of the law of that country or territory as corresponds to provisions falling within any of the foregoing paragraphs;
and references in this subsection to any enactment include, in relation to any time before the coming into force of that enactment the corresponding enactment in force at that time.
History

(11) ["Relevant country or territory"] In this section "relevant country or territory" means–
(a) any of the Channel Islands or the Isle of Man, or
(b) any country or territory designated for the purposes of this section by the Secretary of State by order made by statutory instrument.

(12) [Application to Northern Ireland] In the application of this section to Northern Ireland–
(a) for any reference to the Secretary of State there is substituted a reference to the Department of Economic Development in Northern Ireland;
(b) in subsection (3) for the words "another part of the United Kingdom" and the words "that other part" there is substituted the words "Northern Ireland";
(c) for subsection (9) there is substituted the following subsection–
"(9) An order made under subsection (3) by the Department of Economic Development in Northern Ireland shall be a statutory rule for the purposes of the Statutory Rules (Northern Ireland) Order 1979 and shall be subject to negative resolution within the meaning of section 41(6) of the Interpretation Act (Northern Ireland) 1954."

PART XVIII – INTERPRETATION(s. 435)
435 Meaning of "associate"
(1) [Determination of whether associate] For the purposes of this Act any question whether a person is an associate of another person is to be determined in accordance with the following provisions of this section (any provision that a person is an associate of another person being taken to mean that they are associates of each other).

(2) [Associate of individual] A person is an associate of an individual if that person is the individual's husband or wife, or is a relative, or the husband or wife of a relative, of the individual or of the individual's husband or wife.

(3) [Associate of partner] A person is an associate of any person with whom he is in partership, and of the husband or wife or a relative of any individual with whom he is in partnership; and a Scottish firm is an associate of any person who is a member of the firm.

(4) [Associate of employee, employer] A person is an associate of any person whom he employs or by whom he is employed.

(5) [Associate of trustee] A person in his capacity as trustee of a trust other than–
(a) a trust arising under any of the second Group of Parts or the Bankruptcy (Scotland) Act 1985, or
(b) a pension scheme or an employees' share scheme (within the meaning of the Companies Act),
is an associate of another person if the beneficiaries of the trust include, or the terms of the trust confer a power that may be exercised for the benefit of, that other person or an associate of that other person.

(6) [Company associate of another company] A company is an associate of another company–
(a) if the same person has control of both, or a person has control of one and persons who are his associates, or he and persons who are his associates, have control of the other, or
(b) if a group of two or more persons has control of each company, and the groups either consist of the same persons or could be regarded as consisting of the same persons by treating (in one or more cases) a member of either group as replaced by a person of whom he is an associate.

(7) [Company associate of another person] A company is an associate of another person if that person has control of it or if that person and persons who are his associates together have control of it.

(8) [Person relative of individual] For the purposes of this section a person is a relative of an individual if he is that individual's brother, sister, uncle, aunt, nephew, niece, lineal ancestor or lineal descendant, treating–
(a) any relationship of the half blood as a relationship of the whole blood and the stepchild or adopted child of any person as his child, and
(b) an illegitimate child as the legitimate child of his mother and reputed father;
and references in this section to a husband or wife include a former husband or wife and a reputed husband or wife.

(9) [Director employee] For the purposes of this section any director or other officer of a company is to be treated as employed by that company.

(10) [Person with control] For the purposes of this section a person is to be taken as having control of a company if–
(a) the directors of the company or of another company which has control of it (or any of them) are accustomed to act in accordance with his directions or instructions, or
(b) he is entitled to exercise, or control the exercise of, one third or more of the voting power at any general meeting of the company or of another company which has control of it;
and where two or more persons together satisfy either of the above conditions, they are to be taken as having control of the company.

(11) ["Company"] In this section "company" includes any body corporate (whether incorporated in Great Britain or elsewhere); and references to directors and other officers of a company and to voting power at any general meeting of a company have effect with any necessary modifications.

Companies Act 1985 (Auszüge)

PART XVI – FRAUDULENT TRADING BY A COMPANY(s. 458)

14 Effect of memorandum and articles
(1) [Company and members bound] Subject to the provisions of this Act, the memorandum and articles, when registered, bind the company and its members to the same extent as if they respectively had been signed and sealed by each member, and contained covenants on the part of each member to observe all the provisions of the memorandum and of the articles.
CA 1985, s. 14(2)
(2) [Debt by member] Money payable by a member to the company under the memorandum or articles is a debt due from him to the company, and in England and Wales is of the nature of a specialty debt.

458 Punishment for fraudulent trading
If any business of a company is carried on with intent to defraud creditors of the company or creditors of any other person, or for any fraudulent purpose, every person who was knowingly a party to the carrying on of the business in that manner is liable to imprisonment or a fine, or both.
This applies whether or not the company has been, or is in the course of being, wound up.

726 Costs and expenses in actions by certain limited companies
(1) [Security for costs – England and Wales] Where in England and Wales a limited company is plaintiff in an action or other legal proceeding, the court having jurisdiction in the matter may, if it appears by credible testimony that there is reason to believe that the company will be unable to pay the defendant's costs if successful in his defence, require sufficient security to be given for those costs, and may stay all proceedings until the security is given.

(2) [Caution for costs – Scotland] Where in Scotland a limited company is pursuer in an action or other legal proceeding, the court having jurisdiction in the matter may, if it appears by credible testimony that there is reason to believe that the company will be unable to pay the defender's expenses if successful in his defence, order the company to find caution and sist the proceedings until caution is found.

Literaturverzeichnis

Ahrendt, Christian / Struck, Christian, Kein Anfechtungsrecht des Insolvenzverwalters bei Masseunzulänglichkeit? in ZInsO 2000, 264

Allgayer, Peter, Rechtsfolgen und Wirkungen der Gläubigeranfechtung, Köln, 2000

Bailey, Edward / Groves, Hugo / Smith, Cormac, Corporate Insolvency – Law and Practice, London, 1992

Balz, Manfred, Das neue Europäische Insolvenzübereinkommen, in: ZIP 1996, 948

ders., Logik und Grenzen des Insolvenzrechts, in: ZIP 1988, 1438

Baumbach, Adolf / Hueck, Alfred, GmbH-Gesetz, 16. Auflage, München, 1996

Baumbach, Adolf / Lauterbach, Wolfgang / Albers, Jan / Hartmann, Peter, Zivilprozeßordnung, 58., neubearbeitete Auflage, München, 2000

Baur, Fritz / Stürner, Rolf, Zwangsvollstreckungs- Konkurs- und Vergleichsrecht; Band II – Insolvenzrecht, 12. Auflage, Heidelberg, 1991

Beck, Thomas, Insolvenzanfechtung unentgeltlicher Leistungen nach § 134 Abs. 1 InsO, in: ZInsO 2002, 516

Berges, August Maria, Die rechtlichen Grundlagen der Gläubigergleichbehandlung im Konkurs, in: KTS 1957, 49

Biehl, Kristof, Wesen und Wirkung der Insolvenzanfechtung nach neuem Recht, in: KTS 1999, 313

Bork, Reinhard, Wie erstellt man eine Fortbestehensprognose? in: ZIP 2000, 1709

ders., Einführung in das neue Insolvenzrecht, 2., neu bearbeitete Auflage, Tübingen, 1998

Bra, Peter de, Die Anfechtbarkeit der Verrechnung von Zahlungseingängen auf debitorischen Girokonten in dem letzten Monat vor dem Antrag auf Eröffnung des Insolvenzverfahrens, in: NZI 1999, 249

Brandes, Helmut, Höchstrichterliche Rechtsprechung zum Insolvenzrecht, 3. Auflage, Köln, 1997

Brandner, Hans Erich, Formen des Gläubigerzugriffs auf Ehegattenvermögen, in: Festschrift für Franz Merz, Köln, 1992

Breuer, Wolfgang, Das neue Insolvenzrecht, München, 1998

Breutigam, Axel / Tanz, Matthias, Einzelprobleme des neuen Insolvenzanfechtungsrechts, in: ZIP 1998, 717

Bruski, Johannes, Die Voraussetzungen der Konkursanfechtung, Dissertation, Bonn, 1990

Bundesministerium der Justiz,Regierungsentwurf eines Insolvenzrechtsänderungsgesetzes, in: ZIP 2000, 1688

ders. (Hrsg.), Zweiter Bericht der Kommission für Insolvenzrecht, Köln, 1986

ders. (Hrsg.)Erster Bericht der Kommission für Insolvenzrecht, Köln, 1985

Bunge, Jürgen, Zivilprozeß und Zwangsvollstreckung in England, Bibliographie, Berlin, 1995

Bunge, Margot, Die Konkursanfechtung im englischen Recht, Dissertation, Bonn, 1933

Campe, Moritz v., Insolvenzanfechtung in Deutschland und Frankreich, Dissertation, Heidelberg, 1998

Canaris, Klaus-Wilhelm, Aktuelle insolvenzrechtliche Probleme des Zahlungsverkehrs und des Effektenwesens, in: Festschrift Einhundert Jahre Konkursordnung, 1877 – 1977, Köln, Berlin, Bonn, München, 1977

Clarke, Alison, Insolvent Families, in: Rajak (Hrsg.), Insolvency Law: Theory and Practice, London, 1993

Cork-Committee, Report of the Review Committee on Insolvency Law and Practice, London, 1982

Cork, Kenneth / Graham, David, Insolvenzrechtsreform in England – Erläuterungen zum Cork-Report, in: ZIP 1982, 1275

Dawson, Kate, Assistance under Section 426 of the Insolvency Act 1986, in: [1999] International Insolvency Review 109

David, René / Grassmann, Günther, Einführung in die großen Rechtssysteme der Gegenwart, 2. deutsche Auflage, München 1988

Derham, S. Rory, Set-Off, Oxford, 1987

Dicey / Morris, The Conflict of Laws, 13. Auflage, London, 2000

Doyle, Louis G., Insolvency Litigation, London, 1999

Drukarczyk, Jochen, Unternehmen und Insolvenz, Wiesbaden, 1987

Drukarczyk, Jochen / Schüler, Andreas, Die Eröffnungsgründe der InsO: Zahlungsunfähigkeit, drohende Zahlungsunfähigkeit, Überschuldung, in: Kölner Schrift zur Insolvenzordnung, 2. aktualisierte und wesentlich erweiterte Auflage, Berlin, 1999

Duursma-Kepplinger, Henriette-Christine / Duursma, Dieter / Chalupsky, Ernst, Europäische Insolvenzverordnung, Wien / New York, 2002

Eckardt, Diederich, Kreditsicherung versus Insolvenzanfechtung, in: ZIP 1999, 1417

ders., Zur Abtretbarkeit anfechtungsrechtlich begründeter Ansprüche im Konkurs, in: KTS 1993, 585

ders., Die Anfechtungsklage wegen Gläubigerbenachteiligung, Dissertation, Bonn, 1993

Eckstein, Felix, Das englische Konkursrecht, Dissertation, Berlin, Leipzig, 1935

Eichberger, Christian, Die Besondere Konkursanfechtung, Dissertation, Regensburg, 1990

Ehricke, Ulrich, Insolvenzrechtliche Anfechtung gegen Insider, in: KTS 1996, 209

Eidenmüller, Horst, Europäische Verordnung über Insolvenzverfahren und zukünftiges deutsches internationales Insolvenzrecht, in: IPRax 2001, 2

Eickmann, Dieter / Flessner, Axel / Irschlinger, Friedrich / Kirchhof, Hans-Peter / Kreft, Gerhart / Landfermann, Hans-Georg / Marotzke, Wolfgang, Heidelberger Kommentar zur Insolvenzordnung, Heidelberg, 1999 (zit.: HK-*Bearbeiter*, InsO §)

Farrar, John, u. a., Farrar's Company Law, 4. Auflage, London 1998

ders., „Voidable Preference" judicially explained, in: [1991] JBL 71

ders., The Bankruptcy of the Law of Fraudulent Preferences, in: [1983] JBL 390

ders., The EEC Draft Convention on Bankruptcy and Winding Up, in: [1977] JBL 320

Fennell, Steven, Selling Litigation – assignment of causes of action by insolvency office-holders, in: [1997] Insolvency Law & Practice, 106

Feuerborn, Sabine, Insolvenzanfechtung bei AGB Pfandrecht und Sicherungszession, in: ZIP 2002, 290

Feuerich, Wilhelm E. / Braun, Anton, Bundesrechtsanwaltsordnung, 4. Auflage, München, 1999

Finch, Vanessa, Corporate Insolvency Law, Cambridge, 2002

dies., The Measures of Insolvency Law, in: [1997] Oxford Legal Studies 227

Flessner, Axel, Sanierung und Reorganisation, Dissertation, Hamburg / Tübingen, 1982

Fletcher, Ian F., The Law of Insolvency, 4. Auflage, London, 1996

ders., Voidable Transactions in Bankruptcy: British Law Perspectives, in: Ziegel, Current Developments in International and Comparative Corporate Insolvency Law, Oxford, 1994

ders., Cross-Border Insolvency: National and Comparative Studies, Tübingen, 1992

Florian, Matthias, Das englische internationale Insolvenzrecht, Dissertation, Münster, 1988

Flynn, Desmond, Are the institutions of insolvency achieving their purpose?, in: Rajak (Hrsg.): Insolvency Law: Theory and Practice, London, 1993

Ford, Janet / Wilson, Marilyn, Personal Debt and Insolvency, in: Rajak (Hrsg.): Insolvency Law: Theory and Practice, London, 1993

Friedmann, Daniel, Good Faith and Remedies for Breach of Contract, in: Beatson, Jack (Hrsg.): Good faith and fault in contract law, Oxford, 1997

Fuchs, Karlhans, Die Anfechtungsbefugnis des Treuhänders im Verbraucherinsolvenzverfahren nach der Änderung des § 313 Abs. 2 Satz 3 InsO durch das InsO-Änderungsgesetz 2001, ZInsO 2002, 358

Gerhardt, Walter, Forderungen aus Freigiebigkeit und unentgeltliche Verfügungen im Konkurs, in: ZIP 1991, 273

ders., Insolvenzverfahren und Einzelzwangsvollstreckung, in: Festschrift Einhundert Jahre Konkursordnung, 1877 – 1977, S. 111, Köln, Berlin, Bonn, München, 1977

ders., Die systematische Einordnung der Gläubigeranfechtung, Habilitation, Göttingen, 1969

Gerhardt, Walter / Kreft, Gerhart, Aktuelle Probleme der Insolvenzanfechtung, 6., neubearbeitete Auflage, Köln, 1995

Gerkan, Hartwin v. / Hommelhoff, Peter, Kapitalersatz im Gesellschafts- und Insolvenzrecht, 5., neubearbeitete Auflage, Köln, 1997

Gessner, Volkmar /Rhode, Barbara/ Strate, Gerhard /Ziegert, Klaus A., Die Praxis der Konkursabwicklung in der Bundesrepublik Deutschland, Köln, 1978

Goldring, Jeremy / Theobald, Katherine, Champerty and maintenance: recent developments, in: [1997] Insolvency Law & Practice, 9

Goode, Roy,Principles of Corporate Insolvency Law, 2. Auflage, London, 1997

ders., The exodus of the floating charge, in: Feldman/Meisel, Corporate & Commercial Law: Modern Developments, London, 1996
ders., Commercial Law, 2. Auflage, London, 1995

ders., Is the law too favourable to secured creditors?, in: [1983-84] Canadian Business Law Journal, 53

Gottwald, Peter, Grenzüberschreitende Insolvenzen, München, 1997

ders., Aspekte der Unternehmensinsolvenz im englischen Recht, in: KTS 1981, 17

Gottwald, Peter / Pfaller, Markus, Aspekte der Anerkennung ausländischer Insolvenzverfahren im Inland, in; IPRax 1998, 170

Götz, Alexander / Hegerl, Hans-Jörg, Die Sanierungsfeindlichkeit des Eigenkapitalersatzrechts und die Sanierungsobjektgesellschaft als Ausweg, in: DB 1997, 2365

Graham, David Q.C., A Dark and Neglected Subject: Landmarks in the Reform of English Insolvency Law, in: [2002] International Insolvency Review 97

Haarmeyer, Hans/ Wutzke, Wolfgang/ Förster, Karsten, Handbuch zur Insolvenzordnung, 2. Auflage, München, 1998

Hahn, C., Die gesamten Materialien zur Konkursordnung und dem Einführungsgesetze zu derselben vom 1. Februar 1877, in: Gesamte Materialien zu den Reichsjustizgesetzen, Bd. 4, Berlin, 1881

Harms, Rüdiger, Keine Prozeßkostenhilfe für den Insolvenzverwalter, InVo 2000, 41

Hartung, Wolfgang / Holl, Thomas, Anwaltliche Berufsordnung, München, 1997

Harz, Michael, Kriterien der Zahlungsunfähigkeit und der Überschuldung unter Berücksichtigung der Änderungen nach dem neuen Insolvenzrecht, ZInsO 2001, 193

Häsemeyer, Ludwig, Insolvenzrecht, 2., neubearbeitete Auflage, München, 1998

ders., Aktuelle Tendenzen in der Rechtsprechung zur Konkurs- und Einzelanfechtung, in: ZIP 1994, 418

ders., Die Gleichbehandlung der Konkursgläubiger, in: KTS 1982, 507

Habscheid, Edgar J., Grenzüberschreitendes (internationales) Insolvenzrecht der Vereinigten Staaten von Amerika und der Bundesrepublik Deutschland, Dissertation, Berlin, 1998

ders., Das deutsche internationale Insolvenzrecht und die vis attractiva concursus, in: ZIP 1999, 1113

Hanisch, Hans, Die Wende im deutschen internationalen Insolvenzrecht, in: ZIP 1985, 1233

Hemsworth, Margaret, Voidable Preferenc: desire and effect, in: [2002] Insolvency Law & Practice 54

Henckel, Wolfram, Insolvenzanfechtung, in: Kölner Schrift zur Insolvenzordnung, 2. aktualisierte und wesentlich erweiterte Auflage, Berlin, 1999

ders., Die internationalprivatrechtliche Anknüpfung der Konkursanfechtung, in: Festschrift für Heinrich Nagel, Münster, 1987

ders., Die Gläubigeranfechtung – ein taugliches Mittel zur Beseitigung von Verkürzungen der Konkursmasse? in: ZIP 1982, 391

Herchen, Axel, Das Übereinkommen über Insolvenzverfahren der Mitgliedsstaaten der Europäischen Union vom 23.11.1995, Dissertation, Würzburg, 2000

Hess, Harald / Weis, Michaela, Das neue Anfechtungsrecht, 2., überarbeitete Auflage, Heidelberg, 1999

Hirte, Heribert, Nahestehende Personen (§ 138 InsO) – Klarheit oder Rückschritt?, in: ZInsO 1999, 429

Hohloch, Gerhard, Sanierung durch „Sanierungsverfahren“?, in: ZGR 1982, 145

Huber, Michael, Das neue Recht der Gläubigeranfechtung außerhalb des Insolvenzverfahrens, in: ZIP 1998, 897

ders., Anfechtungsgesetz, 9. Auflage, München, 2000

Hüllen, Rupert van, Die Hauptformen der Insolvenz von Kapitalgesellschaften in England und Wales, in: InVo 1999, 97

Hüßtege, Rainer, Internationales Privatrecht, 2., überarbeitete und aktualisierte Auflage, München, 1995

Jackson, Michael H., Logic and Limits of Bankruptcy Law, Cambridge, MA., 1986

Jaeger, Ernst / Henckel, Wolfram, Konkursordnung – Großkommentar, §§ 1 – 42, 9. Auflage, Berlin, 1997

Jauernig, Othmar, Zwangsvollstreckung und Insolvenzrecht, 21. Auflage, München, 1999

Justice-Report, Insolvency Law – An Agenda for Reform, London, 1994

Kamlah, Klaus, Die Anfechtung in der Insolvenz von Unternehmen, Dissertation, Göttingen, 1994

Kayser, Nicki, A Study of the European Convention on Insolvency Proceedings, in: [1998] International Insolvency Review 95

Kemper, Jutta, Die Verordnung (EG) Nr. 1346/2000 über Insolvenzverfahren, in: ZIP 2002, 1609

Kilger, Joachim /Schmidt, Karsten, Insolvenzgesetze - KO/VglO/GesO, 17. Auflage , München, 1997

Killinger, Johann, Insolvenzanfechtung gegen Insider, Dissertation, Freiburg, 1990

Kirchhof, Hans-Peter, Anfechtungsrecht und Gläubigerinteressen, in: ZInsO 1998, 3

ders., Anfechtbarkeit von Rechtshandlungen vorläufiger Insolvenzverwalter, in ZInsO 2000, 297

König, Günter: Prozeßkostenhilfe im Verbraucherinsolvenzverfahren, in: NJW 2000, 2485

Kolmann, Stephan, Kooperationsmodelle im Internationalen Insolvenzrecht, Dissertation, Bielefeld, 2001

Kreft, Gerhart, Ausgesuchte Probleme des Anfechtungsrechts, in: ZInsO 1999, 370

Kübler, Bruno M. / Prütting, Hanns, Kommentar zur Insolvenzordnung, Loseblattsammlung, Stand November 1999, Köln, 1999

Kuhn, Georg / Uhlenbruck, Wilhelm, Konkursordnung – Kommentar, 11., überarbeitete Auflage, München, 1994

Kühnemund, Patrick, Die Insolvenzanfechtung von Prozeßhandlungen in Präklusionslagen, in: ZInsO 1999, 62

Kulzer, Hermann / Müller, Karla, Neuere Entwicklungen in der Rechtsprechung zum Begriff der Gläubigerbenachteiligung, in: ZInsO 2002, 313

Lange, Paul, Kreditsicherheiten in der Unternehmenssanierung nach englischem Recht, WM 1990, 701

Lehr, Wolfgang, Die neue EU-Verordnung über Insolvenzverfahren und deren Auswirkungen für die Unternehmenspraxis, in: KTS 2000, 577

Leible, Stefan / Staudinger, Ansgar, Die europäische Verordnung über Insolvenzverfahren, in: KTS 2000, 533

Leipold, Dieter, Zuständigkeitslücken im neuen Europäischen Insolvenzrecht, in: Lüke, Gerhard (Hrsg.), Festschrift für Akira Ishikawa zum 70. Geburtstag am 27. November 2001, Berlin, 2001

ders., Zum künftigen Weg des deutschen internationalen Insolvenzrechts (Anwendungsbereich, internationale Zuständigkeit, Anerkennung und Vollstrekkung), in: Stoll, Hans, Vorschläge und Gutachten zur Umsetzung des EU-Übereinkommens über Insolvenzverfahren im deutschen Recht, Tübingen, 1997

ders., Miniatur oder Bagatelle: das internationale Insolvenzrecht im deutschen Reformwerk 1994, in: Festschrift für Wolfram Henckel, Berlin, 1995

Leithaus, Rolf, Zur Insolvenzanfechtung von Kontokorrentverrechnungen, in: NZI 2002, 188

Lösler, Thomas, Gesellschafterdarlehen in der AG am Beispiel der Philipp-Holzmann AG, in: NJW 2000, 564

Lüer, Hans-Jochen, Deutsches Internationales Insolvenzrecht nach der neuen Insolvenzordnung, in: Kölner Schrift zur Insolvenzordnung, 2. aktualisierte und wesentlich erweiterte Auflage, Berlin, 1999

Mauer, Dietrich, Der Anfechtungsprozeß, Düsseldorf, 2000

Marotzke, Wolfgang, „Dingliche" Wirkungen der Gläubiger- und Konkursanfechtung, in: KTS 1987, 1

Mesch, Volker, Die Rechtsnatur der Gläubigeranfechtung inner- und außerhalb des Konkurses, Dissertation, Regensburg, 1993

Meulen, Edzard ter, Die Floating Charge – eine Sicherungsrecht am Vermögen einer englischen Company, Dissertation, Frankfurt, Berlin, 1969

Milman, David, Priority rights on corporate insolvency, in: Clarke, Current issues in insolvency law, London, 1991

Milman, David / Durant, Chris, Corporate Insolvency: Law and Practice, 2. Auflage, London, 1994

Milman, David / Parry, Rebecca, A Study of the Operation of Transactional, Avoidance Mechanisms in Corporate Insolvency, Practice, Oxon, 1997

Möhlenbrock, Rolf, Die Gläubigeranfechtung im deutschen und spanischen Recht, Dissertation, Göttingen, 1996

Moss, Gabriel, Cross Frontier Co-Operation in Insolvency – Assistance from the Courts in England and the U.S., in: [1999] Insolvency Lawyer, 146

Musielak, Hans-Joachim, Kommentar zur Zivilprozeßordnung, München, 1999

Munro, Rick,Assignment of causes of action - by insolvency office holders, in: [1998] Insolvency Law & Practice, 148

Niehus, Christoph, Die Insolvenzanfechtung in der Bundesrepublik Deutschland und in den Vereinigten Staaten von Amerika, Dissertation, Köln, 1999

Obermüller, Manfred, Gesellschafterdarlehen am Beispiel der Philipp Holzmann AG, in: ZInsO 2000, 142

Ogowewo, Tunde I., A Perfect Case for the Application of Section 423, of the Insolvency Act 1986: Yukong Line of Korea v. Rendsburg Investments Corp of Liberia, in: [1999] Insolvency Lawyer, 106

Omar, Paul J., Cross Boarder Allocation of Jurisdiction and the European Insolvency Regulation 2000, in: [2002] Insolvency Lawyer, 122

Palandt, Bürgerliches Gesetzbuch, 59, neubearbeitete Auflage, München 2000

Pape, Gerhard, Zulässigkeit der Insolvenzanfechtung nach Anzeige der Masseinsuffizienz, in: ZIP 2001, 901

Paulus, Christoph G., Änderungen des deutschen Insolvenzrechts durch die Europäische Insolvenzordnung, in: ZIP 2002, 729

ders., Ein Spannungsfeld in der Praxis: Sanierung und Insolvenzanfechtung, in: BB 2001, 425

ders., Der subjektive Tatbestand in der Insolvenzanfechtung, in: WM 2000, 2225

ders., Der Anfechtungsprozeß, in: ZInsO 1999, 242

ders., Zum Verhältnis von Aufrechnung und Insolvenzanfechtung, in: ZIP 1997, 569

ders., Konzernrecht und Konkursanfechtung, in: ZIP 1996, 2141

Paulus, Christoph G./ Schröder, Wolfgang, Über die Verschärfungen des Rechts der Insolvenzanfechtung, in: WM 1999, 253

Paulus, Gotthard, Sinn und Formen der Gläubigeranfechtung, in: AcP 155 (1956), S. 277

Pentz, Andreas, Die Änderungen und Ergänzungen der Kapitalersatzregeln im GmbH-Gesetz, in: GmbHR 1999, 437

Pfefferle, Roland, Konkursanfechtung und Rückschlagsperre, Dissertation, Heidelberg, 1982

Plant, Charles (Hrsg.), Civil Procedure Rules, London, 1999

Powell, Raphael, Good Faith in Contracts, in: [1956] 9 Current Legal Problems, 16

Prentice, D. D., Some observations on the law relating to Preferences, in: Cranston, Ross (ed.) Making Commercial Law, London, 1997

Pugh, Charles, Avoiding the pitfalls of voidable dispositions, in: [1997] Insolvency Law & Practice, 184

Rajak, Harry, Company Liquidations, Bicester, 1988

Rebmann, Kurt / Säcker, Franz Jürgen, Münchner Kommentar zum Bürgerlichen Gesetzbuch, Band I – Allgemeiner Teil, 3. Auflage, München, 1993

Reinhart, Stefan, Sanierungsverfahren im internationalen Insolvenzrecht, Dissertation, Frankfurt am Main, 1994

Richard, Dagmar,Das englische Konkursrecht im Vergleich zum deutschen Recht, Dissertation, Münster, 1982

Schmidt, Hubert, Anfechtungsklage des Konkursverwalters und Anwendbarkeit des EuGVÜ, in: EuZW 1990, 219

Schmidt, Karsten, Gesellschaftsrecht, 3. Auflage, München, 1997

Schmidt-Räntsch, Ruth, Insolvenzordnung, Köln, 1995

Scholz, Franz, Kommentar zum GmbH-Gesetz, I. Band, 9. Auflage, Köln, 2000

Schönke, Adolf / Schröder, Horst, Strafgesetzbuch, 25. Auflage, München, 1997

Schulz, Dirk, Die Entwicklung des Insolvenzrechts im Jahre 1999, in: InVo 2000, 43

Schulz-Trieglaff, Kai, Grundschuld und Floating Charge zur Absicherung von Unternehmenskrediten, Dissertation, Potsdam, 1997

Sealy, Len / Milman, David, Annotated Guide to the Insolvency Legislation, 5. Auflage, Bicester, 1999

Smid, Stefan, Zur zeitlichen Reichweite der Insolvenzanfechtung nach § 139 InsO, in: InVo 2002, 41

ders., (Hrsg.), Insolvenzordnung (InsO), Stuttgart, 1999

Smid, Stefan, Grundzüge des neuen Insolvenzrechts, 3. Auflage, München, 1999

Smid, Stefan / Rattunde, Rolf, Der Insolvenzplan, Stuttgart, 1998

Snaith, Ian / Cownie, Fiona, The Law of Corporate Insolvency, London, 1990

Sonnentag, Michael, Auslandskonkurs und Anfechtung im Inland, in: IPRax 1998, 330

Starnecker, Hermann, Englische Insolvenzverfahren, Dissertation, Regensburg, 1995

Staudinger, I. v.,Kommentar zum Bürgerlichen Gesetzbuch, Erstes Buch – Allgemeiner Teil, 13. Auflage, Berlin, 1996

Stoll, Hans, Stellungnahmen und Gutachten zur Reform des deutschen internationalen Insolvenzrechts, Tübingen, 1992

Thomas, Heinz / Putzo, Hans, Zivilprozeßordnung, 19., neubearbeitete Auflage, München, 1995

Tolmie, Fiona, Introduction to Corporate and Personal Insolvency Law, London, 1998

Totty, Peter / Moss, Gabriel Q.C., Insolvency, Loseblatt-Kommentar, Stand: Juli 2002, London, 2002

Trunk, Alexander, Avoidance of Transactions under the new German Insolvency Code, in: [2000] International Insolvency Review 37

ders., Internationales Insolvenzrecht, Tübingen, 1998

ders., Zur bevorstehenden Neuregelung des deutschen Internationalen Insolvenzrechts, in: KTS 1994, 33

Uhlenbruck, Wilhelm, Gesetzeswidrige Verweigerung der Prozeßkostenhilfe an Konkursverwalter, in: KTS 1988, 435

ders., Insolvenzrechtliche Insiderregeln, in: GmbHR 1986, 109

ders., Privilegierung statt Diskriminierung von Sanierungskrediten de lege lata und als Problem der Insolvenzrechtsreform, in: GmbHR 1982, 141

ders., Sanierung und Reorganisation als drittes Insolvenzverfahren in einem künftigen Recht? in: KTS 1981, 513

Usslar, Levin von, Die Anfechtung der Verrechnung der Banken im Konkurs des Kunden, in: BB 1980, 916

Vach, Michael, Aspekte der Insolvenzrechtsreform von 1986 in England, Dissertation, Regensburg, 1990

Wagner, Gerhard, Die Anfechtung im Verbraucherinsolvenzverfahren, in: ZIP 1999, S. 689

Walters, Adrian, Enforcing Wrongful Trading – Substantive Problems and Practical Disincentives, in: Rider (Hrsg.): The Corporate Dimension, London, 1998

Weinbörner, Udo, Das neue Insolvenzrecht mit EU-Übereinkommen, Freiburg, 1997

Weisemann, Ulrich / Smid, Stefan (Hrsg.), Handbuch Unternehmensinsolvenz, Köln, 1999

Weiss, Gerry A., Die Erhaltung insolvenzgefährdeter Unternehmen in Großbritannien, in: ZIP 1982, 1038

Wheeler, Sally, Swelling the Assets for Distribution in Corporate Insolvency; in: [1993] JBL 256

Wimmer, Klaus, Die EU-Verordnung zur Regelung grenzüberschreitender Insolvenzverfahren, in: NJW 2002, 2427

ders., Die Verordnung (EG) Nr. 1346/2000 über Insolvenzverfahren, ZInsO 2001, 97

ders., Frankfurter Kommentar zur Insolvenzordnung, 2. Auflage, Neuwied, 1999

ders., Die UNCITRAL-Modellbestimmungen über Grenzüberschreitende Insolvenzverfahren, in: ZIP 1997, 2220

Wood, Philip R., Principles of International Insolvency, London 1995

ders., The Proposed European Community Insolvency Convention, in: Leonard, E. Bruce / Besant, Christopher W (Hrsg.), Current Issues in Cross-Border Insolvency and Reorganisations, London, 1994

Wunderer, Regina, Auswirkungen des Europäischen Übereinkommens über Insolvenzverfahren auf Bankgeschäfte, in: WM 1998, 793

Zeuner, Mark, Die Anfechtung in der Insolvenz, München, 1999

Zweigert, Konrad / Kötz, Hein, Einführung in die Rechtsvergleichung, 3. Auflage, Tübingen, 1996

Peter Lang · Europäischer Verlag der Wissenschaften

Christine Steven

Immobiliarsicherheiten im englischen und deutschen Recht

Eine rechtsvergleichende Untersuchung unter besonderer Berücksichtigung der Insolvenz des Sicherheitengebers

Frankfurt/M., Berlin, Bern, Bruxelles, New York, Oxford, Wien, 2002. XVIII, 406 S.
Studien zum europäischen Privat- und Prozeßrecht.
Herausgegeben von Manfred Wolf. Bd. 4
ISBN 3-631-38799-7 · br. € 68.50*

Durch die Auflockerung bankaufsichtsrechtlicher Regelungen können Kreditinstitute grenzüberschreitend Bankgeschäfte tätigen. Hierzu zählt auch die Gewährung von Kredit gegen Bestellung eines Grundpfandrechts an einem im EG-Ausland gelegenen Grundstück. Insbesondere wegen der herausragenden Stellung des Finanzplatzes London hat für das deutsche Real-kreditgewerbe das englische Immobiliarsicherheitenrecht an Bedeutung gewonnen. Da das Immobiliarsicherheiten-recht stark von den nationalen Rechtstraditionen der Mitgliedstaaten geprägt ist, wird das Recht der englischen und deutschen Grundpfandrechte einer rechtsvergleichenden Untersuchung unterzogen. Darüber hinaus wird auch die Rechtsstellung des Sicherungsnehmers in der Gesamtvollstreckung in das Vermögen des Sicherungsgebers dargelegt und auf Aspekte des Internationalen Zivilverfahrens-, Sachen- und Insolvenzrechts eingegangen.

Printed by
CPI books GmbH, Leck

MIX
Papier | Fördert
gute Waldnutzung
FSC® C083411

Kolibri 360 GmbH
Ferdinand-Jühlke-Straße 7
99095 Erfurt, Deutschland
produktsicherheit@kolibri360.de